Beinsá Dunó

EL MANANTIAL
DEL BIEN

Pon la verdad en tu alma y la libertad que buscas, la adquirirás.
Pon la sabiduría en tu mente, la luz vendrá
y el conocimiento te dará su ayuda.
Pon la pureza en tu corazón, el amor vendrá y la vida real empezará.

Beinsá Dunó

EL MANANTIAL
DEL BIEN

Las últimas palabras del Maestro

Evera Publishing

Walnut Creek, 2019

Publicado por primera vez en búlgaro en 1922 por Royal, Varna
Segunda edición en bulgaro en 2016 por Byalo Bratstvo Publishers,
Sofía

Traducido al Español por
Zornitza Ganeva († 2016) — Bulgaria
Ana Gaillat — EEUU
Tapa y diseño gráfico: Steve Eagle
Arte en la tapa: Veneta Docheva
Diseño por computadora
y editado gráfico: Gergana Ikonomova

Agradecimientos

A Bojan Boev y Boris Nikolov por preservar
las palabras del Maestro para las futuras generaciones.

Para más información sobre el Maestro y materiales accesibles:
http://www.beinsadouno.org
http://www.everabooks.com

Contenido

Notas de Aclaración

En previas publicaciones, la siguiente frase: "Hombre, término utilizado para describir seres humanos individuales (tanto hombres como mujeres)", fue incluida para explicar el uso de esta palabra en el libro. Aún así, algunos comentarios recientes acerca de la connotación sexista de este lenguaje ha llevado a la decisión de elaborar mucho más acerca del tema y del uso del genérico "hombre", "el" y otros términos masculinos en este libro.

En el idioma Búlgaro, existen diferentes palabras para referirse al ser humano. *Chovek* es utilizado para referirse al Homo Sapiens, independientemente de su género, mazh se refiere al masculino, y *zhena* al femenino. Cuando el Maestro Espiritual Beinsá Dunó habló de las Palabras de la Sabiduría, el comúnmente uso *chovek* para referirse a cualquier ser humano, y como esta palabra es de género masculino, esto llevó al uso de palabras relacionadas en su forma masculina, como ser *toy* (masculino) y *negov* (posesivo masculino) en sus presentaciones cuando se hizo necesario usar sustituciones. Aun así, en castellano, el término "hombre" es usado en ambos sentidos: como término genérico para Homo Sapiens y como término que denota un adulto masculino.

Esto ha dado cabida a muchas discusiones controvertidas acerca de como evitar el uso de una palabra que pudiese sonar como sexista en los oídos de algunos lectores. Nuestro propósito es mantener el lenguaje tan cercano al original como sea posible, mientras que sea claro acerca del significado exacto, a fin de evitar confusiones.

En "Garner's Modern American Usage", University Press, Oxford, 2003, page 717, Bryan A. Garner escribe "Pero ¿es necesario para evitar lenguaje potencialmente sexista usar complicadas construcciones come el/ella? Seguramente no, ya esto también distraería a muchos lectores. Lo que se debe tratar de hacer, si se quiere que los lectores se enfoquen en las ideas presentadas y no en el subtexto político, es usar un lenguaje que ni siquiera mencione el tema". Y agrega: "La manera tradicional ha consistido en usar los pronombres masculinos para referirse tanto a hombres como mujeres".

Siguiendo la misma línea de razonamiento, hemos decidido incluir esta nota de aclaración con la esperanza de que los lectores se enfoquen

Beinsá Dunó, en lugar de ser distraídos por la forma de algunas palabras. Cuando fue apropiado, hemos reemplazado "hombre" por "uno", "alguno", "persona" o "individuo". Pero no ha sido siempre posible hacer estos cambios sin cambiar el significado de las Palabras dichas por el Maestro.

Por lo tanto, salvo cuando nos referimos específicamente a una persona del sexo femenino, el pronombre genérico masculino será usado principalmente en este libro para referirse a ambos sexos. Similarmente, "Hermanos de la Luz" se refiere a Seres de consciencia sublime, y "Hermandad" implica una Confraternidad de hermanos y hermanas en una comunidad espiritual, o personas viviendo en forma comunitaria en amor y harmonía.

Otro tema que puede llevar a confusiones en la lectura de las palabras de Beinsá Dunó es el relacionado con el uso de la palabra "raza" que es mencionada en varios contextos. Esta palabra esa comúnmente usada en esos tiempos como un sistema de clasificación que categoriza a los seres humanos en grupos de población grandes y distintos. Aún cuando esta palabra es todavía usada en la actualidad, es comúnmente reemplazada con otras palabras menos cuestionables.

De acuerdo con el Maestro hasta el presente han existido cinco etapas (o razas) en la civilización humana. El Maestro explicó que en cada una de esas etapas cada grupo diferente fue caracterizado por ciertas cualidades. El creía que la "sexta etapa", que el llamó "la nueva época del Amor", está cerca e incluirá personas avanzadas de todas las naciones, razas, etnicidades y grupos sociales. El llamó a la gente de esta época del Amor "la sexta raza".

Nosotros hemos reemplazado, cuando fuera posible, la palabra "raza" por otras palabras. Aún así, en algunos pasajes esto era difícil de realizar sin alterar el significado del mensaje del Maestro, que siempre se enfoca en unir a todos los seres humano es el Amor.

Introducción

Y la luz brilló en las tinieblas,
y las tinieblas no pudieron contra ella.
Juan 1:5

Pétar Konstantínov Dánov, también conocido como Pedro Dánov, nació el 11 de Julio de 1864 en el pueblo de Nikolaevka, en Bulgaria. A la edad de 24 años viajó a los Estados Unidos de América para cursar estudios graduados, recibiendo títulos en medicina y teología. Dos años después de su regreso a Bulgaria, a la edad de 33 años, Pétar Dánov recibió la llamada de Cristo a impartir Sus Enseñanzas y en este punto tomó el nombre espiritual Beinsá Dunó.

El Maestro Beinsá Dunó comenzó a dar clases a un reducido grupo de seguidores. El predicó la Enseñanza Divina de que el Amor da Vida, la Sabiduría da Luz, y la Verdad da la Libertad.

Eventualmente, sus seguidores aumentaron por miles en Bulgaria y el extranjero, y en 1927 fundó un asentamiento para su comunidad de seguidores cerca de la capital de Bulgaria, Sofía. El Maestro llamó a dicho asentamiento "Izgrev", que significa, "Alborada". Ahí vivió entre sus estudiantes y fundó una escuela esotérica para jóvenes. También proveyó clases esotéricas para adultos. Dio clases diarias a sus discípulos, y sermones dominicales abiertos al público.

La música ocupaba un lugar especial en la vida de la comunidad. El Maestro era un gran músico y compositor que creó numerosas canciones y melodías espirituales que interpretaba con su violín. La interpretación con instrumentos musicales y los cánticos formaban parte integral de las actividades diarias de la comunidad.

Él introdujo la Paneuritmia como un método para el desarrollo espiritual y la evolución continua de la humanidad. Es un sistema de movimientos meditativos, acompañados por música, que se interpretan al aire libre, durante los meses de primavera y verano.

Beinsá Dunó alentaba a sus seguidores a conectarse con las fuerzas regenerativas de la Naturaleza de muchas maneras. Esto incluía saludar la salida del Sol, participar en la Paneuritmia, hacer otros ejercicios afuera y pasar tiempo en las montañas, donde las fuerzas cósmicas pueden ser recibirdas en su estado más puro.

El Maestro nunca dejó de tocar los temas ordinarios de la vida. En sus clases dedicó un lugar especial a la nutrición, las causas de las enfermedades, el propósito del matrimonio y la paternidad, y la educación de las generaciones venideras. Siendo que él vivió durante la época de la Primera y Segunda Guerras Mundiales, el Maestro pudo explicar las causas de esos acontecimientos, y ofreció métodos para evitar una mayor destrucción.

Después del bombardeo en Sofía, en enero de 1944, el Maestro se trasladó con un grupo de sus seguidores al pueblo de Marchaevo, cerca de Sofía. Aquí, el dio sus últimas direcciones y guía, resumiendo sus anteriores presentaciones, y predijo el futuro de la humanidad. Estas últimas palabras fueron tomadas en taquigrafía y presentadas por sus estudiantes más cercanos, Boyan Boev y Boris Nikolov, en el libro *El Manantial del Bien*.

La vida del Maestro Beinsá Dunó fue un perfecto de cómo vivir correctamente, y aún más importante, de cómo vivir las dos Grandes Leyes: amor a Dios y amor al prójimo.

El Maestro concluyó su vida terrenal en Sofía, el 27 de diciembre de 1944; con las últimas palabras: "Una pequeña tarea ha sido cumplida en el servicio de Dios".

Prefacio
Por Harrie Salman[1]

Este libro es una excelente compilación de enseñanzas espirituales modernas. Es un testimonio vívido de la misión del Maestro Espiritual Búlgaro Pétar Dánov, también conocido durante el último año de su vida como el Maestro Beinsá Dunó. Lo podemos ver viviendo como refugiado durante nueve meses al final de la Segunda Guerra Mundial en una pequeña casa, junto con algunos discípulos, presentándoles un resumen de su visión de una venidera Nueva Cultura de Hermandad y Amor. El los llevaba diariamente en caminatas en la naturaleza y contestaba sus preguntas, con palabras sencillas, mientras los instruía en los elementos esenciales de las Enseñanzas que él había traído al mundo.

Significativamente, Pétar Dánov, descubrió dos pequeños manantiales en la ladera frente a la casa donde se hospedaban. A uno lo llamó "Manantial del Bien" y al otro "Manantial de la Salud". Junto con sus discípulos construyeron piletas para el agua, e hicieron caminos hasta ellas. Los actos sagrados que hicieron que el "agua viva" estuviese disponible para los seres humanos tenía al, mismo tiempo, un profundo significado simbólico. La Enseñanza que el trajo desde la Escuela de la Gran Hermandad Universal es un Manantial de la nueva vida espiritual.

Antes que la humanidad pueda recibir la Nueva Cultura, debe primero atravesar un proceso de purificación. El Maestro explicó que esta es la razón detrás de las tribulaciones de siglo 20. Este proceso de purificación consiste en la erradicación de antiguo karma. A través del sufrimiento, pagamos nuestras antiguas deudas. El también indicó los caminos positivos para recibir la Nueva Vida a través del Amor.

Durante la fase final de la Segunda Guerra Mundial, Pétar Dánov dió nueva esperanza a la humanidad. Los problemas que debemos su-

---

[1] Harrie Salman es un profesor holandés de filosofía, sociología y estudios culturales que enseña en los Países Bajos, Rusia y la República Checa. El es el autor de nueve libros acerca de Cultura Europea, incluyendo: *The Healing of Europe; The Awakening of European Self-Consciousness, Searching for the Invisible City; A Spiritual Biography of Russia, and Rising of the Inner Sun: Rudolf Steiner and Modern Spirituality*.

perar son temporarios y forman parte de un estado inicial de la Segunda Venida de Cristo que, de acuerdo a él, comenzó en 1914. El regreso de Cristo es, de hecho, el tema central de la espiritualidad moderna, que llama a la humanidad a despertar y abandonar los viejos modos de vida.

Las palabras de Pétar Dánov presentan al lector de este libro con un moderno camino espiritual. Incluyendo nuevos cuidados para la salud, lo que podemos aprender de la Naturaleza, una nueva experiencia de música y danza sagrada (Paneuritmia), conocimiento de las reglas básicas de la vida humana, una nueva visión acerca de la educación de los niños, conocimiento de los frutos del Amor, y como trabajar para lograr un nuevo orden social basado en este Amor.

Entre los maestros de espiritualidad moderna, Pétar Dánov ocupa un lugar especial. El habló basado en una larga tradición espiritual de un país que produjo en el pasado otras dos escuelas místicas, la escuela de Orfeo y la de los Bogomilos (sequidores de un movimiento espiritual ascético establecido en el Reino búlgaro del siglo diez. Los Bogomilos fueron perseguidos por herejes tanto por la Iglesia Ortodoxa Oriental como por la Iglesia Bizantina.) De este modo, el presta una voz al anhelo por una comunidad humana real y al espíritu de unificación espiritual de la humanidad. La Enseñanza tiene como objetivo el preparar la humanidad para la nueva Cultura global de harmonía y unidad que será establecida en el futuro.

Durante los horrores de la Segunda Guerra Mundial, Pétar Dánov habló vehementemente en contra del bombardeo de ciudades desprotegidas y de la tendencia a justificar guerras en base a ideologías. El expreso su desaprobación de los fabricantes de armas que declaran nuevas guerras para mantener sus ganancias. Esto es aun cierto en nuestros tiempos. La gente debe trabajar para una Nueva Cultura de Amor y dirigirse hacia el Manantial del Bien, escuchando las palabras de Pétar Dánov: "Las buenas obras que ustedes realizan equivalen a sembrar un campo. Siembren y cosecharán. En este mundo, Dios no permite que ninguna bondad quede sin bendición".

Prólogo: a La Casa de Temelko

Y entonces llegó el día de los panes ázimos,
en el que se había de sacrificar el cordero pascual.
Y El envió a Pedro y a Juan, diciendo:
"Vayan y prepárenos la Pascua, para que podamos comer".
Ellos le dijeron: ¿Dónde quieres que la preparemos?
Él les respondió:
"He aquí, al entrar en la ciudad
les saldrá al paso un hombre con un cántaro de agua;
síganlo hasta la casa en que el entre.
Allí díganle al dueño de la casa:
El Maestro te manda decir:
'¿Dónde está la sala donde he de comer la Pascua con mis discípulos?'
Él les mostrará una sala en el piso superior; hagan allí los preparativos".
Fueron y lo encontraron tal como les había dicho,
y prepararon la pascua.

Lucas 22:7-13

Cuando los bombardeos aéreos sobre la ciudad de Sofía comenzaron en Noviembre de 1943, el Maestro ascendía a diario con un grupo de discípulos al Monte Vitosha, una montaña volcánica cerca de Sofia en Bulgaria. Se le veía meditabundo. Hablaba muy poco y pasaba todo el día allí. Cualquiera que fuera el clima, subía el monte con paso firme y constante. En profundo silencio, cumplía una tarea de gran importancia. El Maestro fue al monte cuarenta y dos veces. Cuando están infundidos por el Espíritu, los movimientos en el plano material pueden tener un poder extraordinario.

Cuando la destrucción asoló la ciudad y la gente se sobrecogió por el miedo, el pánico y el terror, el Maestro dijo: "Las condiciones para que las personas mantengan su comunión con Dios ya no existen en este lugar. ¡Vámonos de aquí!".

Lo dijo con pena y aflicción como si quisiera decir: "Ya no hay ni aire ni sol en este lugar. ¡Vámonos de aquí!".

Luego de un gran bombardeo ocurrido el 10 de enero de 1944,

Beinsá Dunó y un grupo de discípulos se retiraron a un pueblo cercano llamado Murchaevo, a la casa de un discípulo llamado Temelko. El
Maestro creó un pequeño mundo en el cual el cielo era limpio, el sol
brillaba y se podía respirar libremente. Las tormentosas olas rompían
en sus firmes costas y no tenían poder para interferir con la radiante paz
que reinaba allí.

En aquellos días de temor y sufrimiento, mucha gente encontró
allí refugio, apoyo, consuelo y ánimo. Ellos renovaban sus fuerzas sus
fuerzas para sobrellevar sus tribulaciones. Todo esto está condensado en
"El Manantial del Bien".

〰

La Gran Causa Omnisciente

Revélate a mí en Tus Caminos,
tal como es Tu Voluntad

Oración del discípulo

Había estado nevando durante unos cuantos días. Todo había desapare-
cido bajo la cubierta blanca. Las casas del pueblo casi habían desaparecido
también.

Cuando los caminos fueron paleados, los discípulos regresaron a casa
para el almuerzo. A pesar de la nieve, de nuevo había muchos invitados.
Después de almorzar, cantamos algunas canciones y luego salimos. El aire
era frío, limpio y revitalizador.

El Maestro respiró profundamente el refrescante aire, miró alrededor y
luego miró hacia el cielo azul. Descansó su mirada en las caras cansadas de
la gente y dijo:

Todo viene de Dios. La gente se pregunta: "¿Dónde está Dios?"
Dios está en el aire. A través del aire que entra en ti, Dios te da Vida.
Dios —la Suprema Causa Omnisciente— está en el agua, en la luz, está

en el pan. Ustedes habitan en Dios. Con la Luz, Él te ama y te acaricia. Dios se revela a través del Sol, a través de la fruta, pero nosotros no lo comprendemos. Cuando somos débiles, Él está en esa debilidad. A veces pensamos que somos muy independientes, cuando en realidad hemos entrado en Dios y lo que sentimos es Su Fuerza. Cada vez que pensamos que somos fuertes, Dios nos pone en el polo opuesto: debilidad. Pero cuando somos humildes, Él nos eleva. ¿Qué Mente es esta que provee cada sol en el Universo?

Existe una acariciante brisa silenciosa que llamamos "el Aliento de Dios". En cuanto a mí, el día sólo tiene valor si puedo ver a Dios, Quien está escondido en la Naturaleza.

〰

El Significado de la Vida

Esta mañana subimos al alto pico cónico arriba del pueblo, junto con nuestro amado Maestro. La nieve estaba suave y blanda; era la primera nieve del invierno. Cuando llegamos a la cima, el Sol estaba apenas asomando por detrás de la cordillera. Calentaba y suavizaba el aire que aún estaba frio de la noche anterior. En la montaña reinaba una calma luminosa. Era uno de esos momentos en que la unidad y harmonía de los maravillosos misterios de la vida se hacen evidentes. Cuando la Gran Vida toca las almas humanas, reconcilia y borra todas las diferencias. El brillo del Única Vida envuelve y permea todo. Después que esparcimos todo lo que traíamos sobre la nieve, nos sentamos alrededor de nuestro amado Maestro. El Sol invernal brillaba tibiamente. Nos acariciaba como la suave mano de una madre.

El Maestro dijo:

La gente me pregunta si he ido al Más Allá. Yo no visito el Más Allá; yo vivo en él. Ellos preguntan, "¿Has ido a ver a Dios?", yo no he ido a ver a Dios; yo habito en Dios, y estudio a Dios en todas las cosas: en las piedras, las plantas, los animales, el agua, el aire, y la luz. Dios está presente en todo lo que vive. En lo más pequeño tanto como en lo más grande, yo puedo ver a Dios. Yo soy feliz y me regocijo cuando puedo escuchar la pequeña y suave Voz de Dios.

Ustedes esperan ver a Dios cuando mueran. Si ustedes viven una vida terrenal, cuando mueran, permanecerán en la Tierra. Algunas personas dicen que quieren ver a Dios. ¿Acaso no están ustedes viendo la manifestación de la Luz de Dios? Es la manifestación de los Ángeles, de Dios. De ahora en más, esfuércense continuamente en sentir la Presencia de Dios en todo momento y en todas las cosas. Cuando lleguen a la cima de una montaña por la mañana, vean a Dios allí.

Todo lo que está afuera de nosotros, todo lo que está adentro de nosotros, todo lo que nos rodea, representa una forma en que la Gran Causa Inteligente se manifiesta. Detrás de mí por encima mío, alrededor mío, está Dios. Mientras piensen en Dios, Dios está frente a ustedes. Tan pronto como ustedes dejan de pensar en Dios, Dios está detrás de ustedes. Es mejor que Dios esté frente a ustedes. En los momentos de nuestras mayores tribulaciones, sufrimientos y dificultades, Dios se manifiesta a cada persona de un modo u otro y le provee ayuda. Estar en comunión con las rocas, las plantas, los animales, el viento y toda la Naturaleza es un privilegio para ustedes. ¿Por qué? Es por que todas las cosas se originan en Dios. Cuando las personas viven dentro de la Esfera Divina, ellas ven a Dios en todas las cosas y en todo lugar. Una vez que salen de esta Esfera, comienza la confusión.

Cuando hablo de Dios, me refiero a lo Sagrado, la Realidad Única, que puede ser experimentada en cualquier lugar. Si ustedes Lo buscan, Lo experimentarán en las personas así como en los animales, las plantas, el aire y el agua. Haz que todos entiendan que el Dios del que ustedes hablan no fue heredado de sus abuelas o abuelos, háganles saber a todos que ustedes han tenido una gran experiencia, y que su Luz interior es el resultado de esa experiencia.

Vivir para Dios y ver Su Vida en todos los seres, aun entrando en la consciencia de una hormiga, es realmente bello. Mientras estén en la Tierra, ustedes no pueden entender esto, pero cuando ustedes estén en el Mundo Sublime, el Mundo de la Consciencia, ustedes lo entenderán.

Ver a Dios significa esforzarse en dirección a la Suprema Ley Eterna que rejuvenece a los seres humanos y les da nueva vida, y que les trae luz y calor.

Si la gente considera un privilegio el encontrarse y conversar con un gran poeta o filósofo, ¿cuánto más grande es el privilegio de tener una oportunidad de ver a Dios? ¿Saben lo que significa ver a Dios? Este es el significado de la Vida. Conectarse con la Suprema Inteligencia es una cosa maravillosa.

Ustedes primero encontrarán a Dios en las cosas más pequeñas, en los cristales, en los manantiales, en las flores, y sólo más tarde en las cosas grandes.

Hay gente a la cual no le gusta cuando uno les habla de Dios. Pero aun así, cuando ustedes encuentran este tipo de gente, ustedes verán que ellas tienen necesidad de Dios. Díganles, "Tu nunca te expones a la luz y como consecuencia estás débil y anémico". No les hablen de Dios. Después de eso, díganles "Necesitas aire fresco. Respira profundamente, de otro modo te enfermarás". En otra ocasión díganles, "Tu sangre está impura. Necesitas mejorar la comida que comes, de otro modo te enfermarás".

La gente percibe a Dios como una abstracción. Y aun así, Dios es la Única Realidad. El aire y la luz son los medios por los cuales podemos tener acceso inmediato e ilimitado a Dios.

≈

La Vida es la Manifestación Musical de Dios

Los almuerzos con el Maestro eran tomados en comunidad, y comúnmente terminaban con cantos. Cantábamos todos juntos. La harmonía provenía de los diferentes tonos de voces. La música le da a los seres humanos la oportunidad de concentrarse y enfocarse, de sentir la gran harmonía de la vida.

El Maestro dijo:

Se dice que Dios creó a los seres humanos en su imagen y semejanza. En este caso, los seres humanos representan un Libro Divino. Estudiando a los seres humanos, uno puede llegar a entender a la Naturaleza.

Ustedes no pueden amar nada que no sea Divino. Aun las cosas que ustedes no comprenden les brindan alegría; pero las cosas que ustedes pueden entender no son más que la superficie de lo Desconocido.

Aquel que no comprende lo Desconocido no es un ignorante, pero aquel que no trata de investigar si lo es. Aun cuando ustedes investiguen lo Desconocido, este continuará siendo un misterio para ustedes.

La Gran Causa Omnisciente surge y se manifiesta a través de la multiplicidad. ¿Por qué quiso Dios crear el mundo? A fin de manifestarse a Si Mismo.

Ustedes no necesitan buscar a Dios en el Mundo que vendrá. El existe en este mundo también. Todos los seres están incluidos en El.

Cuando piensan en Dios, ustedes deberían sentir lo Sublime y experimentar la Vida en su totalidad. Estar en harmonía con Dios es comprender la Vida es su totalidad. Cuando ustedes están predispuestos de esta manera, ¿Cómo pueden decir que el mundo no es bueno?

Todo lo que Dios ha creado tiene valor, pero los seres humanos no aprecian lo que los rodea. La Esencia de la Vida es lo que crea las formas. Lo Desconocido es lo que crea. Lo conocido es el vehículo de lo Desconocido.

Sólo existe un Maestro en el mundo. Este es Dios, la Única Realidad a Quien pueden rezar los seres humanos, y de Quien todo es recibido.

Dios está interesado en cada ser humano. Este interés puede ser encontrado en nuestras mentes, nuestros pensamientos, pero su expresión se encuentra en nuestros corazones.

Alguien te debe algo, pero insiste que no es así. Pero dentro de sí mismo él sabe que es tu deudor, a pesar de todo lo que pueda decir en contra de esto. Lo mismo es cierto acerca de aquellos que niegan la existencia de Dios; en sus corazones, ellos saben que Dios existe.

La gente dice que nadie ha visto nunca a Dios. Esto es cierto en el mundo físico. Ustedes pueden decir que no han visto a Dios, y también pueden decir que no han visto a los Ángeles. Ustedes han visto a Dios y a los Ángeles, pero ustedes están ciegos. Eso es todo. Vendrá el día en que todas las personas en el mundo verán la manifestación de Dios.

Existe un infierno, pero Dios no ha creado este infierno. También existe el Paraíso, pero Dios no ha creado este Paraíso. Dios ha creado algo mucho más grande.

≈

Sean Perfectos

Alguien le preguntó al Maestro, "¿Cuál es la nueva manera de llevar a cabo el Trabajo de Dios?"
El Maestro explicó:

Nosotros necesitamos participar en el Trabajo de Dios; en otras palabras, nosotros debemos pensar, sentir y actuar tal como Dios lo hace. Necesitamos trabajar con la Naturaleza de un modo nuevo, tal como Dios trabaja. Él trabaja en un modo completamente perfecto.

Dios se toma su tiempo; nosotros debemos ser pacientes. Dios todo lo sabe; nosotros debemos ser sabios. Dios es todo amor; nosotros debemos amar. Dios es todo poderoso; nosotros debemos ser fuertes.

Dios es quien nos da el impulso para pensar y trabajar. Si te sientes bajo de ánimo, Dios te levanta. Estás desesperado y quieres morir; Dios te da el impulso para vivir. No quieres trabajar; desde adentro tuyo Dios dice: "Levántate y trabaja".

Yo aspiro a que mis pensamientos e intenciones estén de acuerdo con las intenciones de Dios. Yo no deseo que el clima cambie debido a mí, sino que acepto el clima que la Gran Causa Omnisciente ha ordenado.

¿Cuál es tu tarea? Desarrollarte y perfeccionarte continuamente. Dios es la manifestación continua de la Perfección, y los seres humanos son el continuo perfeccionamiento en camino a la Perfección. Este es el significado de las Escrituras, "Por lo tanto, ustedes deben ser perfectos como su Padre en el Cielo es perfecto" (Mateo 5:48). Los seres humanos necesitan corregir continuamente sus imperfecciones en el camino hacia la Perfección.

///

El Amor del Uno

Había días en que la casa del hermano Temelko se llenaba de visitas. La gente venía de la ciudad y de todas partes de la campiña. Todos querían ver al Maestro, hablar con él a fin de recibir instrucciones, aliento y consejos. El Maestro recibía a los huéspedes en forma privada o en grupos dentro de su pequeño cuarto, en donde los escuchaba y hablaba con ellos. Los almuerzos eran comunitarios, como si estuvieran en familia. El pequeño comedor se llenaba hasta rebalsar, y las hermanas servían la comida. Despues del almuerzo, habitualmente cantábamos algunas canciones y posteriormente el Maestro hablaba.

Un hermano le preguntó: "¿*Durante estos tiempos difíciles, que deben hacer los hermanos y las hermanas?*"

A lo que el Maestro respondió:

Estudien las clases y los sermones. Uno debe comenzar en el principio y luego aplicarlos. Cada Palabra es pronunciada bajo una conjunción particular de los planetas y del Sol. Nosotros estamos bajo la influencia de los cuerpos celestes: la Tierra, el Sol, y también el Sol central. Y cada posición de estos tres cuerpos celestes, tanto así como los demás, la Idea y la Palabra de Dios se manifiesta de un modo específico.

Luego, el Maestro explicó:

Dios le ha dado a todos los seres lo que es esencial. Aun así hay casos en que el alma humana pasa de un estado a otro. Durante estas etapas transitorias, tristeza y oscuridad pueden penetrar la consciencia humana hasta tanto el individuo entra nuevamente en la Consciencia Divina –en el Amor- dentro de la cual se encuentran la Luz y la Felicidad. Atravesar estas etapas transitorias es necesario para la evolución de una persona. Durante estas condiciones intermedias, la persona habita en el Amor, pero su conciencia obnubilada le impide ver la Luz. Por lo tanto, cuando ustedes están tristes, ustedes deben darse cuenta que están cruzando de un estado de su conciencia a otro. Este paso de la conciencia humana a la Divina siempre trae consigo algo nuevo. Algunos dicen "Yo experimento muchos sufrimientos". Cuanto más grandes y extensos nuestros sufrimientos, tanto más grande y poderosa nuestra subsecuente Felicidad y Amor. Esto puede ser verificado. No es una abstracción, sino que está científicamente comprobado.

Ustedes necesitan ver a Dios aun en las cosas más pequeñas. Cuando Dios creó al mundo, Él nos tuvo en Su Mente, Corazón, Alma y Espíritu.

Por lo tanto, nosotros debemos mirar a todo el mundo de la Creación como a un sagrado acto de Amor, y estar listos para realizar todo sacrificio por nuestro Creador.

Cuando todos te abandonan y tú estás solo, tú debes entender que hay Uno que permanece contigo. Dios te dirá: "No estás solo. Mantén la calma: yo estoy contigo siempre". Ninguno de ustedes ha tenido esta experiencia de terrible soledad.

El único Ser que piensa en nosotros en todo momento, que nunca se olvida de nosotros, ni siquiera por un instante, es Dios, el Grande, hacia quien todos debemos dirigirnos.

La única finalidad del sufrimiento, la miseria de la vida, es llevarnos a experimentar el Gran Amor de Dios y llegar a saber que la Providencia nos librará de todos los sufrimientos y las miserias de esta vida. Esto lo entenderemos completamente en el fin de los tiempos.

Todas las pruebas por las que pasas en el presente ocurren solamente con la finalidad de que puedas llegar a conocer a Dios, la Causa Primordial. Y cuando llegues a conocerlo a Él, la Felicidad aparecerá.

Algunos piensan que han sido abandonados. Esto es una equivocación. Nadie puede quitarlos de la Conciencia Divina. En el momento en que uno piensa que es un ser separado, allí crea su propia adversidad.

Aquellos que están unidos a la Divinidad tienen una cualidad característica: no tienen miedo. No consideran que es lo que les puede suceder, o lo que otros puedan pensar acerca de ellos. Nuestra fuerza reside en nuestra fe en el Orden Divino. En el exterior, Dios se retira de nosotros a fin de no estorbarnos, pero en el interior El entra en nosotros a fin de darnos fuerza y coraje. Existen muchas calamidades en el mundo. Las personas experimentan caídas y progresos por igual. Pero independientemente de la situación en que ellos se encuentren, Dios mantiene la misma relación con ellos. Si mueres, Dios te da una bendición. Haces algo incorrecto, aun así Dios te da una bendición.

Tanto los sufrimientos como la felicidad provienen del Amor de Dios. ¿Por qué? Ustedes no entienden Su Amor; y al no entenderlo, atraviesan por el sufrimiento. No existe mayor felicidad que darse cuenta de que estas vivo, de que existe Uno que te ama. Él te dice desde adentro: "No tengas miedo, yo arreglare todo para ti. Ya llegará el día en que recibirás mi bendición".

Si ustedes pudieran ir a uno de los Mundos Elevados, allí encontrarían muchos que los aman y que están enviándoles a ustedes sus buenos pensamientos y sentimientos.

Aquellos que comprenden el Amor de Dios nunca preguntaran quien es Dios.

Si ustedes acumularan todo el amor de la humanidad -de todas las santas, buenas y honradas personas, de todos los Ángeles y Divinidades celestiales- su amor representaría solo una pequeña parte del Amor de Dios.

Yo digo, "Benditas son las personas, ya que Dios las ama". He aquí vuestra adversidad: ustedes no son conscientes del Amor de Dios hacia ustedes. Hay una cosa que se espera de ustedes: que se den cuenta que Aquel que los ama hace todo por el bien de ustedes.

El Amor de Dios se centra en su entrega constante. A esto lo llamamos "influjo". Cuando el proceso opuesto se lleva a cabo, la vida no tiene sentido. Mientras este "influjo" de Su Vida hacia la nuestra ocurre, nos encontramos felices y llenos de vida.

¿Por qué Dios los ha creado a ustedes? A fin de tener alguien a quien amar. ¿Por qué estamos en la tierra? A fin de que podamos aprender a amar a Dios. En cuanto los seres humanos no se encuentren conectados a Dios, ellos son como náufragos en una isla desierta.

Solo el Infinito puede cerrar la puerta a las fuerzas negativas, la puerta que permite la entrada a estas condiciones.

La grandeza de Dios no se centra en la creación de los soles y las galaxias. Esto El lo puede hacer en un instante. Y aun tú estás triste: todos te maltratan. Tú necesitas una pequeña ayuda. Todos los que pasan a tu lado dicen "Esta persona no sirve para nada". Aun así Dios, el Creador del Universo, interrumpe Su Trabajo, desciende sin ser visto, y te dice al oído: "No temas, No pierdas el ánimo. Yo te ayudaré. Hoy mismo arreglaré tus asuntos". Y en ese momento tú experimentas una explosión de alegría. Estas son las grandes cosas que Dios hace. Esta es la gran Verdad.

Yo hable del Dios que visita a los seres humanos en sus corazones rotos y tristes. El levanta al caído hasta la cima de la Conciencia Divina a fin de que ellos, como todos, respiren aire puro y absorban la Luz Divina.

Cada ser es una forma única a través de la cual la Conciencia Divina se manifiesta. Por lo tanto, Dios cuida de cada forma del mismo modo que El cuidaría de una delicada flor, a fin de que la Divinidad se manifieste a través de ella.

¿Que significa "Gozo Eterno"? El Gozo Eterno es la suma de un número incontable de pequeñas bendiciones que fluyen continuamente como un manantial de pequeñas gotas que salen una tras otra sin ninguna interrupción.

El Altísimo tiene una cualidad particular: a aquellos que lo odian, El los atrae con mayor intensidad.

El mal en el mundo se debe a nuestra falta de comprensión de las condiciones en las que nos encontramos. Dios no está enfadado con nosotros por nuestros errores. Ellos le ofrecen a Él la oportunidad de demostrar Su Misericordia hacia nosotros y ayudarnos a corregirlos. Cuando unos cinco o seis años hayan pasado, ustedes comprenderán las consecuencias de sus errores y los enmendarán.

Por ejemplo, consideren una persona que construye una bella casa y se la alquila a unos inquilinos que la destruyen en menos de un año. Yo interpreto esto de la siguiente manera: Dios ha creado el fundo perfectamente, pero nosotros lo arruinamos y luego buscamos la causa fuera de nosotros, en lugar de buscarla en nosotros.

La Ley dice: Dios ama a todos los seres de la misma manera. Pero no todos se benefician de Su Amor. Algunos son conscientes de esto, y otros no lo son. Dios ama a los seres humanos tanto como ama a los Ángeles, pero hay una diferencia: los Ángeles son conscientes del Amor de Dios y están abiertos para recibirlo, mientras que los seres humanos no están siempre conscientes de ello.

Consideren esas personas necias que construyen una casa, pero colocan solamente una ventana en ella. Otros construyen una casa con grandes ventanas por las que entra abundante luz. Ustedes pueden decir, "Mira como esta persona está bañada en la abundancia". Esto se debe a que sus ventanas son más grandes. La cantidad de luz y aire que entrarán depende del tamaño de la ventana que abran. Las bendiciones de Dios –la luz y el aire- entrarán de propio acuerdo ni bien abran las ventanas. Pero aun así, entraran solamente en proporción a la capacidad permitida por la ventana que ustedes abran. Del mismo modo, ustedes recibirán el poder y las bendiciones del Mundo Divino de acuerdo con cuan abiertas estén las ventanas de su alma y su consciencia.

Las bendiciones de Dios permean a todos los seres. Los seres inferiores no pueden contenerlas, ya que ellas rebasarían su capacidad. Nosotros debemos estar aquietados como la superficie calma del agua, a fin de que la imagen de Dios se refleje en nosotros. Si Él se refleja en nosotros, conseguiremos progresar. Si la imagen de Dios no se refleja dentro de nosotros permaneceremos tal como somos. Nosotros necesitamos ser puros para que la imagen de Dios se refleje en nosotros. Paz y pureza son las dos condiciones necesarias para que la imagen de Dios se refleje en nosotros. Mientras no creamos en Dios, no seremos capaces de recibir Su Amor.

Dios no permite que aquellos que son ciegos repartan Su Luz. Dios retira sus dones de aquellas personas necias a fin de que otros les retiren su confianza y no sean engañados. Dios colocará al necio en el lecho, de modo que no pueda abusar de la confianza de los otros.

A veces la gente piensa que Dios está enojado con nosotros. Pensamos que Dios está enojado cuando, en realidad, los enojados somos nosotros. Vemos nuestra imagen en Dios y decimos que el está enojado con nosotros. Abandonen esta idea errónea. Dios no es un dios irascible. Dios es el Dios del Amor. Cuando nosotros nos enojamos, pensamos que Dios también se enoja. Este es nuestro error. Cuando Dios te reprende, este castigo es Su lección para ayudarnos a volver al camino correcto.

Yo les diré una gran Verdad: a todos los seres, Dios les manifiesta su Amor de un modo específico. El Amor de Dios hacia cada ser es específico.

///

Comida Pura e Impura

Algunos de los hermanos preguntaron acerca de la comida. El Maestro respondió:

Existe la posibilidad de que tropecemos en nuestro desarrollo si no sabemos cómo comer, cómo beber agua, cómo respirar y cómo asimilar la comida. Los seres humanos tienen un sentido interno que les indica que tipo de comida deben ingerir; y si ellos permiten que este sentido los guie, elegirán la comida correcta. Uno puede reestablecer este sentido cuando uno vive una vida de pureza.

¿Por qué uno no debe excederse en las comidas? Es porque una gran parte de la energía del cerebro pasa al estómago y esto implica que el cerebro no puede completar su trabajo. Cuando uno se excede en la comida, uno malgasta una gran parte de la energía del cerebro para usarla en el estómago. Es necesario tener una cierta reserva de energía para el cerebro.

Al consumir comida vegetariana uno se purifica. La carne contiene más toxinas y hace que la persona se convierta en más primitiva. Cuando los animales son sacrificados, el miedo que ellos experimentan crea terribles toxinas en sus organismos. Las personas que comen esas carnes asimilan esas toxinas, lo que resulta en la aparición de enfermedades, especialmente neurastenia. Una de las razones de la existencia de enfermedades es la matanza indiscriminada de los animales.

Aquellos que quieren unirse a la nueva era del Amor necesitan, a través de la convicción interna, dejar de comer carne. Los seres humanos necesitan recrear su organismo. De caso contrario continuaran viviendo con instintos animales por largo tiempo.

Cuando el agua hierve se lleva a cabo un proceso de expansión. Esto resulta en la liberación de prana –electromagnetismo- lo que hace que el agua sea asimilada más fácilmente por los seres humanos.

Es muy interesante observar como la Inteligencia Natural purifica el agua. Cuando se evapora y sube a los niveles más altos de la atmosfera, el agua se descompone creando hidrógeno y oxígeno. De este modo se revitaliza completamente. Después de esto, el hidrógeno y el oxígeno se recombinan a través de la electricidad. El agua muere y renace (tal como lo hacen los seres humanos) a fin de ser renovada.

Cuando sostenemos un pedazo de pan en nuestras manos, debemos llenarnos de gratitud por el sacrificio que él ha hecho. Contemplando a través de la introspección se debe decir "Yo deseo sacrificarme tal como lo hace el pan".

Cuando comes una manzana, llénala de amor, siente empatía por el árbol donde creció, y tu alma entrara en contacto con los Seres Avanzados que trabajaron en su desarrollo. Si tú amas la manzana y la recibes dentro tuyo, tu mejoraras tu energía más que si hubieras trabajado en ti mismo por un año.

〰

El Manantial

No muy lejos del pueblo había un manantial de aguas minerales. El abundante agua serpenteaba desde el. El agua era tibia, suave y sabrosa. El Maestro bebió de ella, y hallándola excelente, la recomendó a los demás. Había unos hermosos prados en las laderas cubiertas de jóvenes árboles que rodeaban el manantial. Nosotros íbamos allí frecuentemente en compañía del Maestro. La campiña era sencilla y agradable. El pasto crecía, las hojas de los árboles se desplegaban, y las flores se abrían, cada una a su debido tiempo. Los pájaros cantaban y la vida latía con su ritmo medido y constante.

Los pensamientos del Maestro eran una traducción del Gran Libro de la Naturaleza. Dentro de él, el Único Ritmo Eterno de la Vida Única se manifestaba.

El Maestro dijo:

Lo que más hace que nos regocijemos es Dios. Todo lo que te inspira es Dios. Lo que te brinda vitalidad, ánimo y fuerza en cada momento es Dios. Dios está presente en todo esto.

Una Gran, Sublime idea solo puede nacer de la interacción de dos Seres Inteligentes. Esta es la Ley. Debemos tener una conexión con Dios a fin de que una Idea Sublime crezca en nosotros. Todos los pensamientos que fluyen en nuestra mente, todos los sentimientos y deseos que fluyen en nuestros corazones, provienen de un gran Manantial. Este es el Espíritu Divino. El Manantial del Espíritu Divino se nutre de un Manantial que es todavía más grande, y que es el Manantial del Absoluto Desconocido, el Espíritu de la Creación.

Cada pensamiento que trae la Esencia del Amor al alma humana, proviene de Dios. Cada pensamiento que trae la Luz de la Sabiduría proviene de Dios. Cada pensamiento que trae la Liberación de la Verdad al alma humana, proviene de Dios.

Todo lo que no proviene de Dios lleva en si mismo veneno y muerte. Esto se debe a que todo aquel que no recibe el Pensamiento Divino experimenta sufrimiento y muerte. A través de todos los Ángeles, de todos los Seres Avanzados, se manifiesta el Amor de Dios, pero en distintas proporciones. Por lo tanto, el Amor proviene de una Fuente, de Un Centro.

Si ustedes desean ir a donde está el Amor, ustedes deben ir al Manantial Eterno: Dios. Nosotros no podemos conocer el Amor si no es a través de Dios.

Ustedes son una puerta a través de la cual Dios entra a enseñarles como amar. Él es el único que puede enseñarles como amar. Acepten ser enseñados por El Único. En las Escrituras dice: "Dios es nuestro Maestro". En Juan 3:2 dice: "Y este hombre se acercó a Jesús y le dijo, 'Maestro, nosotros sabemos que Tu eres el Maestro venido de Dios, ya que nadie puede hacer lo que tú haces si Dios no está con El'". Aquel que permite que Dios le enseñe será vestido en los ropajes más hermosos.

La vida de la persona que está de acuerdo con la Ley Divina es pura poesía, música y canción. Esa persona es valiente, resuelta y llena de sentimientos nobles y sublimes. Si uno se aleja de esta Ley, se llena de temores, con preocupaciones acerca de todo: miedo a lo que la vida le traerá, miedo de envejecer y no tener recursos suficientes etcétera.

Sean conscientes hasta de los más minúsculos impulsos. Los pequeños pensamiento y sentimientos que se manifiestan en ustedes, esos, vienen de Dios.

¿Donde esta Dios? Dios está en todos esos lugares en donde el Amor, la Sabiduría, la Verdad, la Vida, el Conocimiento y la Libertad están presentes. Su Presencia nos da la más hermosa experiencia del Espíritu. Nos refresca y nos eleva.

Algunas personas dicen: "Deja que Dios arregle el mundo". Dios ha puesto Su Palabra en los corazones de las personas, y haciendo esto Él ya ha arreglado el mundo. Ahora lo único que resta es que lo que Él ha escrito dentro de los seres humanos se manifieste.

≈

Unidad en el Amor

El Maestro dijo a sus discípulos:

Muestren gratitud y apreciación a todos aquellos que los ayuden. El Amor viene de Dios. Aquellos que los aman, son transmisores del Amor de Dios. Es posible que alguno se vanaglorie de haberles hecho un favor, de haber realizado una obra de bien hacia ustedes. Esa persona no está diciendo la verdad.

Cristo nos dice: "Yo he venido del Cielo no para hacer mi voluntad, sino para hacer la voluntad de Aquel que Me envió" (Juan 6:38). Dentro de ustedes hay una confusión, una falta de realización. Esto se debe a vuestra falta de comprensión de que el Amor es unido, no dividido.

Creer que dos o más personas te aman es ingenuo. En el mundo soló existe Uno que te ama, no hay otros. Algunos piensan que hay muchas personas que los aman: su padre, su madre, hermanos, hermanas y amigos. En realidad, esto no es así. Si ustedes piensan que muchas personas los aman, es solamente porque aparenta ser así. Ustedes son solamente amados por Uno: Dios. Tan pronto como Dios comience a amarte, todos te amarán.

Hay una historia acerca de dos jóvenes que se amaban. Después de vivir juntos por diez años, el hombre se dio cuenta que su pareja estaba comenzando a ver sus debilidades y estaba empezando a criticarlo. Entonces él se disfrazó como un hombre joven y comenzó a coquetear con ella y a escribirle cartas de amor. La mujer le dijo a su esposo: "Yo conozco hombres que son refinados y nobles de carácter". Él estuvo de acuerdo y aceptó que él no era tan refinado. A veces, en su disfraz, le decía a su esposa "Tu esposo es un muy buen hombre. Ámalo".

A través de todos los que te aman, hay Un Ser que es el único que te ama. Este es Dios. Siendo que el amor es indivisible, cuando alguien trata de dividir el Amor, nace el sufrimiento.

Como seres humanos nosotros pensamos, sentimos y obramos, pero debemos darnos cuenta que es Dios quien trabaja desde adentro nuestro. Si, aunque sea por un segundo, nos permitimos pensar que nosotros estamos realizando todo, nos encontraremos en el camino equivocado.

Alguna persona realiza algo e imagina que es el autor de todo. Aun así, basado en piedad fingida, esta persona dice "Dios lo ha hecho". No. Es necesario ser honesto y admitir para consigo mismo que Dios es quien está trabajando dentro de uno. Una persona puede ser comparada con un cartero que abre su bolsa de distribución, saca una carta y te la entrega. Cuando él llega a otro lugar nuevamente abre la bolsa y entrega otra carta.

Así es como debemos servir a las personas. Ustedes pueden pensar que llevando las cartas y entregándolas se irán empobreciendo. ¡No! Al contrario, se irán enriqueciendo. Ustedes llenan la bolsa con cartas y son ricos. Cuando ustedes entregan las cartas, ustedes se empobrecen a fin de poder llenar la bolsa nuevamente. Al entregarle una carta a las personas que aman, ustedes harán amistades. Ustedes no han escrito las cartas, ustedes solo las reparten.

Frecuentemente decimos "Mi amor". Es importante regresar al Amor que unifica, el Amor de Dios, a fin de permitir que este Amor se manifieste a través de nosotros. Nosotros debemos ponernos en contacto con el "aire puro" no con el "impuro". Cuando digo "aire puro" me refiero al Amor Divino que todo rodea. Cuando digo "aire impuro" me refiero al amor limitado.

En este momento Dios quiere algo de nosotros. Él no lo exige a través de la Ley. Nosotros debemos descubrir que es lo que Dios nos está pidiendo.

Cuando aman a alguien, ¿no desean saber acerca de cómo son ellos?

Dios, quien ha venido a amarnos, se acomoda para hacer las cosas en nuestros propios términos. Desde hace miles de millones de años hasta ahora, Dios es el que se ha acomodado a nuestros requerimientos. Tal como Él se ha acomodado, nosotros debemos acomodarnos hacia Él.

Así es como esto sucederá: uno debe tener una mente excelente a través de la cual Dios se pueda manifestar, un corazón excelente a través del cual Dios se pueda manifestar y un alma excelente a través de la cual Dios se pueda manifestar.

Ustedes aman a una persona por su mente clara. Esto es un tercio de la verdad. Ustedes aman a alguien por su corazón. Esto es también un tercio de la verdad. Cuando ustedes manifiesten el Amor Divino, este engloba todas las cosas. En este caso, ustedes aman a la Divinidad, Dios, dentro del ser humano.

〰

La Frontera entre Dos Eras

El Maestro acostumbraba salir a caminar todas las mañanas, acompañado de sus amigos. Independientemente de cómo estuviese el clima, el no perdía una oportunidad de salir. Él amaba estar al aire libre, en el sol. Él se movía rápido y ágilmente. Él siempre estaba atento a las maravillas de la belleza que nos rodea. A veces, durante estas caminatas matutinas, el Maestro respondía las preguntas que surgían. En una de esas salidas surgió una pregunta acerca de evolución e involución. El Maestro respondió:

La involución consiste en alejarse de Dios, y la evolución es regresar a Dios. La involución es dejar su hogar e ir al trabajo. La evolución es regresar al hogar con las experiencias adquiridas. Descender es moverse en dirección de las tinieblas, mientras que ascender es moverse hacia la Luz.

La historia de la caída de los seres humanos es uno de los grandes misterios de la Vida. Esta historia contiene un sentido simbólico que se centra en el concepto de la involución. Se refiere al tiempo en que los seres humanos estaban con Dios y habitaban entre los Ángeles. Solo los seres humanos querían bajar a la Tierra a fin de aprender. La humanidad bajo a la Tierra a fin de estudiar, y cuando se enfrentaron con condiciones desfavorables, ellos comenzaron a pensar en su Padre, Dios.

Dios comprende la naturaleza humana y por esto El no hizo inmortales a los seres humanos, permitiendo que aquellos que no cumplan Su Voluntad envejezcan. Cuando El envió a los seres humanos a la Tierra, Dios comenzó a retirarle lo que ellos poseían. Esta es una consecuencia del proceso involutivo.

Mientras que ustedes estaban fuera del mundo material, ustedes eran idealistas: ustedes se esforzaban en la dirección de Dios, hacían sacrificios y compartían todo. Aun así, cuando descendieron hacia el mundo material, ustedes se olvidaron de todo. En el proceso de descenso ustedes perdieron algo. Ustedes necesitan volver al estado en que se encontraban en el Comienzo.

Desde los comienzos, muchos seres han perdido su sublime Vida primordial. El infinito Amor de Dios continuamente trata de permearlos a fin de poder reestablecer la Vida y la Luz que ellos han perdido. El Amor desea despertar a todos aquellos que están dormidos, volver a la vida a todos los que están "muertos". La Historia guarda silencio acerca de las causas que hicieron que estos seres perdieran su Vida sublime. Ellos experimentaron una gran catástrofe. Su vida es una gran tragedia. Existen muchas leyendas acerca de las razones detrás de esta tragedia. Toda la humanidad vivió esta tragedia.

Una nueva era se avecina para la humanidad en la cual el Mundo Inteligente les mostrara a las gentes el modo en que ellas podrán retornar a su Vida primordial y mantenerse en pie en tierra firme. En el presente, la mayoría de las gentes viven en medio de ilusiones.

Durante el proceso de involución (o sea durante el descenso hacia el mundo material) las almas materializadas descendieron, atravesando gran resistencia, dentro de la materia de la Tierra. Durante el proceso de descenso se genera una cantidad considerable de energía. Este es el camino más difícil, el camino de la Sabiduría. Aun cuando las Enseñanzas del Amor, o sea el camino de ascensión o de evolución, le han sido ensenadas a las gentes, ellos continúan caminando por el camino más difícil.

Los Devas, los Ángeles, se mueven por el camino más fácil, el camino que presenta la menor resistencia. En otras palabras, los Ángeles se mueven por el camino del Amor, mientras que los seres humanos se mueven por el camino de la Sabiduría. Hasta hace poco, la humanidad todavía estaba descendiendo. A medida que los humanos comiencen a ascender, ellos encontraran a los Ángeles y los conocerán.

En el presente nos encontramos en el tiempo de transición entre la involución y la evolución. Ya que el descenso esta seguido por el ascenso, en el borde de las dos eras, en el periodo de transición, es donde existe la mayor resistencia, el mayor sufrimiento. Este es el motivo por el cual hay tantas demoras y obstáculos en el presente tiempo. Aun así, cuando el proceso evolutivo comience, las fuerzas se orientaran hacia arriba. No habrá más obstáculos.

Los métodos de desarrollo de las naciones Orientales fueron buenos durante un tiempo, pero ahora no pueden ser aplicados tal como lo fueron en el pasado ya que nos hallamos al comienzo del proceso evolutivo y no estamos más en el involutivo, cuando estos métodos fueron desarrollados. Los métodos usados por la filosofía Hindú en el pasado son involutivos. Ahora es necesario dar a las naciones Occidentales métodos evolutivos.

En la frontera entre la era involutiva y evolutiva esta Cristo. Su venida anuncia el comienzo de la era evolutiva. Aun así, la mayoría de las personas continúan descendiendo, o sea que aún se encuentran en el camino involutivo. De este modo no podrán resolver sus problemas. En este caso es necesario otro impulso hacia arriba, en la dirección del Sol.

Existen tres categorías de almas. Las que están descendiendo se hallan en el proceso involutivo, las que están ascendiendo se hallan en el periodo evolutivo, y la tercera categoría consiste en las almas que se han detenido en una posición. Estas almas están en el punto más bajo de su desarrollo, siendo que aún no han comenzado a ascender.

En vuestro camino de ascenso, si llegan a encontrar almas que se han detenido, y entran en contacto con ellas, ellas absorberán energía de ustedes haciéndoles perder su velocidad. También hay seres con los que ustedes caminan de modo paralelo. Y aquí surge la pregunta de almas relacionadas. Ustedes deben ayudar a otros, pero sin comprometerse íntimamente.

¿Por qué es necesario que uno descienda y se hunda en el mundo material? De este modo nos cubrimos capa tras capa, cada una más densa que la anterior a fin de ganar experiencia. Después de esto, comenzamos nuestro ascenso cubriéndonos de formas que son cada vez más sublimes. El último movimiento será hacia arriba.

Aquellos que no quieran conectarse con Dios serán empujados por las mareas fuera de las corrientes predominantes en el Día del Senior, en donde ellos deberán esperar hasta otro periodo de ascenso. En otras palabras, ellos deberán esperar por la próxima Ola.

Todos aquellos que están ascendiendo hacia Dios entraran en el Cielo, mientras que todos los que están en el otro periodo se mantendrán en el descenso, fuera de Dios. Por un tiempo las puertas permanecerán cerradas para ellos.

Debido a que al comienzo de este discurso se había mencionado a Cristo en relación con el comienzo de la evolución, uno de los hermanos le pidió al Maestro que dijese algo acerca de Cristo. El Maestro explicó:

Cristo es el transformador de la Energía que viene hacia nosotros desde Dios. Sin Cristo, nosotros no podemos ascender hacia Dios. ¿Por qué? Se ha dicho que Dios es un fuego que todo lo consume.

Para explicar este concepto podemos usar una analogía. La energía del Sol contiene vibraciones de tan alta energía, que si viniese directamente a la Tierra no podríamos tolerarlas. Este es el motivo por el cual existen varios transformadores entre el Sol y la Tierra a través de los cuales pasa la energía del Sol. Esto hace que nosotros podamos tolerar la energía del sol.

~~~

La Música – El Camino de los Logros

La música era una parte integral de la vida del Maestro. Era parte de su naturaleza. El Maestro trabajaba de acuerdo con las leyes de la música. Para el no se trataba solamente de la parte estética de los sonidos, sino que era la Vida misma. "La buena Vida es música", solía decir. El tocaba el violín y cantaba. Como parte de sus enseñanzas el introdujo muchas canciones que eran modelo de la nueva música. A veces nos ensenaba como cantar las canciones con su voz profunda y placentera, expresando todos los detalles. No solo su voz, sino también su expresión, postura, profundos sentimientos y unidad de pensamiento y emoción daban un poder inusual a cada canción. A veces el acompañaba el canto con gestos, los que revelaban en un modo más profundo el contenido de la canción.

En sus charlas y sermones, el Maestro hablo extensamente acerca de la música, revelando su profundo sentido y multifacéticas aplicaciones. Una vez el Maestro dijo:

Usen la música para su desarrollo espiritual, tal como lo hacen los Seres Avanzados en el Mundo Sublime. La nueva era del Amor que se acerca dará un nuevo impulso a la música. Si alguien desea causar el mal, toquen algo de música y esta persona desistirá. Despierten lo Divino dentro de las personas, y ellas escucharan su Voz.

Dentro de ustedes siempre está el deseo de que alguien los escuche cuando cantan. Estén seguros que ustedes han de tener la mejor audiencia. Los Cielos escuchan cuando ustedes comienzan a cantar. Desde lo Alto les proveen la mejor evaluación. No teman que no haya nadie en lo Alto que los escuche. Allí hay una audiencia que aprecia su canto.

Puede suceder a veces que ustedes no puedan reconciliarse con su prójimo. Pero cuando comienzan a cantar, la música despertara en ustedes la habilidad de la reconciliación. Este es el poder de la música.

¿Por qué debemos cantar? A fin de que no perdamos lo que poseemos. Ustedes están cerca de obtener algo bello. Canten, a fin de no perderlo. Aquellos que cantan son fuertes, y los que no cantan son débiles. Canten, porque eso es lo que el Amor requiere de ustedes. Ustedes deben cantar a fin de tener vida. La música es la transmisora de la Vida. Ninguna cultura puede existir sin música.

Ustedes deben visitar una reunión de Iniciados a fin de experimentar su tipo de música. Ustedes deben estar en la presencia de los Iniciados cuando cantan a fin de percibir su profunda comprensión de la música. Si uno desea convertirse en discípulo de uno de estos Iniciados, primero debe tener conocimiento de música contemporánea. Ustedes necesitan ser buenos cantantes, a fin de que cuando estén en su compañía puedan comprender su música.

Una vez que la verdadera música haya permeado el mundo, no habrá más enfermedades. Habrá enfermedades, pero uno sentirá una sensación placentera mientras ellas duren, y podrá sobrevenirlas fácilmente.

Cuando ustedes cantan, el Mundo Divino se abre para ustedes y ustedes reciben la Vida Divina. Si ustedes no cantan, ustedes pierden. No importa lo que les suceda, ¡Canten!

Es beneficioso pintar bien, cantar bien y tocar un instrumento bien, de modo que sepan cómo llevar adelante vuestras tareas.

Las vibraciones curativas están incluidas en el proceso del canto. Si una persona enferma canta o escucha cantar, se recuperará.

A través de la música pueden obtener un cierto grado de realización de sus deseos. A través de la música se pueden obtener las cosas. Aquellos temas acerca de los que cantamos se verán realizados, y aquellos acerca de los que no cantamos no lo serán. Si ustedes no cantan, ustedes no pueden ir frente a Dios. Uno no puede ser un poeta si le falta sensibilidad musical. Ustedes no pueden ir en la presencia de las gentes y esperar que los amen, si ustedes no cantan.

En otra ocasión, el Maestro dijo:

La verdadera imagen del Amor es musical. Aquellos que no cantan, aun cuando hablen acerca del Amor o de cualquier otra cosa, en realidad, duermen.

El desarrollo y la elevación no pueden lograrse sin cantar. La persona que no sabe cantar no puede ser un discípulo. Ya que para un discípulo de la Escuela Divina, música es uno de los elementos importantes que sirven como escudo que protege al discípulo de las condiciones desfavorables internas o externas. Hay una correlación entre la sensibilidad musical y la capacidad de raciocinio. Cuanto mayor sea la apreciación de la música que tenga una persona, tanto mayor será su capacidad de razonamiento.

Uno debe tener en cuenta tres elementos al cantar: el canto debe ser activado por el Amor incondicional, debe ser imbuido de Fe y permeado por la Esperanza. En otras palabras, debemos cantar con la idea de que aquello acerca de lo que cantamos será realizado.

Cantar debe convertirse en un ininterrumpido impulso de Vida. Sin cantos, la vida, tal como es ahora, eliminaría todo lo que es noble dentro de nosotros.

La música manifiesta la aplicación de las Virtudes Divinas. Yo pienso en la música como método de aplicación del Amor. Si ustedes no tienen sentido musical, ustedes no pueden amar a sus semejantes. El Amor es una gran bendición para todos. Y la primera cosa que el Amor brinda a una persona es la música.

¿Que es el Amor? La ciencia de la música. Por sus propios medios, el Amor es elusivo. Sólo aquel que es sensible a la música lo puede comprender. Cuando alguien lleva en sí mismo el Amor Divino, el habla musicalmente. Cuando estén en armonía, ustedes entraran en la experiencia de cada nota. Ustedes percibirán la música como un lenguaje, como un idioma.

Aquellas personas que tienen un corazón endurecido carecen de música dentro de ellos, mientras que aquellos con sentimientos buenos tienen música. Ellos pueden cantar o tocar un instrumento, y por lo tanto su consciencia está más elevada que la de aquellos que no cantan o tocan música.

Cuando uno canta, uno debe tener un propósito para su canción. Quienes cantan acerca de Dios se mantendrán eternamente jóvenes y obtendrán la inmortalidad. Cuando pasen por su transición, ellos continuaran cantando en el Mundo Invisible. Mientras que si le cantan al mundo, serán olvidados.

Ustedes deben tener una mente, un corazón y un alma elevados para poder apreciar la música. Tener dos de ellos no es suficiente. Ustedes deben tener un sólo ideal: servir a Dios. ¿Que dirá la gente? Deja que digan lo que quieran!

Mientras cantas, piensa en tu audiencia interior. En el presente la gente no tiene la idea correcta acerca de lo que es la música.

El género musical es un canal de Energía Divina, y los que escuchan recibían esta energía. El buen músico necesita ser un buen transmisor de lo Divino: debe entregar.

Uno debe cantar con inspiración. Cuanto uno canta hermosamente, uno también percibe hermosos pensamientos y sentimientos. Cuando ustedes escuchan a músicos o cantores talentosos, ustedes establecen una conexión con Seres Avanzados que se manifiestan a través de ellos. Las vibraciones de estos Seres penetran en el espacio a través de las voces de los cantantes y elevan las almas humanas. Pocas canciones son llevadas a través del espacio. Rara vez una antigua canción egipcia o hindú puede ser recibida. Una canción o pieza musical que no permanece en el espacio no es verdadera música.

El subconsciente, la conciencia, el ego y la Conciencia elevada, todos ellos deben participar en el canto. Aquellos que desean cantar bien deben tener calma interior. Si ustedes mantienen pensamientos o sentimientos negativos dentro de ustedes, ustedes no podrán cantar o tocar un instrumento. Técnicamente podrán tocar o cantar, pero no desde el alma.

La Sabiduría emplea la música. De ahora en más, el mundo de la música pertenece a la Sabiduría. La expresión musical, que es la forma externa de la música, no puede manifestarse sin Sabiduría.

La música es un gran arte. A través de ella se pueden expresar el carácter, los pensamientos y los sentimientos de una persona. ¿Cómo es posible darle expresión musical a las vibraciones de la mente y del corazón? El corazón vibra rápidamente, mientras que la mente vibra de modo sublime.

Los Seres Sublimes aplican la música directamente, mientras que esto es más difícil para las gentes ordinarias. Dejen que un músico común trate de corregir uno de sus errores a través de la música.

Uno puede discernir el carácter de una persona basado en su sensibilidad musical. Cuanto más avanzada sea su sensibilidad musical, tanto más estable será su carácter.

Tú estás triste. Si eres un violinista, toca, y tu estado cambiará. Aun cuando toques solo una nota, tu estado podrá cambiar. Hoy existen muchos más instrumentos musicales que los que había en el pasado. A través de ellos, ustedes pueden ayudarse a cambiar su estado. Nunca hubo un tiempo en el que tantos instrumentos musicales estuviesen disponibles como los hay ahora. Buenos músicos son aquellos que tienen el conocimiento necesario para transformar energía positiva en negativa, y negativa en positiva. ¿Han tratado ustedes de tocar o cantar a fin de transformar sus sentimientos amargos en unos de dulzura? Ustedes pueden tratarlo usando el poder de la música. Es muy beneficioso aplicar la música para transformar su propio estado. Si uno está cansado o triste, uno necesita cantar.

En otra ocasión, el Maestro dijo:

La música influencia la digestión. Si tu estomago no está funcionando bien, canta, y veras la influencia que la música tiene en la digestión de la comida. Los discípulos deben reservar cada día tiempo para cantar, 10 o 15 o 20 minutos, antes de comenzar sus tareas.

El desarrollo de las capacidades y talentos de una persona dependen de su canto. Cuando ustedes cantan, le dan a sus potenciales virtudes la oportunidad de desarrollarse.

Cada canción puede ser cantada suavemente o en voz alta. Si cantan en voz alta atraerán seres inferiores. Si cantan suavemente, atraerán seres más avanzados.

Aquellos que no son musicalmente sensibles, en quienes el sentido del ritmo no está desarrollado, no son puntuales o pacientes y carecen del sentido del orden. Mientras que las personas que son musicalmente sensibles son pacientes, puntuales y tienen sentido del orden. Es raro encontrar músicos que sean ladrones o criminales.

Ya que las gentes no están en buena armonía, ellas se encuentran en estados diferentes. Y por este motivo no todas las canciones agradan a todos por igual.

Aquellas naciones que han tenido buena música han avanzado.

Algunas personas están opuestas a la música contemporánea que es tocada en bares y cafés. Pero la música tocada en bares y cafés ha contribuido considerablemente al desarrollo de la humanidad.

Uno debe cantar a fin de sacudir el polvo musical que se acumula en uno mismo.

Cuando uno trata de cantar y tocar música Divina, uno siempre cometerá errores. Esto no se debe a que la música Divina contenga errores, sino a que nosotros necesitamos tiempo para aprender a no cometer los errores. Necesitamos aprender a ponernos a tono.

Si no te sientes inclinado a cantar, es posible que te encuentres en un estado de enfermedad. Si sientes el deseo de cantar, estas es buena salud.

Es posible sentir la música que emana de una persona.

Algunos piensan que es fácil convertirse en un genio. Una persona debe servir a un cantante genial por miles de años a fin de observar cómo trabaja y que hace. Solo entonces uno podrá convertirse también en un cantante genial.

Recuerden: sin música no pueden ir a ningún lado. Ustedes deben tocar un instrumento o cantar. Tus sufrimientos se deben precisamente al hecho de que no cantas o tocas un instrumento. Ustedes esperan que alguien venga de afuera a cantar o tocar para ustedes.

Todos los errores pueden ser corregidos con la música.

Hay partes de la Naturaleza cuyos portales solo pueden ser abiertos por aquellos que tienen el poder de la música.

⌁⌁

La Guerra

Hoy, durante la conversación vespertina, surgió una pregunta. Varios hermanos y hermanas compartieron sus opiniones.
El Maestro dijo:

¿Que es la guerra? Es la ira de Dios hacia sus hijos desobedientes. En otras palabras, cuando las gentes cometen muchos crímenes, Marte recibe el poder de comenzar una guerra. O sea que el karma acumulado es pagado a través de los sufrimientos de la humanidad.

Algunas personas consideran que es imposible renunciar a su padre y a su madres y a si mismos a fin de servir a Dios tal como Cristo lo mandó. ¿No les es ahora requerido por ley renunciar a sus familias, padre, madre, esposos e hijos, a fin de ir a la guerra?

Si la gente rehúsa hacer sacrificios voluntariamente, ellos serán forzados a hacerlo por poderes externos. Todos pueden ver la catástrofe que se avecina, pero no todos saben cómo evitarla. Durante siglos, fuerzas mecánicas inconscientes se han ido acumulando como inundaciones detrás de un dique. La presión es tan grande que la catástrofe es inevitable. Pronto el dique cederá. La energía que se ha acumulado dentro de las personas oculta un gran peligro. Hasta ahora esta energía no ha sido utilizada. En el pasado y en el presente, ha habido gente que ha demostrado gran crueldad. En el presente millones de personas se están convirtiendo en víctimas de la locura humana. Y luego se buscara una justificación en causas externas.

Cantidades enormes de gas, aceite y otros recursos son gastados en las técnicas modernas de la guerra en el aire, el mar o la tierra. La Naturaleza tiene límites estrictos acerca de cuanto de estos recursos pueden ser usados. Ella penaliza severamente a aquellos que se exceden en el derroche. La humanidad pagara las consecuencias del derroche de combustibles.

Ciudades sin protección están siendo bombardeadas. Estas guerras no tienen precedente – atacar una ciudad con dos mil aviones con bombas de alto calibre. Nadie tiene el derecho de quitarle a un ser humano aquello que Dios le ha dado. Si ustedes tienen una ventana a través de la cual pueden ver la Luz de Dios, nadie tiene el derecho de privarlos de esa Luz.

Cuando dos hermanos se pelean y se tiran del pelo, no es porque el padre o la madre lo deseen. Cuando las naciones pelean, esto no sucede por la Voluntad de Dios.

Existe la tendencia a justificar las guerras ideológicamente diciendo que es por el bien de una nación. Pero ¿que lograron aquellos que combatieron en el pasado? Egipto, Siria, Babilonia y Roma eran grandes naciones. Ellos lucharon, pero ¿que consiguieron? Nada.

Hay un pequeño grupo de fabricantes de armas que declaran guerras. Tan pronto como las armas han sido usadas, llega la paz. Tras esto se retoma la producción de armas, a pesar de que esto haga que millones de personas se conviertan en carne de cañón.

La gente dice: "que no haya más guerras" pero aun así las guerras son el resultado de las acciones de la gente. Nosotros decimos, "a fin de que no haya más guerras, las gentes deben superar su codicia". Mientras que las gentes no obedezcan la Ley Divina, las guerras continuarán existiendo. Si obedecen la Ley Divina, nunca más habrá combates.

≈

El Divino Escultor

Durante numerosas conversaciones, el Maestro explicó las razones detrás de los sufrimientos.
El dijo:

Del mismo modo que es difícil escalar una montaña, trepar las alturas espirituales es también difícil. Nuestra vida se asemeja a la ascensión a una alta montaña. Algunos me dicen "Es difícil. Me siento atormentado". Ustedes se dirigen hacia las alturas de modo natural, y por lo tanto, encuentran el camino difícil.

Uno sufre porque se ha alejado de Dios y no sabe cómo regresar. Alejarse de Dios nos lleva a privaciones, sufrimiento, mala fortuna, dificultades, enfermedades y muerte. El sufrimiento es mayor cuanto más grande es el alejamiento. Por lo tanto, a fin de eliminar esta desviación, ustedes deben retornar a la Vida primordial.

El motivo de las dificultades y los sufrimientos humanos está basado en el no cumplimiento de la Voluntad de Dios. Las tribulaciones de la vida sirven para distinguir lo que es oro puro, de aquello que solo está cubierto en una delgada capa de oro. Lo que es oro puro será puesto a trabajar, y lo que es solo apariencia de oro será descartado.

Uno no debería crear sufrimientos y conflicto a uno mismo. A veces el Espíritu le dice a alguno que haga algo, pero esa persona se rehúsa con excusas diciendo que las condiciones no son favorables o que no tienen la disposición apropiada. Y esto desencadena los sufrimientos en la vida de uno.

Los sufrimientos que tienen en sus vidas se deben a que carecen de Amor. Recuerden que las confusiones, conflictos y sufrimientos que ustedes tienen en sus vidas no vienen de Dios. Los sufrimientos y desgracias en sus vidas se deben a su falta de entendimiento de los Principios y Leyes que la Naturaleza emplea.

¿Qué entienden cuando dicen "la Ira de Dios"? Indica que se han acumulado los errores humanos y la Naturaleza Inteligente está usando

Fuego para consumir todos estos errores. De este modo, las gentes serán liberadas.

El sufrimiento indica que nos hallamos en conflicto con las leyes de la Naturaleza Inteligente. Aquel que no logra alcanzar la Sabiduría Divina, sufre.

La falta de comprensión de la totalidad de la Vida es la fuente de los sufrimientos. Aquellos que deseen liberarse del sufrimiento necesitan cambiar la dirección de su movimiento. A fin de lograrlo, uno debe ser resuelto y valiente. Cuando alguien comete un crimen, el sufrimiento golpea a su puerta y lo fuerza a pensar.

Dios ha creado un mundo en harmonía, y el sufrimiento que existe en el mundo es el resultado de las acciones humanas. Al principio, la Naturaleza trata de enseñarnos suavemente, y si no entendemos, se avecina la tormenta.

La Naturaleza toma nuestras apariencias a fin de que nosotros comprendamos su lenguaje.

Un hermano pregunto: "¿Por qué la gente buena sufre, en lugar de la gente mala?"
El Maestro dijo:

El buen jardinero poda los árboles que cultiva, dejando a los silvestres sin tocar. ¿Durante cuánto tiempo? Hasta que les llega el tiempo de ser podados. Cuando una oveja es sacrificada, las otras ovejas se quedan mirando, aun cuando lo mismo les sucederá a ellas en el futuro. Su tiempo todavía no ha llegado. A todos aquellos que no han experimentado sufrimientos todavía ya les llegará el sufrimiento. A aquellos que han experimentado sufrimiento hasta el final, no sufrirán más.

Cunado las personas sufren es porque han perdido ciertas oportunidades. Han sido demoradas por un minuto y el tren dejó la estación.

Cuando una persona débil piensa que ha sido castigada por una persona fuerte, no debe culpar a la persona fuerte, sino que debe decir "No soy suficientemente inteligente". Una persona fuerte nunca castiga a una persona inteligente. La persona débil no ha sido castigada por su debilidad, sino por su falta de inteligencia. Aquel que es débil no debe creerse fuerte. En el momento en que dejen de pensar que son fuertes, el castigo cesará.

Aquellos que crucifican a Cristo dentro de ellos serán quemados como madera. Este es el sufrimiento por el que pasarán.

Ustedes se quejan que alguien los ha atacado. La razón de esto es que ustedes estaban parados muy cerca de esa persona.

Aquel que sabe porque ha sido castigado logra la verdadera iniciación. Para la persona que desea liberarse de todo sufrimiento, es necesario ser virtuoso y poseer pensamientos puros.

Cuando llegue la Vida Verdadera no habrá más lágrimas. Tras cada tristeza algo nuevo, algo magnifico, nace en el alma humana. Todas las grandes ideas nacen tras grandes dolores. Mientras que lo nuevo no nazca en el alma humana, las personas seguirán conociendo el dolor. Ni bien nazca, se llenaran de Felicidad. Hay gente que ve a Dios en los momentos de dolor.

≈≈

El Significado del Sufrimiento

En muchos de sus sermones y sus charlas, el Maestro habló acerca del sufrimiento, iluminando su profundo significado. En aquellos días era extremadamente importante esclarecer este tema. Cuando se entiende el sentido del sufrimiento, es más fácil para las personas el soportarlo y recibir los beneficios que acarrea.

El Maestro dijo:

El sufrimiento no es un castigo, sino una lección. Nosotros le damos un sentido totalmente diferente a la palabra "castigo". Castigo implica que hay una lección que debe ser aprendida. Si ustedes experimentan el sufrimiento, no se alarmen. Hay una bendición específica oculta dentro de esta experiencia y que ustedes recibirán una vez que lo hayan soportado. No fuercen las condiciones. Recuerden: la bendición que su mente y su corazón anhelan vendrá a su debido tiempo. Presten atención a fin de que esta bendición no les pase desapercibida.

No eviten el sufrimiento, saquen provecho de él. El apóstol Pablo dijo: "Yo considero que el presente sufrimiento no es digno de ser comparado con la gloria que nos será revelada" (Romanos 8:18). Y el salmista dijo: "Me alegro de estar triste". A través del sufrimiento, el Amor prepara las condiciones para la dicha que se avecina.

Los sufrimientos y los dolores son Herramientas Divinas que preparan el campo a fin de que las semillas de las futuras virtudes puedan germinar. Cuando alguien sufre, se transforma en una mejor persona y se torna más sensible.

EL despertar de la consciencia no ocurre mecánicamente, sino que ocurre a través de los impulsos que provienen del sufrimiento. Cuantas más dificultades experimente una persona, tanto mayores serán sus posibilidades de crecimiento personal. Las grandes personas tuvieron que atravesar grandes pruebas. Esto no implica que esas grandes personas hayan conocido el sufrimiento solamente. Ellos experimentaron gozo tan grande que no es conocido por la gente común.

≈≈≈

Sufrimiento Consciente

La ciudad de Sofía estaba desolada y destruida, quemada hasta los cimientos. La vida la había desaparecido ya que la gente la había abandonado. Era invierno, y el cielo estaba encapotado. No había luces que lo penetraran y era imposible ver una solución. En esos días en que las gentes venían a ver al Maestro en busca de consuelo, ellos estaban más abiertos a comprender sus palabras y su mensaje de que debían perseverar hasta el fin.

El Maestro les dijo:

Aquellos que sufren y perseveran hasta el fin son héroes. Aquellos que sufren son héroes. Esos individuos serán verdaderos seres humanos. Una persona que no sufre no llega a nada.

Den gracias a Dios cuando reciban una prueba. Todas las tribulaciones son bendiciones para las personas. Tras cada prueba, uno recibe algo bueno.

Para pulir una piedra, uno debe golpearla y rasparla. Lo mismo sucede con los seres humanos. El pulido del sufrimiento es necesario a fin de que uno pueda despertar.

Para las gentes es difícil despertar. Necesitan ser empujadas hasta un rincón a fin de tomar conciencia. Cada vez que la conciencia se duerme, necesita el sufrimiento para despertar. Tras esto viene el rejuvenecimiento y la elevación. El sufrimiento los elevará. Alégrense de que sufren a fin de dar fruto.

Dios transformará el sufrimiento de las personas en piedras preciosas que colocará en una diadema alrededor de sus cabezas. En el futuro, el sufrimiento de las personas se convertirá en el adorno de sus sienes.

Cuando la Naturaleza confina a alguien, ella tiene en mente los mejores intereses de esa persona y busca, como finalidad última, el despertar de las fuerzas ocultas en ella. Todos los sufrimientos, limitaciones y tribulaciones en nuestra vida tienen como objetivo el despertar nuestra consciencia interna. Cuando la Naturaleza impone dolor, nosotros nos resentimos. Cuando una madre pone a su niño en la bañadera para darle un baño, la criatura llora pensando que es algo malo. El niño no comprende que la madre lo hace por su bien.

Un general del ejército fue juzgado, condenado, y se le retiraron todos sus derechos y fue luego encarcelado. Él fue liberado diez años mas tarde y entonces el dijo: "Ahora comprendo la vida. Ahora veo claramente que mi posición de general y el resto de esas cosas no tienen sentido". Una persona que se ha golpeado la cabeza varias veces gana en sabiduría.

Como resultado del sufrimiento, nuestro modo de pensar es corregido gradualmente. Y cuando esto sucede, nuestra consciencia se despierta. Una nueva consciencia se levanta dentro de los seres humanos a través del sufrimiento. Este es el sentido del sufrimiento.

Los dones que la Naturaleza Viviente le da a los seres humanos son tribulaciones con sentido. En ellas se ocultan las experiencias que permiten el desarrollo del ser humano. El fruto de estas tribulaciones son los impulsos que los ayudan a crecer.

Las personas reciben tantas tribulaciones como sea necesario para el desarrollo de sus almas. Estas pruebas no son arbitrarias. Cuando hablo acerca de ellas, me refiero al sufrimiento consciente. Las personas han llegado a su actual desarrollo gracias a estas dificultades y tribulaciones. Estas preparan a la humanidad para el Advenimiento del Amor.

El Límite Superior

El Maestro nos dijo:

Las personas comunes no son capaces de sufrir del modo que lo hacen las grandes personas. El sufrimiento llega de acuerdo a nuestro nivel de desarrollo. Cuando lleguen a poder pasar por las pruebas de Job y de Cristo, ustedes obtendrán una nueva idea de la Vida. Si ustedes no pasan por estas tribulaciones, nunca comprenderán los secretos de la Creación.

Las personas aún no han alcanzado el límite de su sufrimiento necesario para dejar su naturaleza humana y transformarse en Ángeles. Ustedes deben atravesar dos condiciones: el mayor dolor y la mayor alegría. Después de eso, ustedes comprenderán el verdadero sentido de la Vida. Finalmente ustedes llegaran al Gozo en el cual todas las cosas están en harmonía. Esto no puede ser explicado usando el lenguaje humano.

Dentro de la Naturaleza predomina una gran Ley: las almas humanas se desarrollan a través del sufrimiento, y a través de él, ellas aprenden los misterios de la Vida. Cada sufrimiento es una puerta abierta a través de la cual uno llega a conocer a Dios. Sin el sufrimiento las personas no pueden acercarse a Dios. Este es el camino en la Tierra. Los Ángeles se acercan a Dios a través del gozo.

El sufrimiento es la senda en la que ustedes caminan a fin de desarrollar el ser Divino dentro de ustedes. A través del sufrimiento y las pruebas, ustedes se vuelven humildes de modo de poder llegar a ver a Dios. Solo entonces ustedes podrán comprender Su grandeza. Ustedes reconocerán que son viajeros en la Tierra que han venido aquí para aprender.

Los siervos deben primero servir a un mal amo a fin de que puedan luego apreciar uno bueno. Las tormentas son necesarias a fin de remover la niebla dentro de ustedes y entonces el Sol brillará.

Cuando el sufrimiento llegue, transfórmenlo en una virtud. Uno que ha sufrido mucho, se volverá bueno y virtuoso. Sin sufrimiento, ustedes no podrán lograr caridad o virtud. A través del sufrimiento uno cambia gradualmente hasta que toma la decisión final de vivir una vida pura y santa.

~~~

Las Pruebas de la Vida

Una vez el Maestro explicó acerca de las pruebas de la vida:

Toda dificultad es una prueba que debemos soportar. Cuando una prueba se presente en vuestras vidas, díganse: "Esta prueba se ha presentado para que yo pueda corregir una de mis fallas". Cuando uno logra el control de sí mismo, las dificultades y el sufrimiento desaparecen.

Los sufrimientos de hoy en día pregonan el arribo de una Nueva Vida para la cual es necesario preparar la materia refinada. Como resultado del sufrimiento, la materia cerebral se tornará más y más refinada. Sufrir acarrea formar raíces que crecerán profundo dentro del suelo, y trabajar. A través del sufrimiento, los conflictos y las contradicciones ustedes adquieren experiencia en las Grandes Leyes que dirigen la vida. Las contradicciones que existen en esta vida no continuaran en la vida futura.

¿Que representa el fin del sufrimiento? Consciencia. Si ustedes se tornan más conscientes tras haber sufrido, ustedes agradecerán ya que este sufrimiento ha tenido sentido. Si tras haber sufrido, ustedes no han ganado consciencia, el sufrimiento no tuvo sentido.

Cuando el terreno ha sido cultivado, esto representa sufrimiento, un cataclismo para los gusanos y las hormigas. Por otro lado, la Nueva Cultura está siendo sembrada en el suelo a través de este cultivo. El sufrimiento humano se asemeja a este cultivo, a través del cual la Nueva Cultura está siendo sembrada en las almas humanas.

Para limpiar su cuerpo, ustedes usan un paño. A través del sufrimiento, el cuerpo humano es limpiado desde adentro. Si el cuerpo humano no es limpiado desde adentro, el Pensamiento Divino no puede ser transmitido correctamente. El sistema nervioso es purificado a través de las dificultades. Cuando cada nervio esté purificado, solo entonces uno podrá recibir la Luz y el Pensamiento Divino de modo apropiado. ¿Por qué existe el sufrimiento? Por el solo motivo de eliminar las impurezas del cerebro.

Los Ángeles comprenden el profundo significado del sufrimiento de la humanidad. Ellos saben que las bendiciones para la humanidad se esconden dentro de él.

Los grandes genios no tuvieron una vida fácil, mientras que aquellos que tuvieron buenas condiciones en la vida nunca hicieron demasiado. Las condiciones de trabajo de Beethoven eran muy difíciles. El sufrimiento impulsa a los seres humanos a trabajar. ¡Sobreponerse a las dificultades y al sufrimiento es muy difícil, pero es necesario! Cristo se sobrepuso a ellas y ascendió.

Un día, cuando ustedes completen su desarrollo, ustedes le agradecerán a Dios por todas las dificultades en su vida. Allí es donde estuvieron las mayores bendiciones. Las personas son probadas y fortalecidas a través del sufrimiento.

〰〰

Las Raíces

Un día el Maestro nos dijo:

Ha sido predeterminado que algunas personas solo pueden aprender a través de sus propios errores. Si uno les hablara, ellos no entenderían. Estas personas aprenden en el camino del sufrimiento.

Cuando haya algo en su vida que les cause sufrimientos, recuerden que Dios está previniendo que ustedes tomen una dirección equivocada. Sabiendo el gran pesar que podría sucederles, la Providencia les envía pruebas. A fin de evitar esta mala fortuna, la Providencia envía un sufrimiento menor.

Cada falla es un futuro éxito. Esto significa que tienen algo en que trabajar.

El sufrimiento representa una gran Ciencia Divina, sin el uno no puede aprender. El sufrimiento trae el Conocimiento.

Si los árboles son plantados muy cerca uno del otro, ellos crecen flacos y altos. Si se los planta con más espacio entre ellos, ellos crecen fuertes y vigorosos. Lo mismo se aplica a las personas. Bajo condiciones difíciles ellos se vuelven idealistas, bajo condiciones normales, se vuelven materialistas.

En la Naturaleza hay una Ley que dice que mientras uno no haya llorado, uno no podrá crecer. Uno debe llorar, u otro deberá llorar por ustedes. Si ustedes lloran por alguien, ustedes están ayudando a esa persona. Muchas personas consideran que quien solloza es débil, pero eso no es así. No hay un solo ser viviente que no haya llorado.

El sufrimiento son las raíces. Alégrense por las raíces. Las ramas son la felicidad. Alégrense por las ramas. No existen arboles sin raíces. De este modo, el sufrimiento y la felicidad se complementan. Y por lo tanto, el fruto del árbol corresponde al Mundo Divino.

No es que deseemos el sufrimiento, pero es una necesidad. El sufrimiento se asemeja al arado, la felicidad se compara con la siembra. El sufrimiento debe ser transformado en la felicidad. Lo que ha sido sembrado debe brotar. Las personas ordinarias sufren al igual que las grandes personas, pero la diferencia está en que las personas ordinarias sufren y se amargan, mientras que las grandes personas sufren y progresan. En todas las pruebas de la vida, solo debemos servir a Dios, solo debemos servir a la Única Idea. Y si no sucumbimos a las tentaciones ya las pruebas, lograremos conocernos a nosotros mismos.

~

Sufrimiento con Amor

El Maestro dijo:

Si aun a pesar de las dificultades, uno continua caminando en el camino de la vida sin tropezar, eso es evidencia de una persona fuerte. Aquellos que son fuertes superan las pruebas. El sufrimiento es una carga pesada que arrastramos con nosotros. Somos afortunados de tener Seres Iluminados que nos ayudan. Dios dice: "Clamen Mi Nombre en

el día de las tribulaciones. Yo los libraré y ustedes cantaran Mis glorias"
(Salmo 50:15).

A través de vuestras pruebas y tribulaciones, ustedes pueden determinar el grado de su desarrollo. Si su espíritu es fuerte, ustedes las tolerarán.
Si ustedes sufren y soportan su sufrimiento con alegría, ustedes tienen
Amor. Cuanto más progresen, mayores serán los sufrimientos, pruebas y
tribulaciones que encontrarán en la vida. Agradezcan tener dificultades
que les ayuden a conocer su carácter y la fortaleza de su fe. Ustedes deben
estar listos para renunciar a todo por el Amor, la Sabiduría y la Verdad.

Algo que me resulta totalmente desagradable es ver a alguien sufrir
sin Amor. Es totalmente distinto si ustedes son conscientes y tienen el
coraje de sufrir por la Verdad. Pero esto es posible solamente con Amor.

¿Que podría yo ganar sometiéndolos a pruebas, persecuciones o hambre por mi propio objetivo? Si, en sus almas, crece un profundo deseo
de conocer a Dios y a la Vida, su sufrimiento tendrá motivo ya que es
sufrimiento con Amor. Cuando encuentro gente como esta, estoy listo
para abrazarlos y felicitarlos. Si ustedes no sufren con Amor, yo les digo:
"Hermano, tú me causas gran pena". ¿Por qué? Porque sufres sin Amor.

¿Por qué Dios, que es perfecto y sabe todo, ha permitido estas
contradicciones? A fin de que El pueda probar su Amor. Dios les
pregunta: "¿Puedes amarme aun después de todas las pruebas? Si puedes
amarme, tu Amor es verdadero. Pero si solo me amas cuanto te he dado
las mayores bendiciones, no haces nada que no fuera de esperar".

Dios ha puesto a las personas bajo estas condiciones a fin de poder
separarlas como si fueran por un tamiz. Tras probarlas, El las aceptará
en Su Reino. El les dará Poder, Conocimiento y Sabiduría para reinar
sobre el mundo.

Cuando alguien es sometido a una prueba, esa persona lo podrá
sobrellevar. Una persona nunca recibe una prueba que esté más allá
de su capacidad. Cuando les llegue un sufrimiento, colóquense sus
mejores ropas. Y cuando lo hayan sobrepasado, colóquense de nuevo
sus ropas diarias, y compórtense como los demás.

Cuando estén tristes, elévense por encima de su tristeza. Muchos
de sus problemas son solo ilusiones. En la vida terrenal siempre habrá
desilusiones. Si alguien es un gran actor y está acostumbrado a ser
aplaudido, cuando envejezca y reciba menos aplausos, el dirá: "¡Que

hermosos era antes!" Pero en el futuro esta persona volverá a tener buenas condiciones en su vida. La Vida no consta solo de un día.

El sufrimiento solo dura un momento. Solo por un tiempo corto. La Ira de Dios solo dura un momento, mientras que Su Misericordia es eterna.

Existen dos extremos: demasiado sufrimiento es superfluo, pero no tener nada de sufrimiento es el otro extremo. Ustedes necesitan al menos un poco de sufrimiento.

No tenemos compasión por las personas que sufren. Y tampoco tenemos compasión por los animales a los que les causamos sufrimiento.

Cuando uno sufre, uno debe esperar la salida del Sol. Tan pronto como salga el Sol, el sufrimiento desaparecerá. Cuando pasan por una tribulación, piensen en todos los seres que sufren y digan: "Hay muchos sufriendo conmigo". Las personas conscientes están por encima del sufrimiento. El espíritu humano está por encima de todo. No hay poder que pueda aplastarlo. Por eso ustedes deben sobreponerse al sufrimiento.

Ustedes han soportado tantas cosas en el pasado. Hubo un tiempo en que había muchas erupciones volcánicas y torrentes de lava, y las personas fueron enterradas en las cenizas y la lava. Los seres humanos han atravesado muchos eventos en la tierra.

Una Nueva Cultura se acerca. Todo lo que ha sucedido será olvidado. Mientras uno está enfermo, uno piensa que nunca podrá olvidar su enfermedad, pero tan pronto como la enfermedad se retira, uno se olvida de ella como si solo hubiese sido un sueño.

≈

Libertad

Esta mañana fuimos con el Maestro al manantial. Había nevado durante la noche. El cielo estaba limpio, pero algunos copos de nieve todavía seguían cayendo. Ellos brillaban como diamantes y hacían que el aire fuera más refrescante. También soplaba una suave brisa. Cuando llegamos al pequeño pico arriba del manantial, nos sentamos rodeando al Maestro. Uno de los hermanos dijo: "Maestro, díganos algo acerca de la libertad".

El Maestro contempló por un rato prolongado la vista que estaba frente a nosotros. La brillante luz del Sol lo hacía feliz. El respiraba el fresco aire como si estuviera saboreando la Vida misma. Luego nos miró y dijo:

La libertad solo existe donde Dios esta presente. Si ustedes piensan del mismo modo que Dios piensa, ustedes serán libres. Solo aquel que es perfecto es libre. Dios es el único ser perfecto. En el absoluto sentido de la palabra, "libre" solo se aplica a Dios. Por lo tanto, sin Dios, ustedes no pueden ser libres. Sin Dios no hay Vida. Los que sirven a Dios son libres. Si ustedes buscan la libertad, la encontrarán sirviendo a Dios.

Aquellos que sirven a seres humanos no son libres. Tampoco es libre el que es servido por otras personas. Descubrir la Ley del Amor es equivalente a descubrir vuestra libertad. La libertad no precede al Amor. Este es un error común. Queremos ser libres antes de comenzar a amar. La libertad es una consecuencia del Amor. Aquello que no nos libera no es Amor.

Si quieren ser fuertes, permitan que el Amor de Dios se manifieste a través de ustedes. El Amor los convertirá en amos de su propio ser. A veces ustedes son influenciados por fuerzas oscuras y ustedes llevan a cabo actos que no tenían intención de realizar. Esto implica que ustedes están siendo influenciados. El Mundo Invisible ahora viene a liberarlos de esta influencia. Ustedes deben convertirse en amos de estas circunstancias. No permitan que seres que están por debajo de ustedes los controlen. A fin de liberarse de esos seres inferiores, uno debe tener Amor. Ni bien uno tiene Amor, todo crimen, toda transgresión se desvanecerán. Por lo tanto, hasta que las personas lleguen a conocer el Amor, los crímenes y las transgresiones continuarán existiendo.

Aquellos que no superan su karma y se someten a el, no son libres. Solo el Amor de Dios disuelve el karma. El karma es un barro pegajoso y pesado que es difícil de lavar. Solo el Amor lo puede eliminar. El karma humano solo puede ser eliminado por el Amor, el Amor de Dios. Ni bien ustedes coloquen el Amor como base de su vida, las condiciones de su vida mejoraran. En la vida del Amor no hay karma.

Hay dos leyes: la Ley del Karma y la Ley del Dharma. Uno entra en la Ley del Dharma a través del Amor. Todos pueden intentar lo siguiente: si tienen Amor en su corazón, aun la mayor serpiente que cruce vuestros caminos se hará a un lado y no los dañará.

El hijo recibe su parte de la herencia a la edad apropiada. Tal como la relación del padre es para con sus hijos, así también es la relación de la Naturaleza para con la humanidad. En el presente, los seres humanos están en su infancia y viven de acuerdo con la Ley de la Necesidad. Cuando alcancemos la edad adulta, viviremos de acuerdo con la Ley de la Libertad.

Cuestiones Pedagógicas

Muchos de los hermanos y hermanas eran maestros. Ellos aplicaban los métodos educativos que el Maestro les había ensenado, y cuando lo fueron a visitar compartieron con El sus experiencias. El Maestro los escucho con gran atención, continuó desarrollando los métodos y continuaba agregando a lo que ya les había dado. Él les presentó los métodos de la Naturaleza Viviente, mostrándoles cómo podían aplicarlos en las escuelas. De este modo, el preparó la base para un nuevo sistema educativo. Una vez, mientras caminaban por las montañas, surgieron preguntas acerca de la educación de los niños.

El Maestro dijo:

El sistema educativo necesita ser cambiado. Algo nuevo debe ser introducido. El espíritu humano busca nuevos modos a través de los cuales la Vida Divina se pueda manifestar en la Tierra. Todos ustedes deben contribuir algo para la Nueva Cultura. Algo nuevo debe ser introducido en la educación humana a fin de cambiar completamente el concepto de la Vida que tiene la gente.

Muchos de los métodos educativos en uso corrientemente no son más que entrenamiento. Ustedes educan a una persona bajo ciertas circunstancias, pero cuando la persona se halla bajo diferentes circunstancias, ellos revierten a sus viejos hábitos. Los niños son sabios, pero la ventana a través de la cual ellos están mirando es pequeña. A medida que el niño crece, la ventana se amplia. Las habilidades de los niños son inmanentes. Dios ha plantado lo nuevo dentro de los seres humanos, a fin de que provenga de su interior. Los educadores solo deben desarrollar las condiciones apropiadas para que lo que Dios ha plantado en el alma se

desarrolle y crezca, y no deben plantar sus propias ideas. En la educación contemporánea, nos esforzamos en tratar de hacer que el niño se
asemeje a nosotros. Esto no es correcto. Lo que debemos hacer es dar a
los niños el impulso para desarrollar lo que ya se encuentra dentro de
ellos.

Si algunos estudiantes están nerviosos, dejen que lo estén. Si están
silenciosos, dejen que lo estén. Ustedes pueden forzarlos, pero esto no
es natural para ellos.

Ustedes pueden dividir la vida humana en períodos de 7 años. Pero
desde otro punto de vista la pueden dividir en períodos de 33 años. En
su 33º año, todo ser humano, consciente o inconscientemente, entra
en la vida espiritual. Algo dentro de esa persona encuentra un balance.
En el 66º año, uno entra en la Sabiduría. Después de esta edad, uno ya
está viviendo en el Mundo Divino: el alma y el espíritu de esta persona
se manifiestan. Esto debe ser aplicado en la educación, ya que en los
primeros 10 años, un impulso es dado que dará fruto durante el periodo correspondiente.

Hay una Ley que indica que uno no puede rad a otros aquello que
uno no posee. Ustedes no pueden convencer a alguien acerca de algo en
lo que ustedes no creen. Ustedes no pueden despertar lo bueno que existe
en las personas si ustedes mismos no lo poseen. Lo mismo se aplica al
conocimiento y el Amor. Esta Ley debe ser aplicada en la educación.

La educación de un niño se encuentra en las manos de su madre.
Aquello que la madre le brinda al niño durante el embarazo es importante. Una vez que el niño nace, es más difícil educarlos. Por eso digo
que las madres son quienes pondrán el mundo en orden. Durante el
embarazo, la madre puede inspirar a su niño en la dirección de la sabiduría y la inteligencia, ella puede influir en sus sentimientos, y reforzar
la voluntad del niño.

Tras el nacimiento, la conexión entre la madre y el niño continua,
pero de modo diferente. Un niño que no es acunado en los brazos de su
madre pierde algo valioso. Existe una conexión entre los cuerpos físicos
de la madre y del niño. Por esto, el niño no debería vivir lejos de su madre
al menos hasta que tenga 14 o 15 años.

Lo que la madre le puede brindar al niño en un año, el resto de
los parientes o el mundo no pueden brindárselo ni en 20 años. Hay

estadísticas que prueban que los niños que han crecido hasta los 20 años con el amor de sus padres poseen carácter más noble que aquellos que han sido privados del amor de sus padres. La Ley indica que si el amor de los padres hacia el niño es débil, el niño será más propenso a enfermedades. Para que ustedes sean saludables, el amor de su madre debe permear completamente su alma.

Si el padre o la madre han considerado cometer un crimen, es posible que el niño al que ellos darán vida también considere cometerlo. Por lo tanto, la gente necesita ser pura, o sea que deben tener pensamientos y sentimientos puros. Cuando una persona tiene pensamientos negativos, estos pueden encarnarse con el niño.

Cuando ustedes, como madres, acarician la cabeza de sus niños, digan: "Que los Pensamientos Divinos entren dentro de ti. Que tú lleves Luz a la humanidad. Que tú ayudes a aquellos más débiles. Que los pensamientos nobles estén en ti".

Aquellos que tratan bien a las plantas y a los animales, trataran bien a las personas. Este es el principio moral de la Nueva Cultura. La madre debe ensenar a su niño que la Vida Divina se halla en toda la Naturaleza: las flores, los árboles, los pequeños insectos, los pájaros, todo.

Mientras los niños crean que los maestros no mienten, los maestros mantienen su autoridad. Pero si los niños se dan cuenta que el maestro no está diciendo la verdad, el maestro no tiene más autoridad sobre ellos. Lo mismo se aplica a los padres.

Nunca hable de modo negativo: "No hagas esto. No hagas daño", en su lugar digan "Haz el bien". En lugar de decir "No mientas", digan: "Di la verdad". Cuanto menos hablen de cosas negativas, tanto mejor. Nosotros debemos hablar de lo positivo.

A veces, cuando niños dotados pasan al más allá, ellos ayudan y elevan a los niños menos dotados en la Tierra.

Un hermano le preguntó al Maestro si las relaciones entre miembros de una familia se mantienen en futuras encarnaciones.
El Maestro respondió:

Se retienen, basado en el amor que existe entre ellos.

Existen tres tipos de estudiantes, y ustedes deben tener en cuenta cada uno de ellos. Primero hay estudiantes de la mente objetiva, cuyo aprendizaje se basa en hechos y observaciones. Segundo, existen estudiantes de la mente literal. Estos son los estudiantes que pueden extrapolar de los hechos a las leyes. Y tercero, hay estudiantes de la mente filosófica, que van de los hechos a las leyes, y de las leyes a los principios. Cuando ustedes trabajan con estudiantes, ustedes deben considerar estas diferencias y saber cómo trabajar con cada uno de los grupos.

Una maestra dijo: "*Como yo no sé quién pertenece a que grupo, y como debo trabajar con todos los estudiantes, yo proveeré material en mis clases para todos los tipos de alumnos: hechos, leyes y principios. De este modo, cada uno recibirá y comprenderá lo que es necesario para ellos*".
El Maestro continuó:

Es imposible educar a dos personas del mismo modo. Existen tantos métodos educativos como personas hay en el mundo. En su educación pueden aplicarse los mismos principios, pero nunca el mismo método. La falla de la cultura contemporánea se debe a que los maestros usan el mismo método para educar a todos los niños. Esto produce un entendimiento mecánico.

Si un niño hace bobadas, no le presten atención. Antes de que el maestro entre en el aula, todo el salón está en una nube de polvo. Cuando el maestro entra, él no debe mostrar su descontento, sino que debe pedir a los alumnos que abran las ventanas por unos minutos. Lo más importante es no prestar atención cuando los niños no se estén comportando. Por ejemplo, si un niño ha robado una fruta, la maestra debe llamar al niño y darle una bolsa llena de frutas. Cuando uno trabaja con niños, uno debe ser muy paciente.

Una maestra me dijo que cuando le pidió a un alumno que fuera al frente del aula a presentar la lección, el niño no quería hacerlo, y eso enfadó a la maestra. Si yo estuviera en su lugar, yo hubiera dejado a ese niño que no quería pasar al frente y hubiera llamado a otro en su lugar. Si este niño tampoco quisiera, yo hubiera pedido a un tercero. En otra ocasión volvería a pedir al primer niño que pase al frente, y si el todavía no lo quiere hacer, yo lo dejaría. Eventualmente el estará listo para levantarse y hablar.

Una hermana preguntó: "*¿Si un alumno es ruidoso y molesto, que debo hacer?*"

El Maestro respondió:

Ve hasta donde está el niño y entabla una conversación con él. Pregúntale cual es el nombre de su padre y de su madre, cual es la ocupación de su padre, si tiene hermanos o hermanas y cuáles son sus nombres y edades, etcétera. De este modo el niño se sentirá más cerca de ti y se comportará mejor.

Ustedes deben poseer los métodos que cultivan buenos pensamientos y sentimientos. El método educativo de hoy en día es mecánico, solo se preocupa de organizar datos.

Otra hermana preguntó: "*Los alumnos me hacen muchas preguntas, y una vez al mes las discuto en la clase. ¿Cómo debo llevar a cabo esta discusión?*"

El Maestro respondió:

Primero deja que los alumnos traten de responder las preguntas por ellos mismos. Para aquellos que no logran responderlas, tú puedes explicarlo. El maestro debe edificar basado en lo que los alumnos ya tienen dentro de ellos mismos. Ellos ya tienen grandes tesoros dentro de sí mismos. El maestro solo debe ayudar a que descubran estos tesoros. El maestro debe decirles esto a sus alumnos a fin de ayudarles a darse cuenta de los tesoros que llevan adentro.

Háblenles a los estudiantes acerca del Amor que trae la salud, acerca de la Sabiduría que los libera de las contradicciones, y acerca de la Verdad que los libera de las limitaciones. La generación joven solo puede ser puesta en el camino correcto de los siguientes tres modos: a través de la Ley del Amor, a través de la Ley de la Sabiduría y a través de la Ley de la Verdad. Si ustedes se basan en la Ley del Amor, la vida correcta se manifestará. Si ustedes se apoyan en la Ley de la Sabiduría, las ideas y el conocimiento correcto se manifestarán. Si ustedes se fundamentan en la Ley de la Verdad, la Libertad se hará presente. Estas tres leyes deben unirse en una.

Para el Amor ustedes deben comenzar con la alimentación. ¿Qué quiero decir con esto? Por ejemplo, aquellos que están comiendo necesitan compartir su comida con otros. Así comienza a manifestarse el Amor. El Amor necesita comenzar a manifestarse con cosas materiales. La educación debería comenzar primero con comer alimentos, beber agua, respirar el aire y absorber la luz.

En la escuela primaria, los niños deben aprender a crear a través de sus imaginaciones y de sus corazones, y en la escuela secundaria, a través de sus corazones y sus mentes.

Si un maestro quiere poner a sus alumnos en el camino correcto, pero solo se dirige a sus corazones o a sus mentes, no obtendrá resultados. Pero si el maestro también habla a sus almas, los resultados serán buenos.

Cuando algunos estudiantes se comportan mal es debido a que ellos saben que el maestro no los ama. En este caso, el maestro debe buscar una característica positiva en cada uno de ellos y comenzar a amarlos, y ellos serán transformados. Cuando se comportan mal ellos están diciendo: "Nosotros nos estamos comportando tal como usted esperaba que lo haríamos. Nos comportamos de acuerdo a su opinión. Usted piensa que no somos buenos, y por lo tanto no lo seremos".

Tanto en la educación formal como en la informal, el niño debe aprender de la Naturaleza. El cultivo de las flores debería ser usado en el nuevo sistema educativo. Los niños deberían estudiar las flores. Ellos deben aprender a amarlas. En cada escuela debería haber un jardín. Es necesario tener algo que sirva como conducto para las energías Divinas: cerezas, manzanas, ciruelas, peras, membrillos, nueces y otros. Las flores amarillas transmiten inteligencia y las rojas, vitalidad y salud. Cuando ustedes animan a los niños a plantar flores, amarillas, rojas, blancas, las flores los educarán a través de sus colores.

En cada escuela es necesario tener un jardín en donde los niños puedan trabajar. Ellos también deben saber las proporciones de árboles a plantar: cuantas manzanas, ciruelas, peras, y otras frutas necesitan ser plantados, y cuál es la influencia proporcionada por cada árbol. Cada árbol que ellos planten influenciara a los niños. De este modo, todas las cosas en la naturaleza actúan de modo educativo. Los árboles frutales le enseñan a los niños acerca de la generosidad, el amor y el servicio a los demás. Es necesario explicarle a los niños que los arboles nos dan su fruta sin pedir nada a cambio, salvo que los plantemos.

Díganle a los niños: "Sean trabajadores como las abejas, sean persistentes como las plantas, sean fuertes y firmes como el roble. Nadie debe desviarlos de sus ideales". De este modo se debe estudiar la Naturaleza. Si ustedes le dan estas explicaciones a los niños, obtendrán resultados muy diferentes. Todos estos niños le darán un nuevo impulso a la humanidad.

La primera disciplina con la que se debe comenzar la nueva educación es la música. Algo que yo desearía es que los búlgaros aprecien la música. La música debería trabajar en sus mentes y en sus corazones. En las escuelas deberían prestar atención a la música como importante factor educativo.

La Paneuritmia[2] debería ser introducida en las escuelas. La hora dedicada a la Paneuritmia cada día prepararía una nueva generación.

Ustedes pueden crear una geometría orgánica que sería muy interesante para los niños. Esto significa que ustedes estudiarían las formas y las líneas que se encuentran en la Naturaleza Viviente. En la educación de los niños, cada forma tiene una influencia específica. Una pera y un racimo de uvas son creaciones angélicas. Los Ángeles son los verdaderos artistas. En el futuro no le hablaremos a los niños acerca del bien y del mal, acerca de líneas rectas o curvas, acerca de cantar en tono. No habrá discusiones acerca de moralidad. La geometría y la música serán usadas para hablarle a ellos, con dibujos y líneas, acerca de la vida. Las figuras y las formas de la Naturaleza serán estudiadas e interpretadas.

Si yo fuera un maestro, yo escribiría muchas historias para niños, cuentos accesibles para ellos, a fin de enfatizar el hecho de que cuando uno hace el bien, los resultados son positivos, y cuando uno hace el mal, esa persona pierde sus fuerzas, sus riquezas y su belleza. Yo les contaría historias acerca de las piedras, las flores, los árboles y los animales.

En los niños con genio, el suelo en que se siembra es rico. Sus condiciones internas y externas son muy buenas. En esas condiciones es muy fácil trabajar. Con niños talentosos, el suelo no es tan bueno, y menos aún con niños ordinarios. Pero aun así, se puede hacer brotar el talento en los niños comunes, y en los talentosos se puede obtener genio.

---

[2] Paneuritmia, o el Ritmo Cósmico de la Vida consiste en movimientos con música y palabras, y es ejecutado al aire libre.

De cada diez niños ordinarios se necesita uno que sea talentoso, y de cada diez niños talentosos se necesita uno con genio. Si no hay niños con genio entre los estudiantes, ellos no se desarrollaran correctamente. Los niños con genio y talento serán una inspiración para los niños ordinarios.

Yo colocaría a un niño deshonesto entre dos honestos y conscientes. Ellos lo influenciarán y educarán. Yo colocaría a un niño que es demasiado generosos en compañía de dos que son egoístas, a fin de hacer que la bondad se distribuya. De este modo todos se benefician.

Uno no debe estudiar solo para ganarse la vida. El Conocimiento es necesario para el desarrollo humano y no solo para ganar un sueldo. Uno debería amar el conocimiento y no verlo solo como una profesión. Si una persona ve al conocimiento solo como un vehículo para ganarse la vida, esta persona gradualmente se volverá decadente. Si uno lo recibe con amor, uno se elevará. Esto debe aplicarse en la educación.

La Nueva Enseñanza que la Hermandad Universal de la Luz, el Consejo Cósmico de la Luz, está trayendo, debe ser aplicada primero en las escuelas. Los jóvenes de ahora deben recibir las condiciones adecuadas para crecer y madurar. Ellos tienen gran potencial.

~~~

Las Cualidades del Discípulo

Por la mañana ocurrió un pequeño accidente. A veces el mundo de los sentimientos personales debe expresarse. Por la tarde, los discípulos se sentían avergonzados frente al Maestro.

El Maestro guardó silencio por unos momentos y luego dijo:

Cuando ustedes se inscriben en la Escuela Divina, los primeros dos requisitos son humildad y obediencia. Si ustedes desean ser discípulos de la Hermandad de la Luz, ustedes deben ser humildes.

Además de la humildad se necesitan cuatro cualidades adicionales. La primera es completa honestidad. Lo que uno promete, uno debe cumplir. La segunda cualidad es bondad. Esta virtud hace que una persona sea firme. La tercera cualidad es inteligencia. La mente del discípulo debe ser flexible, a fin de poder captar inmediatamente los detalles más sutiles. La cuarta cualidad del discípulo es tener un carácter noble.

Honestidad, bondad, inteligencia y carácter noble son las cuatro cualidades intrínsecas del discípulo.

Sigan los grandes ideales que ustedes han tenido desde la niñez. El discípulo debe tener ideales altos y seguirlos consistentemente. Estos ideales llevan al Conocimiento, la Libertad y el Amor.

Para que la vida tenga sentido, uno necesita llenarse de las Grandes Ideas del Espíritu. Cuanto mayores sean estas ideas, tanto más significado tendrá nuestra vida.

Los discípulos deben poseer una idea esencial. Esto no implica que debe pensar en ella de la mañana a la noche. Es necesario solamente tomar unos minutos cada día para contemplar esta idea a fin de llevarla a cabo durante la vida.

Los discípulos deben desarrollar su fe y esperanza. Deben estar preparados para todo sufrimiento. Necesitan desarrollar pensamientos y sentimientos sublimes dentro de ellos a fin de poder soportar las pruebas sin dudar.

Si ustedes siguen los caminos del mundo, no obtendrán nada, aun cuando ustedes siguieran caminando por la Tierra durante mil años. Dios bendice al humilde, Él les da un entendimiento claro de la vida.

Yo les hablo a aquellos de ustedes que están listos para ser discípulos, que están frente a la puerta de entrada. Ustedes dicen "Somos discípulos". Por supuesto que ustedes son discípulos. El grado en que se encuentran es importante. Hay personas que se hallan en la escuela primaria, en la escuela media o en la escuela superior. Además, hay diferencias de estudiante a estudiante.

Trabajen sin que los detalles externos los perturben. Si uno se encuentra decepcionado, es debido a las almas que se han quedado atrás y que han entrado en contacto con ustedes.

Trabajo y perseverancia son requeridos de todos los discípulos.

Un niño enfermo no puede aprender en la escuela. Mientras haya problemas insalubres dentro de ustedes, ustedes no participarán en la Escuela Divina. Para ser aceptados en la Escuela, ustedes deben deshacerse de la malicia. En el momento en que una persona se deshace de la malicia, ellos podrán comprender todo apropiadamente. Todos necesitan progresar, ser fuertes, a fin de poder soportar los insultos y malos tratos.

Cuando uno no expresa sus sentimientos, cuando uno los suprime, ellos fermentan. A fin de evitar esta fermentación, es necesario transformar y ennoblecer nuestros sentimientos. Si uno no hace un esfuerzo consciente, uno se quedara estancado.

La salvación humana consiste, ni más ni menos, que en la incineración de los residuos que uno acarrea desde el pasado. Cuando las personas renuncian a los deseos transitorios de la carne y se someten a la influencia del espíritu, solo entonces ellos evolucionarán. Los verdaderos logros se basan en el trabajo diligente llevado a cabo en la Tierra, a fin de que el Mundo Invisible se interese en ustedes y los ayude.

Hay una fábula que cuenta de un héroe que estaba cavando un túnel entre dos reinos. Si, mientras él estaba cavando alguien venía a conversar con él, el daba vuelta su cabeza para mirarlos, y todo lo que él había cavado se desmoronaba, de modo que él tenía que cavar nuevamente. Por lo tanto, sigan cavando sin distraerse, hasta que hayan terminado de cavar el túnel entre los dos reinos.

El discípulo debe abandonar la esfera del temperamento e ingresar en la esfera de los pensamientos positivos que tren con ellos la inspiración. Con este propósito, el estudiante espiritual debe ser contemplativo. Contemplar quiere decir entrar en contacto con la consciencia de los Seres Sublimes. Las personas de la Nueva Enseñanza no necesitan ser exaltados, pero deben ser inspirados.

Una vez que hayan entrado en la escuela, ustedes deben recordar que deberán pasar pruebas, ya sean grandes o pequeñas.

¿Cuál es la situación de los discípulos que tienen conocimiento de las Leyes? Todos los días ellos saben que les espera. Como discípulos, ustedes tienen mucho conocimiento, pero ustedes todavía deben aplicar parte de él. Les doy un ejemplo: Un discípulo fue a ver a su Maestro, y este le dijo: "La primera y más importante tarea es amar a Dios, la segunda es amar al prójimo". El discípulo se dijo: "Ahora se en que debo trabajar". Él se fue, y por varios años estudió estos Mandamientos, tras lo cual el volvió para recibir más instrucciones.

Todos ustedes tienen suficientes tareas asignadas, pero ustedes siguen yendo de aquí para allá buscando quien se las resuelva. Hay tareas que es posible que ustedes no puedan resolver por sí mismos, pero aquellas tareas que sea posible, ustedes deben realizarlas por sí mismos.

No se apuren. No coman cerezas que no están maduras. Dejen que maduren. Hasta que las cosas estén maduras, sigan trabajando en ellas. Cosechen solo cuando las frutas estén maduras. Hasta que las uvas maduren, sigan cultivando la tierra.

¿Podrían ustedes ser aceptados como miembros de un coro si no saben cantar? ¿Podrían ser admitidos en una orquesta si no tocan ningún instrumento? Del mismo modo, ustedes no podrán ser aceptados en el Mundo por venir si no están listos. Si no, llegarán a sus puertas, pero serán rechazados.

~~

El Camino del Discípulo

Nos encontrábamos en la montaña con nuestro amado Maestro, sentados alrededor del fuego. El clima era brumoso, húmedo y frío. La llamas se elevaban dando calor a su alrededor. Estas eran las únicas cosas que interrumpían la tranquilidad de la Naturaleza. En momentos como estos, la pequeña vida se funde en la Gran One. Nuestra última conversación había sido acerca del camino del discípulo. Por un tiempo nos mantuvimos en silencio. Todos estaban escuchando en su interior. Había muchas preguntas esperando respuesta.

El Maestro dijo:

El discípulo de la Hermandad Universal de la Luz camina simultáneamente en los caminos del Amor, la Sabiduría y la Verdad.

Lo primero que ustedes deben comprender en el mundo es el Amor. Ustedes deben convertirlo en un gran experimento. Si ustedes no cumplen con sus obligaciones acerca del Amor, ustedes no son ni amigos ni discípulos. Si los discípulos no tienen Amor en sus corazones, ellos no son aceptados en la Escuela de la Hermandad Universal de la Luz.

Si ustedes no pueden brotar como pequeñas semillas en el Amor, si ustedes no están listos para aceptar cualquier sacrificio por el Amor, ustedes permanecerán como personas ordinarias. Ustedes podrán ser cualquier cosa, pero no serán discípulos de la Hermandad, nunca serán hijos o hijas del Reino de Dios. Si un solo acto de tu amigo te puede tentar a salirte del Camino, tú no estás listo para ser un discípulo.

La tarea que les doy para todo este año es aprender a amar. La segunda tarea es encontrar un modo para manifestar este Amor. La tercera consiste en aprender bajo qué condiciones su amor deberá ser manifestado. Si los alumnos en una clase de la escuela se llevan bien, ellos se apoyan y alientan. Ustedes deben formar una conexión a través del Amor.

Hay algo que es importante para el discípulo: tener la conexión necesaria con Dios. Hay muchas formas del Amor, pero su propósito es el mismo: el conocimiento de Dios. Llegar a conocer a Dios, o sea la totalidad del Amor, es la tarea del discípulo. El discípulo debe tratar de llegar a conocer a Dios.

En las escrituras dice: "Si ustedes no son como estos niños, ustedes no podrán entrar en el Reino de Dios"[3]. Esto implica que si ustedes no son puros, ustedes no podrán entrar en el Reino de Dios. En esta cita "niños" significa "pureza del corazón". Los seres humanos deben llevar dentro de ellos las cualidades de un niño: o sea, Pureza Divina. El Camino hacia el Reino de Dios es la Pureza.

~~

El Discípulo

En otra ocasión, el Maestro dijo lo siguiente acerca de ser un discípulo:

Vivir como seres espirituales es la tarea de todo discípulo. La tarea es difícil pero no imposible.

Los discípulos ven el alma de los seres humanos, pero no sus fallas, porque ellos saben que el alma no tiene fallas.

---

[3] Ver Mateo 18:2-3, "Y Jesús llamo a un pequeño niño, lo puso en medio de ellos y dijo: 'Les aseguro que si ustedes no se convierten y se hacen como pequeños niños, ustedes no podrán entrar en el Reino de los Cielos'".

Todos aquellos que se mantienen constantes, ya sea en el infierno o en el cielo, pueden percibir el Amor Divino.

Aquellos que pueden reconciliar alegrías y tristezas dentro de sí mismos, ellos son discípulos. Los tiempos de contradicciones nos decepcionan. Las cosas cambian en la superficie, pero nosotros debemos permanecer inamovibles.

Ustedes deben tener autocontrol. Si no están de buen humor, a fin de mantener la paz, ustedes deben decirse: "Yo vivo en el Mundo de absoluta harmonía. Estoy rodeado por Seres Sublimes Inteligentes que están listos para ayudarme".

Ustedes deben entender una cosa: lo que trae felicidad son las cosas extraordinarias de la vida.

En otra ocasión, alguien preguntó: "*¿Que harán los seres humanos cuando alcancen la perfección?*" *a lo que el Maestro respondió*:

Una vez que los seres humanos alcancen la perfección, solo entonces comenzaran su verdadero trabajo. Los discípulos llevan lo Nuevo dentro de ellos. Donde quiera que vayan llevan luz y una fragancia especial. Sin hablar de Dios, las gentes reconocerán que Dios habita en ellos. Ellos nunca hablan de cosas ordinarias, pero todo lo que ellos dicen acarrea peso. Los búlgaros llaman a estas personas "fortuitos". Dentro de sus seres ellos llevan una gran, sublime, idea. Ellos ayudan a todos y desean el bien para todos.

En la primavera de la vida del estudiante espiritual, esa persona se asemeja a un hermoso jardín lleno de flores, visitado por las mariposas que son los seres humanos. En el otoño, el alma del discípulo es como un jardín lleno de frutos maduros.

≈

Salud

La Naturaleza es una fuente sin fin de energía, y los seres humanos pueden abastecerse de ella a fin de mantener su salud. El Maestro dio muchas reglas y métodos para usar las fuerzas de la Naturaleza viviente en el mantenimiento de la salud.

El explicó:

Para poder pensar correctamente, uno debe estar saludable, a fin de que su enfoque no sea socavado por la enfermedad. Díganse a sí mismos: "Mi cuerpo debe ser saludable, él es un corpúsculo del gran cuerpo cósmico". Si materia desorganizada es introducida en él, la consecuencia es la muerte. Los seres humanos mantienen la salud cuando la materia contenida en sus cuerpos está organizada. La materia no organizada dentro del cuerpo humano acarrea la muerte. Por ejemplo: ustedes tienen dudas, ustedes están enojados, y si no tienen cuidado, la duda, el enfado y el odio introducirán materia desorganizada en sus cuerpos.

Si ustedes desean usar las fuerzas de la Naturaleza para fortalecer su salud, los mejores meses del año para hacerlo son los meses de abril, mayo y junio. Estos meses traen con ellos una vasta cantidad de riqueza. Si uno usa las fuerzas de la Naturaleza, uno puede fortalecerse en un mes. Durante los meses de primavera es benéfico trabajar la tierra cada día.

Cuando llueve en verano, uno debe salir y dejar que la lluvia lo empape. La lluvia de mayo, junio y julio esta imbuida de electromagnetismo o prana. Una lluvia provee los beneficios de diez baños. Cuatro o cinco de estas lluvias pueden curar a una persona de sus enfermedades. Una vez que hayan sido empapados por la lluvia, cámbiense y vistan ropas secas.

Los poros del cuerpo siempre deben estar abiertos. La primera tarea del discípulo consiste en mantener sus poros abiertos. Esto se puede lograr con la transpiración y bebiendo agua caliente. Beber agua caliente ayuda a disolver las calcificaciones que existen en el cuerpo. Además, el agua caliente induce la transpiración, a través de la cual se eliminan toxinas. El campesino que transpira trabajando en el campo debe cambiarse y vestir ropas secas. Él debe llevar consigo una camisa seca para este fin.

Es aconsejable que una persona enferma lleve agua desde su fuente en un cántaro de barro. De este modo, el agua mejorara la circulación de la sangre, fortalecerá el sistema respiratorio e inducirá la transpiración. Además, al acarrear el agua, uno absorbe su electromagnetismo. De este modo una persona puede ser curada de muchos males.

≈

Fe y Conocimiento

Durante una conversación vespertina, la relación entre fe y conocimiento fue explicada.
El Maestro dijo:

La Fe está relacionada con el conocimiento. Solo a través de la fe podemos acceder a conocimientos positivos. La Fe precede al conocimiento, y el conocimiento precede a la Fe. Ustedes no pueden creer si no tienen conocimiento, y ustedes no pueden saber si no tienen Fe. Hay una Ley: A través de la Fe en Dios, los humanos atraen la Sabiduría. Solo las personas de genio tienen Fe, las personas con talento tienen creencias y las personas ordinarias tienen supersticiones. A medida que vuestra Fe crece, su conocimiento crece. Ni bien ustedes crecen en conocimiento, su Fe también crecerá. Si su fe se fortalece, pero su conocimiento no crece, esta no es verdadera fe, sino creencia. Y por lo tanto, impulsado por el Espíritu, la Fe lleva a las personas hacia el conocimiento verdadero. La base de nuestra Fe consiste en el conocimiento de los siglos pasados que ha sido probado y examinado.

Hay una conexión entre la mente de los seres humanos y la Consciencia de Dios. La Fe se basa en esta conexión. Creer en Dios implica tener una conexión con El, establecer esta conexión. Después de esto, el Poder de Dios fluye a través de los seres humanos. La verdadera Fe, por lo tanto, indica la creación de una conexión continua con Dios. Siendo que una relación con Dios es establecida a través de esta conexión, sus Poderes fluyen hacia nosotros. Por lo tanto, yo digo que la Fe es la Ley del Sustento. La Ley dice: La Fe es la conexión a través de la cual las fuerzas Divinas fluyen hacia nuestras almas.

¿Que es la Fe? La Fe indica la apertura de mi ventana para que entre la luz y el aire puro. Esto quiere decir que la Fe hace posible que los seres humanos reciban las fuerzas Divinas. A través de la Fe, los hombres atraen las fuerzas que los rejuvenecen.

Mientras vivimos en la Tierra estamos rodeados de lo Divino, de la Vida Eterna. Si ustedes pudiesen conectarse con el gran fluir de la Gran Vida, aun en su lecho de muerte, la Vida volvería a fluir dentro de ustedes. Por lo tanto, uno debe tener Fe más fuerte que la peor adversidad que pueda interferir con el balance del organismo humano.

La Fe en Dios indica que ustedes están conectados con la totalidad de la Vida. Si este fuera el caso, todos vendrían hacia ustedes para ayudarlos. Todos pueden probar esto. Si ustedes no pueden sobrellevar las dificultades de la vida a través de la fe, esta no es fe verdadera. Si yo creo en Dios, que vive en mí, yo creeré en todas las personas.

La paloma simboliza el Espíritu de Dios: es un símbolo de la inocencia. El cordero es un símbolo de mansedumbre. El grano de trigo es un símbolo de la paciencia, y la virgen es un símbolo de pureza. Inocencia, mansedumbre, paciencia y pureza: estas son las cualidades de la Fe a través de las cuales podemos superar los obstáculos del mundo.

Una persona puede ir por la vida aplicando el Amor solo a través de la Fe. La Fe tiene aplicaciones prácticas en la vida. Si ustedes están en bancarrota, si están enfermos, si ustedes tienen otras dificultades, apliquen la Fe viviente y se sobrepondrán a todo.

Cuando un rico cree que va a perder sus riquezas, él se entristece. Cuando el pobre cree que se volverá rico, él está feliz. Esta Ley se aplica a todo.

Hay personas que creen que la fe es un proceso completo y estático. No, la Fe es un proceso continuo.

Ustedes se quejan que les falta algo. Alégrense de no tenerlo. Si no tienen esto o lo otro, tengan Fe en Dios. Ustedes también deben tener fe en ustedes mismos.

Aun la menor duda que surja en la mente de uno acerca de lo Divino, puede posponer una bendición Divina por lo menos por un día.

Siempre estamos dudando. Hay una Ley que no es conocida por la gente: Tan pronto como una duda, aunque sea pequeña, entra dentro de ti, tú pierdes la bendición Divina, aun cuando nadie se haya percatado de tu duda. La menor duda que pueda entrar en tu mente atraerá hacia ti las mayores adversidades.

Cuando alguien está enfermo, si uno se queja, tiene dudas y no tiene paz, entonces esta persona no se recuperará, ya que no puede soportar ni la menor prueba.

No hay heroísmo en la duda. La duda es debilidad del corazón. La duda acarrea un retraso para aquellas almas que están demoradas en su evolución.

Dejen de tener fe y comprenderán lo que es la infidelidad. Cuando una persona obtiene Fe viviente, esa persona cambia fundamentalmente: sus ojos se aclaran y sus músculos faciales se tornan flexibles. Ellos emanan algo especial. Esta persona se torna compasiva hacia el sufrimiento de los otros, atenta y sensible hacia todos. Cuando uno tiene esta Fe, el Amor viene de visita.

≈

Divina Providencia

Para aquellos que se preocupaban acerca del porvenir y temían sus incertidumbres, el Maestro explicó:

La Naturaleza Inteligente lo sabe todo de antemano. Debemos aprender a usar todo lo que Dios ha creado. Hoy ustedes han satisfecho su hambre, pero aun dicen: "¿Quien proveerá mañana?" El mañana ya está provisto. Hay un manantial aquí, y otro más adelante, y después de ese un tercero. Dios sabe lo que ha provisto, y nosotros debemos observar la progresión de las cosas.

No debemos preocuparnos acerca de si vendrá la primavera, o cuando saldrá y se pondrá el Sol. No debemos preocuparnos acerca de lo que podrá suceder. Los seres humanos son los seres más débiles que Dios protege. Él lo hace para que nosotros podamos conocer la existencia de la Divina Providencia.

¿Quien criaría a los niños, si no fuera por el amor de sus madres y padres? Entre los pájaros, tanto el macho como la hembra se encargan de mantener el nido y sus huevos calientes. Luego, cuando los polluelos nacen, tanto el padre como la madre se turnan trayendo comida hasta que las alas de los pequeños se tornen fuertes. ¿Qué hace que los pájaros provean para sus polluelos? Dios.

Hay quienes nos protegen y cuidan. Todos los seres que nos aman, nos cuidan. A veces uno interrumpe la conexión con el Mundo Invisible, con los Seres que nos aman, y de este modo uno comienza a dudar de uno mismo en la vida.

Ustedes están en la escuela. El aire, el agua, la luz, el calor y el frio en la naturaleza son herramientas de la gran escuela a la que ustedes han sido admitidos. Estas son herramientas temporarias. Por encima de ellas se encuentra el Espíritu Divino que guía a las personas en el camino de su desarrollo.

Toda alma humana con que nos encontramos ha sido enviada por Dios para ayudarnos. Todos los obstáculos con que se encuentran, son oportunidades para que el Mundo Invisible los ayude. Den gracias a los Seres Iluminados que los cuidan aunque sean pequeños y débiles, mientras los ayudan constantemente. Ya llegará el día en que todos sus problemas se solucionarán.

La Naturaleza emplea diferentes métodos para los diferentes estudiantes, pero el propósito es el mismo: fortalecer a los seres humanos para que pueda sobrellevar sus condiciones y evolucionar. Dios ha colocado a cada uno en condiciones específicas a fin de que cada uno pueda desarrollar virtudes específicas. Cada virtud se desarrolla bajo condiciones que le son específicas: una bajo condiciones más favorables y otra bajo condiciones menos favorables.

Aquel que quiera desarrollar el Amor necesita aceptar la posición menos importante en el mundo.

Piensen que todos lo que existe en el mundo ha sido creado bien. Piensen que todo lo que les sucede, ocurre para su propio bien. Este conocimiento debe penetrar profundamente en su mente, corazón, alma y voluntad. Muchas veces la Providencia envía sufrimientos a alguien a fin de salvar a esta persona de desventuras todavía mayores.

Hay personas que demuestran habilidades en las áreas de ciencia, artes o en algún otra disciplina, mientras que en su vida espiritual y moral ellos no se han desarrollado. Esto indica que ellos están retrasados en su desarrollo general. En esos casos, sus amigos del Mundo Invisible los inspirarán con dones más sublimes a fin de elevarlos de la baja condición en la que se encuentran.

Dios provee para todo. Mucho creen estar abandonados, que nadie se interesa en ellos. Si ellos comprendieran la relación que existe entre todos los seres vivientes, sus almas se llenarían de paz y armonia. Esta relación, esta conexión interna entre los seres es tal que aun para el más pequeño trae bendiciones que lo elevarán. Dios no abandona a nadie. Aun bajo las peores circunstancias, Dios tiene un plan para todo, aun lo que existe [pero no es conocido por la humanidad. Es bueno que ellos no sepan cual es el plan que Dios tiene para todos los seres vivos. Ellos solo necesitan saber una cosa: todo lo que Dios hace es para bien. ¿Cuáles son las ideas de Dios? ¿Como se harán realidad? Esto seguirá siendo un secreto para siempre.

Dios conoce las condiciones necesarias para vuestro desarrollo mental, emocional y espiritual. Aun así, Él ha dejado una esfera de actividad reservada exclusivamente para ustedes, en la que El nunca interfiere. Cuando ustedes trabajan dentro de esta esfera, El mira desde lejos. Esta es la esfera en que los seres humanos son libres. Fuera de esta esfera, los seres humanos no son libres. Tan pronto como uno abandona esta esfera y se aventura dentro de otra esfera, inmediatamente siente las restricciones.

Los seres humanos están expuestos a grandes peligros. Ustedes deben estar agradecidos que la Providencia los cuida. Si no fuera por la Providencia, muchos infortunios ya nos hubieran sucedido. Todo buen trabajo en el mundo ha sido realizado por los Seres Sublimes Inteligentes. Ningún buen trabajo es realizado por casualidad. Muchos piensan que las cosas suceden arbitrariamente. Algunos preguntan: "¿Quién me ayudará?" Hay Alguien que los ayudará.

Aun cuando las coincidencias y la suerte no pueden ser explicadas, esto no significa que sean arbitrarias. Estas son manifestaciones de un Mundo más elevado, pero aun asi se reflejan en nuestro mundo. Siendo que no ocurren comúnmente, los llamamos "ocurrencias del azar". No siguen las leyes que la gente conoce, sino que son gobernadas por otras Leyes. Hoy en dia es difícil convencer a las gentes que la Divina Providencia existe en el mundo. La Providencia existe. Aun en relación con las grandes contradicciones, hay una Ley que determina lo que debe ocurrir.

Ustedes son hijos e hijas de la realeza. Todos los días el Sol se eleva y les pregunta como están. El viento sopla, el agua fluye. Den gracias que ustedes viajan a lo largo del Universo como turistas, sin dinero. La Tierra es un gran navío. En el presente tiene aproximadamente entre 50 y 60 chimeneas y viaja a velocidades de 29 km por segundo. Y aun así ustedes no están satisfecho y preguntan: "¿Por qué estoy en este navío?"

Cada persona debe apoyarse solamente en lo que Dios les ha dado, deben considerar a las otras personas como condiciones adicionales para él. La bendición de Dios solo puede venir de dos modos: Él los puede bendecir al inicio de su viaje, y Él los puede bendecir al final. Dios nos ha dado muchas bendiciones. Cada persona recibe al menos una cosa en la Tierra, pero al no saber su propósito, sufre.

Las cosas buenas están frente a nosotros. Lo que hemos aprendido hasta ahora son cosas de la niñez. Los seres humanos aún no han comenzado a aprender, obtener virtudes, conocimiento y maestría artística.

Algunos piensan que si Dios proveerá, ellos no necesitan trabajar. Pero este es un pensamiento incorrecto. Dios proveerá después que yo haya plantado dos o trescientos árboles. Dios proveerá una vez que yo haya concluido mis estudios universitarios. Dios proveerá cuando yo trabaje en la viña y me convierta en un experto viñatero. Dios provee para sus niños sabios que trabajan, tienen buenos pensamientos y le prestan atención a Él.

En África, un viajero encontró un león que estaba listo para atacarlo. El oyó la voz de su madre que le decía: "Tienes cerillas. Prende fuego al pasto". El encendió el pasto y con eso se salvó. La consciencia superior de su madre lo había logrado.

Había un hombre que se había quedado dormido en el campo. Una víbora estaba lista para atacarlo cuando una abeja lo picó y lo despertó. De este modo, él fue salvado gracias al buen servicio que le brindó la abeja.

Un hombre estaba de viaje cuando encontró unos ladrones que robaban a los transeúntes y lo atraparon. Cuando lo llevaron frente a su cabecilla le dijeron: "No tenemos ordenes de robarte". Con lo cual lo dejaron ir. Esto implica que Dios le había dicho al cabecilla "Déjalo ir libre".

A fin de que un deseo de Dios sea llevado a cabo, todas las leyes del mundo colapsarán.

Un padre discapacitado tenía una sola hija, y ella falleció. Tras su partida, muchas personas comenzaron a traerle comida y cuidar del padre.

Un joven solo tenía una moneda, y se dijo: "¿Qué puedo hacer con una moneda? ¿Qué hare una vez que la gaste?" En ese momento un mendigo se le acercox pidiéndole ayuda. Algo le dijo al joven "¡Dásela a el!" y le dio su última moneda al mendigo. Tiempo después el joven recordaba: "Le di mi moneda y pensé que lo que Dios da… y poco después un amigo que yo no había visto por diez años me invito a comer a su casa".

Sean generosos y la salvación vendrá de la dirección menos pensada.

≈

Visita de Dios

Las personas del mundo no pueden cambiar el Orden Divino de las cosas. A pesar de la guerra y la destrucción, la primavera llegó nuevamente. Los prados estaban reverdeciendo y las flores de los manzanos comenzaban a abrirse. El Año Nuevo Espiritual, el 22 de marzo, se acercaba. La pequeña casa se tornó animada. De todas partes venían invitados, hermanos y hermanas y se improvisó un lugar para que todos estuvieran. La casa de Temelko se llenó de gente. Era una reunión cordial entre amigos, y todos los rostros irradiaban alegría y bondad. La unidad del Amor que todos desean llenaba sus corazones y brillaba en todos los rostros.

Temprano por la mañana, a las 5 del día festivo, nos reunimos en el piso superior de la casa. El cuarto, el corredor, la terraza, las escaleras y el jardín estaban todos llenos de gente.

Todos escuchamos el sermón de la mañana y participamos en las oraciones y los cantos. Luego el Maestro dio su presentación "Lo Nuevo de la Vida", que sería publicada posteriormente en "El Testamento del Amor" Vol. 1.

Cuando la presentación concluyó, todos subimos a un pico cercano al pueblo donde realizamos la calistenia matutina seguida de Paneuritmia. Luego, mientras se cantaban cantos, todos saludaron al Maestro besando su mano.

El día era hermoso y el cielo era claro. El Sol salió y la Tierra sintió su calor. La vida a nuestro alrededor pulsaba en harmonía con el Gran Uno. En este día luminoso vimos los signos de otra Primavera esperada y deseada por todas las almas. Todos deseábamos el advenimiento de la Nueva Vida del Amor, la Hermandad, Paz y Libertad para todas las naciones en la faz de la Tierra.

Tras desayunar nos reunimos alrededor del Maestro, cantando nueva-mente. La Música es el lenguaje universal.

Alguien le preguntó al Maestro: "¿Como se revela Dios a los seres huma-nos?"

El Maestro respondió:

Cuando Dios se revela a alguien, Él lo pone a trabajar. Si una persona desea tener una vida correcta, Dios debe ser el ideal de su vida. ¿Piensan ustedes que Dios vendrá a vivir dentro de sus corazones si dentro del mismo hay desorden y caos, o si ustedes se pelean con este o aquel? En ese caso, El entrara en vuestro corazón y saldrá inmediata-mente.

Una visita de Dios es el más grande momento en la vida de un alma. No importa cuán breve sea, tendrá implicancias por toda la eternidad.

Existe un modo en el cual Dios se revela a sus elegidos. Un gran músico solo se revela a sus más talentosos estudiantes. El gran artista, poeta o escultor solo se revela a sus mejores estudiantes, nunca a los ordinarios. Por lo tanto, si estamos dispuestos a dedicar nuestra ener-gía, nuestra vida, salud y todo lo demás a Dios, y si somos capaces de soportar las pruebas y el sufrimiento sin dudar en El, Dios se revelara a nosotros.

Aquel que ha entrado en contacto con el Mundo Divino está listo para ser un mártir y dice: "Estoy listo para sacrificarme por Dios".

Si uno de ustedes siente, aunque sea por un momento, la presencia de Dios del modo en que yo la conozco, del modo en que yo la he experimentado, con el menor gesto de su mano podría calmar a una multitud agitada, y todos se calmarían y estarían en completo silencio. Si, en ese momento ustedes estuvieran en frente de un ejército de cien mil, todos los cañones callarían. Tal es el poder de la Presencia de Dios.

Hay un ideal que ustedes deben alcanzar: lograr sentir, aunque sea por un instante, lo que es el Gran Amor de Dios. Llegar a conocer la conexión entre todos los seres, desde el menor al mayor, es un gran momento. Si ustedes hubieran escuchado la Voz de Dios, ustedes ya no serían seres ordinarios.

El sentido de la Vida consiste en esperar el momento en que Dios, la Realidad Absoluta, los visite. Ustedes han esperado esto por años y años. Solo tienen que esperar un poco más, esperar hasta que el Amor venga.

La vida no es física ni espiritual. Tiene características físicas y espirituales, pero la Vida es Divina.

La belleza no se halla en las formas, sino en la Vida Divina que se esconde tras ellas. En cada vida hay un momento en el que se puede sentir la Realidad. Tras esto ustedes pasaran de un estado a otro. Solo entonces ustedes entenderán la Grandeza que se esconde en ustedes. De toda la duración de su vida mundana, solo un ano, o un mes, una semana, un día, un minuto, un segundo, es reservado para que el Amor los visite. Si ustedes usan este momento, ustedes alcanzaran sus goles. Si no pueden usarlo, su vida ha sido desperdiciada. Todo lo demás es solo una preparación para ese momento.

Cuando el Amor viene a visitarlos, se quedará con ustedes por una milésima de segundo. En ese instante, el Amor plantará una semilla en ustedes. Eso que ha sido sembrado en ustedes, crecerá.

La persona sabia apenas si puede tolerar un minuto en la presencia del Amor, y para una persona ordinaria, una milésima de segundo es considerable.

Aquello que las gentes llaman "amor" es solo una consecuencia del Amor.

Cuando ustedes reciben una carta de Dios, ustedes tendrán ojos como los de los Ángeles. Y cuando ustedes miren a otros con esos ojos, esas personas experimentaran un despertar.

≈≈

Paneuritmia

Comenzando el 22 de marzo, el primer día de la primavera, empezamos a bailar Paneuritmia cada mañana temprano después del amanecer. La Paneuritmia consiste de movimientos con música que fueron introducidos por el Maestro. Es bailado en parejas formando un círculo. Los movimientos son fluidos, rítmicos y armonioso, y cada uno de ellos manifiesta una idea.

En muchas de sus presentaciones, el Maestro proveyó explicaciones y clarificaciones de la Paneuritmia. El también sugirió otros ejercicios físicos para nosotros. Esta es una conversación en la que el proveyó explicaciones adicionales:

Realicen ejercicios físicos por lo menos por 10 o 15 minutos por día. Aquellos que no se ejercitan ahora necesitarán hacerlo eventualmente.

Nuestros pensamientos y sentimientos deben estar presentes en cada movimiento. Cada movimiento que realizan influye en la Naturaleza. Aun el más pequeño movimiento del dedo índice, por ejemplo afecta a la totalidad de la Naturaleza. Las olas de energía radiante que emanan de sus dedos circunnavegaran la Tierra. Finalmente ellos regresan a la persona que los originó, con un aumento positivo o negativo. Sabiendo esto, nosotros debemos ser cautelosos con respecto a nuestras acciones. Además, las actividades de los varios órganos del cuerpo humano imponen su influencia sobre la mente, el corazón y la voluntad humanas.

Hay movimientos que desarrollan la mente, otros el corazón y otros la voluntad. Uno levanta las manos durante los ejercicios, y esto le pide a las Fuerzas Inteligentes de la Naturaleza que nos den su ayuda.

Tenemos condiciones casi ideales para la Paneuritmia.

Para realizar la Paneuritmia correctamente, necesitamos enfocar la consciencia.

Uno debe primero aprender los movimientos más sencillos y luego proceder a los más complicados.

La Paneuritmia es un método que trata de los problemas pasados, presentes y futuros. En el círculo de Paneuritmia, el pasado, el presente y el futuro se unen en un solo momento presente.

La música de la secuencia de Paneuritmia "Paso a Paso" está en una escala menor. Tomar un paso hacia adelante o hacia el costado está relacionado con una partida, en otras palabras con la involución. Dar un paso hacia atrás volviendo a la posición inicial está relacionado con el regreso, o la evolución. En el ejercicio "Los Rayos del Sol" moverse hacia el centro representa recibir del Centro. Alejarse del centro representa devolver lo que hemos recibido.

Los Seres Avanzados de lo Alto también danzan Paneuritmia, ellos realizan movimientos similares y, si nuestros movimientos están de acuerdo con los de ellos, nosotros entraremos en conexión con ellos y recibiremos sus bendiciones. A fin de lograr esta conexión, no solo es necesario que nuestros movimientos de Paneuritmia sean correctos y rítmicos, sino también que exista harmonía entre la mente, el corazón y la voluntad del que los realiza. La persona que danza Paneuritmia debe tener Amor, Pureza y un estado espiritual iluminado.

La Paneuritmia tal como es danzada en lo Alto no puede ser danzada en la Tierra ya que la humanidad todavía no está lista para ello. Nosotros hemos recibido tanto como es posible de modo accesible.

No hay ninguna otra música o movimiento tan accesible como la Paneuritmia. En el futuro, la Paneuritmia será introducida y practicada en otros países también. Un hombre suizo ha estudiado varios tipos de danzas folclóricas y otros movimientos con música de alrededor del mundo. Cuando el visitó Bulgaria, el comentó que había encontrado la más perfecta combinación de música y movimientos en la Paneuritmia.

Se necesita una escuela especial para el estudio de los movimientos y canciones de la Paneuritmia.

≈

El Primer Violinista

Hay lazos profundos entre los seres humanos y la Naturaleza. La humanidad debe cuidar esta relación. La salida del Sol, particularmente en la primavera es el momento más hermoso, y no debemos perder la oportunidad de observarlos. El Maestro salía a caminar por la mañana casi todos los días, acompañado de amigos y discípulos. Nosotros observábamos los primeros rayos del Sol desde lo alto del pico de una montaña. El Maestro había hablado muchas veces acerca del Sol, pero aun así siempre había algo nuevo para decir acerca del tema.

El aura de cada ser vivo que se levanta antes del amanecer y trabaja con amor, es bella. Si uno no se levanta temprano y no trabaja, uno será ordinario y vestirá miserablemente. Todos los seres vivos deben trabajar. Cuanto más conscientes sean, tanto mayor es el esfuerzo que deben aplicar. Si alguien desea ser joven, debe levantarse temprano cuando el Amor le susurre al oído para que se levante. El Amor le dice: "Levántate antes del amanecer".

Durante el tiempo de primavera es importante utilizar los poderes renovadores de la Naturaleza. Aunque sea una sola ventana abierta, esto tendrá un impacto. Pero si ustedes son conscientes de la presencia de un Ser Inteligente abriéndola, la influencia será de otro tipo completamente. Yo se los interpreto: cada mañana el Sol sale en el este, y al salir el Sol nosotros debemos prestar atención a los Seres Inteligentes.

Ver el amanecer es siempre beneficioso, aun cuando el Sol está cubierto de nubes ya que la energía del Sol atraviesa las nubes. De todos modos, el amanecer eleva a los seres humanos.

Esta energía viviente solo está disponible por la mañana. Para cada tarea hay un tiempo específico. Aquellos que desean desarrollarse deben ir a dar la bienvenida al Sol todas las mañanas. Ellos deben permitir que estas poderosas fuerzas actúen en ellos.

¡Levántense temprano! ¡Salgan al aire libre! ¡Saluden al Sol! ¡Que hermosas cosas se ocultan en el Sol naciente! Si uno va a ver la salida del Sol regularmente, uno recibirá inspiración.

El primer violinista de la Naturaleza es el Sol. El primer rayo del sol es la primera aria. Si ustedes observan la salida del Sol sin sentir su música y su mensaje, ustedes son como el financiero que suma y resta números y hace cuentas todo el día sin ganar nada.

Expongan su espalda al Sol, contemplen al Sol a fin de recibir su energía. Cuando no se sientan bien, paren lo que están haciendo, vayan al aire libre, coloquen su espalda en dirección al Sol por un tiempo, y luego continúen con su trabajo. Ustedes recibirán del Sol algo que ni la filosofía ni la ciencia les pueden brindar. La Luz es el aspecto externo del Sol, pero dentro de la Luz hay algo muy sutil: dentro de ella se encuentran las vitales Fuerzas Inteligentes de la Naturaleza.

∽

El Trabajo Interior del Discípulo

Era un calmo y claro atardecer de primavera. Nosotros nos hallábamos sentados cómodamente alrededor de nuestro querido Maestro bajo los árboles del jardín. Las estrellas podían ser vistas a través de las ramas. Se oía el canto de los grillos. Hay momentos que el Mundo de la Consciencia Suprema prepara desde lejos. Hay momentos en los cuales los sonidos del mundo aparentan hallarse en completa harmonía polifónica. Cantamos algunas canciones. Y en el silencio que cayó tras ellas, alguien sacó el tema del trabajo interior del discípulo.

El Maestro dijo:

La oración es el acto más poderoso de la existencia humana. Hace que nuestros pensamientos, sentimientos y voluntad se enfoquen. Este tipo de oración es poderosa y logra milagros. ¡La oración es el trabajo más maravilloso! Es una conversación con Dios. ¡No existe un momento más importante que cuando uno está contemplando el rostro de Dios! ¡Que hermoso es, al levantarse por la mañana, el hablar con El Inmortal!

Aquellos que no están interesados en Dios, poco a poco pierden su fuerza vital y se atrasan en el camino. Cuando ustedes piensan en los Ángeles, ustedes entran en el Mundo Angélico. Mientras piensan en Dios, se encuentran en el Mundo Divino. Nosotros vivimos en cualquier mundo que estemos contemplando.

Por ejemplo, ustedes viven en un hábitat que los acomoda por un tiempo, pero luego ustedes deciden mudarse a otro. En la antigüedad todos los peces Vivian en el agua, pero llegó un momento en que los más avanzados se mudaron a un hábitat de menor densidad, o sea fueron a vivir en el aire. Las grandes dificultades que ellos encontraban en el agua los motivaron a buscar mejores condiciones de vida que podrían existir por encima del agua, en el más ligero elemento del aire. Y así fue como los peces se convirtieron en pájaros. Cuando los seres humanos se hallan en condiciones restringidas, ellos se dirigen hacia Dios. Ustedes se esfuerzan hoy, y nuevamente se esfuerzan mañana, y finalmente entran en una vida más sublime. La idea crea la forma.

La Ley dice: Si ustedes piensan acerca de una buena persona, la luz aparecerá en sus pensamientos y la calidez en sus corazones. Si ustedes piensan en una persona malvada, la oscuridad se manifestará en sus mentes y el frio en sus corazones. Esta Ley se refiere a nuestra relación con Dios. Cuando ustedes se conectan con Dios, la Luz entrará en su consciencia, y la paz profunda en su alma. Si ustedes se conectan con los Ángeles, nuevamente ustedes serán llenados de pensamientos luminosos y sentimientos sublimes. Cuando piensan en las plantas y en los animales, ellos también los influirán. La Ley dice: Ustedes se conectan con aquello en lo que piensan.

A través de la oración, las personas se comunican con Dios y los Seres Avanzados. Entonces Dios les hablará del Amor y de los Inteligentes Seres de la Luz. Cuando se despiertan por la mañana, eleven su consciencia hacia la Realidad Única. Tras eso, independientemente de lo que estén haciendo, estudiando o trabajando la tierra, pidan ayuda al Mundo Invisible. Si no, si ustedes comienzan a trabajar inmediatamente, ustedes se olvidarán de la Gran Realidad, de las Fuerzas Inteligentes de la Naturaleza. Hay una Ley que dice: Cuando uno dirige su consciencia hacia la Realidad, esta habita en su interior, y si uno dirige su consciencia hacia las sombras, vivirá en la oscuridad.

La oración y la contemplación son expresiones del alma esforzándose en ascender a un plano más elevado. De este modo, recibirá un influjo de energía mental, y con ella el trabajo de la consciencia humana se tornará más fácil. Oración y contemplación indican que ustedes están transmitiendo su informe al Centro Supremo del que ustedes han descendido. ¿Que estará en vuestro informe? El trabajo que han realizado. En respuesta a vuestro informe, un intercambio correcto entre vuestros pensamientos y emociones, y los de los Seres del Mundo Sublime se llevará a cabo. Si alguien piensa que la oración, la contemplación y la meditación no son necesarias, esa persona se halla en el camino equivocado.

Cuando ustedes rezan, ustedes determinan su propia posición. Cuando rezan se hallan en continua conexión con toda la Creación. Una vez que saben esto, no obstruyan este proceso natural dentro de ustedes.

A través de la oración adquirimos energía del Mundo Divino. La Ley de la Oración es similar a la Ley de la Sustentación. Cuando uno no recibe alimentos, uno sabe que algo está faltando. Cuando el alma es privada de oración, también se siente una carencia. La Oración es una necesidad interior del alma.

La Oración es una realidad, no una sombra. Lo que en cada momento da fuerzas a la mente, el corazón, el alma y el espíritu es algo real.

La Oración es el trabajo consciente del alma humana. Cuando uno reza, el alma se aventura más allá de la conciencia ordinaria. Podemos describir esto como la emergencia de los límites en que uno vive.

La Oración se asemeja a cuando una ameba extiende sus seudópodos para atrapar alimento. Es un proceso continuo. Para que lo Nuevo entre dentro de ustedes, ustedes deben dirigir sus mentes cada mañana hacia el Gran Centro del Universo.

La Oración se asemeja a la Ley de la Provisión de Agua. A través de ella todas las buenas influencias son atraídas hacia ustedes. Cuando ustedes rezan, todo lo que los rodea debe crecer y desarrollarse. Cuando uno comprende la gran Ley de la Oración, esa persona será un verdadero ser humano, será uno de los Grandes Iniciados.

¿Saben ustedes como rezan los Ángeles?

La Oración es el primer método a través del cual comenzamos a aprender el lenguaje Divino. Si ustedes no rezan, nunca aprenderán este lenguaje. A través de la oración nosotros aprendemos el lenguaje de Dios. Nunca sabremos el lenguaje de Dios.

La verdadera oración requiere concentración y aislamiento. Nadie debe saber que ustedes están rezando. Cuando el mercader está rezando, él debe olvidarse de sus negocios y sus actividades.

En otra ocasión, el Maestro dijo:

La oración es uno de los métodos a través de los cuales llegamos a conocer a Dios como Amor. Nos lleva al Amor, ese sublime estado que ustedes han alcanzado. El hecho de que ustedes perdonen a sus hermanos y levanten al caído es el resultado del tiempo que ustedes han pasado en su cuarto secreto de oración.

Las personas deben rezar para que Dios so de vuelta Su Rostro. Es terrible cuando Dios le esconde Su Rostro a alguien. En este caso, la oscuridad y la soledad toman poder con más fuerza que lo que esta persona haya experimentado en toda su vida.

Los santos reciben su conocimiento a través de la oración, la contemplación, la meditación y la experiencia. El santo reza por periodos prolongados a fin de recibir inspiración y nuevas ideas.

No importa dónde estén, independientemente de la situación, tómense media hora o una hora para pensar en Dios. De este modo, vuestra consciencia se expande. Cuando uno reflexiona acerca del Gran Origen, del Gran Centro de la Creación, esto es más valiosos que todas las riquezas materiales de la Tierra. Pensar en Dios también renueva y rejuvenece el cuerpo físico, ya que esta energía se extiende a todo el cuerpo.

Si alguien dice que no es necesario pensar en Dios, yo les digo que quien deja de pensar en Dios se asemeja a un niño huérfano, sin padre o madre, que deambula con las ropas en harapos, sin hogar y sin amigos. Tras lo cual las alimañas comienzan a atacar y uno pierde el sentido de la vida. Estoy hablando de modo figurativo. Les explico: cuando alguien deja de pensar en Dios, uno se torna vulnerable y los seres inferiores comienzan a atacar.

Uno no puede lograr nada si uno no reza. Rueguen para que más Luz penetre vuestras consciencias.

No hay seres más evolucionados que los Ángeles. La próxima etapa en que la humanidad entrará es la Fase Angélica. Entonces nuestros densos cuerpos se transformarán en otros más dinámicos. Ellos estarán compuestos de materia más refinada. ¿Cómo serán creados estos cuerpos? A través de la oración, la meditación y la contemplación. En otras palabras, la oración es un método para la organización del cuerpo espiritual, el nuevo cuerpo en el que viviremos.

A veces les pregunto a científicos y filósofos cuantas veces al día piensan en Dios. La razón de las desventuras que ocurren hoy en día a las gentes se debe a que las personas no piensan en Dios. La oración es el mejor método para resolver aun los más difíciles problemas. Duda, sospeche, escepticismo y muchos otros pensamientos y sentimientos negativos son la causa de la mayoría de las enfermedades que padece la humanidad. Uno puede superar estas condiciones negativas a través de la oración. La oración tiene poderes milagrosos.

Si alguien recita un verso de las Escrituras con la intención de entender, eso es suficiente para que Cristo venga y ayude a esa persona. El pondrá luz en su mente y arreglara sus asuntos.

La oración eleva la vibración del aura humana. De este modo nos tornamos inviolables ante los ataques de las influencias inferiores que nos rodean. A través de la oración las personas se protegen de las ansiedades y miedos del mundo. Estos no podrán penetrarlos.

Cuando rezan pidiendo que se cumpla uno de sus buenos deseos, el Mundo Invisible siempre ayuda. Si están enfermos, recen a Dios, y ustedes se recuperaran en un corto tiempo. No hay nada en el mundo que uno pueda desear y que Dios no pueda cumplir. El mundo representa los deseos de estos pequeños seres. Dios ha cumplido sus deseos.

Si todas las personas se dirigieran a Dios con la plegaria: "Dios, hemos tratado todos los métodos de tratar de arreglar el mundo, déjanos saber cómo hacerlo". Y si hubieran rezado desde el corazón, el método hubiera surgido. Este es el método más simple pero cuando es aplicado, Dios viene al mundo a ayudar a las personas.

No existe un ser viviente, grande o pequeño, al que Dios haya ignorado en su pedido. No hay ningún caso en el cual Dios no ha respondido a tu mensaje, no importa cuán desordenado este haya sido. Organicen sus mensajes. Los mensajes del Mundo Invisible siempre salen a tiempo, pero en camino a la Tierra, a veces se demoran y llegan meses atrasados.

Que hermoso es darnos cuenta que ocupamos un lugar en la mente de Dios. Cuando sabemos esto y nos acercamos a Dios con un pedido, nuestra oración es recibida.

Pídanle a Dios que more en ustedes y que se manifieste a través de ustedes. El único que transforma a las personas es Dios.

Todos buscan el sentido de la vida. El sentido de la vida se encuentra en nuestra comunicación con Dios.

El horario más favorable para la oración es temprano por la mañana, por ejemplo a las 3 o 5 de la mañana. El salmista escribió: "Dios, te he llamado en las horas tempranas del amanecer"[4]. Esto implica que ustedes ocuparán las horas anteriores al amanecer con el trabajo más sublime, la comunión con el Gran Centro de la Creación, a fin de obtener la energía necesaria para cumplir con los cometidos del día.

Dondequiera que vayan, cualquiera sea el trabajo que comiencen, ustedes necesitan energía. Si dejan que lo mundano los influencie, esto los desviará de su camino. Cuando se levanten por la mañana, ustedes deben tener un pensamiento esencial: el abrirse como una flor. Cristo pasaba toda la noche en oración[5]. ¿Por qué? Porque durante estas horas Él se recargaba de energía, como si fuese una batería, para aquello que Él tenía que realizar durante el día.

Ustedes necesitan rezar. Ustedes deben trabajar en sí mismos para estar listos para lo Nuevo que está viniendo al mundo. ¿Cuánto tiempo deben rezar? Continuamente. Rezar no significa que ustedes deban detenerse para orar todo el día. Ustedes pueden estar en movimiento y rezar al mismo tiempo. El trabajo no excluye la oración. Ustedes pueden rezar constantemente. Solo aquellos que viven de acuerdo con la Ley del Amor están predispuestos para la oración. Cualquier cosa que ellos estén haciendo, ellos están siempre en oración. En otras palabras, en la vida de una persona llena de Amor, todo es oración.

---

[4] Ver Salmo 88:13: "Pero yo te he llamado, Oh Señor, y en la mañana mi oración sube hasta Ti".

[5] Ver Marcos 1:35: "En la mañana, habiéndose levantado antes del amanecer, El salió y se fue a un lugar solitario a rezar".

Una madre puede decir que ella no tiene tiempo para rezar debido a sus niños. El que corta arboles dice que no puede rezar debido a su trabajo. El escritor dice lo mismo. La gente dice que no tiene tiempo para la oración, la contemplación y la meditación. En realidad, la oración debe ser lo primero, y el resto viene después. Primero ustedes respiran, y después trabajan. De otro modo ustedes no pueden terminar su trabajo.

Aquellos que no rezan no son buenos estudiantes. Los más haraganes, los menos capaces y los menos talentosos estudiantes son aquellos que no rezan. Denle un tema a un estudiante que es limitado y el dirá: "¿De dónde ha salido este tema?"

Ustedes deben rezar cuando estén de buen humor, como así también cuanto se encuentren confundidos o haya oscuridad en su consciencia.

Todos pueden retirarse aun cuando se hallen rodeados de otros. El retiro no es un proceso externo solamente.

Yo les daré un principio: para cada persona hay una ola que los eleva. Cuando se levantan por la mañana, no se apuren en ir a trabajar inmediatamente. Deténganse y trabajen internamente a fin que esta ola los alcance, y luego pueden ir a comenzar su trabajo. Ustedes pueden ser la persona más ordinaria, pero cuando el Espíritu Divino los visita, ustedes lograran algo más allá de ustedes mismos.

Si los pensamientos, las emociones y la voluntad no toman parte de su oración, esta no es oración verdadera. Ir a su lugar secreto de oración consiste en entrar en su alma virgen. Entonces ustedes comprenderán el profundo significado de las cosas y la razón de su existencia. Cuanto más precisa sea la oración. Tanto más elevada será la consciencia.

Cuando se encuentren en dificultades, yo les digo: recen a fin de conectar con los Inteligentes Seres de la Luz que pueden ayudarlos. Algunas personas dicen que ellas rezan pero no han recibido respuesta. Esto se debe a que su consciencia todavía no ha despertado. La consciencia humana es como una radio que transmite y recibe ondas del Universo. Los científicos dicen que hay un cinturón por encima de la Tierra que desvía las ondas y no las deja elevarse. Esto puede usarse para explicar por qué las oraciones de algunas personas no pueden subir suficientemente. Cuanto más elevada y evolucionada sea la consciencia de alguien, tanto mayor será la posibilidad de que las oraciones de esa persona sean recibidas.

¿Qué debe uno hacer para conectarse con el Mundo Invisible? Ustedes deben tener su propia radio. Ustedes ya la tienen. Cuando ustedes elevan sus pensamientos en oración, ustedes deben protegerse de ondas voraces. Duda, falta de fe y falta de Amor, son ondas de carácter desfavorable que se forman en el mundo astral. Ellas tienen una influencia negativa en el espíritu humano. Las dificultades de la existencia humana se deben a los ataques de estas ondas voraces. Ellas tienen influencia sobre nuestras oraciones y no las dejan subir. Ellas también obstruyen las buenas aspiraciones.

La oración es mejor cuando uno está siendo perseguido. Cuando uno está sufriendo grandes pruebas, sufrimientos o persecuciones, entonces uno reza como es debido.

Mientras que el horno del corazón no este encendido, la oración no puede llegar hasta Dios. Uno no puede rezar en un lugar impuro. Ustedes deben ir a un lugar puro. Las oraciones deben ser transmitidas Cuando uno reza al Mundo Invisible, uno debe ser exacto. De otro modo, la oración es como el formulario que no incluye cual es el pedido. De ser así, no tendrá ninguna consecuencia.

Si yo fuera a rezar ahora, yo le pediría a Dios Fortaleza, Conocimiento, Sabiduría, Amor, Verdad y Libertad.

Cuando uno reza, uno debe pedir lo mínimo, pero que es al mismo tiempo lo más esencial. Una oración es recibida cuando la Voluntad de Dios es tenida en cuenta. Lleven a cabo el siguiente experimento: concéntrese en lo que está en lo más profundo de ustedes y digan "Señor, estoy listo ahora a cumplir Tu Voluntad que inspira a todos los seres vivientes del mundo", o digan: "Si yo te he sido de agrado, déjame sentir Tu Felicidad en el nombre de Tu Amor, Sabiduría y Verdad". ¿Saben lo que sentirán? Ustedes sentirán una alegría como nunca han sentido anteriormente. Ustedes sentirán que han nacido nuevamente. En un momento, ustedes podrán cambiar su rostro.

Vuélvanse a Dios y digan: "Señor, colócame en el fuego de tu Amor", o digan: "Señor, ¿qué quieres que haga para que Tu Reino triunfe en la Tierra y Tu Nombre sea santificado por toda la humanidad?"

Una Ley muy importante dice: Cuando ustedes rezan por alguien, su oración gana poderes milagrosos sólo si es acompañada por el Amor hacia esa persona.

Ahora, concentrémonos por cinco minutos y enviemos un buen pensamiento a todos el mundo. La Ley dice: Si ustedes envían este pensamiento correctamente, el trabajo ejecutado será equivalente a la suma de todos los trabajos que ustedes han realizado en toda su vida.

≈

Comunión con la Naturaleza

Donde quiera que el Maestro estaba, siempre había trabajo que realizar. Con su presencia, gradual e imperceptiblemente sin hacer planes de antemano, el mejoraba nuestro alrededor. Y por lo tanto, naturalmente, todo lo que lo rodeaba se embellecía.

Trabajar con el Maestro no era solo agradable, sino que además el trabajo tomaba características significativas. Todo lo que hacíamos estaba lleno de profundo significado. El Maestro impartía una idea específica en aun el más insignificante trabajo. El observaba todo lo que sucedía a su alrededor: el clima y como cambiaba, las dificultades encontradas en el trabajo y como podíamos superarlas, cuantos y quienes de nosotros deberían participar. Todos teníamos la impresión de que Él estaba en comunicación con el Mundo Inteligente que nosotros no podíamos ver. Su lenguaje también nos era incomprensible, pero a veces el Maestro nos ofrecía una traducción. Para El, todas las cosas eran instrumentos que indicaban que Ley de la Naturaleza Inteligente estaba trabajando a cada momento.

La persona sabia que vive en la Unidad de la Vida puede a veces intervenir para desviar ciertas fuerzas o para ayudar a que otras actúen, o puede poner en acción una Ley u otra. En esas circunstancias, él está actuando como representante de la Gran Consciencia. Sus acciones aparentan ser al mismo tiempo proféticas y milagrosas. Si uno es capaz de cambiar el paso de ciertos eventos, no le es necesario mover montañas para atraer una cierta Ley de la Naturaleza Viviente, solo hace falta mover una pequeña piedra, cuando uno lo hace con conocimiento y comprensión.

Mientras estudiaba la inclinada pendiente frente a la casa, el Maestro descubrió un pequeño manantial. El agua a penas si brotaba. El la tomo cuidadosamente, juntándola en una vasija. El luego construyo un sendero hasta el manantial, incluso con escalones. El planto una Idea en este trabajo y lo llamo "En Manantial del Bien", el Centro Divino que dirige a la Vida misma.

Cuando el manantial fue dedicado, el Maestro dijo:

La vida es un proceso continuo de revelación de las bendiciones Divinas. Toda la Vida es un constante descubrimiento de las cosas perdidas.

Cumplimos con el trabajo del día exitosamente, regocijándonos en el sentido de culminación que uno experimenta cuando uno trabaja de acuerdo con la Naturaleza Viviente y recibe de ella todo lo que necesita. En otras palabras, cuanto uno ha dado y recibido correctamente.

Tras completar el trabajo nos reunimos alrededor de nuestro amado Maestro bajo el nogal. Estuvimos en silencio por un tiempo, escuchando la voz de la naturaleza al despertar y que fluye por cada rama, por cada brote de cada árbol. Los primeros pájaros de la primavera habían llegado y estaban canturreando felices en las ramas.

Con una expresión de gratitud en su rostro, el Maestro miró a su alrededor y dijo:

Ustedes deben regocijarse en todo lo que los rodea, los manantiales, las piedras y el Sol.

A través de la Naturaleza aprenderemos la Ley de la Perfección y como se debe aplicar en la vida. Todo ejerce una influencia en nosotros. Ustedes se detienen frente a un manantial y el manantial los influye. Ustedes se detienen frente a claveles en flor, y esto también los influye. Es importante que cuando se detengan frente al manantial o los claveles, su consciencia participe y no se halle distraída con otras cosas.

Conecten con la Naturaleza y reciban de ella conocimiento y energía. Ustedes deben conectar con la Naturaleza: si ustedes establecen la conexión apropiada con ella, ustedes aprenderán en un día más que lo que aprenderían de un profesor en veinte años. La Naturaleza es generosa para con aquellos que la aman y que ella ama. Si una persona no ama la Naturaleza, ella esperara tanto como sea necesario hasta que llegue el momento en que la consciencia de esa persona se despierte.

Yo deseo que ustedes se conecten con las Fuerzas de la Naturaleza Inteligente y con toda la gente buena de la Tierra. Cuando logren esto, ustedes recibirán energía de todas las direcciones.

Cuando somos capaces de percibir y sentir cosas, la Realidad está a nuestro alcance. Cuando vemos cosas pero no las comprendemos, es porque no estamos en tono con ellas. Ustedes ven la salida del Sol. Cuando ustedes comprenden que el amanecer es una manifestación de la Vida de los Seres Avanzados de la Luz, ustedes entonces están conectados con la Realidad. El hermoso clima que tenemos hoy es una manifestación de sus buenos pensamientos y deseos.

Mantengan en su consciencia todos los animales y plantas como si fueran la Creación de Dios. Si ustedes hacen esto, todos sus problemas se solucionarán. Ustedes deben llegar a ese estado en el cual ustedes son capaces de observar y ser conscientes de las cosas al mismo tiempo. Este es un privilegio difícil de obtener y que requiere gran esfuerzo. Entonces ustedes llegaran a la Realidad de todas las cosas.

Aquellos que han alcanzado la Realidad proceden a ayudar a otros. El estar conectado con la Realidad significa que una persona percibe la Vida exterior y también la Vida interior, y así está realmente en comunión con la Naturaleza.

A la noche, salgan y presenten atención a las estrellas. Elijan una y síganla para ver con que otras estrellas está conectada. Las estrellas ejercen influencia sobre los seres humanos.

Cuando hallen un bello y saludable árbol, apóyense en él y esfuércense en entrar en comunión con la Vida que está en él. Entonces ustedes podrán absorber energía del árbol y sentirse renovados.

Cuando las personas están en discordia con los que los rodean, ellas necesitan tomar la energía de la Naturaleza: de las piedras, de los árboles, de los manantiales y del pasto. La Naturaleza es lo único que puede ayudarlos. Cuando ustedes están rodeados por la Naturaleza, ustedes abren su corazón hacia sus hermanos. Las montañas también ejercen una influencia en ustedes, al igual que los ríos. Un rio que fluye hacia el este ejerce cierta influencia, mientras que uno que fluye hacia el oeste tiene una influencia diferente.

Cuando estén rodeados por la Naturaleza, sean observantes. Por ejemplo: ¿como podrán encontrar el camino en la niebla si no tienen una brújula? Habitualmente uno encuentra más musgo en la parte norte de las piedras y menos en la parte sur. Pero hay otro método: dirigirse a todas las direcciones. Cuando ustedes miran hacia el norte ustedes sentirán una cierta calma: ustedes no sienten confusión. Cuando se dirigen hacia el este ustedes sentirán que algo bueno viene desde esa dirección: algo fluye hacia ustedes. Una vez que encontraron esas dos direcciones, las demás son fáciles de extrapolar.

Dios ama a aquellos que trabajan, que estudian. Cuando veo un manantial me siento y entablo una conversación con él. Ustedes dirán: "¡Que hombre más raro! ¡Habla con un manantial!" ¿Que pueden decir de sus hojas de balances? Ustedes se sientan frente a ellas, la abren en una página y dicen: "Esta persona me debe veinticinco mil pesos, esta otra debe cincuenta mil. Yo debería enviarlas a la cárcel". ¿Quien es más sabio? ¿El que disfruta de la pequeña florecilla y del manantial y habla con ellos o el que abre y cierra sus hojas de balances?

≈

La Gran Sustancia

El Maestro dijo:

Todo el mundo es creado solo por el Amor. Todo lo que vemos es una expresión del gran Amor y de las magníficas posibilidades que le esperan al alma, corazón, mente y espíritu humanos. El Origen de todas las cosas es el Amor. Es la Eterna Sustancia Primordial en que todos vivimos.

Algunos se preguntan: "¿Por qué las personas viven sin Amor?" No les falta Amor, ellos viven en El. El Amor permea todas las cosas. Reina en todos los rincones del mundo. El primer acto del mundo es Amor. La preciosa fruta que despierta el alma humana, el corazón humano, es el Amor. Todos los seres vivientes, del menor al mayor, se mueven en el Amor de Dios. Este es el modo en que todo el Universo se mueve. Yo sé Quién mueve el Universo.

¿Cuándo una persona habla suave y calmado? Cuando quiere decir algo amable. Las cosas más bellas son susurradas al oído para que nadie más las oiga. La Voz silenciosa de la Naturaleza representa la Manifestación externa del Amor. La Luz habla suavemente porque lleva el Amor dentro de ella. ¿Pueden ustedes aguzar su oído de modo de poder escuchar lo que la Luz está diciendo? ¿Saben su idioma?

El Amor permea y rodea todo. No emana ni se pierde. No sale ni entra.

Muy comúnmente la gente dice: "He perdido mi amor". No se engañen. Aquellos que dicen que han perdido el amor, nunca tuvieron nada. El Amor no puede ser perdido o ganado. Cuando decimos que perdimos o ganamos amor es solo una ilusión. ¿Cómo pueden ganar algo que existe dentro de ustedes? ¿Cómo pueden perder algo en lo que están inmersos? Debemos entender las palabras "ganar" y "perder" de modo diferente. Cuando dicen "gané" esto significa que ustedes han entrado en harmonía con Dios. Cuando dicen "perdí" esto implica que ustedes han entrado en discordia con Dios.

Ustedes dicen "Yo no creo". Ya sea que ustedes crean o no crean, la Tierra los lleva sobre sus espaldas y el aire los sustenta. Ya sea que ustedes crean o no crean, ustedes están inmersos en la Gran Sustancia Eterna: dentro del Amor, dentro de Dios.

≈≈

Las Dos Leyes

En otra conversación el Maestro dijo:

Las gentes de hoy en día todavía viven con la ilusión de que pueden esperar amor de los otros. Abran su corazón a Dios para recibir Su Amor, y el resto de las personas los amarán. Ellos son la multitud a través de la cual Dios se manifiesta. Por lo tanto, a fin de llegar a conocer a las personas, ustedes deben primero llegar a conocer al Uno. Esto implica que a fin de entender la multitud, ustedes primero deben comprender la Unidad. Yo mismo me acerco a ustedes a través de Él, a través de Dios.

Cuando las personas no los entienden, esto indica que ustedes no entienden a Dios. Cuando las gentes dudan de ustedes, esto muestra que ustedes dudan de Dios. Cualquiera sea su relación con Dios, esa será la relación de los demás para con ustedes.

Existen las siguientes dos Leyes. La primera dice: Cuando las personas los aman, esto indica que ustedes aman a Dios. La segunda dice: Cuando ustedes aman a los otros, esto indica que Dios los ama a ustedes. Aquí debemos agregar una pequeña explicación. Cuando digo que Dios los ama, esto debe entenderse de modo diferente: el Amor de Dios para con ustedes no cambia. Pero a través de la expresión "Dios los ama" lo que se quiere significar es que ustedes son receptivos al Amor de Dios. Por lo tanto, la relación de ustedes con sus semejantes depende de la relación de ustedes con Dios. Cuando tienen una buena relación con Dios, todas las personas se relacionan bien con ustedes. Si ustedes aman a sus semejantes, esto indica que ustedes han recibido el Amor de Dios correcta y completamente.

Ustedes pueden relacionarse con una familia de dos modos: en un caso ustedes aman a los niños y de a poco el padre comenzara a amarlos a ustedes, y en el otro caso ustedes aman al padre, y de a poco los niños comenzaran a amarlos a ustedes. Cuando ustedes son amigables con los niños, cuando ustedes los ayudan, el padre tomará interés en ustedes. Yo les doy esta explicación: sus semejantes son los niños de Dios. Cuando ustedes ayudan a sus semejantes, los niños de Dios, ustedes se conectan con Dios.

≈≈

Las Causas Psíquicas de las Enfermedades

En una conversación durante el almuerzo, surgió una pregunta acerca de la causa de las enfermedades. El Maestro dijo:

Cuando la comida permanece en el estómago sin ser digerida por mucho tiempo se forman sustancias toxicas y estas toxinas son distribuidas por todo el organismo y envenenan la sangre. Lo mismo sucede con el corazón. Si deseos imposibles se acumulan en él, ellos no pueden ser asimilados y producen toxinas astrales. Lo mismo ocurre cuando nos aferramos a pensamientos que no pueden ser llevados a la realidad. Estos permanecen en el cerebro por largo tiempo y forman toxinas mentales. La presencia de toxinas en el cuerpo produce las condiciones primarias para el desarrollo anormal de microbios, quienes acarrean varias enfermedades.

La Ley dice: Una vida valiosa purifica la sangre. Ni bien ustedes introducen un pensamiento impuro en su mente, o un sentimiento impuro en su corazón, su sangre pierde su pureza. Los pensamientos y sentimientos impuros crean las enfermedades. Todas las perturbaciones causan daño a la mente, el corazón y el cuerpo.

Algunas enfermedades se deben a perturbaciones mentales y otras a emocionales. Cuando se trata de problemas a nivel emocional, estas afectan el hígado, los vasos sanguíneos, el corazón, etc. Todas estas perturbaciones son debidas a no haber amado.

Si alguien se hunde en la celosía, la duda, el enojo, u otra condición negativa, esta persona debe encontrar métodos para transformarlos o tendrá como consecuencia las enfermedades. Uno debe ser capaz de balancear un pensamiento o sentimiento negativo con uno positivo. Esto lo neutralizará y lo transformará.

Todo desequilibrio del espíritu aflige la salud. El discípulo debe ser consciente del origen de sus enfermedades, incluyendo el saber si el origen es mental, espiritual o físico.

Cuando el Amor falta en la vida de las personas, ellas pueden contraer tuberculosis. La razón de toda enfermedad, discapacidad y aflicción en la vida es de origen espiritual. Si ustedes desean ser saludables, mantengan pensamientos positivos en sus mentes y sentimientos buenos en sus corazones.

Las razones de muchas enfermedades están escondidas en el subconsciente. Esos son remanentes de su pasado con los que ustedes deben lidiar.

Llorar no debilita los ojos, pero gran tristeza si lo hace. Alguien pierde su salud, otro pierde su niño y no pueden sobreponerse a la perdida. El pensar de modo frecuente y repetido acerca de la pérdida gradualmente debilita la vista. Una sensación de opresión en el pecho se debe a la falta de armonía de los sentimientos. Un sentimiento de pesadez en el estómago se debe a la falta de harmonía en nuestras acciones.

Existen enfermedades cuyos orígenes se centran en no haber amado. Otros se deben a negligencia y no haber seguido las reglas elementales de la higiene. Algunas enfermedades se deben al disgusto que esa persona tiene por la Verdad y su servicio a las falsedades, y también hay otras que se deben a diferentes tipos de ansiedades.

Cuando la frecuencia de vibración del organismo decrece, el ser humano se hace susceptible a diferentes enfermedades. En eso casos, el menor motivo puede causar una enfermedad. Hay una regla que dice: Para que un organismo pueda sobrellevar una enfermedad, este debe elevar su frecuencia de vibración.

Recuerden: toda enfermedad es el resultado de una transgresión cometida, ya sea en el pasado o en el presente. Hoy en día es fácil de ver que en lugar de disminuir, el número de enfermedades está en aumento. Esto continuara hasta que las personas se den cuenta que deben buscar las causas de las enfermedades y eliminarlas.

Un conocido me contó lo siguiente: "Durante diez años yo estaba enfadado con mi padre y mi madre. Durante ese tiempo yo tenía una ulcera en mi cuello que me molestaba constantemente. Cuando finalmente se curaba, otra tomaba su lugar. Y así me atormentaron durante los diez años. Ni bien me reconcilie con mis padres, las ulceras desaparecieron". En este caso, la energía del odio se había acumulado en la materia virulenta de las ulceras y así salía a la superficie y era eliminada.

La artritis, por ejemplo, además de tener causas puramente físicas también tiene causas mentales. Estas causas tienen su raíz en los pensamientos, los sentimientos y la voluntad. Cada pensamiento, sentimiento o acto de mala voluntad en la vida se manifiesta en forma de artritis, ulceras u otras enfermedades. Tengan cuidado con el miedo, el odio, las preocupaciones, la envidia, la celosía y otros estados mentales negativos que acumulan toxinas y residuos en el organismo.

Una enfermedad puede aún aparecer cuando una persona no se ha reconciliado con alguien que ya ha fallecido. Un sacerdote enfermo me visitó una vez. Él estaba muy asustado. El me contó que un pariente de él, con quien él no estaba en buenos términos, había fallecido. "Esta enfermedad se debe a su relación con este pariente", le dije. El confeso que había golpeado a su madre, y que ella después murió. Yo le aconseje que hiciera las paces con su madre, a fin de ser curado. "¿Como puedo hacer las paces con ella?" me preguntó, y yo le dije: "Usted debe confesar a Dios y a su madre que usted no ha actuado correctamente".

A través de las enfermedades, la Naturaleza les da ciertas lecciones a las personas. Personas que son crueles o groseras se tornan más agradables tras una enfermedad. Las enfermedades hacen a las personas más amables y suaves. Tras cada enfermedad, se obtiene una pequeña mejoría en el carácter humano.

≈

El Discípulo: Quien Es Probado en la Vida

Al Maestro no le gustaba que le hicieran preguntas de índole personal o material. El prefería que le hiciésemos preguntas profundas y el las discutía prontamente. Los temas favoritos de nuestros debates eran: el camino del discípulo, el desarrollo de las fuerzas internas, dones y capacidades de los seres humanos, y las Leyes de la Vida Consciente y sus métodos de aplicación. El Maestro percibía la Vida en su profundidad y totalidad claramente, completamente y con calma. Con palabras y ejemplos simples el respondía a las preguntas más complicadas. Una noche, tras concluir con todos los quehaceres del día, nos reunimos a Su alrededor, donde surgió una pregunta acerca de los discípulos.

El Maestro dijo:

Ustedes todavía son niños, y Dios ha creado este gran mundo para que lo puedan explorar. Las mayores bendiciones de Dios todavía están por venir. Lo que ustedes han experimentado hasta ahora es bueno, pero esto no es todavía vuestro propósito.

Nosotros podemos esperar muchos años para lograr aquello que deseamos: el desarrollo de las fuerzas interiores. Esto se puede lograr más rápido si actuamos de modo Divino. De este modo, el tiempo necesario disminuye.

Los discípulos deben estudiar la Naturaleza e interpretar su lenguaje. Observen las flores, los pastos, los manantiales, la luz. Y cuando hagan esto, eliminen de sus observaciones todas las impresiones que puedan dañar u oscurecer la consciencia. Cuando realicen estas observaciones, ustedes necesitan eliminar todos los pensamientos, sentimientos e impresiones negativos.

Estudien todo lo que Dios ha creado porque todas y cada una de las piedras son el resultado de la Inteligencia Universal. Los árboles, las flores, el agua, el aire y la luz son manifestaciones de esta Inteligencia. Cuando ustedes realicen sus observaciones, piensen en esta Inteligencia, piensen en lo Divino, porque dondequiera que la vida existe, allí encontrarán la Manifestación Divina. Al aplicar este método, ustedes podrán lograr lo que en una vida ordinaria llevaría mucho más tiempo.

Lo que calma es el Espíritu, la vida espiritual. Aquí se halla la solución para el gran esfuerzo de la existencia terrenal. Lo que oprime y acarrea todo el sufrimiento es la pérdida del Sublime Esplendor, la pérdida del Espíritu.

Las enseñanzas de Cristo son tan profundas que solo pueden ser aplicadas por los místicos. Si ustedes desean aplicarlas, ustedes se enfrentarán a numerosas y diversas tentaciones que trataran de sacarlos del camino. Una multitud de cosas atractivas les serán ofrecidas a fin de obstruirlos.

Como discípulos de la Gran Escuela, ustedes no tienen solamente la tarea de adquirir conocimiento, sino también de desarrollar aquellos órganos que se hallan aun en estado embrionario. Sin el desarrollo de estos órganos, ustedes no podrán evolucionar. Esta tarea es difícil, pero inevitable. El desarrollo de uno de estos órganos incluye el aprender el arte de nadar a fin de ser capaces de mantenerse a flote y no hundirse durante las tormentas en el mar de la Vida. Si ustedes usan las condiciones presentes con sabiduría, los espera un brillante futuro. Si ustedes pierden la oportunidad, ustedes deberán esperar miles de años hasta que las condiciones sean nuevamente favorables.

Ustedes deben expresar todo lo bueno que Dios ha puesto en ustedes, de otro modo, ustedes serán negligentes en su trabajo.

Si los seres humanos no están preparados para usar los recursos naturales de modo sensible, ellos se convertirán en una carga. Por esto es que la Naturaleza mantiene escondidos muchos de sus recursos de aquellas personas que no están listas. Para aquellos que están listos, ella revela sus numerosos misterios. La Naturaleza no pretende. Cuando ustedes estén listos, ella levantará el velo que cubre vuestros rostros y revelara todo lo que ustedes requieran. Cuando ustedes no estén listos, ella usara diez cerraduras para ocultar las cosas que se hallan frente a ustedes. Por lo tanto, aquellos que buscan alcanzar la Gran Verdad deben prepararse. Si ustedes no trabajan conscientemente en ustedes mismos, ustedes caerán en la monotonía que los llevará a un estado letárgico. Uno debe pasar a un estado de consciencia superior a aquel en que uno se encuentra en el presente. El propósito fundamental de la Escuela Divina consiste en preparar al discípulo para que esté listo para recibir las bendiciones de Dios cuando estas se hagan presentes.

Un modesto avance en nuestras capacidades puede ser obtenido por muchos, pero para poder demostrar real talento uno necesita preparación. Les doy un ejemplo: si una persona trabaja poco, su interpretación del violín será mediocre, otro trabaja consistentemente y se convertirá en un virtuoso.

Todas las noches, el discípulo debe tomar cuenta de todos los pensamientos, sentimientos y acciones que experimentó durante el día a fin de retener lo que es útil y descartar lo que no es.

Trabajen conscientemente a fin de ser admitidos en la Universidad Divina. Allí, almas con experiencias similares se reúnen y forman una red. Esto sucede en el Cielo. Así es como las Escuelas Divinas son organizadas. En la imagen de las Escuelas Divinas, Escuelas similares son creadas en la Tierra. Su nivel como estudiante no está determinado por la Escuela terrenal, sino por la Divina. En la Escuela Divina se mantiene la información acerca de todos y cada uno de los estudiantes: cuando se anotó por primera vez, como ha progresado en sus estudios y con su comportamiento, y como ha completado su educación. Si el estudiante ha experimentado mucha adversidad en su vida, y esto lo ha llevado a no poder resolver las contradicciones y ha abandonado la Escuela, esto también es anotado.

Algunos preguntarán: "¿Por qué el Maestro nos habla de esta manera?" Mi finalidad es ayudarlos a que lleguen a ser miembros de la Gran Hermandad Universal.

La Gran Hermandad Universal no es una asociación nueva. Ha existido desde la antigüedad y continúa su existencia hoy en día. Para que ustedes sean dignos de esta bendición, ustedes deben orar y trabajar arduamente en sí mismos hasta que sus corazones estén en calma. Toda turbulencia y toda tormenta en este mar deben cesar. Cuando esto ocurra, el amanecer de vuestro Sol llegará y tendrán un día brillante y sin nubes. Cuando el Sol de su Vida se eleve, sus corazones danzarán porque escucharán la Voz de Dios, las Voces de todos los Ángeles y de todos los Hermanos Avanzados. Ustedes entonces entrarán en la Gran Ciudad para habitar entre los Seres Sublimes Avanzados. Cuando logren esto, su felicidad no tendrá límites.

En este momento ustedes se hallan en el desierto, donde ustedes deben rezar por muchos días a fin de poder sobreponerse a las pruebas que han encontrado en el camino. ¿Creen ustedes que fue fácil para los Ángeles el alcanzar el estado en que se encuentran ahora?

Solo aquel que resuelve sus tareas correctamente puede ser un discípulo. Recuerden: las condiciones favorables le son dadas gratuitamente a muchos, pero ellos deben proveer el esfuerzo necesario. Llegar a ser un genio depende del esfuerzo realizado en las encarnaciones anteriores. El discípulo debe eliminar las cosas superfluas que todavía residen en él. Solo debe quedarse con lo que Dios le ha dado.

El discípulo estará expuesto a muchas contradicciones y tentaciones durante su trabajo que deben ser superadas. El resultado final determinará sus logros. Cuando ustedes son admitidos a la Escuela, habrá dos voces que les hablarán. Una les dirá: "Deja la Escuela y sigue viviendo en el mundo como lo hacen los demás". La otra voz dirá: "Continua en la Escuela, cumple con lo que es requerido".

Hay muchos patrones de conducta dentro de la vida de cada uno, dentro de sus oraciones, sus ideas, etc. Que necesitan ser eliminados. Si una persona está cubierta de miel, las moscas lo rodearán y se pegarán a él. Esto quiere decir: no le den a los espíritus inferiores la oportunidad de sentirse atraídos hacia ustedes, nunca exponga delante de otros aquello que es sagrado. En otras palabras: nunca pongan a la vista lo sublime que se halla en vuestras almas.

Ni bien ustedes comiencen a esforzarse, el Mundo Invisible vendrá en su ayuda. Cuando un discípulo tiene la ayuda del Mundo Invisible, su vida mejorará. Por lo tanto, no teman. Cuando el Mundo Invisible comience a ayudarlos, ustedes desarrollaran sus talentos.

Muchos creen que cuando ellos comiencen a caminar por el Nuevo Camino sus vidas se tornarán fáciles y agradables. Esto es correcto, pero solamente hacia el final del camino. Al comienzo, ellos pasaran por dificultades y pruebas.

Todas las buenas personas son sometidas a pruebas durante su vida en la Tierra. Cuando un Ángel desciende para encarnarse en la Tierra, desciende gradualmente hacia la materia más densa y, al hacerlo, olvida su experiencia en el Mundo Superior, porque si no lo hiciera y recordara como son las cosas allí, sufriría.

Job paso por muchas pruebas: el perdió todo y se vio cubierto de llagas y ulceras. Hay algunos entre ustedes que creen que entrar en el Reino de Dios será fácil. ¿Han ustedes experimentado el peor sufrimiento? Los sufrimientos proveen las condiciones para que ustedes puedan sentirse completamente realizados. Solo bajo estas condiciones ustedes podrán ser dignos de probar el Amor de Dios. Entonces algo sublime saldrá de ustedes. Entonces ustedes serán verdaderos seres humanos.

Dios está constantemente probando su amor. Él les da dinero, y cuando se los quita, ustedes se entristecen. Esto indica que ustedes están preocupados por las cosas materiales. Ustedes deben alegrarse cuando los roban. Nadie puede quitarles lo real, lo Divino. ¿Quién puede robar las estrellas, el cielo, el Sol o el océano Pacifico?

El mundo es un mar en el que tiran muchas líneas de pescador. Estas son las tentaciones. Cuando ellas los atrapan, ustedes comienzan a alejarse de Dios.

El creyente ordinario vive como una persona ordinaria. Esa persona no es sometida a pruebas. Pero ni bien ustedes se convierten en discípulos, las pruebas comienzan a aparecer. Por los tanto, el discípulo es probado, mientras que la persona ordinaria, en este sentido, es libre. Nuestra fe es probada en tiempos de grandes dificultades. La estabilidad de un barco es probada durante las mayores tormentas.

Alguien elige seguir el camino espiritual. Reza, ayuda a los demás, y después de un tiempo se dice: "¡Que otros trabajen ahora, yo ya he hecho lo suficiente!" Esto no es correcto. Aquellos que se hallan en el camino espiritual deben trabajar más que las otras personas. Hoy en dia todos deben rezar. ¿Por qué? Porque estamos en el borde de un mundo cambiante, y un Nuevo Orden está llegando en este mismo momento.

Los días de dificultades y pruebas se acercan. Las Escrituras dicen: "El Sol, las estrellas y la Luna se oscurecerán"[6]. Esto significa que las creencias de todas las religiones perderán su significado, y las autoridades seculares también perderán su poder. Por lo tanto, todos los discípulos de la Escuela deben colocarse sus armaduras y sus cascos a fin de soportar la oleada de pruebas y dificultades a través de las cuales pasará toda la humanidad. El nombre de esta armadura es "Amor". Cuando las personas atraviesen esta ola, ellos cambiarán para mejor.

Cuando ustedes se encuentren en medio de contradicciones que los rodeen, ustedes deben comprender que se hallan en su medio natural y por eso son atacados. Y cuando lleguen a la mayor contradicción, ustedes deben comprender que ha llegado el momento de volver a sus gentes a fin de enseñarles cómo vivir. No se pregunten el porqué de estas contradicciones, solo regresen al lugar en que Dios les dio origen. Allí llegaran a conocer su verdadero ser. Y tras esto alcanzaran la paz interior. Al lograr esto ustedes serán sus propios amos. Las

---

[6] Ver Mateo 24:29: "Tras las tribulaciones de esos días, el Sol se oscurecerá y la Luna no dara su luz, las estrellas caerán del cielo y los poderes del cielo serán sacudidos".

pruebas por las que uno debe pasar es el trabajo que nos toca. Tras las pruebas vienen los resultados y la renovación. Cuando algo es sembrado en la tierra, las Fuerzas Inteligentes de la Naturaleza trabajarán en ello para que germine. De este modo, cuando algo es sembrado en su alma, el Mundo Invisible trabaja sobre ello y hace que cobre vida. El trabajo principal es realizado por el Mundo Invisible.

Aquellos que no aprenden no pueden ser admitidos en la Escuela Divina. Ser admitido indica que uno tiene dones. Pero si una persona abandona la Escuela no es debido a ignorancia. No todos son admitidos. Es posible que haya abandonado la Escuela por otros motivos. Cuando regrese, más tarde, continuara desde donde dejó. El hecho de que haya comenzado sus estudios implica que es capaz, pero ha tenido problemas causados por condiciones externas y esto lo ha forzado a interrumpir sus estudios. Más tarde los retomará.

Ha sido dicho: "El Camino es angosto"[7]. "El Camino angosto" es un concepto general, pero es diferente para cada uno. Ustedes deben ser admitidos a la Escuela Divina basado en sus propios méritos.

En su deseo de lograr algo notable, muchos dejan de lado las pequeñas cosas que son, en realidad, las que los beneficiarán más. Cada mañana, al despertar, los discípulos deben plantar al menos un Pensamiento Divino en sus corazones a fin de que sus vidas tengan sentido.

Cada uno de ustedes debe estudiar una ciencia: matemática, química, física, biología, filosofía, etc. El discípulo debe estar bien versado en la realidad del tiempo actual. Una vez que han venido a la Tierra deben estudiar. Ustedes son estudiantes. Todos los seres vivos, hasta el más pequeño, deben estudiar.

Hasta que las personas lleguen a los 40 años no podrán estudiar la Ley fundamental: el Amor de Dios. A los 30 años, los seres humanos atraviesan una crisis, y en esa etapa se determina si ellos lograran llevar algo a cabo en sus vidas.

Ustedes pueden saber en qué año de la Escuela están mirando las tareas que le son asignadas.

---

[7] Ver Mateo 7:14: "Porque la puerta es angosta y el camino que lleva a la vida es difícil, y pocos lo encuentran".

≈

La Perfección del Alma Humana

El Maestro aprovechaba toda oportunidad disponible para enseñar a sus discípulos. La pendiente frente a la casa del hermano Temelko era empinada, rocosa y seca. Tras observarla, el Maestro descubrió un poco de humedad en un lugar. Él nos pidió que comenzáramos a excavar y él trabajó con nosotros hasta que encontramos agua surgente. Construimos un receptáculo y dirigimos el agua hacia él. El receptáculo comenzó a llenarse.

Este era el segundo manantial que descubrimos y el Maestro lo llamó "El Manantial de la Salud". Con esto, el Maestro nos enseñó a no desaprovechar ni el menor de los Dones Divinos.

El manantial fue embellecido: se construyó un camino, y debajo de él se plantó un jardín de vegetales regado por su agua. La lección era clara, y las imágenes fuertes. De este modo, los discípulos lo recordarían fácilmente. ¿No se asemeja una persona a un manantial? Cuando la obra estuvo concluida, el Maestro dio una explicación de la Tercer Ley: Amor para con uno mismo.

Amarse a uno mismo significa amar a Dios dentro de uno mismo. Servir a uno mismo implica trabajar en uno para desarrollar la imagen de Dios dentro de su ser. Amarse a uno mismo implica no tolerar ningún pensamiento, sentimiento u obra negativos. Amarse a uno mismo significa no hacerse daño o desarrollar malos hábitos. Las personas que no respetan estos preceptos no se aman a sí mismos. Por lo tanto, ustedes no pueden amarse a sí mismos si no aman a Dios. Amarse a uno mismo implica ser perfecto.

Si no podemos percibir el profundo significado de la Vida, perdemos las bendiciones de los Seres Inteligentes de la Luz que traen Vida Divina nos brindan el conocimiento. Ustedes deben saber cuál es el significado de la Vida. Es más sublime que lo que podemos imaginar. El significado de la Vida es la perfección del alma humana.

Un hombre vino a verme y me preguntó: "¿Cuál es el significado de la Vida?" Yo le dije: En el Universo hay aproximadamente un millón de estrellas y alrededor de cada estrella hay doce planetas. Usted debe visitar todas estas estrellas y planetas, y usted debe vivir en cada uno de ellos por cien millones de años. Solo entonces comprenderá el sentido de la Vida en su profundidad.

Respiración Correcta

La primavera había llegado. La Naturaleza se había despertado y su esencia fluía libremente. El Maestro aprovechaba toda oportunidad para guiarnos hacia Su reino. Él nos presentó los métodos de la vida consciente que permiten a los seres humanos usufructuar la abundancia de la Naturaleza y entrar en comunión con Ella. Cuanto más despierta e iluminada este nuestra consciencia, tanto mayores será la abundancia que la Naturaleza nos brinde.

Una mañana el Maestro analizo el concepto de la respiración correcta.

El aire es el elemento más fundamental de la vida que debe ser estudiado bajo las presentes condiciones. Todos y cada uno de nosotros debe comprender las Leyes que gobiernan al aire.

La respiración correcta implica la completa absorción de la energía presente en el aire. Si yo puedo lograr esto, yo habré alcanzado una meta y me regocijaré.

Cuando uno respira, uno debe observar la siguiente Ley: Amen el aire y recíbanlo con alegría. Este es el único modo en que podremos recibir las bendiciones que el aire provee.

Cuando ustedes exhalen, no debe quedar nada de aire en sus pulmones. El dejar aire en los pulmones durante la exhalación es la causa de numerosas enfermedades.

La respiración superficial acorta la vida. Si ustedes respiran más profundo, prolongaran su vida. Una persona que respira rápidamente morirá más pronto que si respirara más lentamente. Los enfermos de tuberculosis respiran de veinte a veinticinco veces por minuto, una persona sana debe tener tres ciclos respiratorios por minuto, y existen aquellos que solo tienen un ciclo respiratorio por minuto. Y están los adeptos que solo respiran una vez cada veinte minutos e incluso algunos que los hacen una vez por hora.

Aquellos que desean tener paciencia deben respirar profundamente. Cuanto más puedan contener su respiración, tanto mayor será su paciencia. A través de la respiración correcta, ustedes pueden deshacerse de condiciones mórbidas, ya sean físicas o mentales, y gradualmente traer balance hacia su fuerza vital y, al mismo tiempo, ser revitalizados. Una vez que hayan alcanzado el balance interno, ninguna condición externa o ninguna influencia externa podrá desviarlos de su camino.

Además de oxígeno, los seres humanos reciben fuerza vital, prana, a través de la respiración correcta y también nuevas ideas. Esto puede lograrse siguiendo ciertas reglas.

Yo les recomiendo la respiración profunda. Dirijan su consciencia hacia Dios y comiencen a respirar rítmicamente. Mientras inhalan y exhalan, repitan una oración o mantra en su mente. Esto aumentara su habilidad para recibir las fuerzas sublimes escondidas en el aire.

Ustedes deben tener gratitud hacia Dios. Él ha provisto el aire. Es requerido que Dios entre continuamente en ustedes, y ustedes entren continuamente en El. Cuando inhalo, Dios se me revela. Cuando exhalo, yo me revelo a Él.

El aire es un transmisor del Pensamiento Divino que primero permea el sistema respiratorio y luego el cerebro. Esto quiere decir que uno no recibe el Pensamiento Divino directamente, sino a través del aire. El aire es el transmisor fundamental del Pensamiento Divino. Yo me refiero a la verdadera esencia del aire, no a lo que los químicos analizan como cuatro quintos oxígeno y un quinto de nitrógeno. El aire es el elemento primordial que nos sirve como origen de la fuerza vital.

Cuando ustedes respiran su consciencia debe estar vigilante porque el pensamiento, tras haber sido recibido del aire, es recibido por la consciencia. Cuanto más vigilante sea su consciencia, tanto mayores serán ustedes bendecidos por la fuerza vital del aire. De este modo, ustedes se conectarán con los Sublimes Seres Inteligentes a los que ustedes ayudarán y que los ayudarán a ustedes.

Ni bien llegue la primavera, vayan todas las mañanas a caminar en el aire fresco, lejos de la polución de la ciudad, y dediquen al menos una hora a la respiración correcta y al ejercicio. Si ustedes realizan estas caminatas, su vida estará en mejor orden que si ustedes se hubiesen quedado en su cuarto.

Existen muchos métodos para la respiración. Es mejor hacerlo a través de ambos orificios nasales al mismo tiempo, pero puede ser hecho por uno a la vez. Yo les daré un ejercicio. Inhalen durante 15 segundos a través del orificio nasal izquierdo. Retengan el aire por 40 segundos y luego exhalen por el orificio derecho durante 15 segundos. Cuando inhalen por el orificio izquierdo, el derecho debe estar cerrado, y viceversa. Cuando estén reteniendo el aire, ambos orificios deben estar cerrados. Luego repítanlo en la dirección opuesta.

Si ustedes desean ser poetas, respiren. La verdadera poesía depende de la respiración correcta. Ustedes escribirán del mismo modo que respiren.

〰

La Música en la Cultura del Futuro

Esta tarde pasamos algunas horas llenas de música. Cantamos muchas canciones y, después de eso, la conversación se dirigió naturalmente hacia el tema de la música.

El Maestro dijo:

La música comenzó muy bien al principio de la época involutiva. Pero a medida que descendió en la materia, la música perdió su profundidad progresivamente. Lo que los seres humanos tenían en el Mas Allá fue perdido. Con la música de la época evolutiva, los seres humanos deben restaurar lo que perdieron.

En su error, las gentes perdieron su Vida primordial musical.

La música del este desciende porque pertenece a la época involutiva, mientras que la música del oeste asciende ya que es evolutiva.

La elevación de la música se acerca: tiene un impulso ascendente, de una substancia más densa hacia una más ligera. Cuando la música desciende de una substancia ligera hacia una más densa, esta exhibe tonos de un tipo, y cuando asciende de una substancia más densa a una más ligera, los tonos son de otro tipo. En otras palabras, la música de una época involutiva es diferente de la música de una época evolutiva. En su descenso, la música del este se mueve desde una melodía comprensible hacia una incomprensible. En contraste, en su ascenso, la música del oeste progresa de una melodía incomprensible hacia una comprensible.

Nuestro alejamiento de Dios es en una escala menor, mientras que nuestro acercamiento es en una escala mayor. En el primer caso hay algo suave en la voz, y hay lamento y tristeza en el contenido. En la música del este domina la melodía, mientras que en la del oeste domina la harmonía. La música del este es música de las emociones, mientras que la del oeste es música de la mente y la voluntad.

Yo divido la música en las siguientes categorías: música de las Zonas Frías, música de las Zonas Templadas y música de las Zonas Cálidas. La música eslava pertenece a la Zona Templada.

Al atardecer de una cultura y el nacer de otra, la música siempre será diferente. Hoy hace falta introducir algo nuevo en la música. No es posible que la gente siga cantando como lo hacía dos mil años atrás. ¿Como deben cantar ahora las personas? La nueva música debe servir como mejoramiento de lo que se ha logrado hasta ahora. Si no agregamos algo nuevo a la música, ¿de que servirá?

Todos los músicos y cantantes recibirán inspiración en el futuro. Su música será capaz de causar la total transformación de las almas que han caído, y despertar el impulso hacia la ciencia en aquellos que nunca se interesaron en estudiarla.

La harmonía de la música contemporánea es una manifestación de toda la cultura moderna: su optimismo, pesimismo, materialismo, escepticismo, etc. Una nueva Música se acerca. A partir de ahora la música evolucionará. Toda la evolución de la música hasta el presente ha sido solamente una introducción. La cultura del futuro será creada solamente a través de la música. Los Seres que se manifestaron a través de la música de Beethoven, Bach, Mozart y otros, vendrán nuevamente a darle al mundo algo más sublime que nada de lo que le ha sido dado antes.

En el presente no existen las condiciones para que se manifieste la Música sublime. Encarnarse no es fácil para una persona de genio. Para que esto ocurra, esta persona debe disponer de un cuerpo perfectamente estructurado a fin de que pueda soportar el terrible estrés impuesto por las fuerzas que se manifestarán a través de él.

La música cumple con su propósito solo cuando sirve para elevar a la humanidad. La humanidad debe elevarse desde la música exterior hacia la Música de la Conciencia Cósmica. La persona que no ha desarrollado su oído para la Música de la Consciencia Cósmica no puede entrar en el Mundo Divino. Hoy Dios sopla el Aliento de Vida en nuestros oídos, y por esto toda persona debería aprender a cantar.

Con los eventos que suceden hoy en día, se llegará a un mayor entendimiento del significado de la música. El impulso que nos lleva a cantar se hará más fuerte. Debido a la guerra la crueldad se ha incrementado y las personas se han endurecido. Hoy escuchamos los duros sonidos de las ametralladoras, cañones, bombas y demás. Estos son los sonidos más duros.

La Música desciende desde el Mundo Invisible para ayudar a la humanidad. En el futuro, las personas nacerán con un desarrollado don musical. En el pasado, la música tal como la conocemos, no existía.

En la música de las personas de origen hispano, se expresa el principio femenino, mientras que en la tradición anglo-sajona se expresa el principio masculino. En la tradición eslava, el principio femenino se expresa nuevamente pero con más énfasis.

Los eslavos tienen buen oído para la música. Ya que ellos sufrieron considerable opresión en el pasado, su sufrimiento se expresa en sus canciones. Pero ya que ellos han aceptado su destino en buena fe, ellos ahora se encuentran en el camino ascendente.

Cuando uno canta las canciones de una cierta cultura, uno debería tener conocimiento de la época en que esas canciones fueron compuestas. Tanto los rusos como los búlgaros han soportado gran sufrimiento, lo que se refleja en muchas de sus canciones.

La época de una nueva Música se acerca. Los eslavos darán un nuevo impulso a la música: ellos proveen la "arcilla" para formar mejores "vasijas".

El Nombre Sagrado

El Maestro dijo:

El Nombre de Dios es sagrado. Silencio absoluto debería cubrir inmediatamente los corazones y las almas de todos cada vez que el Nombre sea dicho. Todos deberían sentirse llenos de reverencia y asombro sagrado.

Todo en el mundo es transitorio, con la excepción del Nombre y la Voluntad de Dios. El Nombre de Dios debe ser santificado en sus almas. Recuerden siempre las bendiciones que Dios les ha deparado. En la pobreza al igual que en la prosperidad, en la salud como en la enfermedad, en la abundancia como en la adversidad, Él siempre los cuida.

Aquellos que no cumplen la Voluntad de Dios seguramente sufrirán, no porque Dios lo desee, sino porque ellos han errado contra la más fundamental Ley de la Vida. Aquellos que viven en Su Voluntad son como hierro que ha sido calentado hasta que brille blanco. A esta temperatura todos los errores, adversidades y enfermedades serán quemados como cenizas. Solo entonces ellos sentirán paz y tranquilidad en lo profundo de sí mismos.

La mera mención del Amor de Dios, del Nombre Divino, los inspirará. Toda irreverencia cesará. El Nombre de Dios es sagrado. El Nombre de los Ángeles es sagrado. Uno debe alimentar estos sagrados sentimientos y pensamientos acerca de Dios.

Dormir como Proceso de Renovación

Esta noche, el concepto de dormir como proceso de renovación fue discutido. El Maestro dijo:

Por la noche ustedes van a la cama. Ustedes dejan su cuerpo. Ustedes sienten movimiento, pero su cuerpo está quieto. Su cuerpo tiene una consciencia y ustedes tienen otra. Ustedes se mueven, pero temen que la conexión con su cuerpo pueda romperse, y ustedes regresan. Ustedes no pueden decirle a su conciencia ordinaria lo que ha acontecido en los reinos más elevados. La consciencia ordinaria les dice: "Ve, pero no vayas muy lejos".

Por la noche, ya que las condiciones propicias para el trabajo no se encuentran disponibles aquí, dejamos nuestros cuerpos y vamos a trabajar a otros lugares. Mientras tanto, otros trabajan en nuestros cuerpos. La Naturaleza es una madre prudente. Mientras las personas duermen, ella limpia la casa, el cuerpo, y lo renueva a fin de que al despertar podamos continuar nuestro trabajo. Durante el tiempo en que dormimos, el alma deja el cuerpo. Durante este tiempo, los Seres Inteligentes de la Luz trabajan en las células del cuerpo para renovarlas y restaurar el ritmo que había sido desorganizado.

Cuando una persona se va a la cama debería rezar pidiendo que el cuerpo sea protegido de las influencias negativas durante el tiempo del sueño. Estados negativos y mórbidos pueden pasar de una persona a otra. Esto es particularmente posible durante la etapa del sueño. Uno debe observar la Ley de la Protección Psíquica. En otras palabras, cuando ustedes van a dormir por la noche, ustedes deben proteger sus cuerpos. Al mismo tiempo, ustedes deben estar agradecido a sus Amigos Sublimes que protegen sus cuerpos cuando ustedes están separados de ellos durante el sueño. De otro modo, ustedes podrían hallar sus cuerpos poseídos o violados.

A veces ustedes no pueden dormir bien porque están cansados por demás tras haber usado un exceso de energía para llevar a cabo una tarea insignificante. Esto se asemeja a querer clavar un pequeño clavo en la pared usando una enorme cantidad de energía. En otras palabras, ustedes se preocupan demasiado acerca de cosas pequeñas. ¿Era realmente necesario usar tanta fuerza para clavar un clavo tan pequeño?

No hace falta dormir mucho para sentirse completamente descansado. Antes de irse a la cama, ustedes deben deshacerse de todos los momentos dolorosos y condiciones negativas que experimentaron durante el día. Su mente y su corazón deben ser vaciados de todo conflicto. Si el cuerpo, la mente y el corazón no están descansados cuando alguien se va a dormir, esta persona deambulara en el plano astral sin encontrar la Escuela Divina donde se estudian las Leyes de ese mundo. Cuando despierte, esta persona se sentirá insatisfecha porque no ha comprendido nada. Ustedes también aprenden cuando están durmiendo.

Cuando sufran de insomnio, ustedes deberán levantarse de la cama, lavar su cuerpo con un paño empapado con agua tibia, lavar sus pies en agua tibia y regresar a la cama. Entonces ustedes experimentarán un descanso refrescante.

Una característica peculiar del mundo astral es que allí los eventos son experimentados a través de símbolos, de imágenes. Por este motivo, algunos sueños son simbólicos. Ustedes sueñan que han entrado en una casa y están siendo corridos de ella. Entran en otra casa y son echados nuevamente. La casa representa el cuerpo. Durante el sueño ustedes intentan entrar en el cuerpo de otra persona, creyendo que es el que les pertenece, pero no es el de ustedes, así que salen de él. Entran en otro cuerpo, descubren que no es suyo, salen, y repiten el evento.

Cuando una persona duerme, la unión entre su cuerpo físico y su cuerpo espiritual se mantienen. Cuando una persona regresa a su cuerpo inesperadamente, por ejemplo debido a un susto, es posible que se entrelace con el doble etérico de otra persona.

A fin de lograr un encuentro con otra persona en el reino superior durante el tiempo del sueño, ustedes necesitan tener los mejores y más puros pensamientos acerca de esa persona. Si vuestra mente está ocupada pensando en sus deficiencias, ustedes no podrán reunirse.

≋

El Círculo Místico

Era temprano en la primavera y el día estaba calmo y claro. El Sol derretía la nieve y las aguas fluían hacia el valle desde las cimas. El flujo de la Vida se incrementaba con un nuevo ritmo.

Nosotros estábamos en la montaña con nuestro amado Maestro. Tres colores se combinaban harmoniosamente: el blanco de la nieve, el azul del cielo y el verde nuevo de la primavera. El Aliento Eterno daba vida a todo.

El Maestro dijo:

Piensen en Aquel que les ha dado todo y a Quien ustedes todavía no conocen. Ustedes deben llegar a conocer la Realidad Absoluta, Aquel que fue el Primero en darnos su Amor.

Un profundo conocimiento de la vida interior de una persona es requerido a fin de que pueda realizar sus aspiraciones humanas. Cuando uno no percibe lo Divino dentro, nuestras más hermosas aspiraciones se desvanecerán. En ese caso, esta persona no tiene un pilar que lo soporte internamente.

Cada pensamiento acerca de Dios, no importa cuán pequeño sea, es como una chispa. Cada pensamiento acerca de Dios les acarreará una bendición. Dirijan sus mentes hacia Dios, y el estado natural de su ser será restaurado. Una Ley dice: En el momento en que ustedes establezcan una conexión con Dios, ustedes recibirán Sus Pensamientos. Mientras que las personas mantengan esta conexión con el Centro Omnisciente de la Creación, ellos serán los portadores de Ideas Divinas. Otra Ley dice: Cuando ustedes piensan acerca de Dios, un poderoso flujo de energía pasará a través de ustedes, ustedes recibirán el Poder Divino y todos sus dones y capacidades se desarrollaran correctamente.

Cuando ustedes piensan en Dios, el Poder y las Ideas Divinas los permearan y los restructurarán. Es la misma relación entre la cima de una montaña y el valle. Cuando la nieve se derrite en la cima, las aguas fluyen cuesta abajo y todo el valle reverdece y da fruto.

Manteniendo una idea sagrada acerca del Gran Uno dentro de sus
consciencias, ustedes tendrán Luz en sus mentes y calidez en sus corazones. Uno debe entender que esta idea es a la vez fundamental y sagrada,
y uno debe usarla como base para construir sobre ella.

Ahora sus pensamientos son caóticos. Se asemejan a eslabones de
cadenas que están separados los unos de los otros. Pero aun así, cuando
un pensamiento acerca de Dios se eleva en sus mentes, este conecta
todos los eslabones en una perfecta cadena. La Ley dice: Que la cadena
no sea rota, para que no se interrumpa el Divino Flujo de la Vida. Este
Flujo Divino nunca debe romperse.

Todos necesitan el poder que sostiene la Vida: la fuerza vital que
emana de la Divinidad. Todos necesitan la fuerza vital que proviene de
la Felicidad Divina.

Ustedes necesitan conectarse con Dios, con el Potencial Infinito del
Cosmos Viviente. Solo entonces obtendrán la Luz que acarrea todas
las condiciones favorables para el desarrollo de la mente, el corazón y
la voluntad. Este es el único modo en que ustedes podrán edificar sus
vidas y organizar su fuerza vital. Aquellos que se esfuerzan para crear
su nuevo carácter y obtener una conciencia iluminada necesitan conectarse con el Gran Mundo Inteligente. Cuando ustedes se conecten con
Dios, su cielo se tornará limpio y sin nubes. Esfuércense en restaurar
esta conexión. Ustedes alcanzaran gran conocimiento si son capaces de
mantener esta conexión. Si ustedes no tienen esta conexión con Dios,
con su Maestro, ustedes no obtendrán nada.

La mente es una vara mística. Utilícenla para trazar un círculo
místico alrededor de ustedes para que los proteja. ¿Como realizarán
esto? El trazado del círculo místico solo es posible pensando en Dios.
Cuando ustedes están conectados con Dios, ustedes están protegidos,
no importa donde estén, ustedes estarán seguros. Cuando no están
conectados con Dios, todos los lugares esconden peligros para ustedes. Cuando encuentro un oso, yo me digo: "Dios vive en este oso"
Y entonces el oso no tiene deseo de causarme daño. Si encuentro un
ladrón, hago lo mismo.

¿Cómo será diferente lo Nuevo? En su conexión con lo Divino. Una
Ley dice: Todos los errores serán perdonados cunado la conexión entre
el alma humana y Dios sea restaurada. Esta es la Ley de la Hermandad

Universal de la Luz. Esta conexión no ha sido restaurada todavía. Abran las puertas para que lo Divino pueda entrar en ustedes y puedan alcanzar la paz.

Ya que ustedes no tienen todavía una conexión con los Hermanos Avanzados, con el Mundo Sublime, sus fuerzas espirituales están en un estado de hibernación, las fuerzas que emanan de los Mundos Sublimes están en su naturaleza inferior sin manifestarse. Cuando ustedes conectan con Dios, estas fuerzas son usadas de modo apropiado, y todas las contradicciones son fácilmente resueltas.

Otra Ley dice: Cuando una persona conecta con Dios, esta persona se reconcilia con Dios. Entonces las bendiciones de Dios se manifestarán de tal modo que esa persona se reconciliará con sus enemigos. No importa lo que suceda en el mundo, mantengan su conexión con el Gran Origen de la Vida, y no tengan miedo.

No importa lo que ustedes piensen acerca de Dios, ustedes se convertirán en ello. Cuando ustedes comienzan a dudar de Dios, todos los dones que les han sido dados se desvanecerán.

Aun cuando ustedes se hallen en el centro del pero predicamento, recuerden que Dios no cambia. Si sienten la Presencia de Dios, aunque sea por un momento, todos sus adversarios se fundirán como el hielo. Si tienen fe en Dios, aunque vivan en el infierno, este se convertirá en un paraíso. Esta es una gran Verdad. Durante los tiempos difíciles uno debe depender de Dios. Uno debe ser fuerte para lograrlo. Si su casa se incendia, o si alguna otra tragedia les sucede, si esto puede romper su conexión con el Gran Centro de la Creación, ustedes no son aun personas de la Vida Consciente.

Si un pensamiento no es aplicado, su forma será destruida, pero el pensamiento en sí mismo se mantiene como esencia viva y vuelve a Dios. Esta extraviado para ustedes, como si ustedes hubieran perdido a sus niños. Si ustedes pierden su conexión con sus sagrados pensamientos, sentimientos y deseos, ustedes interrumpirán su conexión con todos los Seres Inteligentes.

Los pensamientos sagrados de una persona son la sustancia a través de la cual esta persona entra en contacto con el Gran Mundo Inteligente. Si ustedes destruyen sus pensamientos y sentimientos sagrados acerca de Dios, junto con ellos ustedes destruirán la parte más valiosa de ustedes mismos. Solo a través de estos pensamientos y sentimientos sagrados pueden ustedes entrar en comunión con El.

Si alguien mantiene sus pensamientos y sentimientos sagrados acerca de Dios, esa persona es un ciudadano del Reino de Dios. Todos nuestros pensamientos y sentimientos nacen de lo sagrado.

Cuando no vivimos correctamente, Dios se preocupa. Él quiere que todos los errores sean rectificados. Cuando vivimos en Dios, nos convertimos en vehículos de sus bendiciones. Dios quiere que las bendiciones que provienen de Él sean distribuidas. Dios quiere que sus bendiciones se manifiesten.

Una cosa es requerida de los seres humanos: tener veneración para con Dios. Todo lo que viene de Dios está a nuestro alcance cuando estamos conectados con El. Cuando esta conexión no existe, nosotros somos seres humanos ordinarios y nada saldrá de esa persona. Cuando alguien llega a conocer a Dios, las circunstancias de su vida mejorarán, de lo contrario, empeorarán. Yo he probado y verificado esto, y ahora se los paso a ustedes. Cuando ustedes están conectados con Dios, ustedes comprenderán la existencia material, se quitaran de encima los errores y alcanzaran sus ideales.

En realidad, aun aquel cuyos errores son los peores, mantiene su conexión con Dios, aun cuando a veces parezca que no es así. En este caso, Dios afloja la unión y la persona se aleja más. Más tarde, esta persona sentirá el deseo de acercarse nuevamente a Dios. Entonces Dios enrollará el hilo en el carretel y la persona se encontrará más cerca de Él. Esto es figurativo, obviamente, pero la conexión nunca se interrumpe.

El concepto de Dios es el concepto más poderoso. Aun así, su manifestación esta ahora a su nivel más débil. No porque sea naturalmente débil, sino porque se halla a la espera del momento correcto para manifestarse.

≈

Las Características del Amor Divino

El feriado de Pascua les brindó la oportunidad a muchos hermanos para venir a ver al Maestro. La primavera había arribado y las flores en los arboles llenaban el aire de un perfume celestial. Los primeros pájaros habían llegado.

La pequeña comunidad estaba llena de vida. Uno podía ver discípulos por doquier, algunos solos y otros en grupos. Algunos trabajaban, otros leían y otros conversaban entre ellos. Todos tenían algo para compartir con sus vecinos.

Temprano por la mañana, subimos a la colina que se hallaba por encima del pueblo en compañía del Maestro y allí realizamos ejercicios de calistenia y Paneuritmia. Tras ello, volvimos a la casa frescos y con nuevas energías.

Comimos nuestras comidas bajo el gran nogal. El aire estaba cálido y el Sol se filtraba a través de las jóvenes hojas verdes en las ramas, haciéndolas aparecer como si fueran de oro. La conversación era animada. La llegada de la vida no solo se sentía en la naturaleza, sino también en las almas, mentes y corazones de todas las personas, como si las semillas de la Nueva Vida estuvieran brotando.

El Maestro dijo:

Lean la página 100 del volumen "La Bendición Eterna"[8]. Una persona con comprensión ordinaria no puede manifestar el Amor Divino. Solo lo logrará si un Ser Avanzado viene a vivir dentro de él, aun cuando fuera por solo un instante.

Yo les he hablado acerca del Amor, pero aun no les he dicho lo más esencial. Todavía les estoy presentando la introducción al Amor. Si yo pronunciara la palabra "Amor" tal como es, ¿saben que les ocurriría a ustedes? Ustedes se volverían luminosos, resplandecientes y tomarían la forma de los Ángeles.

---

[8] "La Bendición Eterna" (Vechnoto Blago): Colección de presentaciones dadas por el Maestro, publicado en Sofía en 1943.

Todo lo que existe en el mundo es una manifestación del Amor. Pero, ¿Qué es el Amor realmente? Solo unas pocas personas lo saben. Es la Realidad que existe más allá del mundo físico. Esta más allá de vuestra voluntad, de vuestra mente, de vuestro corazón. El Amor apenas si tiene puntos de contacto con cada uno de estos. En las presentes condiciones, el Amor actúa intermitentemente desde afuera hasta que el organismo humano se adapta, ya que la presente composición del cuerpo no puede tolerar las fuertes vibraciones del Amor.

No traten de explicar lo que es el Amor, en su lugar, describan sus manifestaciones. El Amor es la única cosa que los seres humanos no pueden describir. Ustedes no pueden describir el pan hasta que lo hayan probado. Ustedes no pueden describir el agua hasta que no hayan bebido. De ahora en más, las gentes llegarán a conocer el Amor. El Amor es la fuerza más sublime del Universo. Cuando permea a las personas, hace surgir en ellas las más sublimes y hermosas manifestaciones del Espíritu. El Amor es revelado primero a los grandes Maestros, a los grandes Adeptos, a los grandes discípulos, a los grandes creyentes, a los grandes conversos y finalmente a las personas comunes.

En el mundo hay algo más grande que el conocimiento: el Amor.

Si ustedes quieren llegar al propósito intrínseco de las cosas, para liberarse de las ataduras de la vida, ustedes deben amar a Dios. En realidad, el Amor es el camino que lleva al conocimiento genuino. No se preocupen por el amor que esclaviza a las personas. Ese pertenece al mundo, y ustedes ya lo han experimentado.

El Amor divino no crea contradicciones en la vida. Los hará fuerte y llenos de poder espiritual. Los hará ciertos en sus pensamientos. El Amor Divino comienza del siguiente modo. Un amigo se acerca a ustedes y les lee dos estrofas que él ha escrito. Ustedes deben ponerse en su lugar y alegrarse por el tal como si ustedes las hubieran escrito. Pero en realidad, ustedes no se alegran y se preguntan "¿Por qué no se me ocurrió a mí?" Alguien ha pintado un cuadro y se los muestra. Alégrense por él. No se digan: "¿Por qué no lo hice yo?" Alguien ha recibido una herencia, alégrense por esa persona. Alguien se ha vestido con hermosos ropajes, estén alegres. Ustedes deben considerar los pensamientos y sentimientos de sus hermanos como si fueran los suyos propios, y tomarlos como si fueran sagrados para ustedes.

Cedan bajo la fuerza del Amor que está dentro de ustedes. Esto implica colocar a Dios en el lugar más elevado dentro de su alma.

Su idea fundamental debería ser: amar como Dios ama. Si ustedes entran en el Mundo Divino con su amor humano, no lograrán nada.

Una de las cualidades del Amor Divino consiste en que aquel que tiene este Amor dentro de si no puede caer en la tentación o el desvío. Nadie puede tentar a aquel en cuyo corazón habita el Amor. La persona que tiene el Amor Divino es absolutamente inviolable. Aun las bestias salvajes conocen el Amor, y cuando encuentran el Amor en su camino, se hacen a un lado.

Cuando el Amor pasa de un reino al otro, crea sufrimiento. Aquel que entienda esta Ley nunca se sentirá desanimado.

Cuando los discípulos desean obtener el conocimiento traído por el Amor, ellos deben quitarse sus viejas vestiduras, o sea todo el sufrimiento innecesario y renunciar a su egoísmo.

El Amor es el primer requisito, a través del cual uno determina sus propias condiciones.

Amar significa estar en harmonía con el Mundo Divino del Amor, con el Mundo del Amor de los Ángeles, y con el mundo humano del Amor, o sea con todas las buenas personas.

Uno debe saber cómo manifestar el Amor Divino. Tiene miles de formas para manifestarse y uno debe conocerlas a todas.

≈

De Una Carta del Maestro

La flor que florece,
El fruto que madura,
La Luz que alegra el alma,
Y el Espíritu que trae todos los dones de la mente y el corazón
Son bendiciones que provienen de Dios.
Búsquenlos siempre y aprendan de ellos.
Y por sobre todo, amen a Dios
Con todo su corazón,

Con toda su alma,
Con toda su voluntad.
¡Busquen solamente a Dios!
Sírvanlo y El los bendecirá.
¡Crezcan y vivan en el Amor!

≈

El Viene

El Maestro regularmente nos daba un nuevo punto de vista acerca de los problemas que nos preocupaban, aun cuando él ya hubiera tocado el tema anteriormente. Él lo hacía del modo en que un gran músico interpreta una simple melodía usando una harmonía diferente, mostrando un mayor y más profundo contenido al entrelazarlo con otras melodías. De este modo, el Maestro resumía y resaltaba nuevas relaciones y correspondencias, abriendo un nuevo mundo que nos había sido desconocido hasta entonces. El Maestro guiaba la conversación más allá de los temas triviales y mundanos que comúnmente preocupan a la gente y llevaba nuestros pensamientos hacia lo esencial, para que nosotros pudiéramos aprender algo nuevo, para que pudiéramos crecer y desarrollarnos.

El Maestro nos dijo:

Nacer de nuevo. Esta es una referencia acerca del Amor que se está revelando ahora de un nuevo modo. En el presente, estamos comenzando a nacer de nuevo en el Amor. Pero llegará el día en que viviremos rodeados de aquellos que nos aman y que nosotros amamos.

Acepten el Amor que está viniendo al mundo. Alegrará sus corazones. Los llevara hacia Sus Amados. Ustedes me dicen: "Nuestros corazones están llenos de sagrada anticipación". Están agitados, peros Sus Amados no han llegado todavía. Solo ahora están descendiendo hacia la Tierra. Lo que ustedes perciben ahora es meramente su reflexión y por eso ustedes están decepcionados.

El Amor se aproxima, y unirá a todos los seres en unidad, como siervos de Dios. Miles de Seres han trabajado en el mundo material y en el Mundo Invisible también, a fin de lograr las condiciones favorables para que el Gran Uno venga en el nombre del Amor. Lo que está viniendo al mundo es tan magnifico que los Ángeles miran desde el Cielo para poder ver lo que se aproxima a la Tierra. Todo el Cielo, toda la Creación esta interesada en esto. El Gran Día se aproxima. La Manifestación del Gran Uno es anticipada por todos los Seres Avanzados. Aquellos cuyas consciencias se han despertado, percibirán el Gran Origen Divino y serán transformados. El resto, aquellos cuyas consciencias no han despertado aun, seguirán dormidos. Si ustedes pierden la Gran Ola del Amor que se acerca ahora, ustedes deberán esperar millones de años para la próxima. A fin de que este Gran Amor les sea revelado a ustedes, Ustedes deben pasar por la Ley del Auto-sacrificio y la renunciación.

Esta Ola de Amor transformará las adversidades del pasado en suelo fértil para que las flores y frutos del Amor maduren. Toda la humanidad será alimentada por ellos.

La humanidad está pasando por una nueva etapa de su evolución. Un nuevo tipo de Amor se acerca. Nos preguntamos: "¿Cuando vendrá Dios y nos revelará su Amor?" El día se acerca. Para algunos, el Día ya ha llegado. ¿Han criado ustedes gusanos de seda? ¿Es posible que todos formen su capullo en el mismo día? No. Algunos lo hacen más pronto, y otros demoran más. Para algunos de los "gusanos" el Día ya ha llegado.

A través del Amor, todas las cuentas entre las personas serán reconciliadas. Si alguien les debe dinero, cierren la cuenta. Díganle a la persona deudora: "¡Cuanto te he atormentado por este dinero!" Luego denle algo más de dinero y al hacerlo pídanle perdón por haberlo atormentado. Que aquel que es acreedor le dé más al deudor. Esta enseñanza no es para aquellos que se aferran a las ideas viejas. Sin Amor, los seres humanos no pueden dejar atrás el viejo camino.

Repitamos juntos:
"De no amar, hacia el Amor,
De la mortalidad, hacia la Vida,
De lo malo hacia lo Bueno
De la duda hacia la Fe".
Allí se encuentra el significado de la Vida.

~~~

La Segunda Ley

Los sermones y presentaciones del Maestro están dedicados a las tres grandes Leyes de la Gran Hermandad de la Luz:
1. Amar a Dios.
2. Amar a sus semejantes.
3. Buscar la perfección.
El Maestro nos dijo:

Una nación que preserva estas palabras sagradas tiene un futuro, si las pierde, no tiene futuro.

Estas son las Leyes fundamentales de la Vida. El Maestro dio una considerable cantidad de conocimiento en relación con ellas. En la siguiente conversación, el ofrece explicaciones acerca de la segunda Ley: Amar a sus Semejantes.
El Maestro dijo:

Tal como sea vuestra relación con Dios, tal será vuestra relación con vuestros semejantes. Cuando su fe en Dios es debilitada, existe la posibilidad que su fe en los demás y en sí mismos también se debilite. No es posible que ustedes tengan una buena relación con nadie si no tienen una conexión con Dios.

El amor a Dios es como la sangre venosa que acarrea los desechos impuros hacia el corazón y los pulmones a fin de ser purificada y volver como sangre arterial. El sistema venoso y arterial no solo existe en el cuerpo, sino también con pensamientos y emociones. Por ejemplo, el odio y la celosía son venosos, y el amor y la alegría son emociones arteriales.

Cuando uno tiene amor para con Dios, uno transforma el flujo de las fuerzas negativas en positivas de modo que la sangre impura se purifica. Tras eso, la sangre arterial fluye por todo el cuerpo alimentando a las células. Yo estoy hablando de modo simbólico. Esto es el amor por sus semejantes. Esto quiere decir que cuando ustedes lleguen a amar a Dios, ustedes entrarán en Su Corazón para ser purificados. Una vez purificados, ustedes irán transportando la sangre de modo apropiado, en otras palabras, llevando Sus Bendiciones a los demás.

El amor hacia sus semejantes está incluido en el amor a Dios, pero lo opuesto no es válido. Muchos aman a otros, pero se sienten decepcionados por este amor. Falta un elemento esencial. Eso quiere decir que cuando uno ama a su prójimo, uno debe amar lo Divino en ellos. Aquellos que solo han amado a sus semejantes no han obtenido nada. Sin Dios, el amor a sus semejantes no contribuye nada.

Imaginen que ustedes se enamoran del Dedo de Dios. Si ustedes desean ver a Dios, ustedes no deben enamorarse solo de Su Dedo. Cuando las personas comprenden que ellos son seres dentro de los cuales Dios habita, solo entonces ellos tendrán buenas relaciones. Llegar a conocer a mi vecino implica reconocer que el mismo Dios que yo amo habita dentro de mi vecino.

Cuando conocen a alguien díganse: "Dios, te agradezco porque te he encontrado en esta persona". Cada persona que ustedes encuentran es una tarea, ya que ustedes deben amar lo Divino dentro de ellos. Todo aquel que es parte de la Creación de Dios merece ser amado.

La Ley de Dios funciona de este modo: compórtense con otros del mismo modo que se comportan con ustedes mismos. Pero aun así, la acción perfecta consiste en relacionarse con otros del modo que Dios se relaciona con ustedes, o sea, manténganlos en su mente del modo que Dios los mantiene en la Suya. Aun el ser más pequeño ocupa un lugar de privilegio en la mente de Dios. Por lo tanto, mi relación con los demás debe ser tan perfecta como la relación que Dios tiene con ellos. Nosotros no somos El, pero debemos caminar en Su Camino.

Vuestro amor para con sus hermanos no solo crea las condiciones para que crezcan los frutos en el jardín de vuestras almas, sino también en el alma de aquel que ustedes aman.

Cuando tenemos amor por Dios, recibimos. Dios luego nos ayuda, los Espíritus Supremos nos ayudan. Cuando tenemos amor por nuestros semejantes, nosotros damos.

≋

Las Leyes de la Vida Material
y de la Vida Espiritual

Un hermano preguntó: "Maestro, ¿que puede decirnos acerca del desasosiego reinante en el mundo hoy en día?"
El Maestro respondió:

Una persona se sentirá cansada y exhausta si usa demasiada energía en la vida mundana. La era contemporánea es muy activa en la parte exterior. Aquí, el tiempo es dinero. Ustedes deberían distribuir su tiempo de modo que una tercera parte esté dedicada a las tareas mundanas. El resto debe dedicarse a satisfacer las necesidades de la mente, el corazón y el alma.

Surgió otra pregunta: "¿Cómo podemos deshacernos de los estados negativos?"
El Maestro respondió:

La Tercera Ley Hermética dice: Todo lo que existe en el Cosmos tiene su propia vibración. Uno debe comprender que los pensamientos buenos y sublimes tienen una vibración más alta que los negativos. Esta es una Ley útil. Por ejemplo: si ustedes se encuentran en un estado negativo, incrementen su vibración y lo eliminarán. Las vibraciones más poderosas de los pensamientos sublimes prevalecerán sobre el estado negativo y lo reemplazaran.

Si alguien desea ser virtuoso, necesita conectarse con aquellos que ya lo son. Para llegar a ser un científico, uno debe conectarse con personas educadas. Esta es la Ley. Aquel que crea que puede lograrlo de otro modo, se está engañando a sí mismo. Si ustedes colocaran un pastor junto con personas educadas, el comenzaría a asemejarse a ellos. De modo opuesto, si ustedes colocaran un sabio por muchos años junto con criminales, nada ocurriría.

Pregunta: "*¿Cómo podemos aprender del pasado?*"

Todo lo que sucede en el mundo físico está grabado. Si los Seres del Mundo Invisible quieren saber algo del mundo físico, acerca de una cierta época, Ellos mirarán la imagen grabada. En el futuro, los seres humanos podrán estudiar el pasado de este modo.

Pregunta: "*¿Es posible incrementar las capacidades de la mente?*"

Para esto hace falta trabajar duro. Las personas deben dominar su baja naturaleza para ser capaces de recibir las vibraciones finas y sensibles de la Naturaleza.

Pregunta: "*¿Cuándo un átomo pasa a través del cuerpo humano, experimenta algún cambio?*"

Si. Un átomo de hidrogeno que ha pasado a través del cuerpo de un animal o un ser humano es diferente de uno que no lo ha hecho.

Pregunta: "*¿Cuál es la relación del Mundo Invisible con el mundo material?*"

Hay Leyes que se relacionan con el descenso de los mundos dentro de la materia. Simbólicamente, el mundo astral representa el agua, y por eso es llamado "el mundo acuático". El mundo astral descenderá y será como el agua, intangible.

Pregunta: "*¿Por qué la mente se debilita?*"

Esto se debe a la acumulación de ideas viejas dentro de la mente. Por ejemplo, las personas que se preocupan excesivamente acerca de cómo manejar sus vidas. Estas son ideas antiguas que provienen de sus ancestros. Cuando el balance entre los pensamientos y las emociones es perturbado, esto debilita la mente.

Cuando alguien quiere expresarse, no lo restrinjan. Dirijan su atención hacia otra cosa, hacia lo sublime. Si lo restringen, las fuerzas que quieren expresarse pasaran a ustedes. Lleven a cabo el siguiente experimento: si ustedes tratan de restringir los celos de alguien a través de un cambio forzado en él, los celos encontraran una expresión en ustedes.

Pregunta: "*¿Por qué hoy en día están ansiosos los caucásicos?*"

Esto se debe a las transgresiones que han cometido. Las personas se tornan ansiosas cuando no viven correctamente.

Pregunta: "*¿Cómo influyen las obras de un ser humano a toda la humanidad?*"

La Ley dice: Todo lo que le sucede al mayor, le sucede al más pequeño también. Y, por lo tanto, lo que le sucede al menor le sucederá al más importante. Por ejemplo: si le dan un peso a una persona, otra persona debe dar diez pesos a otro. A su tiempo, una tercera persona debe dar cien pesos a otra. Un cuarto le deberá dar mil a otro, y así siguiendo.

Todo lo que ustedes hacen tiene un efecto en todo el mundo. Lo que nosotros hemos hecho con los manantiales tendrá un efecto en el mundo. Hagan lo que hagan, miles de otras personas también lo harán. Cuando giran una llave, ¿como pueden estar seguros que no habrá miles imitándolos, y si miles giran sus llaves, como pueden saber que no habrá millones que los seguirán? Los seres humanos son como canales interconectados, por lo tanto, cuando alguien trabaja para mejorarse, él trabaja para mejorar a los demás también. Por ejemplo, cuando trabajamos para limpiar un manantial, o un sendero, o el campo, esto producirá un efecto correspondiente en el estado de nuestros pensamientos y emociones. De acuerdo con esta Ley, uno es responsable frente a la humanidad por todas las acciones que uno realiza. El tamaño de la transgresión no importa. Aun la menor transgresión puede producir las mismas consecuencias que una gran transgresión porque el individuo esta interconectado con un gran número de personas. Cuando uno realiza una transgresión, uno provoca a otros a hacer lo mismo. Ustedes son los que "inician el incendio", y cuando prenden el fuego, el resto también se incendiará.

Pregunta: "*¿Deja una persona su influencia en el lugar que ha visitado?*"

A veces cuando ustedes pasan por un lugar experimentan alegría. Esto se debe a que una persona alegre ha pasado por allí. Ustedes pasan por otro lugar y experimentan tristeza, ya que una persona triste acaba de irse de allí. Hay lugares donde crímenes fueron cometidos. Esto deja una influencia duradera que puede permanecer por muchos años.

Todo objeto que ha pasado por sus manos ha recibido una cierta influencia de ustedes ya que su naturaleza ha sido impresa en el objeto. Si una persona receptiva toca este objeto, esta persona podrá describir a través de imágenes su naturaleza y su existencia. Ustedes viven una vida virtuosa. Si un objeto que ustedes han usado pasa a manos de otra persona, esta persona sentirá el impulso, ya sea fuerte o débil, de vivir tal como ustedes viven.

Una consecuencia de esta Ley es el precepto: El agua que han usado para lavarse la cara debe ser descartada sobre las flores, los vegetales, los árboles, pero no en lugares pisados por las gentes o en lugares impuros. Si ustedes siguen esta regla, ustedes experimentaran una pequeña mejoría en su existencia.

≈

Los Dones del Amor

Hay días en los cuales la Naturaleza resurge, trayendo consigo un sentimiento de renovación e inspiración para todos.

Esta mañana todos fuimos con el Maestro a un prado más arriba de la arboleda. En el horizonte, los picos nevados de las montañas Rila eran visibles. Los arbustos que nos rodeaban estaban abriendo sus hojas y, debajo nuestro, los campos que habían sido sembrados estaban verdeando. La primavera estaba en toda su gloria.

Acampamos en medio de las rocas. Encendimos un fuego y colocamos nuestra compañera inseparable, la tetera roja, sobre él. El Maestro se sentó junto a una gran piedra redonda y abrió su altímetro de viaje para confirmar la altura. Nos hallábamos a 1800 metros. Poco después, las hermanas comenzaron a servir el té, y tomamos el desayuno en completo silencio. El mundo de la montaña hablaba en su hermoso y silencioso lenguaje. La conversación comenzó gradualmente.

El Maestro dijo:

Ustedes están hambrientos y quieren satisfacer su hambre. Ustedes están sedientos y quieren satisfacer su sed. Así es el Amor. Cuando entre en vuestros corazones, despertará vuestro deseo de trabajar.

¿Qué representa el Amor? Es la Puerta a través de la cual uno va a Dios. El odio también es una puerta, pero a través de ella uno se aleja de la Presencia de Dios. Si ustedes no pueden entrar en la Presencia de Dios en este mundo, les será imposible lograrlo en el mundo por venir.

Solo el Amor puede revelarles lo que es sublime y noble.

Solo hace falta tomar una pequeña partícula de Amor, para que uno sienta elevarse su espíritu. Dentro del Amor se hallan luz, alegría, expansión, vida, condiciones favorables para el crecimiento, y la oportunidad de participar en todas las bendiciones. El Amor comparte aun las más pequeñas migajas.

Donde el Amor no está presente, allí existen el dolor y la muerte.

Si ustedes sienten Amor por los Seres Inmortales, ustedes serán inmortales. Cada vez que Aman, ustedes ganan algo.

El Amor trae la consolación. Si ustedes quieren consolación, apliquen Amor.

Cuando el Amor llega a un pobre hombre, él se vuelve rico. Dentro del Amor ustedes se expanden y elevan. Sin Amor, ustedes disminuyen y descienden. Con Amor nadie cae. El que ama, asciende.

Todas las personas son elevadas a través de estos tres principios: Amor, Sabiduría y Verdad. No hay excepciones. A través de toda la historia de la Creación, no ha existido un solo ser humano que pueda decir que se ha elevado de otro modo.

¿Qué es el Amor? Es aquello que siempre triunfa. ¿Qué es el odio? Aquello que es siempre derrotado.

Si alguien me ama, esa persona se beneficia. Si yo amo a alguien, yo me beneficio.

¿A qué se debe que ustedes no pueden lograr sus deseos? Se debe a que ustedes no conocen el Amor en su totalidad. Cuando uno tiene Amor, el resto se obtiene fácilmente.

La salud se basa en el Amor.

La ausencia del Amor nunca ha contribuido a nada. Es poder quitado al Amor y usado de otro modo. Esta ausencia del Amor hará que perdamos nuestra fuerza, nos cansemos y desarrollemos la necesidad de descansar. La necesidad de descansar indica que debemos aplicar Amor para que podamos extraer energía de él.

Cuando el Amor les habla, ustedes lo tienen todo. No hay mayor sufrimiento que cuando el Amor deja de hablarles. Cuando el Amor deja de hablarnos, esto se debe a nuestra falta de comprensión.

Cuando el Amor viene, todo se puede obtener. Cuando el Amor se va, nada puede ser obtenido. Cuando sale el Sol todo es claro, cuando el Sol se pone, nada lo es.

En la presencia del Amor uno debe usar los más pequeños dones del Amor. No pidan los dones más grandes.

Lo más difícil es amar, y aun así es también lo más fácil. No hay nada que sea a la vez más fácil y más difícil que eso. Algunos dicen "Aplicar el Amor es fácil". Para el que sabe, es fácil, pero para el que no sabe, es difícil.

Las personas que aplican el Amor tienen todo en abundancia. Es un poder maravilloso. Tan pronto como encuentran el Amor Divino, conectan con la abundancia y la comparten con sus semejantes.

En el amor humano todo perece.

Lo único que da de sí mismo es el Amor. Todo lo que tenemos se debe al Amor. El Amor es aquello que siempre da, siempre fluye y nunca deja de fluir. El Amor dice: "Yo retiro todo, y yo doy todo". Para poder entender el Amor uno debe dar.

En el Amor de Dios manifestado, revelado y realizado, lo Bueno brota, la Justicia crece, la Verdad florece y la Sabiduría da frutos. La Sabiduría y la Verdad no pueden ser comprendidas sin el Amor.

El Amor es lo que impulsa las ideas positivas.

El Amor no se preocupa por las formas externas solamente, ya que mientras ustedes se preocupen por las formas externas, ustedes se hallan en el mundo físico. Cuando ustedes se preocupan por el contenido, entonces ustedes se hallan en el Mundo Espiritual. Y cuando ustedes se preocupan por el significado, ustedes están en el Mundo Divino.

Ustedes solo pueden percibir a alguien claramente si ustedes aman a esa persona. Solo el que ama, ve. Aquellos que no aman ven como si estuvieran rodeados de niebla, ellos no ven realmente, y ellos no comprenden.

Cuando ustedes van a la presencia del Amor, ustedes deben renunciar todo lo que les es familiar. Ustedes no deben contemplar sus problemas, es mejor mantenerse en silencio. El Amor no quiere saber del pasado. Y tampoco el Amor quiere saber del futuro.

Cada puerta que se abre hable de nuestra comprensión del Amor. Cada puerta que se cierra habla de nuestra falta de entendimiento del Amor. A veces se dice: "Su corazón está cerrado". No traten de golpear a la puerta de un corazón cerrado. Algunos quieren ser ricos, famosos y poderosos. Estos son corazones cerrados. Estas cosas no tienen nada que ver con el Amor. Algunos piensan que si se visten bien o tienen considerable conocimiento, ellos serán amados. El conocimiento no es más que un siervo del Amor. El conocimiento es el último que los puede llevar hacia el Amor, es meramente un vehículo del Amor.

Ustedes aman a alguien, pero esa persona no es más que una "palabra" en el lenguaje del Amor. Todas las personas son "palabras" del Amor. Pero ya que en la Tierra las personas no son buenas, ellas dejan de ser "palabras" del lenguaje del Amor. Y ese es el origen de las contradicciones.

De todos los actos Divinos, el Amor es el más libre.

Cuando uno habla del Amor Divino, uno debe tener coraje.

¿Cuál es el propósito del Amor? Enseñar a las gentes como vivir correctamente.

Existen días especiales del Amor, que son solo conocidos por los Seres Avanzados.

Ustedes deben amar sin dejarse arrastrar por ello. Yo quisiera enseñarles el estado de una persona que está llena de Amor y llena de vida con la fe en Dios. ¡Que hermoso atuendo viste esa persona! No hay nada más hermoso que encontrar una persona en cuyo corazón habita el Amor de Dios. Es como encontrar una piedra preciosa o un manantial. Esta es la imagen que ustedes deben tener acerca del Amor.

Si ustedes van al desierto con el Amor Divino, lo transformará en un jardín. El Amor es la fuerza más fuerte de todas, y es un Poder también. No existe un poder externo que pueda vencer al Amor.

Los Ángeles se arrodillan frente al Amor. Cuando habla a través de una persona, esta persona se torna fuerte y poderosa. El que tiene Amor es poderoso. Ustedes no pueden lograr nada si el Amor no actúa a través de ustedes. Sin Amor no hay Poder, o Salud o Vida. Dependiendo de la fuerza del Amor de una persona, yo puedo saber cuánto tiempo esa persona estará conmigo. Cuando alguien ama, permanece.

El Amor es la primavera, no amar es el invierno. El no amar puede ser comparado con la puesta del Sol, mientras que el Amor se asemeja al amanecer. El Amor es un fuego que nadie puede extinguir. Una vez que sean encendidos en el Fuego del Amor, ustedes arderán por toda la eternidad. Todas las ataduras anteriores desaparecerán. Solo hay una que no desaparecerá: la atadura del Amor.

Donde hay Amor, todo sucederá. Donde no hay Amor, todo será destruido. Uno debe habitar en el Amor del mismo modo que uno habita en el aire y en la luz.

Una persona del Amor no puede ser tentada, ni será tentación para otros.

Cuando el débil se coloca en el Camino del Amor, el Amor los esquiva para no pisarlos. Para aquellos que no conocen el Amor, Dios tiene modos especiales para educarlos y transformarlos.

Si un árbol los ama, les dará fruta más dulce. Cuando ustedes van a un manantial que los ama, este comenzara a fluir y borbotear con más fuerza. Si no los ama, el flujo de agua disminuirá. Si la mano de alguien los ama, ¿es la mano quien los ama? Detrás del manantial hay un Ser Inteligente de la Luz que los ama.

El mundo sufre debido a la escasez de Amor, pero se llena de gozo cuando este abunda.

El significado de la Vida se encuentra en nuestra búsqueda eterna del Amor.

≈

La Pequeña Vocecilla

Durante las calmas, cálidas noches nos reuníamos alrededor de nuestro amado Maestro bajo los grandes árboles del jardín. Hablábamos y cantábamos. Nunca olvidaremos esos atardeceres. El día llegaba a su fin. Los brillantes colores se disipaban, y las formas desaparecían mientras otra realidad emergía delante de nuestra vista.

El Maestro habló:

Desde el interior del Mundo Invisible o desde las profundidades de la Creación, Dios secretamente trabaja dentro de las mentes y los corazones de las almas humanas. Él trabaja dentro de cada célula y remueve cada queja y lamento del mundo. Un día El pondrá todas las cosas en orden. Él dice: "No teman. Esperen. Tengan paciencia. En poco tiempo el dolor pasará". Si ustedes tienen hambre, Él les dice: "Pronto tendrán pan".

No hay ningún estado más bello que la Presencia de Dios en lo profundo de sus almas. Ustedes están enfermos. Desde adentro Dios les dice: "No teman, pronto estarán sanos". Y, realmente, ustedes estarán saludables. Sus asuntos estarán desordenados. Dios les dice: "No te preocupes. Todo resultará bien". Y así es. En los peores días de su vida, Él les dice: "No se preocupen, todo saldrá bien".

El agua que fue sacada hoy del manantial es más importante que la que fue sacada en el pasado. La Palabra que Dios nos habla hoy tiene también más consecuencia. En el pasado, la madre le hablaba al niño de un cierto modo. Ahora que el niño ha crecido, ella le habla de modo diferente. Pero aun así no hay contradicciones entre lo que la madre le dijo a su pequeño y lo que le dijo a su hijo crecido.

¿Quién es aquel que nos empuja hacia lo sublime, hacia lo noble? Dios, lo Divino dentro de nosotros. Esa pequeña vocecilla que habla dentro de nosotros es Dios. El habla dentro de cada persona. Si alguno no quiere rendirse. La Vocecilla susurra: "¡Ríndete! ¡Sométete!" A veces la Vocecilla les dice: "Lo que hiciste no está bien". Ustedes están felices.

Esto se debe a que Dios les está hablando. Dios les dice: "Me apena que hayas transgredido. Tu no actuaste correctamente".

Dios nos habla a todos. Todos oyen la Voz de Dios que nos habla. Cuando Dios le habla a alguien, aun cuando Él le diga solo una Palabra, esto es más valioso que todas las posesiones que esa persona haya tenido en su vida. Solo Dios enseña a los seres humanos. Yo quisiera que Dios les dijera una Palabra cada día. Es importante que ustedes sean conscientes del momento en que Dios les habla. El sólo dirá una Palabra. Si ustedes no la reciben, ustedes perderán todo. Cuando Dios les habla a las gentes, la mayoría de ellos están "dormidos". Cuando los Ángeles les hablan, nuevamente, ellos duermen.

El sufrimiento ayuda a desarrollar nuestro oído para que podamos percibir las más suaves vibraciones de la Voz de Dios. Nosotros hemos venido a la Tierra a fin de que podamos aprender el arte de escuchar la Voz de Dios. Solo entonces la Vida comienza para nosotros.

Escuchen a esa Vocecilla que habla en sus corazones. Esa es la Voz de Dios. En la tierra no existe una persona a la cual esta Voz no le esté hablando.

Si ustedes aplican el Amor, los Ángeles los visitarán todos los días y les traerán una carta de amor escrita por su Padre.

Cuando el Gran Uno comienza a hablarnos, la Luz comenzará a brillar en nuestras mentes y nuestros corazones experimentarán una expansión. Nosotros llegaremos a amar a todas las personas y todas las cosas: todas las flores, los árboles y los pájaros. Todo es bello.

Escuchen lo que Dios les está diciendo ahora. Alégrense por lo que Dios les ha dicho en el pasado. Nosotros creemos equivocadamente que Dios hablo en el pasado pero no en el presente. Esto no es cierto. Dios nos habla hoy también. Pero cuando ustedes cometen errores, ustedes no pueden oír la Voz de Dios claramente, ustedes comienzan a dudar y vacilar. Dios habla a todos los seres. Él les habla continuamente.

Todo lo que hacemos, lo que pensamos, sentimos y actuamos, se refleja en la Consciencia Divina. Allí mismo Dios nos habla. De este modo, la consciencia humana se refleja continuamente en la Consciencia Divina, y es Esta la que habla a los seres humanos. Esto quiere decir que la Consciencia Divina también se refleja en la consciencia humana.

~~~

El Amor Desconocido

Alguien había dejado una hermosa manzana en la mesa del Maestro. El miró la fruta, sonrió y dijo:

Un Ángel viene, les trae un regalo o los ayuda, y luego se va. Ustedes no saben su nombre. Ustedes también deberían actuar así.

El Amor no tiene mucho tiempo para explicarles quien es o decirles su nombre. El Amor está muy ocupado, y por lo tanto, les deja un regalo y se va.

Amen sin que la gente lo sepa, y esto los beneficiará. El que da su Amor no necesita hablar acerca de ello, y el que recibe el Amor, tampoco necesita hablar al respecto. Si alguien ama, este debe ser su secreto, nadie más debe saber de ello.

A veces ustedes quieren contarles a otros acerca del modo en que el Amor les ha sido revelado. No lo hagan. El Amor no desea que ustedes compartan con otros lo que les ha dado. De ser necesario, el Amor se los dirá a ellos directamente.

La debilidad de Jacob no fue su amor por su hijo, José, sino el que el demostró este amor en la presencia de sus otros hijos. Ellos no necesitaban saber esto, eso fue un error.

El Amor sublime es desinteresado. Ustedes deberían amar a alguien sin que esa persona lo sepa, de lo contrario, el Amor perdería su característica de desinterés. Esta es la diferencia entre el Amor Divino y el amor humano. Es difícil observar la Ley del Amor Desconocido. Esto solo está al alcance de los Seres Avanzados. Solo una minoría puede cumplir esta Ley.

Cuando amen, alégrense que están cumpliendo con la voluntad de Dios. Ustedes aprecian la Ley. El Amor se oculta. El Amor no permitirá ser contaminado. Cuando amen, no hablen de ello. Tan pronto como ustedes le dicen a una persona que la aman, seguro surgirá un conflicto inmediatamente.

Cumplan con este precepto: ustedes no pueden ser realmente felices hasta que no hayan amado con Amor incondicional. Yo no quiero que ustedes sólo crean en esto. Si así lo desean, pruébenlo por un año: amen sin que nadie lo sepa y ustedes verificarán esta verdad. Sean manantiales de los cuales fluya agua en abundancia para saciar la sed de las almas humanas, y háganlo sin que ellos lo sepan.

≈

Las Condiciones para Obtener el Conocimiento Verdadero

Durante una charla, el Maestro dijo:

El conocimiento y la libertad son otorgados de acuerdo a la intensidad de nuestro Amor. Solo aquel que ha alcanzado el Amor en su totalidad puede acceder al verdadero conocimiento. Cuando ustedes se unen al Amor, ustedes recibirán la Luz Divina. Cuando el Amor los visite, ustedes también poseerán el conocimiento de la verdadera ciencia. La mente debe mirar a través de los ojos del Amor.

No se engañen pensando que ustedes pueden ser poderosos sin Amor. Algunos dicen: "Aun sin Amor yo puedo alcanzar todos mis deseos". Ustedes no pueden lograr nada. Busquen en la historia y traten de hallar al menos un gran reformador o un gran Maestro que haya alcanzado sus fines sin Amor. Puede que tengan un éxito temporario, pero todo eso será destruido, y su nombre no será recordado. El poder manifestado sin Amor está condenado a la destrucción.

Si ustedes aman, su fe crecerá más fuerte. Si ustedes aman ustedes podrán ser poetas, artistas, músicos, científicos o cualquier cosa que deseen. Las condiciones para el desarrollo y el crecimiento se hallan ocultas dentro del Amor. El Amor desarrolla los dones dentro de los seres humanos. Otorga visión. Para poder ver dentro del Mundo Espiritual, uno debe estar lleno de Amor.

Si ustedes manifiestan aun el más pequeño Amor, la primera indicación, les dice que ustedes tienen la Bendición de lo Divino y esto será algo inmenso. Si una persona manifiesta el más pequeño Amor Divino, una cortina será levantada de sus ojos instantáneamente, y los Seres Sublimes que habitan en el Reino del Amor serán visibles para esa persona. Ellos sonreirán y le dirán: "¡Camina en este Sendero! Este es el Sendero en el que nosotros caminamos". Tras eso, la cortina caerá nuevamente. ¿Pueden ustedes sentirse decepcionados si todos los días la cortina se levanta y ustedes pueden ver lo que da Vida y sentido a todas las cosas?

≈

La Poesía Divina

Nos habíamos reunido alrededor de nuestro amado Maestro. Algunos de los hermanos y hermanas leían obras de poetas búlgaros o de otros países. Una discusión acerca de la poesía comenzó.
El Maestro dijo:

El arte debe tener dos cualidades relacionadas. Principalmente, es necesario que el arte presente un modelo, un ideal, al que podamos aspirar. El arte debe representar la Vida Sublime a fin de despertar en nosotros el deseo de llegar a conocer a Dios. Por otro lado, una Idea Divina y Sublime debe encarnarse en la representación y, de este modo, lograr que esta Eterna Idea Divina nazca en la conciencia de aquel que contempla la representación y tome vida en ella. De este modo, el arte es capaz de conectar a las personas con lo Divino y con las Ideas Eternas.

La poesía debería ser tan sublime que aquellos que están descorazonados puedan, tras leer la poesía, olvidar sus sufrimientos y obtener nuevas fuerzas.

A fin de que puedan escribir bien, los poetas y los escritores deberían alinear su energía creativa con la de la Naturaleza Inteligente. Solo la Naturaleza Viviente es capaz de inspirar a los seres humanos en dirección de la gran y sublime vida.

El poeta que tiene una frente ancha en la parte superior posee imaginación. Esta amplitud de su frente no estará presente en aquel que escribe poesía mediocre.

La poesía indicara el nivel de consciencia que una cultura ha alcanzado al momento de escribir esa poesía.

Yo opino que el poeta o escritor genuino es aquel que aunque haya escrito solo una palabra, lo ha hecho con la sangre de su corazón. Esta palabra es una manifestación de su esencia central. Antes de escribir algo, ustedes deben experimentarlo.

Todo poeta, músico o artista es la manifestación colectiva de muchas almas. A fin de lograr que los poetas manifiesten su grandeza, miles de almas dotadas necesitan reunirse para manifestarse a través de estos escritores. Los Seres Avanzados se regocijan en cada palabra que sale de la pluma de estos escritores. A veces, cuando los poetas están escribiendo, Seres de los Mundos Elevados bajan a dictarles.

La mano de cada poeta que escribe libelos o difamaciones se secará. Por otro lado, la mano de todo poeta que escribe versos sagrados será bendecida. Consideren un poeta que ha escrito algo. Si lo que ese poeta escribió es fructífero, esa persona se regocijará, no solo en ese momento, sino por muchos años más. Si lo que esa persona ha escrito es malévolo y causa daño, este poeta sufrirá.

Todos los poetas saben, en distinta proporción, cuando sus obras son leídas. Si ustedes son poetas y se sienten felices, la razón es que ustedes han escrito algo bueno, y cuando es leído, ustedes experimentarán gozo. En otras oportunidades, ustedes han escrito algo mediocre, y cuando es leído, ustedes sienten angustia.

Solo aquel que aspiraba a ser poeta cuando todavía estaba en el Cielo, llegará a ser un poeta en la Tierra. Todo individuo está destinado a ser un poeta de primera clase en algún momento. El orden y otras circunstancias favorables que existen en la Eternidad permiten a los seres humanos manifestarse. En el Mundo Divino hay una Ley para esto. Aun así, ustedes deben esperar que llegue el momento apropiado, no ser apresurados. Dios ha elegido el momento en que cada ser humano se manifestará. Uno debe esperar a que llegue este momento, aunque sea por mil o un millón de años. Llegará el día en que les será dicho: "¡Ven y manifiéstate!" Y todo el Cosmos se manifestará a través de ustedes. ¿Están listos para este momento? ¡Todos y cada uno de ustedes debe prepararse para este gran día! Tolstoi era un genio: el poseía la visión interior. En "La Guerra y la Paz" el remarcó que no era Napoleón, el hombre, quien causaba los cambios en la historia, sino que había otros factores más grandes en la Naturaleza Inteligente que estaban trabajando a través de él.

En la época en que los poetas búlgaros estaban escribiendo, el cielo estaba oscuro e incluso había rayos. O sea que las condiciones bajo las que trabajaban eran desfavorables. Por lo tanto ellos no escribieron obras sagradas.

En la India, Tagore tenía un medio ambiente espiritual y místico en el cual trabajar, lo que le hizo posible escribir tales obras maestras. El padre de Tagore reservaba tiempo para meditar y contemplar cada día. Tagore se levantaba antes del amanecer para pasar tiempo meditando. Por este motivo él fue capaz de escribir obras maestras como "Gitanjali", "El Jardinero" y otras.

En el futuro, grandes poetas nacerán en Bulgaria. Todo lo escrito hasta ahora ha sido solo un preludio.

La poesía y la música son dos elementos fundamentales de la vida. La música representa el aspecto externo de la vida, mientras que la poesía representa el aspecto interno.

Recibir y Dar

Durante un paseo matutino, el Maestro dijo:

Hay dos Leyes que deben ser obedecidas por los seres humanos: recibir y dar. Uno recibe y da. Dentro de la Naturaleza, siempre se lleva a cabo un intercambio: ustedes necesitan dar y ustedes necesitan recibir.

Nosotros queremos aferrarnos a las cosas. ¿Puedes aferrarte al aire? No, tu solo puedes inhalar y exhalar el aire. De modo similar al inhalar y el exhalar del aire, ustedes deben dar tras haber recibido. Inhalar representa recibir, mientras que exhalar representa dar. Si ustedes no exhalan, no podrán recibir nuevo aire fresco. Una vez que han dado, entonces ustedes tienen la posibilidad de recibir.

Cuando comenzamos a recibir más de lo que damos, el sufrimiento aparece. Los árboles frutales les dan a las personas abundantemente. Nosotros debemos aprender de la generosidad de los árboles. Sean generosos y den abundantemente.

Ustedes deben verse a sí mismos como si fueran carteros. Cuando ustedes están repartiendo cartas, ustedes están dando. Ustedes serán compensados apropiadamente por este servicio. Pero si ustedes no entregan las cartas, ustedes serán tenidos como responsables. Les preguntarán: "¿Que has hecho con las cartas?" Nosotros somos solamente carteros, ya que todas las cosas en el Universo, la luz, el agua, el aire; las ropas, vienen de Dios. Quédense con esas bendiciones Divinas que pasen por su camino durante un tiempo, y luego regálenlas. Entreguen el resto, compartan con otros.

Hay una cierta Ley en la Naturaleza. Si alguien viene a mí y yo solo tengo una manzana, yo me digo: "O yo como la manzana o se la doy a esta persona para que la coma". Y entonces le doy la manzana a esta persona. Poco tiempo después me encuentro con otra persona que me da dos manzanas. El cumplimiento con las Leyes de la Naturaleza consiste en lo siguiente: lo que piensas, sientes o haces por otros vuelve a ti. De acuerdo a esta Ley, ustedes recibirán tanto como han dado.

≈

Pruebas en el Amor

En cada conversación, en cada presentación, el Maestro no enseñaba acerca de las diversas facetas del Amor. El revelaba frente a nuestros ojos un mundo infinitamente hermoso y variado, pero al mismo tiempo familiar e íntimo. Una vez, cuando estábamos alrededor del Maestro, él dijo:

Vuestro amor es continuamente probado, a fin de que ustedes puedan comprender mejor la profundidad del Amor que hay dentro de ustedes. Ustedes asumen que ustedes aman, pero este amor no es del tipo que mejorará sus existencias. ¿Qué tipo de amor es este? El común a los seres humanos. Ustedes pasaran por muchas pruebas a fin de examinar que tipo de amor es el que ustedes tienen. Dios los prueba a fin de saber qué tipo de amor es el suyo. El prueba sus mentes también.

El Amor triunfa sobre los sufrimientos, mientras que la mente triunfa sobre las contradicciones. Cuando el amor de las gentes de hoy en día es puesto a prueba, algunos pasarán, pero otros no lo harán.

A las personas cuyo Amor, Sabiduría y Verdad permanecen, yo los considero héroes.

Si alguien se arrepiente de haber amado, esto indica que su amor no era genuino. El amor que no sobrevive a todas las pruebas no es genuino, es solo un sentimiento, una pasión transitoria. Aquellos que niegan el Amor se exponen a la adversidad y sus existencias estarán llenas de penas y tristeza. Ustedes penan porque han negado un sentimiento de amor. Ustedes dicen "Yo amo". Pero su amor debe ser probado. Cuando ustedes se ofenden por cualquier cosa, esto indica que su amor no es genuino.

Todas las experiencias por las que atraviesa una persona son pruebas.

Cuando una persona pierde su estabilidad moral, el Amor la dejará.

Hay una leyenda acerca de un Profeta que trajo una Nueva Enseñanza a Persia. Muchos creyeron en sus Enseñanzas. Cuando el Profeta les dijo: "Dios me ha dado el Mandamiento que ustedes deben sacrificar sus vidas por El". Solo una pareja de jóvenes que se amaban le dijeron: "Estamos listos para sacrificar nuestras vidas". En la tienda del Profeta había un carnero. Cuando la pareja entro a la carpa, el Profeta sacrifico el carnero y su sangre fluyó hacia afuera de la carpa. Al ver esto, todos los otros seguidores salieron corriendo, pero la pareja de jóvenes había pasado la prueba. Comúnmente el amor es probado del mismo modo. Esta prueba fue dada por el Profeta para saber quién tenía fe genuina.

≈≈

Justicia Divina

El trabajo en nuestro "Manantial del Bien" continuaba. El Maestro participaba en él y lo supervisaba. Cuando el fijaba su atención en algo, todos se acercaban a Él. El trabajo era llevado a cabo con gran atención y meticulosamente.

La cuenca fue expandida y se colocaron tres escalones de granito en el camino. Una plataforma hecha con piedras fue construida, y también un surco para el agua. Había trabajadores por doquier, al igual que personas que venían a observar, unos venían y otros iban.

El Maestro pensaba, como si estuviéramos resolviendo una tarea difícil. Él trabajaba como un matemático, con números conocidos y desconocidos. Todo tenia significado: que tipos de personas venían y cuando venían, donde se pararían, cuál sería su rol en el trabajo, que iniciativas e ideas surgirían y como serian implementadas.

En este día, todo tenía una sustancia y un significado que no había existido previamente. Los hechos se desencadenaron de acuerdo con Leyes extrañas y no familiares, de modo que las letras individuales y las palabras se unieron por si solas para formar una frase. Estos fenómenos formaban el lenguaje dinámico y místico que solo el Maestro conocía. El Mundo Inteligente tomo parte en nuestro trabajo, siendo que estos eran los días más difíciles para la gente de Bulgaria y para toda la humanidad.

Cuando el trabajo estuvo concluido, el Maestro evaluó todo y vio que estaba bien. Tras esto nos reunimos alrededor del Maestro y el comenzó a hablar acerca de la Ley de la Justicia.

La Justicia debe ser aplicada a la existencia humana, la Justicia relativa al respeto hacia los recursos que nos han sido dados.

Si una religión es necesaria, esta debe ser una religión de Amor. Si un sistema público es necesario, este debe ser un sistema basado en la Justicia.

Ahora existe una nueva dirección en el Universo para todo. Los preceptos anticuados deben ser reemplazados por unos nuevos. Nuevos preceptos son requeridos. Uno de los nuevos preceptos dice: Amen a los demás tal como quieren ser amados. Toda persona debe saber que el bien que desea para sí mismo debe también ser bien para otros también.

De acuerdo a la Ley de Moisés, el problema social de la integridad se soluciona de la siguiente manera: Todo lo que uno recibe durante 49 años, uno debe devolver en el quincuagésimo año. En ese año todos volverán a ser iguales nuevamente. El quincuagésimo año es un jubileo: todos lo celebran. Entonces todos devuelven a sus hermanos aquello que habían tomado de ellos. Cuarenta y cinco años de jubileo han transcurrido hasta el presente sin haber sido celebrados. Ahora, 45 jubileos deberían venir uno tras otro a fin de que la Justicia, la distribución equitativa de los recursos, pueda ser restaurada. Ya que 2500 años han pasado sin que los jubileos fueran celebrados, estos 45 jubileos serán celebrados juntos. Este es el "fin de los tiempos". El fin de los tiempos comenzó en 1914. Durante los 45 años siguientes, todos deben devolver a los demás aquello que hayan tomado de ellos.

De acuerdo a la Ley de Moisés, una persona esclavizada será liberada tras 49 años. Aquellos que tienen dominio sobre tierras recibidas de otros, deberán devolverlas a aquellos de quienes las tomaron tras 49 años.

Si los gobernantes no resuelven de modo equitativo las disputas entre las naciones, el mundo experimentará cambios cataclísmicos en los años por venir. Durante el transcurso de 45 años, las personas deberán liberarse de todo aquello que pertenece a otros, a fin de balancear las viejas cuentas.

Todos y cada uno de los creados por Dios y puestos en la Tierra tiene derecho a una vida equitativa. Nadie puede quitarles este derecho.

La Gran Causa Omnisciente considera a todos por igual. Dios no tolera la opresión. Dios es paciente, pero al fin y al cabo vendrá la retribución.

Nadie puede quitarles las abundancias que les han sido dadas. Si les fueran quitadas, tarde o temprano les serian dadas nuevamente.

Todo ser humano nace con ciertos derechos Divinos. Nadie tiene el privilegio de quitarles los derechos Divinos que les han sido dados a ustedes. Me refiero a esos derechos que Dios les ha dado. Esta es la nueva consciencia que está despertando. Todos deberían respetar los derechos de los demás.

Ustedes tienen un libro que, aunque su cubierta no diga nada, ustedes aman por su contenido. Del mismo modo, uno debería honrar lo Divino que ha sido impartido en todo: en las personas, en los animales, y en todas las plantas. La Ley de la Justicia así lo requiere. Desde ese punto de vista, si alguien comete una transgresión, no digan que esta persona es mala, porque esto está en discordia con la Ley de la Justicia, el deber que ustedes tienen de honrar todos los seres vivos. Esta persona se asemeja a la fruta que se halla en proceso de maduración: todavía no ha madurado, pero ya lo hará.

Para poder actuar de acuerdo con la Ley de la Justicia, nosotros debemos ser cuidadosos y considerados para con otros. La Justicia define las relaciones entre las personas.

El Bien es aquello que es beneficioso para todos, no solo para uno. La Justicia requiere que todos se beneficien de la abundancia dada por Dios. El deseo de recibir y acaparar estos recursos para nosotros solamente no es correcto. Debemos distribuirlos entre todos.

Los niños crecen, y las expensas que causan crecen con ellos. En el primer año las expensas son pocas, en el segundo son mayores y así siguiendo. Lo mismo ocurre con las naciones. Ellas también crecen y su suministro de alimentos, cobijo, y vestimentas crecen con ellas. Los recursos provistos por la Naturaleza deberían estar al alcance de todos, lo que implica que todos deberían poder beneficiarse con ellos.

El amor en el futuro será dramáticamente diferente del amor en el presente. El nuevo Amor se caracterizará por lo siguiente: lo que es bueno para uno será bueno para todos. La abundancia siempre ha fluido desde el Mundo Invisible. Vivimos en un mundo de abundancia. Hay suficientes alimentos, vestimentas y todos lo demás, pero no están siendo distribuidos correctamente. Si las personas vivieran apropiadamente habría suficiente para todos. El error consiste en el deseo de algunos de poseer más recursos que los que le pertenecen. Todos deberían poseer solo lo que les es necesario.

En el orden humano, los fenómenos no están propia mente organizados. En el Orden Divino hay abundancia pero no exceso, nadie necesita hacer planes para el futuro. Tanto ricos como pobres han sido provistos a fin de que tengan la seguridad de que recibirán aire y luz. Tampoco les falta el agua. ¿Quien puede quitarle a un ser humano el agua que fluye de la montaña? El gran espejismo de los seres humanos proviene de su resistencia a someterse al Orden Divino que ha sido implantado dentro de ellos. Las personas quieren construir su propio sistema a fin de imponer sus propias leyes. Las leyes humanas son inútiles. No necesitamos enseñarle al estómago como digerir la comida, sabe cómo hacer su trabajo. Solo necesitamos masticar bien la comida. Lo mismo se aplica al corazón. Si ustedes interfieren con su trabajo, ustedes perturbarán su funcionamiento normal. Para esto existen Leyes Divinas, pero nosotros debemos aplicarlas.

Darles a todos de acuerdo a sus necesidades es el requerimiento de la Ley Divina de la Justicia. Un niño pequeño necesita menos, un adulto necesita más. Equidad no significa darle a todos de modo uniforme. Significa que todos deben recibir las condiciones y derechos necesarios de acuerdo al nivel de desarrollo de cada uno.

Nosotros deseamos riqueza. Esto es un error de entendimiento. Todos necesitan trabajar. Todos pueden recibir tanto como necesiten del Manantial Divino, pero nadie puede sacar más agua que la necesaria. La acumulación de recursos no es tolerada.

La Ley dice: Todos pueden recibir tanto como puedan cargar. Una noche un hombre rico tuvo el siguiente sueño: él se encontró con un carro cargado de oro tirado por tres pares de búfalos blancos, y todos recibían parte del oro. El hombre llevaba un gran arcón y pidió que se lo llenaran de oro. A esto le respondieron que cada uno recibiría tanto como pudiera llevar cargando en sus espaldas. Y entonces ataron el arcón a sus espaldas y comenzaron a llenarlo. Colocaron una palada, dos, tres, y él seguía diciendo: "¡Mas! ¡Mas!" Eventualmente, el arcón estuvo tan pesado que el hombre rico no pudo moverse y cayo, sofocado por el peso. Cuando despertó del sueño, él se dio cuenta que su riqueza sobrepasaba sus necesidades, y comenzó a compartirla con otros.

Cuando ustedes pasan al lado de un árbol, ustedes tienen el derecho de tomar y comer algunas frutas. Si ustedes van en una caminata y saben que habrá un manantial cada cinco o diez kilómetros, ¿necesitan llevar una botella de agua?

La Justicia es la Ley esencial responsable por la distribución de los recursos Divinos a través de todos los sectores de la sociedad. Para que haya paz en un país, debe existir igualdad entre las personas, sin excepción. El rico teme ser robado, el pobre teme morir de hambre. Que el rico le de la mitad de su riqueza al pobre. Los recursos deben estar disponibles para todos. Deben ser retirados de aquellos lugares en donde se hallan en abundancia a fin de que puedan ser distribuidos entre aquellos que viven con poco o nada.

Yo encuentro una persona que me dice: "Mi bolsa esta vacía y yo no sé qué hacer. Mis hijos se mueren de hambre". Encuentro a otro que tiene una bolsa rebosante que me dice: "Mi bolsa está muy pesada. No sé cómo hare para llevarla a casa". Que aquel que tiene la bolsa llena le diga al que no tiene nada: "Hermano, los dos nos enfrentamos a la muerte. Toma la mitad de lo que tengo en mi bolsa para que la condición de ambos mejore".

Alguien dice: "Dios ha determinado el destino de ambos, el rico y el pobre". Yo le pregunto: "¿Has hablado con Dios?" El me responde: "Un profeta hablo con El hace tres mil años", y yo le pregunto: "¿Has hablado tú con el profeta?"

El problema social de la integridad necesita ser resuelto. La base de esta resolución debe venir del proceso de la respiración. Los recursos deben ser distribuidos apropiadamente a fin de que el dar y el recibir puedan ser regulados. De este modo las personas serán aliviadas de sus constantes preocupaciones acerca de su sustento. Cuando Dios creo el pan, El prohibió su venta. Una gran maldición esta sobre la humanidad. ¿Por qué? Es porque ustedes venden el pan, que es la mayor abundancia de la vida. Está terminantemente prohibido vender pan o harina.

Bulgaria debe ser el primer país que aplique la Ley Divina de la tierra: el pan debe ser dado gratuitamente. Solo aquellos que aplican esta Ley son puros y libres de transgresiones. Dios nos dice: "Ustedes no tienen derecho a vender o comprar las abundancias que yo he provisto". Esta verdad, la distribución del pan libre de costo, necesita ser establecida en la Tierra ahora mismo. No está permitido vender pan a tu vecino. Esto es parte de la solución del problema social.

Hay una Ley que dice: Aquel que no comparte sus recursos libremente tendrá que compartirlos en algún momento como consecuencia de la Ley de Coerción. Esto quiere decir que si ustedes no comparten libremente, les serán quitados a la fuerza.

Un prominente hombre rico caminaba por un sendero. Un pobre lo vio y le dijo: "No vayas por este camino. Hay un precipicio más adelante". El rico respondió: "Eso no es problema tuyo". A lo que continúo por su camino y cayó en el precipicio. Entonces el comenzó a pedir ayuda. El pobre vino a rescatarlo y le dijo: "Yo te lo advertí!" Tras lo cual el rico entro en razón. Esto quiere decir que tras tener esta experiencia, el comenzó a apreciar la compasión.

Cuando hablamos de Orden Divino debemos visualizar un mundo de abundancia. Donde hay abundancia no hay crimen. ¿Sería un problema para mi darle agua a todos si me encuentro parado a la orilla de un lago?

El Orden Divino es un Orden de Amor, el Amor que trae abundancia. Todos deben entrar en el Orden Divino para que podamos construir un nuevo modo de vivir.

~~

Humildad

El Maestro nos dijo:

Cuando los seres humanos están descendiendo, o sea en involución, ellos son orgullosos y mantienen el recuerdo de una existencia más elevada. Cuando están ascendiendo en el camino evolutivo, son humildes porque ven las alturas a las que aspiran y desean llegar. Aquellos que son orgullosos descienden, mientras que los humildes ascienden. Los orgullosos descienden para que puedan explorar las profundidades, de modo opuesto, aquel que es humilde asciende para poder explorar las alturas. Cuando una persona orgullosa desciende dice: "¡Que profundo es este abismo!" Mientras que la persona humilde que alcanza la cima dice: "¡Que elevada es esta cima!"

La humildad es la primera condición para conectarnos con Dios. Esta es la Ley de la Hermandad Universal de la Luz. La humildad es la cualidad principal requerida del discípulo. Ustedes deben ir a la presencia de Dios no con soberbia o creyéndose sabios, sino con humildad.

Cuando ustedes sienten que tienen poder es porque muchos Seres se han conectado con ustedes internamente. Pero cuando ustedes creen que este poder proviene de ustedes mismos y que todo lo que logran es solo debido a ustedes, estos Seres no cuestionaran sus ideas, sino que se alejaran de ustedes. Entonces ustedes estarán solos a fin de que puedan comprender cuan débiles son en su soledad.

Muchas personas estudian y se ocupan en muchas tareas pero no alcanzan el éxito porque tienen muchas ambiciones y buscan ser prominentes.

Ustedes deben comprender que la humildad es requerida por Ley para la preservación de su fuerza vital. Aquellos que son humildes pueden realizar buen trabajo con poco esfuerzo.

La humildad es la raíz del Único Conocimiento Real. El orgullo es la raíz del conocimiento temporario. Ustedes pueden poseer mucho conocimiento, pero si son orgullosos, ustedes se encontraran en el estado de aquel que ha sido engañado por las fuerzas de la oscuridad.

Cuando ustedes viven de acuerdo a la Ley Divina, aun cuando ustedes estén en el nivel inferior de la evolución, ustedes ascenderán. Si alguien desea que el Cielo se interese en él y lo bendiga, esta persona necesita ser humilde.

Tanto en el sentido elevado como en el común sentido de la palabra, la humildad fomenta todas las virtudes Divinas a las que aspiran el espíritu y el alma humana. Solo el humilde puede ser espiritual.

Solo a través del Amor ustedes pueden comenzar a comprender la humildad. A través de la humildad uno comienza a darse cuenta que hay muchos picos elevados.

Solo una gran persona, un santo o un Maestro Realizado tienen humildad. Ellos entienden que, aunque sean evolucionados, nada puede ser alcanzado sin el poder del Mundo Sublime. El humilde dice: "Señor, que se haga Tu Voluntad, no la mía". La más sublime manifestación de humildad es nuestro deseo de cumplir la Voluntad de Dios.

Felicidad y Gozo Eterno

Durante una caminata matutina el Maestro dijo:

Solo cuando todas las personas logren verdadera felicidad, entonces todos alcanzaremos la mayor felicidad. Hasta que todos tengan felicidad, nadie será realmente feliz. Todos buscan la felicidad personal, y allí está el malentendido. Si todo el mundo sufre, y solo uno experimenta la felicidad, yo les pregunto: ¿Tiene sentido esa vida? El asunto es si aquel que busca la felicidad personal la hallará. En otras palabras, uno encuentra la felicidad no porque la busca, sino por ser buscado.

No busquen la felicidad en las presentes condiciones. Hoy en día todos buscan la felicidad afuera de Dios. Y allí esta su error. No busquen la felicidad en otra persona, búsquenla en lo Divino. Hay una unión fundamental entre vuestra alma y Dios. Reestablezcan esta unión y todo saldrá bien en sus vidas.

Las gentes de hoy en día desean tener felicidad en sus vidas pero no entienden sus Leyes. La felicidad incluye los siguientes elementos: fe, sabiduría, imaginación y amor. También incluye un entendimiento de las leyes naturales que se aplican a la materia sólida, liquida y gaseosa, como así también a la electricidad la luz y el electromagnetismo.

La felicidad no es el único modo en que los humanos pueden llevar a cabo sus tareas. Los animales también son capaces de vivir una buena vida, ellos pueden ser felices sin nunca haber resuelto los problemas de sus vidas.

No busquen felicidad en lo material, búsquenla en el Gozo Eterno. Yo hablo acerca del gran proceso hacia la perfección. Nosotros no vinimos a la tierra con el propósito de alcanzar la felicidad, sino para estudiar. La verdadera felicidad no puede ser alcanzada en la Tierra en el presente estado evolutivo, eso será posible en el futuro. La humanidad debería preparar las condiciones necesarias para que la felicidad eterna pueda llegar en el futuro.

Gozo Eterno existe en el lugar donde todas las virtudes están presentes. La felicidad solo puede encontrarse cuando ninguna virtud falta.

≈

La Ley del Amor

A pesar de los logros alcanzados en las áreas de ciencia, arte, tecnología, avances sociales y distribución de recursos económicos, todavía falta algo: el Amor. Solo a través del Amor pueden todos estos logros ser beneficiosos para todos. Solo a través del Amor pueden ser usados de modo que cobren significado. Si las personas no adoptan el Amor, perderán todo y quedaran en la ruina.

El Maestro predico acerca del Amor como camino para la salvación de la humanidad. El revelo sus manifestaciones, cualidades, acciones y Leyes, como así también la riqueza infinita del Mundo perfecto del que viene. El dio testimonio de este Mundo con su vida, sus enseñanzas y cada una de sus acciones.

El Maestro siempre tenía algo nuevo para decir acerca del Amor. Un día nos dijo:

En aquel momento en que alcanzamos el Amor somos uno con Dios. Cuando hablo del Amor ustedes deben entender que me refiero al único camino para llegar a conocer a Dios. Si no llegamos a conocer a Dios, El no podrá darnos Su Conocimiento.

La Ley dice: Cuando hablan del Amor, usen su voz más suave. Hablen tan suavemente que sea difícil oírlos. Hablen suavemente acerca de la Luz y la Sabiduría también. Hablen tan suave como la aurora.

Las Virtudes Divinas tienen su fragancia. Si la Justicia entra en sus corazones, la Verdad en sus mentes y lo Santo en su voluntad, ustedes emitirán una fragancia interior más agradable que la de ninguna flor. Esta fragancia interior, este aroma sublime, es llamado "nyuks". No hay un mejor néctar que el nyuks creado por la Naturaleza. Los alquimistas han buscado este elemento por siglos. Cuando ustedes trabajan en ello, ustedes serán felices, y su alegría no tendrá límites. El Amor es el componente principal de este néctar. Por ejemplo, ustedes saben quién los ama, aun cuando esa persona no les haya dicho ni una palabra. El Amor tiene una fragancia fuerte, como la del clavel, que ustedes pueden sentir desde lejos.

Hay una Ley en la vida, la Ley de la Diversidad, por la cual cada uno puede manifestar el Amor de acuerdo a su comprensión y nunca estarán equivocados. Por lo tanto, no es necesario enseñarle a las personas como amar.

Otra característica única del Amor consiste en que ustedes no pueden expresar amor hacia todos del mismo modo. Su Amor hacia cada persona es único. Ya que cada persona es una manifestación única de Dios, cada uno manifiesta su amor de un modo específico. Ustedes pueden percibir esta sutil diferencia. Vuestro Amor tiene una cualidad intrínseca que es única y que no es poseída por ninguna otra persona. Esto es lo que hace que cada persona sea única.

El Amor primero se manifiesta a Dios, a lo Sublime, luego a los débiles, los necesitados, los abandonados y finalmente a los seres semejantes. Esta última manifestación del Amor se llama "el Amor a los semejantes". En este Amor hay un intercambio entre las almas. Este es el Amor en estado ascendente, a través del cual las almas pueden evolucionar y la consciencia puede expandirse.

Si una buena persona de carácter débil se enamora de alguien que está en la oscuridad, la persona buena comenzará a cometer errores y a tomas las fallas de la otra. Pero si una buena persona experimenta el Amor Divino, esto no sucederá.

Para vivir en la presencia del Amor, uno debe tomar el camino ascendente, uno debe unirse al Mundo Invisible y a Dios. Una buena persona es aquella que está unida a aquellos que son poderosos, con aquellos que viene de lo Alto. Si no, otros sacaran provecho de el por ser bueno. Pero aun así, cuando ustedes están unidos a los poderosos, a lo Divino, toda su riqueza se halla en el Banco Divino y ustedes están protegidos, mientras que aquí en la Tierra, no hay protección para sus ahorros.

Hay una Ley que dice: Cuando dos personas se quieren o se odian mucho, ellas recibirán de la otra persona al comienzo las características más virtuosas, tras lo cual recibirán las características más inmorales y negativas. Esta es una Ley inextricable. Ya sea que ustedes amen u odien a una persona, ustedes comenzaran a comportarse como ella. Ustedes se preguntan: "¿Que puedo hacer para librarme de esta Ley?" Ustedes no pueden liberarse de esta Ley. Pero ustedes pueden amar lo Divino que está dentro de cada persona. Por lo tanto, amen a Dios dentro de cualquier persona a través de la cual Él se manifieste, a fin de que ustedes comiencen a amar como El ama. Por este motivo, comiencen a amar lo Divino dentro de todos los seres.

Otra Ley del Amor dice: Aun cuando todos te odien, siempre habrá alguien que te ame. Cuando todos te amen, siempre habrá alguien que no te amará. Esto no puede ser evitado. Esta Ley se basa en nuestro nivel de desarrollo presente.

Ustedes encuentran una persona que aparenta amarlos. ¿Por qué los ama? Hubo un tiempo en que ustedes querían ser amados por esa persona, y por lo tanto esta persona ahora los ama. Los caminos de Dios son incomprensibles.

Hay una Ley que dice: Cuando ustedes perciben lo más sublime dentro de una persona, esta persona se sentirá atraída hacia ustedes.

Otra Ley del Amor dice: Aquel que vive en el Amor atraerá a otros hacia sí mismo. Aunque solamente el pase cerca de una persona, esto será suficiente para que él sea seguido. Pero la persona que vive en el Amor solo será reconocida por aquellos cuya conciencia haya despertado. Pero para aquellos cuya consciencia todavía no haya despertado, el será una persona común como cualquier otra. La persona que vive en el Amor puede ser comparada a una flor que atrae a las abejas. ¿Por qué son atraídas hacia la flor? Esto se debe a que hay algo que ellas pueden recibir de la flor. Esto es lo que el Amor representa: la vida ideal. Si la Ley del Amor le es impartida a alguien, esta persona tendrá el poder de atraer a otros. Uno de nuestros deberes consiste en recibir de Dios y pasar lo recibido hacia otros. Cuando ustedes aman a alguien es debido a que otros los aman a ustedes, y ustedes usan ese Amor recibido para amar a la otra persona. Esta es la Ley de la Unidad del Amor.

Si les digo que yo amo a alguien es porque yo sé que este Amor ya ha sido realizado. Puede haber sido realizado en el plano físico, en el espiritual o en el Mundo Divino.

Un hermano preguntó: "¿Como puede ser que el amor se contamine?"
El Maestro respondió:

Todos los pensamientos que llegan a ustedes se transforman en su medio ambiente. Cuando el amor entra en este medio ambiente absorbe la influencia de vuestros pensamientos negativos y se contamina.

Una Ley del Amor es la mayor de todas: Aquel que te ama se alegra en cualquier cosa que le ofreces. Aquel que los ama puede darles la semilla más pequeña, y ustedes deben regocijarse, ya que de esa semilla podrá crecer algo grandioso. Solo el Amor puede hacer cosas maravillosas crecer a partir de las cosas más pequeñas. Cuando una persona vive fuera del Amor, aun las cosas más grandes disminuirán. Y cuando una persona habita en el Amor, aun las cosas más pequeñas se incrementarán. Nosotros debemos comprobar esto.

El Primer Impulso

Descansamos y conversamos con nuestro amado Maestro en la cima de una montaña. Los pastos y las flores recién comenzaban a brotar de la Tierra. Soplaba una brisa cálida y perfumada. Bandadas de pájaros volaban en lo alto y por encima de ellos las blancas nubes flotaban en camino a algún lugar desconocido. Todos escuchábamos la canción de la vida que se hallaba presente en la quietud. Tras unos momentos en silencio la conversación se reinició.

El Maestro dijo:

Algunos dicen: "Yo rezo". En la oración como en todas las cosas, necesitamos actuar con Amor. Es nuestro primer impulso. El segundo impulso es hacia la Sabiduría Divina y el tercero hacia la Libertad Divina.

El Amor es la manifestación colectiva de todos los Seres Inteligentes que han completado su evolución y se han unido a Dios. Si el amor no es la manifestación colectiva de todos los Seres Inteligentes, entonces no es amor verdadero. Vuestro amor les pertenece a Ellos como también vuestras alegrías. También, el Amor de ellos es vuestro y la felicidad de ellos es vuestra.

Dios y todo el Mundo Divino participan en el Amor. La calidad del amor depende del número de seres que participan en él. Cuanto mayor sea el número de seres participando en el Amor incondicional, tanto más alta será la vibración que este tendrá. Entonces el Amor elevará, curará, y ayudará bajo todas las circunstancias.

Alguno dice que no ama. Esto no es completamente correcto. Mientras esta persona se asemeje al trigo en el granero, su amor no podrá ser demostrado pero, una vez sembrado en el campo, germinará y comenzará a amar.

La profesión de una persona o su estatus social no tienen relevancia. El nivel social es transitorio. Uno puede ser un poeta, un artista, un hombre o una mujer, todos necesitan amar. Amar es dar expresión al Amor de Dios. Debemos llegar a conocer a las personas independientemente de su profesión o rol de madre, padre, medico, etc. Debemos llegar a conocer a cada persona como la manifestación de su alma.

≈

Amor Divino

El Maestro nos dijo:

Nosotros envejecemos y declinamos. Nuestra perspectiva cambia pero no nuestras aspiraciones. Ellas no envejecen sino que perduran para siempre, dando al alma humana el impulso para seguir adelante y hacia arriba. Esta fuerza motivadora es el Amor. Es el Origen Eterno dentro de los seres humanos que crea y edifica.

El Amor es el poder más grande. Si bien es posible que ustedes solo reciban una pequeña dosis, cuando ustedes lo aceptan, el Amor crece. El Amor es el único poder que crece constantemente. No busquen grandes dosis de Amor. Aun una pequeña dosis de Amor crecerá en poco tiempo. Si su amor no crece, no es amor genuino.

El Amor es el poder que nada puede resistir: el Fuego Sagrado a través del cual todos vuestros pensamientos y deseos deben pasar. Todo aquello que no ha atravesado este Fuego, está contaminado.

Así como el polluelo sigue a su madre, ustedes deben seguir a vuestra Madre: el Amor. No obstruyan la manifestación del Amor a través de ustedes. Aquel que peca contra el Amor encontrará que le es difícil establecer balance y harmonía interior. Las consecuencias para aquellos que desafían la Ley del Amor serán como aquel búfalo que quiso oponerse a un tren y fue arrollado. Todo ser que tiene dentro de si el deseo de resistir la manifestación del Amor Divino será arrollado como ese búfalo.

El Amor es un manantial. El fluir de un manantial no puede ser obstruido. Si ustedes tratan de obstruirlo, el manantial los arrastrará.

No pospongan el amar. Ustedes deberían comenzar a amar ahora, en el presente, no en el futuro. Si no se libera la presión en una caldera esta, eventualmente, explotará. Solo el Amor puede salvar de esta explosión a los seres humanos.

No renieguen ni aun del menor sentimiento de Amor que se eleve en vuestras almas. Algunos dicen: "Este sentimiento es insignificante". Esto no es correcto. Este pequeño sentimiento de Amor les traerá grandes bendiciones en el futuro. Estos pequeños sentimientos y pensamientos de Amor son como las chispas de luz que brillan aquí y allá en la oscuridad. Estas luces en la oscuridad nos hacen felices ya que uno ha encontrado el Sendero. La gente de hoy en día ignora estos pensamientos y sentimientos y buscan éxito y felicidad fuera de sí mismos.

Dios los bendecirá aun por los mas pequeños y sencillos pensamientos, sentimientos y acciones escondidos dentro de vuestras almas y que nadie conoce.

El Amor está más allá de las leyes humanas. El Amor debería ser libre de expresarse. El Amor es una Ley en sí mismo. Cuando ustedes habitan en el Amor, ustedes son completamente libres. Dios da completa libertad a las personas. Somos nosotros los que limitamos y somos limitados por otros cuando decimos: "Tu no deberías amar a este o aquel". Cuando alguien intenta expresar su amor, dejen que lo haga. No le impongan restricciones, o vendrán adversidades. Nadie debe interferir con los sentimientos de Amor de otra persona. Este es territorio sagrado que solo pertenece a Dios. No se preocupen preguntándose quien ama a quien, esto no es problema suyo. Eso es privilegio de Dios y solo de Dios.

Todas las personas buenas y virtuosas actúan como transmisores de las bendiciones de Dios, para que estas sean recibidas por todos. Cada partícula, no importa cuán pequeña sea, está llena de una gran energía, y si nosotros viviésemos de acuerdo con las leyes del Amor, esta energía se manifestaría.

En el Amor Divino no hay privaciones: el provee todo lo necesario. Donde el Amor habita, también habita la abundancia. Cuando una persona llena de Amor entra en una casa trae las bendiciones que lleva consigo.

Lo Divino no incluye celosías, duda, desconfianza, desconsideración o violencia. El amor que es celoso no es genuino. Cuando ustedes comienzan a comprender que el Amor es indivisible, ustedes dejarán de ser celosos. Cuando ustedes lleguen a querer deshacerse de las miserias del amor humano, celosía, envidia, duda, ustedes deberán beber del Manantial Divino. Las expresiones negativas del amor provienen de un malentendido. Ustedes no pueden tolerar que otro ame a la persona que ustedes aman, pero estos son conceptos humanos. Jean Valjean, el personaje en *Los Miserables* de Víctor Hugo, no era todavía Jean Valjean cuando se enamoró de Cosetta. Pero ella amaba a otro y por ese motivo Jean sufrió: ya que él no era todavía Jean Valjean, el verdadero hombre.

Cuando ustedes habitan en el Amor ustedes están protegidos: los malos pensamientos no pueden penetrar en ustedes. Los seres inferiores de la oscuridad no pueden influenciarlos a ustedes.

Un hermano preguntó: "*¿Cuál es la conexión entre el amor personal y la existencia humana?*"
El Maestro respondió:

Cuando ustedes aman, toda la humanidad se beneficia. Cuando ustedes odian, toda la humanidad pierde. La Ley del Amor dice: Cuando uno ama, este Amor será transmitido a todos. La Ola de Amor que viene de lo Alto y se manifiesta en ustedes, permea y baña toda la Tierra y toda la Creación. Cuando ustedes comiencen a amar, otros comenzarán a amar también. Muchas almas entonces serán despertadas por su amor. De este modo, ustedes podrán asistir a toda la humanidad.

⚌

El Lenguaje Universal

Los manzanos en el jardín estaban floreciendo. El aire estaba perfumado y las abejas zumbaban la canción del néctar. Parado junto al árbol, el Maestro tomó una rama cubierta de flores.
El Maestro dijo:

Todos los seres están llenos de Amor. El árbol también percibe que es amado. Los arboles poseen un lenguaje con el cual ellos expresan sus suaves sentimientos. Pero su lenguaje es silencioso. Aun el menor escarabajo percibe el Amor. No hay un solo ser en el mundo que no conoce el Amor. Es el único fenómeno en el Universo percibido por todos.

⚌

Guía para la Existencia Terrenal

A veces el Maestro nos daba reglas para la vida. Todos deben tratar de aplicarlas. Estas son joyas del Gran Conocimiento de la Vida.
El Maestro nos dijo:

Uno debe hacerse a la idea de que siempre estaremos en la escuela. Tras concluir con una escuela, nos matricularemos en otra. Es posible completar la escuela elemental, o incluso la universidad, pero hay otra Universidad que no tiene principio ni fin. La vida humana en la Tierra nos prepara para otra, más grande, Vida. La Tierra es un laboratorio en que se llevan a cabo numerosos experimentos.

Ustedes deben pensar en cosas bellas, poseer pensamientos, sentimientos y acciones bellos a fin de construir las valiosas cualidades de su carácter.

Cuando un pensamiento sublime se eleva en vuestras mentes, no lo ignoren. Denle la bienvenida, a fin de que sea realizado. Si ustedes no lo aceptan, un pensamiento negativo tomará su lugar. De este modo, seres inferiores los atacarán a través de su vampirismo psíquico.

Ustedes deben tener discernimiento con sus pensamientos, sentimientos y acciones.

Cuando un búlgaro coloca un huevo de pato bajo una gallina que está empollando y el patito nace, la gallina no se transforma en su madre. Esos pensamientos con los cuales ustedes no están de acuerdo, no son suyos. Eliminen los patitos, dejen solamente que queden los polluelos.

El Maestro le dijo a uno de los hermanos:

Tu padre y tu madre, aunque fallecidos, están trabajando a través de ti. A veces te sugieren cosas negativas. Tú debes educarlos. Alguien te ofende, y tu padre te dice: "¡No lo toleres! ¡Respóndele! ¡Debes defender tu honor!" To madre también te susurra cosas similares. Dile a tu padre: "¿Que lograre peleando con él? Sería un escándalo. El resultado sería lamentable, y al final el me diría que soy esto o aquello y nada cambiaria". Dile a tu madre: "Él no es una mala persona. Él dijo eso cuando estaba encolerizado. Cuando se le pase, será bueno nuevamente".

Las Escrituras dicen: "Ustedes caminaran sobre víboras y escorpiones"[9]. Esto significa que ustedes deben convertirse en amos de todos los elementos negativos que se hallan dentro de ustedes. Las menores transgresiones llevan dentro de ellas la semilla de otras mayores. Esto indica que las transgresiones pueden multiplicarse. No importa si la transgresión es pequeña o grande, lo único importante es que la semilla del error no se encuentre dentro de ustedes.

Al corregir su error, ustedes ganarán poder. Aquel que no puede corregir su error tiene una voluntad débil.

---

[9] Ver Salmo 91:13: "Ustedes caminarán sobre el león y la cobra, ustedes pisaran por encima del león joven y la serpiente".

El Maestro le dijo a una de las hermanas:

Tú tienes un carácter explosivo. Cuando sientas que te estas poniendo furiosa, toma una regadera y ve a regar las flores. De este modo se llevará a cabo un cambio en el flujo de energía.

Si una persona es impaciente, dejen que esa persona vaya a la montaña, hacia la fuente de un claro rio.

Cuando escuchas a personas que se están peleando, esta imagen se graba. El tiempo pasa, pero la imagen queda en ti, y de tiempo en tiempo vuelve a la superficie. Por este motivo, sería mejor que tú no escucharas y prestaras atención a las palabras y acciones negativas de otros, para que no se graben en tu conciencia.

Imagina que tu bolsillo se halla repleto de monedas. Pero después de un tiempo, cuando metes la mano en el bolsillo te das cuenta que está vacío. Tu corazón no se debe agitar, debe mantenerse en silencio y calma. De este modo los Seres Avanzados te educan. Algunos Seres le dirán a alguien que coloque monedas en tu bolsillo. Un poco después le dirán a otra persona que quite el dinero. O a veces te darán salud, y luego la quitarán. El propósito de estos experimentos es ayudarte a crecer y ser fuerte.

Pasas por una bella y bien amueblada casa, y te dices: "¡Como me gustaría tener esta casa!" Esto es incorrecto. Alégrate de que esa persona tenga tan bella casa. Otra vez puede que digas: "Yo no soy una mala persona. ¡Yo no soy como aquella persona!" Nuevamente, esto es un error.

La escritura nos dice: "No resistan al mal"[10]. Esto quiere decir que no resistan lo negativo dentro de ustedes. En su lugar, llénenlo de lo Divino, y lo negativo se desvanecerá.

Uno debe eliminar todo conocimiento que no es significante a fin de no dañar nuestros dones inmanentes. Hoy en día, las adversidades caen sobre las personas porque ellas no saben qué cosas son significantes y cuales tienen poca importancia.

Cuando tu predisposición es buena, tu construyes tu mundo, mientras que cuando tu predisposición es mala, lo destruyes. Cuando uno

---

[10] Ver Mateo 5:39, "Pero yo les digo, no resistan a una persona malvada. Si alguien los abofetea en la mejilla derecha, ofrézcanle la otra mejilla".

no expresa apropiadamente las fuerzas espirituales que uno lleva adentro, esa persona eventualmente se endurecerá. Algunos dirán: "Yo no soy muy educado". En ese caso, canten o toquen un instrumento. Usen los dones con que Dios los ha bendecido. Por ejemplo, si usted es un sastre, puede que no sea bello, pero usted hace trajes para otros, y ellos apreciarán esto. Si es un granjero, vaya al jardín de alguna persona y plante. Si es un violinista, toque para las personas, y ellos serán sus amigos. Si es un zapatero, haga zapatos para las personas, y las llegará a conocer.

Hay seres que no tienen calidez, y cuando pasan al lado nuestro absorben nuestra calidez. Hay otros que son cordiales y amables y cuando pasan cerca nuestro se llevan nuestra frialdad. Si ustedes emiten calidez, donde quiera que vayan, serán bien recibidos.

No hablen acerca de lo que planean hacer. Hable de ello más tarde. Si hablan con antelación acerca de sus planes, ustedes encontrarán oposición.

Si desean expresar su opinión, no se apuren. Contemplen el tema hasta que logren encontrar un modo sublime para expresarlo.

Les sugiero que cada vez que tengan un libro para leer extraigan una idea importante que puedan poner en práctica.

Sean considerados para con los demás, ya que los pensamientos Divinos solo crecen cuando hay reverencia, respeto, y caridad. Cuando se acerca a ustedes una persona calma, ustedes tienen una buena sensación. Ustedes tienen esa reacción porque la persona está envuelta en calidez. La salud depende de la flexibilidad. Si uno la pierde, se volverá frágil y se enfermará frecuentemente. Cuando digo "flexibilidad" me refiero a la manifestación del alma en el mundo físico. Cuando digo "amabilidad" me refiero a la manifestación del alma en el mundo astral.

Si ustedes ofenden a una persona, ustedes ofenden a la Divinidad dentro de ella. Ustedes pagarán por esto con sufrimiento.

Cuando ven una flor moribunda, con su cabeza caída, traten de descubrir la causa. Si ustedes están tristes, ustedes tendrán algo en común con esta flor. Busquen un modo de ayudarla. Si ustedes perciben que necesita agua, dénsela. En el momento que hagan esto, la flor elevará su rostro alegremente para contemplar el Reino de Dios. Si ustedes son conscientes, ustedes sabrán que el agua es un símbolo de la Vida y puede mejorar a cualquier ser viviente. Por lo tanto, si ustedes están tristes o dudosos, instilen la Vida Divina dentro de ustedes.

Si ustedes pueden transformar estados negativos en positivos, esto implica que ustedes son personas conscientes. ¿Que representan estos estados negativos? La Ley Universal de la Transformación de estados dice que uno debe elevarse por encima de la desesperación. Si una persona que esta penando se eleva hasta el Mundo de la Realidad Única, las penas de esa persona se transformaran en gozo. En el Mundo de la Realidad Única no hay contradicciones.

≈

Conciencia Cósmica

Los arbustos y el pasto estaban cubiertos del roció de la noche. Bajo los primeros rayos del sol matutino, las gotas de roció brillaban con todos los colores del arco iris. Al Maestro le agradaban las horas tempranas en las que uno puede oír la primera canción que anuncia el nuevo día.

Cuando concluimos nuestras oraciones y acción de gracias, nos sentamos en un prado que estaba lleno de la fragancia de las flores y las hierbas. Tras estar sentados en silencio contemplando el día por venir, tan único y sublime, alguien le preguntó al Maestro acerca de los distintos tipos de conciencias.

El Maestro dijo:

Los minerales tienen una sub-consciencia, los animales tienen sensibilidad consciente y los humanos tienen consciencia personal. En cada nivel más avanzado del reino natural, los niveles de consciencia inferiores también están incluidos. Los seres humanos, caracterizados por su consciencia personal, también tienen subconsciente y sensibilidad consciente.

El subconscientes proceso Divino y complejo que incluye la guía de la jerarquía de los Ángeles. Los pensamientos y la energía de la jerarquía de los Ángeles se manifiesta en todos los seres. Es lo que crea el subconsciente: el tesoro del pasado.

La consciencia personal es un proceso personal de cada individuo. Cada vez que una persona piensa o desea comprender el sentido de la vida, el usa esta consciencia. Todos los niveles de consciencia que se hallan por encima de la consciencia personal son llamados "Consciencia Superior". Hay momentos en que una persona se halla en comunión con la Consciencia Cósmica, que es uno de los niveles de la Consciencia Superior.

La consciencia personal no existe todavía en los animales. La consciencia humana se diferencia en que los seres humanos son conscientes de ellos mismos como individuos. Cuando alguien es inspirado por la Consciencia Cósmica, esa persona experimentará la Unidad de la Vida. Entonces comenzaremos a considerar a la Naturaleza como a un organismo viviente, cuyas células son vitales. Las plantas, los animales, los seres humanos, todos juntos constituyen Un Cuerpo.

Cuando una persona entra en la Consciencia Cósmica por primera vez, nuevos centros cerebrales, con nuevas capacidades comienzan a desarrollarse. El nivel de desarrollo de una persona está determinado por su nivel de consciencia. Mientras los seres humanos no desarrollen la habilidad de entrar en comunión con la Consciencia Cósmica, ellos estarán jubilosos en un minuto y desesperados en el momento siguiente. El hecho de que ellos hayan entrado en la Consciencia Cósmica no implica que ellos hayan comprendido todo ya que allí también existen distintos niveles de comprensión. Pero aun así uno podrá, aunque sea parcialmente, eliminar las dificultades de su existencia. Mientras que las personas vivan basadas en su consciencia personal, ellas continuarán viviendo temerosas y ansiosas acerca de lo que habrá de sucederles. Las personas han vivido basadas en su consciencia personal por muchos años. Ahora ha llegado el momento de que pasen a vivir dentro de la Consciencia Cósmica.

Las Escrituras dicen: "Y Dios creará un Cielo nuevo y una Tierra nueva"[11]. El "nuevo Cielo" y la "nueva Tierra" pertenecerán a las personas que habiten en le Consciencia Cósmica. Hoy en día, la Luz de la Consciencia Cósmica está aumentando. Las personas son más cons-

---

[11] Ver Isaías 65:17: "Vean que yo creo un Cielo nuevo y una Tierra nueva, y el anterior no será recordado".

cientes de sus errores ahora que lo que han sido en ninguna época pasada. Las personas deben elevarse por encima de su consciencia personal a fin de que puedan entrar en la Consciencia Cósmica. Si no lo hicieran, sus existencias continuaran siendo incomprensibles para ellos. Ahora es el momento en que los seres humanos deben elevar sus consciencias a un nivel más elevado. Si continúan viviendo basados en su consciencia personal nunca lograran manifestar los pensamientos y aspiraciones sublimes que habitan dentro de sus almas y en sus espíritus. Las personas deben desarrollar los órganos a través de los cuales se podrán manifestar sus sentimientos y pensamientos sublimes. En aquel momento en que ellos alcancen la Consciencia Cósmica, ellos comenzaran a realizar sus aspiraciones.

Una hermana habló acerca de su percepción de la Consciencia Cósmica. El Maestro continuó:

La Consciencia Cósmica es un estado extremadamente dinámico. Uno entra en eses estado de Consciencia cuando uno comienza a aceptar todos los seres, desde el menor al mayor, y se convierte en un transmisor de Amor para que todos se eleven.

Todos deben trabajar para alcanzar la Consciencia Cósmica. Aquel que "nace nuevamente en el Espíritu" es aquel que habita en la Consciencia Cósmica. Todos pueden estar en comunión, en harmonía, con esta persona. Pero aun así ciertas condiciones son requeridas para que este tiempo llegue. ¿Qué tipo de condiciones? Condiciones internas.

Solo ahora las personas están comenzando a comprender que ellos pertenecen al Gran Cuerpo de la Vida. Así comienza el despertar de la Consciencia Cósmica que se esfuerza en convertir a toda la humanidad en Una Familia, capaz de trabajar juntos y vivir en harmonía.

≈

Ciencia Divina

Estábamos conversando acerca de la ciencia moderna. Un hermano hablaba con mucho entusiasmo acerca de los maravillosos logros de la biología, la física, la química y la tecnología.
El Maestro explicó:

Solo estamos comenzando a usar la Ciencia Divina. De ahora en más comenzaremos a estudiar sus Leyes. Aprenderemos como liberarnos de nuestras debilidades emocionales y mentales a fin de lograr mentes iluminadas, personalidades puras y constantes y voluntades duras como el diamante.

La ciencia es un producto del espíritu humano. La ciencia de hoy en día desaparecerá. Solo se mantendrán aquellas cosas que son más beneficiales. Todo lo demás, que era como un juego de niños, será olvidado. ¿Creen ustedes que los Ángeles se preocupan acerca las leyes mundanas contemporáneas? ¿Creen ustedes que la física y la química seguirán siendo como son ahora?

¿Hay otras Leyes más allá de las leyes naturales? En realidad hay otras Leyes que aún no han sido descubiertas. La ciencia contemporánea se basa completamente en investigación empírica. Alguien se para frente a una pared y dice: "No hay nada tras esta pared". Pero no es así. Detrás de esa pared existen muchas cosas. El hecho de que ustedes no puedan verlas, no niega su existencia.

La ciencia contemporánea es solo una introducción a la Ciencia Verdadera. Esto no quiere decir que la autoridad de la ciencia contemporánea o de los científicos no sea válida. La ciencia contemporánea ha provisto los datos para que las personas puedan considerar y desarrollar sus mentes. La mente objetiva debe ser desarrollada, y no puede serlo sin estos datos.

El conocimiento humano es limitado ya que solo se relaciona con el mundo material. La ciencia moderna se ocupa de los minerales, las plantas, los animales, etc. Yo no reniego de esta ciencia, pero digo que una nueva Ciencia con un nuevo Conocimiento está llegando al mundo.

Alguien que carece de conocimiento y enfoca su atención solamente en lo externo, observa solamente la cubierta del libro. Pero los discípulos deben concentrarse en lo que está escrito en el interior del libro. El Conocimiento Real no se encuentra solamente en las formas, sino en el conocimiento de los Principios.

Para la existencia humana se necesita cierto conocimiento. Hay otros conocimientos que sirven de adorno para esta existencia. Y hay otro que constituye la bendición que da poder y vitalidad a los humanos.

Ustedes deben completar su estudio acerca de la vida en la Tierra para poder matricularse en la Escuela Divina. Cuando hablo de la Ciencia Divina, me refiero a la Ciencia que estudia la Esencia de la Vida. La Ciencia Divina es una Ciencia que estudia la Inteligencia detrás de la Vida misma, incluyendo las condiciones externas e internas de esta Vida y su desarrollo orgánico. Aquel que tiene miedo no puede ser un estudiante de la Ciencia Divina. Se necesita gran coraje y fortaleza.

La Ciencia Divina es vital. Las palabras "Ciencia Divina" se refiere a la comunidad de seres que tienen conocimiento real. Ustedes necesitan descubrirlos. Luego, ustedes harán algo por ellos y ellos harán algo por ustedes en retribución. Todos los días yo me encuentro y entro en comunión con estos Seres.

¿Por qué es necesaria la ciencia? Además de sus aplicaciones prácticas en la existencia exterior, ayuda a desarrollar los dones y capacidades de una persona y también modifica su cabeza. Si examinamos el cráneo de una persona, uno puede determinar la ciencia con que esa persona ha trabajado primordialmente.

La Ciencia Divina provee los métodos a través de los cuales se puede construir un cuerpo fuerte y saludable, reestructurar los pensamientos y emociones humanos y estabilizar el sistema nervioso. Esto se aplica a los individuos como así también a las naciones. Estudien la Ciencia Divina y sus métodos para que puedan aplicar estos métodos en su vida diaria.

Gran Sabiduría los espera en el futuro. El conocimiento contemporáneo también es útil. Pero aun así, ustedes deben ser los estudiantes que progresan de un curso al siguiente, de un nivel al siguiente, del presente al futuro. Yo no he hablado de esta ciencia todavía ya que no debe ser degradada. La Ciencia Divina es solo para aquellos que han llegado al Amor.

La tecnología de hoy en día es muy limitada en comparación con la de los habitantes de Agartha hace 60 mil años. Los vehículos que ellos usaban para transportarse por el aire eran llamados "dragones de fuego". Pero su conocimiento solo estaba a la disposición de unos pocos, mientras que la tecnología actual está a la disposición de toda la humanidad.

Comprender el mundo material es imposible si uno no está conectado con el Mundo Ideal. En otras palabras, uno debe estar unido a Dios.

Debemos esforzarnos en alcanzar el entendimiento provisto por la Ciencia Divina.

Los adeptos en la antigüedad usaban una vara o bastón mágico que llevaban en sus manos. Pero verdaderos adeptos no usan varas ni bastones.

Hay ciencia para niños, Ciencia para Ángeles, y Ciencia que pertenece a Dios. Ustedes dicen que saben mucho. Me alegro por ustedes, pero este conocimiento es solo acerca de lo material. ¿Han estudiado la Ciencia de los Ángeles? Ustedes la estudiarán en el futuro. ¿Han estudiado la Ciencia que pertenece a Dios? Yo no comienzo con la Ciencia de los Ángeles. Yo no comienzo con la Ciencia de los santos. Yo comienzo en la Cima con la Ciencia que pertenece a Dios. Este es uno de los métodos más esenciales. Yo comienzo con la Ciencia más difícil.

La Ciencia Divina es necesaria para que los seres humanos aprendan el gran arte de vivir. Pero esto no quiere decir que uno debe descuidar el estudio del mundo material. Todos aquellos en el camino espiritual deben saber matemáticas, anatomía, física, música, etc. Estas son las materias introductorias para el estudio de la Ciencia Divina. Estudien el mundo material. Una vez que lo entiendan, ustedes comenzaran a comprender el mundo Divino también.

El nivel de desarrollo que uno alcanza está determinado por el nivel alcanzado en la escuela experimental del mundo material. Cuando uno comienza a dominar las condiciones del mundo material, esto indica que uno también ha comenzado a dominar las del Mundo Divino. Nuestra comprensión del Mundo Divino determina cuan bien viviremos en el mundo material.

Ustedes han venido a la Tierra para estudiar en la escuela experimental, y ahora están siendo examinados. Un profesor les explica un problema. Ustedes le dicen que lo han comprendido, cuando en realidad no lo entienden. Ustedes deben resolver este problema por sí mismos. Uno solo puede comprender cuando uno ha resuelto el problema por sí mismo. En el mundo natural solo lo que ustedes resuelven por si mismos les dará conocimiento. El resto es solo una ayuda.

La Realización de las Aspiraciones Humanas

Un día el Maestro nos dijo:

Si una persona enferma les dice: "Yo no moriré. Continuaré viviendo 50 años más a fin de completar la obra para la cual vine a la Tierra", esta persona ha enfrentado la situación correctamente y tendrá buenos resultados. Ustedes se preguntan si esto es posible. Todo es posible para aquel que comprende las Leyes, mientras que para aquel que no las comprende, todo está obstruido.

Algo les sucede y ustedes se preguntan por qué les ha sucedido a ustedes. Es porque ustedes lo pidieron.

Cuando desean que sus aspiraciones sean realizadas, ustedes deben enfocar sus pensamientos. Para resolver las grandes tareas en la vida, hace falta buen foco y concentración. Al enfocar sus pensamientos, ustedes atraerán los pensamientos de mentes similares. De este modo, sus pensamientos se convierten en el foco de los pensamientos de todos aquellos que piensan como ustedes. Así es como se manifiestan las grandes ideas. Toda gran idea, aun la que se origina en la mente de un solo individuo, es colectiva. Muchas mentes enfocan su atención en este pensamiento antes de que se manifieste a través de un genio.

Alguien aspira a ser algo bueno, ser un músico, un poeta o algo así, pero pierde la esperanza. Si uno aspira a alcanzar un gran gol en esta vida, uno debe comenzar inmediatamente para preparar las condiciones. Pero no deben poner límite al tiempo dedicado a esto. Lo que uno no puede lograr hoy, puede ser logrado mañana. El futuro traerá más oportunidades que el presente.

No se descorazonen si sus aspiraciones no se manifiestan inmediatamente. Es posible que se manifiesten en 10 años. Es posible que una vida entera pase sin realizaciones. Cuando ustedes aspiran alcanzar algo, ustedes deben estar dispuestos a poner el esfuerzo necesario. Siempre tengan la certeza que la Naturaleza Inteligente los apoya.

La Ley dice: "Si ustedes se alegran cuando otra persona ha realizado sus aspiraciones, las suyas también serán realizadas".

Si desean realizar sus aspiraciones, ustedes deben entender el Plan que Dios ha puesto en movimiento. Cuando ustedes caminan por el camino Divino, ustedes lograran sus aspiraciones.

≡≡

Los Sentidos

Uno de los hermanos compartió la siguiente experiencia: "Una tarde me acosté y me quede dormido. Soñé que un amigo mío se dirigía hacia mi casa desde el centro del pueblo. Yo lo seguí en mi sueño durante todo el camino hasta que llego a mi casa y toco a la puerta. Entonces desperté y lo dejé entrar".

El Maestro explicó:

En este siglo hay mucha percepción. La radio nos da ideas acerca del mundo Espiritual, y la televisión acerca de la clarividencia. Necesitamos una escuela que explique la clarividencia. Pero esto no sería para todos.

No todas las personas se desarrollan a la misma velocidad: los dotados aprenderán más rápido. Por ejemplo: ustedes le pueden enseñar a una persona a tocar un instrumento, pero es posible que esa persona no tenga el don necesario para convertirse en un músico real. Todos reciben dones, pero el grado de desarrollo varia de persona a persona. Uno necesita aprender. El sistema nervioso de los seres humanos necesita ajustarse de acuerdo con el desarrollo de esos dones. Se necesita un sistema nervioso más sensible. El sistema nervioso de una persona espiritualmente avanzada es más sensible, y es capaz de recibir las ondas cortas, de recibir las transmisiones que vienen de a lo lejos.

Una hermana compartió su temor a las visiones.
El Maestro dijo:

Tu miedo demuestra que aún no estas lista para que el otro Mundo se te revele. Los centros de comunicación con el otro Mundo aún no están desarrollados en los humanos. Estos necesitan ser desarrollados. Nosotros y somos capaces de conectarnos con el Mundo Invisible. El Mundo Invisible ya ha instalado su nuevo equipo.

Ustedes deben aprender cómo tratar con los dos grandes Poderes: Inteligencia Cósmica y Amor. Si ustedes tienen fe en ellos, sus ojos se abrirán. Yo deseo que sus ojos se abran. Pero ¿cuando sucederá esto? Cuando ustedes sean fuertes, suficientemente fuertes como para que el Nuevo Mundo que se presentará frente a ustedes no les cause temor. Por ejemplo: un Ángel se aparece a una persona y le dice que hacer. Esa persona puede resolver todas las contradicciones y curara todas las enfermedades. Esta persona es fuerte porque un Ángel se le apareció.

Como clarividentes, ustedes experimentarán muchos sufrimientos. Ustedes no solo verán las cosas buenas, sino también las malas. Sabiendo esto, el Mundo Invisible no despierta en ustedes aquellas habilidades para las que ustedes no están listos. Por lo tanto, no deseen que sus ojos se abran prematuramente. Comiencen por esto: ver en todos lo bueno, solo lo positivo.

El método de la Hermandad de la Luz es este: ustedes deben desarrollar las doce Virtudes básicas antes de estar listos para desarrollar la clarividencia. Si ustedes tienen un bello corredor adornado con bellas pinturas pero que se halla en la oscuridad, ¿de que les servirá? Pero cuando llega la luz, el bello corredor y las bellas pinturas serán visibles. Si la luz entra pero el corredor no posee adornos, no tiene las bellas pinturas, la vista no será bella, será desabrida. Lo apropiado es que el corredor este adornado y bien arreglado antes de encender la luz. Estoy hablando de modo simbólico.

Si ustedes desean unirse con los Seres del Mundo Invisible, ustedes deben despertar sus sentidos espirituales. Dentro del cuerpo, particularmente dentro del cerebro, hay poderes ocultos que necesitan ser desarrollados. Solo es necesario que una persona contemple las grandes preguntas espirituales durante una hora por día a fin de que pueda comenzar a ver el mas allá. Esto quiere decir que solo hace falta que ustedes entren en un estado de paz interior, separándose del mundo físico, para que puedan percibir el mundo espiritual. Todos pueden ser clarividentes, pero para lograrlo, uno debe separarse y aislarse de todas las impresiones del mundo físico. De otro modo, en el momento en que ustedes estarían listos para ver algo del Mundo Invisible, algo del mundo físico llamaría su atención y ustedes no podrían ver nada.

Inicialmente, cuando ustedes dejan de lado las cosas externas, ustedes atravesaran una zona oscura. Ustedes se encontraran en total oscuridad. Si ustedes no tienen miedo, tras una corta espera, ustedes percibirán una tenue luz que comenzara a ganar en intensidad. Esto implica que ustedes están entrando en el Mundo Invisible. Aquel que tiene un sexto sentido puede ver hacia adelante, hacia atrás, hacia los lados y en todas direcciones. Esa persona puede ver a miles de kilómetros incluso a través de las paredes. Si su sexto sentido está desarrollado, ustedes podrán ver incluso a través de barreras sólidas. Tal como ustedes pueden oír a través de la radio lo que se está diciendo en países lejanos, con la ayuda del sexto sentido, ustedes podrán ver lo que está sucediendo en ese mismo momento en esos lugares.

En el futuro las personas podrán percibir pensamientos. Entonces el alma y el espíritu se tornaran visibles. Hoy en día son invisibles, pero en el futuro, la mente, el alma, el corazón y el espíritu se tornarán visibles. Las gentes de hoy en día dicen: "Lo visible será visible y lo invisible seguirá invisible". Yo digo: cuando nos reencontremos en el futuro, ustedes verán mi mente, mi corazón, mi alma y mi espíritu, y yo veré los suyos. Estas son las Nuevas Enseñanzas. El mundo atravesara por una gran transformación cuando todos los errores y las transgresiones dejen de existir. Todo lo viejo quedara en los archivos.

Nosotros podemos aprender acerca de alguien no solo a través de sus características externas, sino también por los colores que rodean a esa persona. Esto está al alcance de los clarividentes pero no de las personas ordinarias. Por ejemplo, si uno alimenta dentro de sí pensamientos sublimes y nobles, uno estará inmerso en un suave color rosado. Cuantos más bajos sean sus sentimientos tanto más oscuro será el color que lo rodee. No solo los sentimientos, sino también los pensamientos, tienen un color específico.

El clarividente experimentado lee a través de los colores como si fueran un libro. A través de los colores uno puede conocer el grado de inteligencia de una persona. Si la persona es amable y bondadosa, uno puede ver un tono específico de suave color rosado que emana agradablemente desde el corazón de esa persona. En lo pertinente a la voluntad, una luz blanca emana del cuerpo humano. Es el color de la virtud[12]. El resto de los colores están entrelazados entre los tres colores principales: blanco, rosa y el color de la luz. Estos colores entrelazados forman el aura humana. A través del aura, el clarividente puede discernir el punto alcanzado por una persona en su desarrollo espiritual y mental.

Si ustedes han desarrollado su clarividencia, cuando una persona les dice la verdad, ustedes verán un hermosos e incomparable color azul emanando de esa persona. Simultáneamente ustedes verán un pálido color amarillo emanando del cuerpo de la persona. Si alguien les está mintiendo, ustedes verán oscuridad emanando del aura de la persona, esta persona estará rodeada de oscuridad.

Si vuestra habilidad para ver se incrementa, ustedes podrán ver que los ojos de algunas personas emiten desagradables rayos que pueden causar daño a todo aquel hacia quienes sean dirigidos. Estos aparecen como llamas rojas, similares a las que existen en una estufa caliente.

Si ustedes se tornan muy sensibles y elevan su mirada a 45 grados, ustedes verán Espíritus Sublimes, y si miran a 45 grados hacia abajo, ustedes observaran un color oscuro que permea el suelo en el que se mueven los espíritus inferiores.

Para que un clarividente pueda tolerar el ver a aquellos que han pasado al más allá, este debe poder tolerar sus vibraciones. Para lograr

---

[12] El Maestro habla acerca de las correspondencias de colores en otras obras transcriptas, tal como "El Testamento de los Colores de los Rayos de Luz".

esto, uno debe considerarlos como seres vivientes.

Muy comúnmente, aquellos que están trabajando en el desarrollo de la clarividencia tienen la siguiente experiencia: frente a ellos aparece una bola de luz multicolor. Esta se eleva, y cuando llega a una cierta altura se transforma en una hermosa y sonriente cara angelical que luego desaparece. El Ángel está diciendo: "Ve y aprende. Yo estudiare en otro lugar. Adiós".

En el futuro, cuando la gente use su sexto sentido, ellos leerán el Libro de la Naturaleza y lo comprenderán.

De acuerdo con algunos filósofos, uno solo puede percibir a través de los 5 sentidos. Aquellos que tienen Conocimiento dicen que los seres humanos tienen 12 sentidos, es otras palabras, 12 puertas. En el presente las personas tienen 5 sentidos, y los 7 restantes están sellados. Cuando digo que los seres humanos tienen 12 sentidos me refiero a aquellos sentidos que serán desarrollados durante el curso de la evolución humana. De acuerdo con la Ciencia Divina, los seres humanos tienen un total de 49 sentidos. Adicionalmente, las personas también tienen otros sentidos, los sentidos humanos son innumerables. Hasta que ustedes no hayan desarrollado sus 49 sentidos, ustedes no llegaran a conocer a Dios tal como Dios los conoce a ustedes.

Yo le dije a un joven: "Mañana encontrarás una persona rica y hablarás con él. Tú le agradarás y él te ayudará a continuar tu educación". El joven me preguntó cómo era eso posible. Yo le dije: "Tu lo veras y creerás en mis palabras. Yo no te digo acerca de un evento que ocurrirá en un mes o en un año, sino mañana". Para el que puede ver, todo es posible.

Los sonidos accesibles al oído humano solo llegan a unas 35 mil vibraciones por segundo como máximo. Pero se han descubierto sonidos con hasta 300 mil vibraciones por segundo, el ultrasonido. En otras palabras, hay muchos sonidos que el oído humano no puede percibir.

La Ley del Todo y las Partes

Trabajamos todo el día para controlar el agua que fluía en un barranco cercano a fin de recogerla en una pileta y usarla para regar la huerta. El Maestro tenía la idea de usar esta agua. Al finalizar el día, cuando habíamos concluido la tarea, nos reunimos en torno a el cuándo comenzó a hablar acerca de la Ley del Todo y las Partes.

El Maestro dijo:

Algunas personas dicen que el mundo es malo. Esto es un malentendido. Es una consideración incompleta de las cosas. Ni bien la mano renuncia al cuerpo, ella se torna enferma y comienza a perder integridad. Si miramos al mundo como un todo, es bello. Uno debe percibir la totalidad de la Vida, mirar a cada fenómeno como parte de un todo. El mundo nos parece desorganizado pero esto es porque lo vemos como partes separadas y no como un todo.

Hay una conexión intrínseca entre todas las cosas. Toda pregunta acerca de la humanidad debe ser respuesta desde el punto de vista de la totalidad. La humanidad es un gran organismo. Las naciones son sus sistemas, las comunidades son los órganos de esos sistemas. Las personas deben comprender su destino como parte del todo se ese organismo a fin de que pueda encontrar su lugar dentro de él. ¿Que le sucedería al organismo si cada célula quisiera vivir para sí misma, independiente del resto? Se desintegraría. Esta idea surge de las Escrituras: "Todos están representados en el Cuerpo de Cristo"[13]. Si una hoja de un árbol cae, ¿mantiene la misma relación con el árbol que tienen las otras hojas que están todavía en el árbol? La humanidad es el árbol y cada individuo es una hoja.

Cada cambio en el todo se refleja en las partes y viceversa. Muchas de las alegrías y sufrimientos humanos son el resultado de un cambio

---

[13] Romanos 12:4-5: "Aunque hay muchos miembros en un cuerpo, no todos los miembros tienen la misma función, y nosotros, aun siendo muchos formamos un cuerpo en Cristo, y somos individualmente miembros el uno del otro".

en el Universo, en la alegría o el sufrimiento experimentado por otros seres y absorbido por las personas.

Todos deben percibirse como partes de un organismo para que puedan trabajar por el bien de dicho organismo.

La tendencia individualista lleva al mal. Si solo un dedo de la mano quiere participar en una tarea, sin la participación de los otros dedos, no logrará nada. ¿Entienden ustedes el significado de la aislación? No hay nada en el mundo más terrible que esto. Aquellos que solo viven para sí mismo pueden ser comparados con un dedo que es cortado y tirado por allí. No hay nada más terrible para ese dedo. De modo opuesto, no hay mayor realización para un dedo que ser parte de una mano y ayudar a hacer las tareas necesarias en el servicio del todo.

Si ustedes tienen en su mente la idea de vivir solo para ustedes mismos, ustedes están comenzando su propia muerte.

Los mejores ropajes son hechos con hilados finos. Si ustedes separan los hilos, cada uno de ellos no representa nada. Pero si los hilos son entrelazados juntos, el resultado será bello. Cada ser solo tiene sentido como parte del total. Ustedes deben vivir para el total de la humanidad, para el total del Universo, o sea que existe un ideal más elevado que el que han tenido hasta ahora. Al esforzarse por este ideal, ustedes serán beneficiosos para todos. Si las personas se alejan del Camino, serán abandonados y olvidados. Aquellos que quieren ser buenos deben dirigir sus energías hacia la elevación de toda la humanidad., para el bien de todos. De este modo ustedes se conectaran con los Seres Inteligentes que los están ayudando. Por lo tanto, escriban, creen música, trabajen no para ustedes mismos y su propia gloria, sino para la Gloria de El que ha provisto las condiciones para que ustedes se manifiesten. Si ustedes no trabajan con esta idea en sus mentes, ustedes lo perderán todo.

Ustedes esperan que al completar una tarea ustedes recibirán una gran recompensa y reconocimiento. Pero esto sucede en la vida mundana.

Cuando comparten sus manzanas con otros, quédense con la más pequeña. Si se quedan con la más grande, la más bella, gran infortunio les será acarreado aun tras miles de años.

~~~

El Camino Hacia el Amor

Durante una caminata matutina el Maestro dijo:

Estudien el Amor como un Poder intrínseco. Todos ustedes deben esforzarse en aprender acerca de él. La ciencia de hoy, y la ciencia del futuro, es la Ciencia del Amor.

¿Cuál es el camino que lleva al Amor? Un discípulo fue hasta su Maestro y le dijo que quería comprender el Amor. El Maestro lo llevo hasta el rio. Lo tomó del cuello y lo hundió en el agua por un tiempo. Tras sacarlo del agua le preguntó: "¿Que sentiste cuando estabas en el agua?" El discípulo respondió: "Sentí una gran necesidad de aire". El Maestro le dijo: "Cuando sientas la misma necesidad por el Amor, este te visitará".

Para que el Amor los visite, tomen la posición que les ha sido asignada por la Naturaleza Inteligente, y esperen. De otro modo, el Amor pasará de largo sin visitarlos. Ustedes dicen: "¿Como sabré cual es mi posición?" Cuando tomen esa posición ustedes se sentirán en paz con todo el Universo, que son capaces de perdonar a todos. Todos y cada uno de los desequilibrios que ustedes sienten indican que ustedes no se hallan en su posición.

~~~

Una Carta para el Maestro

El Maestro recibió la siguiente carta de una hermana en Francia:

En estos días de pruebas, yo estoy con usted y siento completa paz y felicidad interior.

Cantamos, rezamos y trabajamos en el gozo Divino. A pesar de todo, tenemos la convicción profunda que el sufrimiento del mundo pronto llegará a su fin. Todos sus hijos sienten su protección y el Amor que los envuelve en la Luz Divina. Sólo pienso en el día en que lo veré personalmente. Yo creo que he nacido para experimentar este gran momento.

Durante tanto tiempo usted ha cuidado de mi pequeña alma como su hija. Siento su llamada desde el Sol, las estrellas y el viento. Cuando lo veo en mi mente, siento en mi alma la misma alegría que siento en la primavera cuando el jardín se llena de flores. En todos mis pesares, usted siempre está junto a mí. Pido a Dios me permita ir a su encuentro algún día. ¡Sera un gran día!

Todos los días trabajo en mi desarrollo con mucha paciencia y con toda mi energía. Maestro, yo confió en usted completamente. Le abro mi alma. Sólo a través de la más sublime poesía y música Divina puede mi alma expresar mi amor, gratitud y reverencia por usted.

Con todo mi corazón, saludo a mis amigos de Bulgaria.

≈

El Amor Sera la Fuerza Organizadora de la Nueva Cultura

El Maestro observaba esta Ley en su vida: Doquiera que él iba, mejoraba las condiciones, no de repente, de modo predeterminado, sino gradual y naturalmente. Todo aquello en que el trabajaba correspondía a la vida interior. El usaba cada oportunidad que se presentaba durante la jornada laboral para enseñar una lección. No hay ningún método mejor que el trabajo para que la gente se reúna, se conozca y se acerque en harmonía. El Maestro apoyaba todas las iniciativas buenas y alentaba a todos a participar en ellas. Él se sentía satisfecho cuando los discípulos demostraban inventiva, atención y concentración.

El jardín y toda la granja fueron de a poco limpiados y organizados. Los senderos fueron reparados. En la empinada colina donde el sendero se dirigía a la casa se construyó una pared de contención. Las piedras fueron arregladas de modo que representaran el Sol naciente. Los discípulos sugirieron esta idea. El Maestro dio esta explicación:

El Sol naciente es un símbolo del Sol que se elevará en todos los búlgaros iluminados, en todos los seres humanos iluminados.

Se construyeron escalones de piedra, lo que parece una tarea sencilla, que se lleva a cabo en todas partes, pero en la presencia del Maestro tomaba profundo significado. Tras concluir todo el trabajo en el caserío, el Maestro dijo:

En la vida siempre hay mejoras.

Entonces alguien preguntó: "¿Como se organizará la Nueva Cultura?" El Maestro respondió:

En el presente el mundo está bajo el orden humano. Pero este orden será destruido. El mundo no puede mejorar partiendo del modo en que las personas han trabajado en el pasado o como lo hacen hoy en día.

Algunos dicen que Dios ha creado a algunas personas para ser amos y otros para ser siervos, algunos ricos y otros pobres. Esto es un malentendido. Este mundo y este orden en el cual algunos tienen hambre mientras otros tienen festines, no ha sido creado por Dios. Otros dicen: "¿Por qué Dios permite que tanta maldad, tanta injusticia social exista en el mundo?" Esto es causado por las personas, pero culpan a Dios.

El verso en las Escrituras que dice: "Todo fue hecho a través de Él, y sin El nada de lo que existe fue hecho"[14] se refiere a lo Eterno, a las Grandes Obras en el mundo. Pero las cosas temporarias y transitorias no son de Dios. Todo lo que las personas hacen a partir de du propia voluntad, no proviene de Dios.

Algunos citan las Escrituras diciendo que toda autoridad proviene de Dios[15]. Pero en este verso hay algo que ha sido omitido. Debería decir: Toda justa autoridad es dada por Dios, y toda justa autoridad se basa en la Ley del Amor.

---

[14] Ver Juan 1:3.

[15] Ver Romanos 13:1-2: "Que toda alma se someta a las autoridades gobernantes. Ya que no hay autoridad salvo la que proviene de Dios, y las autoridades que existen son nombradas por Dios. Por lo tanto, aquellos que se resisten a las autoridades, resisten lo ordenado por Dios, y aquellos que se resisten atraerán el juicio sobre ellos".

La cultura moderna está siendo puesta a prueba. La cultura edificada sobre arena no es estable. Las personas no saben cómo vivir, que comer. No saben cómo construir sus casas, etc. ¿Que se puede esperar de este mundo? Todo será transformado.

Las Nuevas Enseñanzas proveen el método correcto para la organización de la sociedad futura.

Las culturas basadas en el poder han perecido.

La Enseñanza que yo les brindo ha sido probada. En ella están ocultos los métodos básicos que muestran a las personas como vivir. Yo les traigo la Enseñanza Divina sobre la que se basará el orden futuro. Esta Enseñanza es sostenida por la Ley de la Naturaleza Viviente.

Cuando llegue el tiempo adecuado, las orugas dirán: "Durante tanto tiempo hemos comido y bebido, no necesitamos nada más. Dejaremos las hojas para otros". Y se envolverán en sus capullos. De ellos salen las mariposas que vuelan hacia el mundo alimentándose del néctar de las flores. ¿Cuando mejorará el mundo? Cuando todas las orugas se conviertan en mariposas.

Los problemas de la sociedad pueden ser resueltos de modo muy sencillo. Serán resueltos cuando la nueva consciencia entre en las personas.

Ustedes pueden decir que todas las personas desean un nuevo orden. Esto es cierto, yo estoy de acuerdo con ustedes. Pero, ¿qué sucedería si hay un nuevo orden pero vuestra naturaleza, vuestras limitaciones, son mantenidas? Es fácil destruir lo antiguo, pero ¿que puede obtenerse con vuestro carácter negativo? ¿De que los beneficiaría destruir su antigua casa sin construir una nueva? La Naturaleza no lo permite: ella destruye y reconstruye simultáneamente.

En el momento en que ustedes cometen un error, ustedes entran en la oscuridad. La tragedia humana consiste en que las personas desean hacer cosas en la oscuridad.

No son las condiciones exteriores, sino las interiores, las que crean dificultades para las personas. Dios creó este mundo con todas las condiciones necesarias para la existencia humana. Todo lo que podemos desear nos ha sido provisto. En otras palabras, con respecto a las condiciones externas, todo es favorable, pero faltan las condiciones internas: por ejemplo, falta la nueva consciencia. La causa de esto se halla oculta dentro del reino espiritual Sus mentes y sus corazones necesitan pasar de su estado presente a uno más elevado.

Algunos desean proveer organización para las gentes. El mundo tiene orden. Cada persona cuya consciencia ha despertado pertenece al Mundo del Orden. Pero este mundo, cuya consciencia aún no ha despertado, necesita comenzar a prepararse para entrar en el Mundo del Orden.

Las gentes de hoy en día quieren construir, reorganizar, primero la humanidad y luego la sociedad. Tras ello reorganizaran los hogares y luego los individuos. Pero esto no es correcto. Aquí está la explicación. Consideren los músicos más prominentes que han completado su educación musical y han alcanzado maestría en su arte. Con ellos ustedes pueden organizar cualquier orquesta que deseen. En 10 o 15 minutos, o como máximo en media hora, ustedes verán que tienen la mejor orquesta con los mejores intérpretes. ¿Por qué? Es debido a que ellos conocen la pieza perfectamente. Pero si ustedes decidieran hacer lo mismo con personas que no tienen conocimiento musical y trataran de organizar una orquesta con ellos, aun cuando ustedes contaran con los diez mejores conductores, no lograrían nada.

Las personas buscan mejoras materiales en el orden. Pero también debe obtenerse una mejora espiritual. Algunos dirán: "Para que el mundo sea un mejor lugar, se necesitan mejoras materiales". Hagan un experimento y lo verán.

¿De qué tipo de consciencia estoy hablando? Las personas deberían colocar el Amor como basamento de su Vida, y a través del Amor, crear la nueva consciencia.

El sufrimiento de las gentes de hoy en día es mayor que el experimentado en los tiempos de Cristo. La solución para los problemas más difíciles vendrá a través del Amor. El Amor vendrá en una forma real y viviente, y barrera todo lo antiguo.

Las naciones de Europa contemporánea existen en la fase de destrucción. No aplican las Enseñanzas de Cristo, sino las enseñanzas de un pasado distante. La guerra es un resabio de las más antiguas creencias. Esta es la vieja cultura apareciendo con nuevas formas.

Mi idea básica es: todos los problemas sociales deben ser resueltos a través del Amor. ¿Como podemos resolver el problema social de la injusticia? Debemos reemplazar la falta de Amor con Amor. El Amor resuelve todas las contradicciones: mentales, emocionales y sociales.

≈

El Orden Futuro

Estos eran los días difíciles de la guerra. El futuro era poco claro, perturbador y lleno de peligro. Muchos de nuestros amigos le preguntaban al Maestro a donde nos llevaría todo esto, cuál sería el resultado de esta situación.

El Maestro dijo:

La Tierra ahora entra en las nuevas, Divinas, condiciones. Todo el mundo se está despertando. Quien desee permanecer en las condiciones antiguas puede hacerlo. Todo el mundo, todo el Sistema Solar, todo el Universo, se está moviendo en una nueva dirección. La consciencia humana se está expandiendo. Ustedes serán testigos de la Gran Expansión, ustedes serán testigos de la Gran Transformación para la cual Dios está preparando a toda la humanidad. El mundo sabrá que no puede burlarse de Dios.

Algunos dirán: "Una vez que el mundo sea puesto en orden, el resto tomará su lugar apropiado". Pero esto no es así. Ustedes no pueden esperar a que el mundo mejore, sino que deben entrar en la Nueva Vida ahora mismo. Si alguien quiere esperar a que toda la humanidad mejore, necesitará un muy largo tiempo.

Muchos ermitaños han vivido en el bosque por 50 o 60 años y, al alcanzar su iluminación, han retornado a sus semejantes para comunicarles que el Amor es el único camino que lleva a la Vida real.

La cultura futura se basa en el corazón. Por eso debemos prestar atención a nuestros corazones y alimentarlos.

Ustedes dicen que conocen el Amor. En realidad, ustedes no lo conocen. ¿Qué tipo de amor es este que no sobrevive a las pruebas?

Aquellos en los que se manifiesta lo Divino, esos son los que pertenecen a la gran Nueva Cultura que está siendo preparada. Cuando entremos en ella, seremos tan libres como lo son nuestros Hermanos Avanzados: los Ángeles, los Arcángeles, los Querubines y los Serafines. El Amor proveerá la esencia de la Vida para la Nueva Cultura. Proveerá el material que estará de acuerdo con las formas del orden futuro. Hoy las formas antiguas se están desintegrando y nuevas formas están siendo creadas. Cuando esta gran Cultura llegue, todos tendrán tanta libertad como cuando Dios se las dio inicialmente.

Aquella cultura que no ha creado la unión del Amor entre todas las personas, no es una Cultura genuina. En el lugar del Amor, las personas han colocado las leyes, el dinero, las torturas y principalmente el poder. En el orden futuro, el dinero y el poder servirán al Amor. Todas las cosas estarán al servicio del Amor. Les ensenara lo que deben hacer. El Amor es la palanca que mueve todas las cosas: puede aparentar ser el menor de los poderes, pero en realidad, el Amor es el más grande de ellos.

¡Si ustedes fueran capaces de percibir el mundo de los Seres Avanzados! En el presente, ustedes son parte de una humanidad que comete errores, pero en un tiempo ustedes pertenecían a una humanidad que no conocía el error, y ustedes desean tomar parte en volver a traer orden a la humanidad de hoy.

En el mundo de la ley secular hay poca libertad. En el mundo del dinero apenas si hay un poco más de libertad. En el presente nos estamos alejando del mundo del dinero y entrando en el reino del Amor. Es la Voluntad de Dios que el dinero y las leyes sean nuestros servidores y nosotros les instruyamos en lo que deben hacer. Bajo el mandato de las leyes seculares de hoy en día, ustedes reciben órdenes. A ustedes les dicen: "¡muévanse!" y ustedes se mueven. El dinero también les da órdenes: les ofrecen una cantidad de dinero para realizar un trabajo, y ustedes lo realizan. Pero con el Amor viene la libertad.

Los seres humanos tienen una naturaleza inferior y una superior. Cuando la inferior comience a servir a la superior el mundo será un mejor lugar. El Amor destruye el matrimonio entre el bien y el mal. Ustedes deben romper esta unión. El amor destruye este contrato.

Hoy hay contradicciones en todas partes de la vida: en el individuo, en la familia, entre las naciones. Al final, el Amor resolverá todos los problemas y todas las contradicciones desaparecerán.

Mientras que ustedes trabajen de acuerdo con el Amor, todo será resuelto: ustedes se expandirán y serán libres. De otro modo todo será restringido, condensado y limitante. Es difícil moverse sin libertad interior.

No hay mejor orden que el del Amor. Es el mayor orden y el más natural. Y cuando estamos tristes y penando, es debido al Paraíso perdido: el Mundo del Amor. Nosotros deberíamos confiar en lo Divino que se halla dentro de nosotros más que en la caja registradora que es externa.

La abundancia contribuirá a la resolución de los problemas sociales, ya que la abundancia está conectada con el Amor. Si les falta el Amor, ustedes se hallan fuera de la Ley de la Abundancia. Las naciones tienen muchas leyes pero ¿son estas usadas para mejorar la vida? La han mejorado en ciertos aspectos, pero lo Divino dentro de las personas ha permanecido sin desarrollarse y por lo tanto las naciones han perdido la fe y se han tornado completamente materialistas. La vida ha sido mecanizada. Debido a la falta de Amor, el error ha venido al mundo. Y debido al Amor, lo Bueno continua viniendo al mundo.

En un tiempo, el consumo de alcohol fue prohibido por ley en los Estados Unidos de América, pero las personas encontraron modos de obtenerlo y beber. La conclusión es que la ley no es la respuesta. Las leyes humanas no son el modo de educar a las personas. Se necesita un nuevo camino para el desarrollo humano. Hay Leyes en la Naturaleza que necesitamos descubrir para poder mejorar nuestras vidas en conformidad con ellas.

Si una cultura no puede elevar el corazón humano, ¿es esta una cultura genuina? Debemos arribar a aquella Cultura que satisface las necesidades de la mente y el corazón. Esta es la Ley de la Naturaleza. Ustedes le dan una cierta comida a un niño y este se enferma. Ustedes deben darle al niño las comidas necesarias para proveerlo de nutrientes.

Si colocamos al Amor como basamento, la vida cambiará radicalmente. El orden social contemporáneo esta obstruido: hay sedimentos, arena y rocas en sus cañerías. Un nuevo sistema de drenaje para el orden público debe ser instalado.

El sufrimiento forzara a las personas a tomar el camino del Amor.

Ninguna cultura puede elevar a la humanidad, pero lo Divino puede hacerlo, y su basamento es el Amor. Por lo tanto, infundan el Amor en la base de su vida y este resolverá correctamente todos sus problemas.

La Nueva Enseñanza puede ser verificada experimentalmente. Denme un pueblo con 100 hogares para que yo pueda aplicar la Ley del Amor. Luego miren los resultados 10 o 20 años más tarde. Dejen que los búlgaros vean este experimento.

Yo consideraría que una sociedad ha aplicado el arte de como vivir si esta sociedad cumple con las siguientes condiciones: cuando uno entra en la ciudad solo encuentra personas satisfechas y realizadas, y ustedes no escucharán ni una queja o verán una sola lágrima. Traten de encontrar una sociedad como esta en el mundo. No podemos hacerlo. En todo el mundo hay sufrimiento, dolor y mala fortuna. Dejemos que las personas más sabias pasen al frente y ensenen a la humanidad cual es el nuevo camino.

Las personas quieren saber cuál será el orden del futuro. El orden del futuro ya existe. Ustedes toman tanto aire como desean, ustedes toman tanta luz como desean. Este es el Orden Divino. Lo mismo sucederá con el pan. En el orden futuro, el fuerte será servidor del débil.

Ahora nos concentramos en el tema más importante: el tema del Amor. Todos están descontentos porque este importante tema del Amor no ha sido resuelto todavía.

Dios les dice: "Vayan y lleven esta Luz al mundo. Díganle a todos que el Amor Omnisciente que viene de lo Alto está bajando a la Tierra. El Amor es el suelo del cual brotarán todas las semillas". Por lo tanto, le diremos a las gentes: "Hay un Amor que es como el aire que todos debemos respirar, como la luz que todos debemos absorber, y como el pan que todos debemos comer".

Todas las contradicciones en el mundo provienen de la falta de Amor.

El Orden solo llegara al mundo a través de la Palabra que es el Amor. El Amor es aquello que puede enderezar al mundo en un instante. Con el todo ocurre correctamente. Si ustedes no poseen el poder del Amor ustedes no lograrán nada. Ninguna Enseñanza puede ser aplicada sin Amor.

Alguien contendiendo con lo Divino esta simbolizado en la pelea de Jacob con el Mensajero de Dios[16]. ¿Como puede la gente contender con

---

[16] Ver Génesis 32:24-29.

la Voluntad de Dios? ¿Qué han logrado las naciones a través de esto? Los deseos de las naciones están influenciados por la naturaleza humana. Si una nación desea lo Divino, esto es diferente. Pero todo deseo es de origen humano.

El Orden Divino es Eterno. Nadie puede triunfar contra él. Las gentes pueden oponerse a él, pero no pueden detenerlo. ¡Sera realizado!

≪

Unidad en el Amor[17]

Una pregunta surgió acerca del futuro de la humanidad, sus problemas sociales y sus luchas.
El Maestro dijo:

El Amor de Dios se acerca, ese Amor que unirá a todas las personas en una. Todos buscan la Gran Ley Única que unirá a todas las personas, a todos los seres. Esta Ley es el Amor. Más allá del Amor, ninguna otra ley, ningún otro sistema existe capaz de mejorar sus vidas. Ustedes pueden aplicarlo prácticamente, pero debe ser aplicado de modo correcto.

En el mundo existe solo un poder: el poder del Amor. Yo no reconozco ninguna otra autoridad. No hay ningún gobierno por encima del Amor. Todos los otros poderes se inclinan ante el Amor. Para la construcción del Nuevo Orden se debe aplicar la Ley del Amor.

La segunda Ley es la Ley de la Sabiduría. El Amor trae la Vida, mientras que la Sabiduría acarrea la Luz y el Conocimiento.

La tercera Ley es la Ley de la Verdad, que acarrea la Libertad.

Ninguna sociedad o nación puede ser construida sin estas Leyes. Son los principios fundamentales sobre los que se edificará la vida futura. Más allá de ellas no hay ninguna enseñanza. Se aplican a toda la Naturaleza.

Los búlgaros tienen un dicho: "La unión hace la fuerza", pero faltan dos palabras: "La unión en el Amor hace la fuerza". El Amor une.

---

[17] Se ha elegido este título por considerárselo más apropiado que el titulo original "La Gran Conexión".

Unidad sin Amor es mecánica. Las personas desean la unidad, pero la unidad sin el Amor es imposible. La Ley dice: El Amor crea un enlace universal entre todos los seres. Hay un eslabón fundamental que conecta a toda la humanidad: es el Amor. Algunos mercaderes pueden reunirse para trabajar juntos. Si los intereses comerciales los han reunido, esta reunión es solo temporaria y se desintegrará. No es una asociación genuina. Pero si ustedes están unidos con sus semejantes a través del Amor Divino, no hay ningún poder que pueda separarlos. Si esta conexión está ausente, todo lo que hagan se transformará en polvo y cenizas. Mientras que el Amor no resida entre las gentes, todos continuarán hablando en lenguas diferentes.

<div align="center">~~~</div>

Los Dos Caminos

A veces el rostro del Maestro mostraba increíble dolor. Era como si todo el dolor pasara a través de Él. El Maestro conocía la testarudez humana en la violación de la Ley Divina y las consecuencias que esto acarreaba.
Una vez dijo:

Ustedes deben comprender estas dos Leyes: la violencia engendra violencia, y el Amor engendra Amor. La genuina Cultura Divina no conoce la violencia. Hoy en día toda la Tierra está llena de violencia, tanto entre los seres humanos como entre los animales. La opresión sólo existe entre aquellos sin conciencia plena. Toda opresión, sin importar hacia quien esté dirigida, es un crimen contra Dios y su Espíritu Divino.

En Éxodo 20:13 dice: "No matarás", pero si este mandamiento no se aplica a todos los seres, entonces no es un mandamiento.

Ustedes me preguntan acerca de la causa de tantas miserias en nuestras vidas. Una de las causas fundamentales es la matanza indiscriminada de mamíferos. A esto se suma la matanza indiscriminada de personas. Cuando las almas de aquellos que han sido asesinados pasan al mundo astral, crean condiciones favorables para el desarrollo de enfermedades y problemas neurológicos en las personas. Ustedes creen que cuando matan a un cordero ustedes no tienen responsabilidad alguna. El cordero es guiado por los Seres Avanzados, y los cuidadores del cordero pedirán cuenta por su vida. Hoy en día, esos seres es posible que se mantengan en silencio, pero un día ustedes serán responsables por todas sus acciones. El sufrimiento atravesado por los mamíferos durante su exterminio es grande: más de cien millones son destruidos cada año. Esto acarrea gran opresión: no hay ley que los proteja. Los desordenes nerviosos experimentados por los caucásicos de hoy en día se deben a la matanza de animales. En el momento de su muerte ellos desarrollan miedo y repugnancia. Como consecuencia de esto, condiciones desfavorables para los humanos se originan en el mundo astral.

Llegará el día en que todos los animales se liberarán. Ustedes matan a un buey: ¿es esta la expresión de aprecio que ustedes le dan en agradecimiento por los 20 o 30 años de servicio que les ha brindado? Dejen que paste tranquilo en su edad madura. Este buey ha sido una bendición para sus hogares. Ustedes son los destructores de esta bendición. Ustedes son los únicos responsables por haber despedido a los Seres Invisibles que eran responsables por el buey.

Cuando ustedes cortan árboles, ustedes desentierran las bendiciones que ellos les habían provisto y al mismo tiempo echan a correr a los poderes que los estaban ayudando a través de esos árboles. Renovar un bosque de árboles maduros que están cayendo en condiciones de decaimiento, eso es una bendición. Cuando ustedes los renueven, vuestras condiciones también mejorarán. Pero cuando ustedes destruyen un bosque, ustedes se destruyen a si mismos. Del mismo modo que su fuerza vital desaparece y su agua se seca, también vuestras vidas disminuirán.

Los americanos cortaron sus hermosos bosques de coníferas para construir asentamientos en esos lugares. ¿Cual es la causa de la neurastenia en América? No hay ningún otro país en que la neurastenia este tan esparcida. Su causa está en el talado de los bosques. Los búlgaros también talaron indiscriminadamente sus forestas. Esto no es bueno. Cuando ustedes caminan por el bosque, ustedes deben recordar que todo en este mundo tiene su vida y su conciencia. Ustedes no deben arrancar hojas ya que estas hojas están respirando. Ustedes tampoco deben recoger flores.

Ustedes matan a un criminal porque el es peligroso para la sociedad. Ustedes no se dan cuenta que el es mas peligroso cuando esta fuera de su cuerpo que cuando estaba encarnado. El puede moverse libremente entre aquellos de carácter débil y sugerirles ideas y sentimientos de venganza. Surge la pregunta acerca de si la pena de muerte debería existir. De acuerdo con la Ley Divina, la pena de muerte no está permitida. Mientras que las personas estén en disputas y violando los derechos de los otros, ellos actúan de modo humano. Una persona no debe ser matada. Aun cuando sea una partícula diminuta del organismo universal, esto afectará el movimiento del todo. Las gentes no entienden que la ejecución de un solo ser humano causará gran daño a la humanidad en el futuro. Por lo tanto, es mejor poner a los criminales a trabajar. En lugar de encarcelar a los criminales, démosle herramientas agrícolas y exijámosle que trabajen. En mi opinión, toda enseñanza que usa asesinatos es una enseñanza vieja con nombre nuevo. No tenemos derecho de destruir lo que Dios ha creado.

Aquel que tiene un corazón sin amor es cruel.

¿Como es posible convencer a las personas modernas para que no usen métodos de ejecución cuando piensan que alguien se lo merece? Toda persona cuyo cuerpo le ha sido quitado por ustedes. Algún día lo reclamará. Ustedes pueden creer esto o no creerlo. Si ustedes pueden aceptar esta idea, ustedes se beneficiarán.

Yo hablé con un anciano del pueblo de Sliven. Observando su rostro y su cabeza me di cuenta de que tenia el rostro y la cabeza de un criminal. Yo le dije: "Usted ha matado a muchas personas. Su rostro y su cabeza han cambiado en parte, pero su mano tiene todos los signos de sus crímenes". El me respondió: "Esto es una gran carga para mí. Nosotros fuimos tontos. Pensamos que de este modo podríamos poner el mundo en orden. Pero esto no cambió al mundo". El tiene 70 años y se ha suavizado con la edad, pero el ha matado tantas personas que ellas ahora lo están siguiendo. El ahora comprende que el se ha inhibido a si mismo en esta vida. El me dijo: "En esa época no había gente sabia que me pudiera ensenar, que me pudiera mostrar el camino correcto".

Ustedes me preguntan como se pueden aplicar las Nuevas Enseñanzas cuando estamos rodeados de personas que sólo buscan venganza. Las Nuevas Enseñanzas esconden dentro de ellas tal poder que, cuando ustedes encuentren un enemigo, ustedes sólo necesitarán mover su mano y el se quedará dormido. Y cuando despierte, ustedes le darán de comer y lo harán seguir su camino. ¿Como podrá su enemigo enfrentárseles si el sabe que ustedes lo harán caer dormido? Los que pertenecen a las Nuevas Enseñanzas tienen un poder que nadie mas posee. Algunos preguntan: "¿Que planea usted hacer cuando alguien lo apunte con un arma?" La mano de esa persona quedará en el aire y el deberá hacer un esfuerzo increíble para poder bajarla.

Las personas de hoy en dia piensan que el mundo será puesto en orden a través de la violencia. La violencia destruye a las personas, no las cambia. La violencia se asemeja a un martillo o un hacha. ¿Cual ha sido la contribución del martillo? Tras golpear rocas por muchos años se ha desgastado, se ha destruido. Lo mismo sucede con las personas malvadas: se destruyen a si mismas. Ustedes todavía se hallan bajo la ley de la idolatría porque se hallan bajo el orden humano.

Tengan cuidado con lo siguiente: no todos están interesados en las mismas ideas. Por lo tanto, no impongan a otros aquellas ideas en las que no se muestren interesados. Cristo no quiso que las personas aceptaran lo Nuevo a través de la ley de la obligación. Es importante que cumplamos con la Voluntad de Dios y, sea que los otros la cumplan o no, nosotros debemos dejar que lo hagan libremente. ¡No usen fuerza ni presionen a las gentes!

En el mundo, el poder sin amor acarrea desilusiones y sufrimiento, pero el poder con Amor acarrea grandes bendiciones.

Durante miles de años las personas se han matado unas a otras, pero ¿cuáles son las consecuencias de este comportamiento? Toda la Tierra está cubierta de cementerios. No hay ningún lugar que no esté salpicado de sangre humana o animal. La Tierra está tan contaminada y manchada, que es posible que algunos de sus continentes se sumerjan como consecuencia. La Nueva Cultura no puede crecer y desarrollarse en esta tierra impura. Se necesita una purificación de la Tierra. Las gentes de hoy en día no se dan cuenta de los peligros que los rodean. Todos tienen deseos sublimes e impulsos nobles, pero les falta visión, no saben cómo vivir.

~~

El Amor que Todo lo Abarca

El Maestro se dirigía a todas las personas y a todos los seres vivos con atención y respeto. El revelaba a sus discípulas la gran unidad de la Vida, resaltando el lugar y el significado de cada cosa en el todo de la Vida. De este modo, el nos dio una idea guía acerca de cómo estudiar la Naturaleza
El Maestro explicó:

Cada hoja necesita amar a todas las otras hojas del árbol ya que depende de ellas. Hay una interconexión entre todos los seres. Ustedes deben tener una relación intrínseca con todos los seres vivientes. Nosotros buscamos esas relaciones que existían entre las almas en el Comienzo.

Dentro de cada ser, sea planta, animal o ser humano, ustedes encontrarán al menos una buena cualidad que hará que ustedes los amen. Mientras que algunas personas les resulten agradables, pero otras no lo sean, ustedes verán las cosas desde afuera del Amor.

Aun en la menor forma se esconde un Ángel que tras miles de millones de años transformará esta forma y le revelará el conocimiento que acarrea dentro de él.

Ahora ustedes estudiarán el Amor incondicional hacia todo. Esta es la Ley que Dios les enseñará. Otro les enseñará. ¿Quien será? Sólo aquel que posee el Conocimiento podrá mostrarles como amar a todo. ¿Quien es este Sabio? Dios. Si ustedes no aprenden de Él, ustedes permanecerán ignorantes.

¿Que debe hacer un rio mientras pasa junto a los arboles? Debe dejarles algo de si mismo. ¿Que necesita hacer uno cuando pasa cerca de otras personas? Uno debe dejarles algo de si mismo. Si están muertos, uno debe despertarlos, encenderlos, y hacer que ardan. Cuando ustedes entren en el Amor que todo lo abarca y se encuentren en la Naturaleza, ustedes escucharán el canto de los pájaros, el zumbido de los insectos y el vuelo de las mariposas. Y ustedes se regocijarán. Ustedes entonces mirarán a las flores, a los arboles que dan fruto, al Sol que brilla, y también se regocijarán. Y finalmente cuando estén entre las personas y las escuchen hablar, nuevamente se regocijarán.

Dentro del Amor que todo lo abarca, todos los seres serán vuestros amigos. Los reptiles, así como las ranas que son mirados con repulsión, serán sus amigos. Ustedes los miraran con cariño en lugar de repulsión. Cuando encuentren una tortuga, un sapo, o una víbora ustedes sabrán por que la tortuga lleva su caparazón en la espalda, por que la víbora se arrastra y por que el sapo es frio. Aplicar este Amor, este Conocimiento, es transformarse en un gran y sublime espíritu.

En mi opinión, todo corazón que no esté abierto de la mañana a la noche, dando todo lo que posea y aceptando todo lo que llegue, no es un verdadero corazón.

Cuando ustedes entran en el Amor que todo lo abarca, ustedes establecen una conexión con todo el Universo. Ustedes entonces sentirán el sufrimiento de todos los seres vivos.

Si ustedes aman a una persona, Dios desea que ustedes amen a todos tal como ustedes aman a esta alma. Este amor que ustedes sienten por una persona le sirve de modelo a Dios para demostrarle a ustedes como deben amar a los demás.

Si un mercader tiene un solo cliente, el dará bancarrota. Si ustedes aman solo a una persona, es como si fueran el mercader con un solo cliente. Si ustedes aman a cien personas, ustedes son como un mercader con cien clientes. Cuanto mayor sea el número de personas a quienes ustedes amen, mayores serán sus ganancias. Cuanto mayor sea el numero de almas con las que ustedes estén conectados, tanto más invencible será vuestra consciencia y tanto más fuerte será vuestra memoria. El éxito de uno depende del numero de almas con que uno está conectado. Si ustedes aman a una persona, su conocimiento es igual a uno. Si ustedes aman a dos personas, su conocimiento es igual a dos. El numero de personas que ustedes amen definirá el grado de su conocimiento.

En el Amor que todo lo abarca ustedes sentirán un gozo interior. La consciencia de todos los seres forma una unidad, y ustedes se comunicarán con esta consciencia colectiva.

El gran Amor es como un gran cuerpo de agua. Este cuerpo de agua no es turbio, no produce sedimentos. Los cuerpos de agua pequeños son turbios y con sedimentos.

La Enseñanza que yo les doy no es una simple lección de moralidad común. Es una Enseñanza de gran Amor. El Amor puede mejorar la salud, iluminar la mente, expandir el corazón, e impulsar el espíritu. No importa a que partido pertenezcan o de que país vengan, usen esta Enseñanza.

Cuando yo encuentro a alguien no deseo conocer los detalles del pasado de esa persona. Eso no es problema mío. ¿Para que cargarme con cosas negativas?

Aquel que canta o toca un instrumento, ya sea frente a una persona o una gran audiencia, debe ser amado por ellos.

Que un alma los ame debería ser suficiente para apoyarlos a ustedes en los tiempos de adversidad durante sus vidas. Imaginen en lo que puede transformarse alguien si no solo un alma, pero un numero incontable de almas dirigen hacia esta persona su amor. Esta persona puede llegar a ser un musico, un artista, un científico o cualquier cosa que desee.

Podemos imaginar que progreso, que cultura Sublime existirá en la Tierra cuando el Amor de todos hacia todos se haga realidad.

≈

Constancia

El Maestro dirigía nuestra mirada hacia la realidad, liberándonos de las ilusiones y sombras de la vida. De este modo nos guiaba en la dirección correcta.

El Maestro dijo:

El Amor forma la unión más constante. No hay poder alguno que pueda separar los dos elementos unidos por el Amor. Lo que la gente llama "amor" no es el Amor, ya que los dos elementos unidos por el amor humano pueden ser separados. Cuando el Amor crea una unión, no es posible disolverla. Toda unión en la que Dios no está presente es inestable y se desintegra. El Amor Divino nunca muere. ¿Como se puede reconocer al Amor Divino? En que forma uniones constantes.

Algunos dicen: "Yo tenia un amor, pero este murió". ¿Como es posible que una lampara encendida por Dios se extinga? Esto es imposible.

Yo considero que mi amigo es aquel que no sólo lo será durante una vida, sino aquel que lo será desde el momento en que salí de Dios y hasta el momento en que retornaré a Él.

El Amor que se manifiesta hoy en día entre las almas es el resultado de relaciones que han existido durante muchas vidas. Ha estado en preparación por miles de años. Si ustedes comprenden esto, ustedes mirarán al Amor como un acto sagrado de la Vida.

La cualidad del Amor Divino es la constancia. Si alguno cambia en su amor hacia ustedes, ellos nunca los han amado. Cuando alguien dice que su amor está disminuyendo, esta persona piensa acerca de los sentimientos transitorios que la gente llama incorrectamente "amor". Alguien dice: "Hubo un tiempo en que tenia amor, pero con el correr de los años lo he perdido". No, eso no es amor. Eso es sólo un interés temporario. El Amor nunca se pierde, pero la corriente de Amor que pasa a través de una persona puede ser interrumpida.

Aquellos que comprenden la Ley del Amor son capaces de reestablecer su conexión original y tenerla nuevamente. De manera opuesta, aquellos que no comprenden la Ley del Amor se lamentarán de haberlo perdido. Pero en realidad ellos no lo perdieron, ellos solo necesitan reestablecer la corriente que ha sido interrumpida.

Cuando observen la manifestación del Amor en las personas, ustedes verán que está siendo interrumpida constantemente. En realidad, esto es solo una apariencia. Esto se relaciona con la consciencia exterior de las personas y no con la esencia de las mismas. Existen obstáculos externos, como nubes en la consciencia, que aparentan interrumpir el Amor.

Cuanto mas alto sea el reino al que se eleve nuestra consciencia, tanto menores serán las interrupciones de nuestro Amor. Consideren esta analogía: Ustedes están en su cuarto mirando por la ventana. En ese momento, su amigo pasa por delante. Ustedes siguen sus movimientos y lo pueden ver hasta cierta distancia. Tras unos momentos, el desaparece de su rango visual. Esto sucede porque ustedes se hallan a la misma altura. Si ustedes hubieran subido a un nivel más alto, ustedes podrían continuar viéndolo. Cuanto mas alto sea el nivelen que ustedes se hallen, tanto menores serán las interrupciones en su amor.

Nosotros conocemos personas correctas que han vivido vidas rectas, pero luego dicen: "No vale la pena vivir así". ¿Por qué? Esto se debe a que les falta el conocimiento profundo de la Vida.

Cuando ustedes aman a alguien, ustedes están listos para hacer cualquier cosa por esa persona. Pero si esta persona quema la comida, ustedes lo regañan duramente. Entonces, los Seres Avanzados que habían venido a vivir dentro de ustedes dos, se retirarán, y de este modo, el amor entre los dos se perderá al menos en forma aparente y temporal.

Si sus sentimientos no son constantes, llegará el día en que sufrirán por eso.

≈≈

La Perspectiva Futura

En una conversación durante una caminata matutina, el Maestro dijo:

Mientras que los seres humanos no sepan como vivir correctamente, Dios no les permitirá manifestarse. Pero cuando aprenda, Dios lo hará portador de Sus grandes obras.

Ahora estamos entrando en una nueva fase. Ustedes no permanecerán en esta posición. Un gran futuro los espera. Aquellos que cumplen la voluntad de Dios recibirán grandes oportunidades. Llegará el día en que cada uno de ustedes recibirán una herencia que los ha estado esperando por siglos. Todos los seres humanos deben desarrollar los poderes latentes que están dentro de ellos a fin de que todos los dones que Dios les ha dado puedan ser fomentados. Dios le ha dado a cada uno un don fundamental que debe ser desarrollado. Su realización depende de este don.

Cuando las personas desarrollen su "radio" ellas podrán entrar en contacto con los Seres Avanzados del Mundo Invisible.

Cuando las personas desarrollen dentro de ellas los órganos necesarios para respirar en el éter, ellas podrán vivir en el mundo etéreo.

Hay muchos secretos en la Naturaleza que permanecen ocultos ya que las personas no están listas para ellos todavía.

Las personas de genio y talento son seres colectivos. Llegará el día en que todos ustedes ascenderán a este nivel. Uno debe estar preparado. Llegará la hora para cada uno, y ustedes necesitan estar preparados para recibirla. Cuando ustedes encuentran una persona de genio y talento, ¡alégrense! Tras esa persona vendrán muchos más, y vuestro turno entre ellos también llegará.

Los espera un gran futuro. La Tierra entra en condiciones nuevas. Lo nuevo llega al mundo. Estén preparados para las nuevas condiciones.

Queremos vivir vida de Ángeles en la Tierra. Queremos demasiado. Su mundo está muy lejos, pero nos estamos dirigiendo hacia él. No hay nada más hermoso que tener paz interior, estar conectados con todas las personas que viven en la Tierra y comunicarse con las más inteligentes.

Un hermano preguntó: "*¿Sucederá esto?*"
A lo que el Maestro respondió:

Esto ya existe.

═══

Realidad Absoluta y Relativa

En una conversación, un hermano preguntó acerca de la realidad absoluta y relativa.
El Maestro dijo:

La oruga representa al materialista, el capullo al idealista, y la mariposa que sale del capullo, al realista. Yo uso estas palabras de modo simbólico. Imaginen el cuarto en que alguien vive. Este cuarto está cerrado en todas direcciones. El cuarto está iluminado. La persona que se halla en este cuarto lo explora. Este es el materialista. Otra persona hace un agujero en la pared y observa lo que está afuera. Este es el idealista. El realista es el que camina libremente por todas partes, tanto dentro como fuera del cuarto.

Cuando decimos que la materia no es real, sólo queremos decir que las cosas materiales son el resultado. Este resultado no podría existir sin la acción de por lo menos dos o tres poderes. Cuando observamos lo material, no debemos separarlo de lo Divino y lo espiritual, ya que lo material es una manifestación, un resultado, de lo espiritual. Lo material y lo espiritual son una sola cosa. Son dos corrientes de la Vida. Si ustedes no pueden comprender la vida material, ustedes no podrán comprender la espiritual y viceversa.

Nosotros consideramos que lo que vemos es la realidad. Esto es cierto, pero también lo que no podemos ver es parte de la realidad.

El Mundo del más allá y este mundo son partes del mismo mundo. Este es un pequeño sector, una pequeña proyección del otro Mundo.

El Mundo Angélico es más real que nuestro mundo.

¿Como es creado el Universo? Esta pregunta es irrelevante, ya que el Universo existe. Pero cuando digo esto me refiero al Mundo Real, el mundo físico es sólo una sombra. Cuando uno habla acerca de la creación del mundo físico, esta no es la Creación, sino una Manifestación. Esto se debe a que la Verdadera Luz, que existe eternamente, está más allá del mundo físico. Las sombras pueden aparecer, desaparecer y aparecer nuevamente multitud de veces.

Vivimos en un mundo transitorio. Alguien duerme por siete horas y sueña que se ha graduado de la universidad, ha recibido su diploma, ha sido nombrado maestro, y luego despierta. ¿Como es posible que el hubiese podido completar su educación y convertirse en maestro en el trascurso de siete horas? En el sueño, esto parecía realidad, pero es sólo una ilusión. En la Tierra, existen situaciones ilusorias, pero cuando despertamos al Mundo de la Realidad, vemos que todo lo que existe en la Tierra es ilusorio. No es una completa ilusión, sino que es menos real.

El Mundo tal como Dios lo percibe, es el Mundo de Realidad Absoluta. El modo en que lo perciben las personas más iluminadas es la realidad relativa.

≈≈≈

En las Montañas

Hoy fuimos a una caminata primaveral con nuestro amado Maestro, algo que a todos nos agradaba sobremanera. Salimos temprano de madrugada, subimos el empinado camino cuando todavía estaba fresco, y recibimos al Sol naciente en la cima de la montaña. Hicimos nuestros ejercicios, tras lo cual nos sentamos cerca del arroyuelo que fluye entre el verde pasto y las flores. Uno podía sentir la cercanía de los picos montañosos desde los que bajaba una fresca brisa. Las zonas nevadas brillaban bajo el Sol en ciertos lugares. Todos podían sentir el latido de la gran vida, la fuerza que provenía de la Naturaleza.

En la conversación, el Maestro dijo:

Cuando uno trepa en lugares elevados, ya que hay distintos caminos algunos planos y otros escarpados, todos los órganos son activados y uno se vuelve más saludable

En la primavera temprana, observen el color violeta de la nieve sobre las montañas. Esto se debe a la afluencia de prana, ya que este es su color.

Hoy en día muchas personas suben a las montañas[18]. La generación joven que visita las montañas en Bulgaria puede ser confiada.

Los picos altos son centros dinámicos. Representan una reserva de poder que será utilizada en el futuro. Los picos de las montañas están conectados tanto con las fuerzas internas de la Tierra como con las fuerzas cósmicas. Al mismo tiempo, son bombas que absorben toxinas. Si ustedes no se sienten bien, vayan a una montaña y se sentirán refrescados y revitalizados.

Cuando construimos las fuentes en las Montañas Rila, nosotros las imbuimos con las nuevas ideas. Todo aquel que beba de su agua percibirá algo de esas ideas.

---

[18] El movimiento turístico organizado en Bulgaria fue comenzado en 1895 por el conocido escritor y político búlgaro Aleko Konstantinov (1863-1897).

Hubo un tiempo en que los elefantes, mastodontes, leones y tigres caminaban por aquí en la península Balcánica.

Todas las montañas en la península Balcánica están siendo niveladas, y tras cierto tiempo se convertirán en campos, mientras que los campos se convertirán en montañas.

En el pasado, el monte Vitosha era más alto de lo que es ahora.

Cuando vayan a una montaña, quédense en el lugar que más los atraiga.

Cuando personas impuras tratan de ir a lugares puros, no son admitidos. El clima se deteriora y se ven forzados a regresar a sus casas.

Si ustedes están caminando por las montañas, mantengan sólo un pensamiento en sus mentes. Si tres o cuatro pensamientos entran en sus mentes, ustedes trastabillarán. Nunca contemplen pensamientos malos o negativos cuando se hallen en las montañas.

En las montañas hay lugares en donde, si uno se queda en ellos, uno recibirá inspiración. Se pueden obtener grandes beneficios a través de esta actividad.

Hay ideas y pensamientos que se manifiestan a una elevación de 3000 metros. Otros se manifiestan a 3200 o 4000 metros. Ustedes pueden verificar esta Ley.

Si ustedes suben a los Himalayas y reciben ciertas ideas típicas de los 5000 metros, ustedes sabrán, sin duda, que se hallan a los 5000 metros. Por ejemplo, si una persona carnívora sube a la montaña y de repente siente la inclinación de dejar de comer carne, esto indica que ha llegado a la elevación en la cual esta idea apareció, o sea que ha llegado a los 8000 metros. Cuando uno llega a los 9000 metros, uno se olvida su nacionalidad. Cuanto más alto uno suba, tanto más sublimes serán los pensamientos que ocuparán su mente.

Aquellos lugares a los que nadie ha llegado son bellos. Busquen esos lugares. Hay algunos lugares en las montañas Rila en los que se encuentra algo de este elemento primordial, y si uno llega a ese lugar, uno será rejuvenecido instantáneamente. Algún día ustedes llegarán a ese lugar, y una nueva época de su vida comenzará. Hay vórtices en la Naturaleza que les transmitirán a ustedes fuerzas sublimes.

Si subimos a una montaña para percibir lo que Dios quiere de nosotros, esta subida tiene sentido. Y cuando bajamos al valle para llevar a los demás lo que hemos recibido en la montaña, este descenso tiene sentido.

Hemos venido a la montaña a disfrutar en el dominio de nuestro Padre. Olviden todo lo viejo. Una transformación debe llevarse a cabo en ustedes. Todo aquel que sube a la montaña debe liberarse de un mal hábito, una limitación o un dolor.

El Mundo Divino es mucho más bello que la más bella montaña y que el lugar más bello en la Naturaleza.

Todos los centros espirituales en las montañas Rila, en los Alpes, los Himalayas y otras montañas están conectados. En las montañas Rila hay gran diversidad. Hay lugares en los que ninguna persona ha pisado.

Miles de años atrás, los Seres Avanzados sabían que nosotros iríamos a los Siete Lagos de las montañas Rila y los prepararon para nosotros. Los picos Rupite[19] son bellos. Parecen una gran ciudad. Ellos constituyen el lugar más sagrado en estas montañas. La palabra "Rupi" incluye la raíz "ruh" que significa "el lugar en que mora el Espíritu". En el Rupite se halla una escuela esotérica.

La región entre el rio Beli Iskar y los Rupite, el área llamada Skakavtsi, es el santuario de las montañas Rila. Allí se encuentran lugares inaccesibles.

La escuela esotérica más antigua se halla en las montañas Rila. Los Himalayas son montañas mas jóvenes. Desde allí, los iniciados vienen a Rila para continuar sus estudios. Hay una Universidad antiquísima que se halla en las Rila. Los iniciados de los Himalayas vienen a estudiar en las bibliotecas de Rila. También hay una escuela en los Alpes, pero la más antigua es la de Rila. Los seres que habitan allí tienen cuerpos etéreos.

El conocimiento está almacenado en las montañas Rila. Las culturas de Egipto e India se originaros en Rila y luego se esparcieron. El futuro incluye mucho por aprender.

¿Cuál es el significado de estos centros sagrados? Ellos están trabajando para la Nueva Cultura. Estos Seres Luminosos que habitan en las montañas no son vistos por las personas, salvo cuando estas sientan Amor hacia Ellos.

---

[19] Rupite: nombre dado por el Maestro a una sección de la zona noroeste de las montañas Rila (Elenivrah, Dvuglav, Zli Zab, Popova Kapa y Golyam Kupen).

El Maestro señaló los grandes valles y picos frente a nosotros y dijo:

Si vuestros ojos estuviesen abiertos, ustedes verían aquí imágenes de "Las Mil y Una Noches". Seres Inteligentes están presentes aquí. Ustedes deberían establecer contacto con ellos. Salúdenlos y diríjanse a ellos con las siguientes palabras: "¡Hermanos Luminosos, los saludamos y deseamos que Dios los bendiga!" Y ellos les responderán: "Que se cumpla en ti lo que nos has deseado".

≈

La Enseñanza Divina

Estábamos en las montañas con el Maestro. Alguien preguntó acerca de la Nueva Enseñanza.
El Maestro respondió:

La Nueva Enseñanza viene al mundo para traer la Nueva Cultura y revelar la parte interna de la Vida. La Nueva Enseñanza viene del Mundo Invisible y será establecida. Hay cosas que han sido probadas millones de veces, y ahora deben ser aplicadas. La Enseñanza de la Hermandad de la Luz se basa en lo siguiente: los Principios, las Leyes y los Métodos de la Enseñanza Divina pueden ser comprobados. ¿Como pueden ustedes probar que algo es dulce o cuan dulce es? ¿Pueden ustedes describir la dulzura en si misma? Ustedes pueden tratar, pero aun así no será entendido. Pero si ustedes lo prueban, ustedes sabrán inmediatamente cual es su dulzura. Esto implica que la experimentación le brinda autoridad. Uno debe probar las cosas, de modo que uno pueda comprender la Realidad.

El Amor trae la Vida, la Sabiduría trae la Luz y la Verdad trae la Libertad. Estos son los principios fundamentales de la Nueva Vida, de la Nueva Enseñanza. Esta no es nuestra Enseñanza: es de origen Divino. Primero se aplica a nivel físico, luego a nivel espiritual y finalmente en el nivel Divino.

¿Que es la Nueva Enseñanza? Es un método para controlar los hábitos obsoletos de cada uno. ¿En que consiste la Nueva Enseñanza? Consiste en la corrección de las transgresiones de los siglos pasados. La Nueva Enseñanza que yo predico tiene como propósito la erradicación de la existencia humana de todas las condiciones de error y enfermedad. Al menos el setenta y cinco por ciento de todas las enfermedades deben desaparecer. Si la Nueva Enseñanza no puede lograr esto, ¿donde está su poder? Si no puede balancear las fuerzas de la mente y el corazón, si no puede brindarles paz a las gentes, ¿que podemos esperar de ella?

Si la Enseñanza que les está siendo presentada les da sentido a vuestras vidas, les da salud, sabiduría, iluminación y los libera, ¡síganla! Es la Enseñanza que apoya cada alma. Dirige a las personas hacia la Vida verdadera.

No existe la "enseñanza del señor Deunov". Solo existe la Divina Enseñanza que me ha sido revelada. Es la Gran Enseñanza de la Vida. Yo la he conocido desde tiempos inmemoriales. Cristo dijo: "Lo que yo les digo, me lo dijo el Padre. Yo no digo nada por mí mismo"[20]. Esto quiere decir que El no predicó Su propia enseñanza.

La Enseñanza Divina es fácil de reconocer: acarrea Felicidad, Paz, Luz y toda inspiración sublime. ¿Que enseñanza es la correcta? La enseñanza que expande la mente, el corazón, la voluntad y ayuda a crecer. Esta Enseñanza es Divina.

Hay personas que están pagando deudas antiguas y no se preocupan por el presente. Pero el poder no reside en lo antiguo sino en el nuevo entendimiento. Las personas deben comprender que el conocimiento de ayer no los podrá ayudar. Hoy hace falta un nuevo Conocimiento, una nueva Ciencia para las personas.

En el futuro, las personas necesitarán nuevas ideas. Les daré un ejemplo: Un coronel tenia un ayuda de campo que era un hombre erudito con un titulo en ciencias. El coronel siempre lo trataba de modo abusivo. El ayuda de campo lo soportaba. Una vez, durante un viaje, el coronel cayó del caballo y se dislocó el tobillo. Su ayudante le dijo: "Yo se como arreglar eso". A lo que el coronel le respondió: "¿Como lo sabes?" "Yo he

---

[20] Ver Juan 8:28, "Jesús les dijo: 'Cuando levanten al Hijo del Hombre, ustedes sabrán que yo soy El, y que no hago nada por Mi mismo, sino que les digo lo que Mi Padre me enseñó'".

estudiado, tengo conocimientos en esa área", respondió el ayudante. El arregló el pie del coronel, y de allí en adelante, este lo trató como a un igual, ya que finalmente el coronel comprendió con quien estaba tratando. El coronel nunca más abusó del ayudante, ni permitió que nadie tampoco lo hiciera. Cuando los coroneles comprenden el conocimiento que nosotros poseemos, ellos vendrán a estudiar con nosotros. Ellos corregirán su relación con nosotros.

La Nueva Enseñanza viajará hacia las personas como el aire, como el agua, como la luz. Cuando alguien les pregunte acerca de la Nueva enseñanza, denle a leer "El Gran Ideal"[21], ya que allí se muestra de modo practico cual es el método de la Naturaleza. Las profundas preguntas místicas vendrán después.

¿Que es la Nueva Enseñanza? Comer sin tener una espada sobre sus cabezas[22].

Algunos ancianos han perdido sus dientes, y cuando se les ofrecen manzanas o peras, ellos no pueden masticarlas. Hay personas que no tienen dientes para las nuevas ideas. Uno debe darles comida de bebes. Lo Nuevo debe ser dado a las gentes de a poco.

Todo aquel que se declare en contra de lo Divino, perderá condiciones favorables. Todo aquel que no quiera servir a la Verdad, la Justicia y el Bien, todo aquel que va en contra del servicio de Dios, recibirá lo que se merece.

Nuestros amigos deben ser cuidadosos en sus vidas y solo aferrarse a lo sagrado, lo Real, y así no sufrirán.

Todos aquellos que escuchan: prepárense para lo Nuevo y enseñen a los demás también. Ahora deben trabajar con una conciencia profundamente despierta a fin de servir y trabajar para Dios. Y mientras trabajen de este modo, alégrense de estar cumpliendo con la voluntad de Dios, y el resto se arreglará por su cuenta.

---

[21] "El Gran Ideal" (Visokiyat Ideal): presentación del Maestro Beinsa Douno a la Clase Esotérica General en 1923, Sofia, Bulgaria. Inicialmente publicada en búlgaro en Sofia, Bulgaria en 1923. Publicada inicialmente en ingles por Sunrise Press and Books, USA, 1969 con una segunda edición por Byalo Bratstvo Publishers, Sofia, Bulgaria, 2012, en una colección de presentaciones titulada: "The Blossoming of the Human Soul".

[22] Se refiere a la historia de Damocles, quien debía comer con una espada suspendida sobre su cabeza, pendiente solamente de un cabello.

Debemos mantener el Fuego eterno. Todos encenderán sus velas a partir de las de ustedes.

Algunas personas nos han amenazado: "Los echaremos de Bulgaria". Cuando hablan de destierro: ¿a quien van a echar? Esta tierra no pertenece a los búlgaros, pertenece a Dios. Inglaterra no es de los ingleses, es de Dios.

Nuestra Hermandad ha pasado por grandes obstáculos.

El Mundo Invisible considera nuestro asentamiento espiritual de Izgrev[23] como un oasis. En Izgrev ustedes tienen las condiciones mas favorables para conocer y aplicar las Enseñanzas Divinas. No hay mejor lugar en la Tierra que Izgrev. Allí existe la mejor combinación de condiciones favorables, es una combinación única.

Yo quisiera que Izgrev fuera un modelo para que todo aquel que venga aquí comience a entender lo que es la Nueva Enseñanza. Durante la evacuación, ustedes fueron hacia el campo, a fin de que pudieran apreciar el valor de Izgrev.

Si falta harmonía en nuestra hermandad, esto se refleja en la situación mundial. Por lo tanto paz y harmonía deben reinar en Izgrev.

〰〰

Canciones Folclóricas Búlgaras

Durante años el Maestro trabajó con las canciones folclóricas búlgaras hasta lograr restaurar la pureza de su melodía, su ritmo y sus textos. De este modo, él nos dio varios modelos de canciones folclóricas. Un día, durante el almuerzo, un hermano interpretó varias de ellas. En conexión con esto el Maestro dijo:

La música búlgara es muy original, pero dentro de ella hay incertidumbre y una cierta vacilación. Pocas personas cantan bien las antiguas

---

[23] Izgrev, que quiere decir Alborada (1927-1956): un asentamiento construido cerca de la capital búlgara de Sofía como comunicdad espiritual intencional de los seguidores de Beinsa Douno. Alli el dio presentaciones en forma regular a sus discípulos, y sermones abiertos al publico los domingos.

canciones folclóricas. Ahora hay ciertas modernizaciones que han sido introducidas en ellas, a través de las que han perdido partes importantes.

Los búlgaros cantan bien, pero no tienen habilidades de actuación. Debemos trabajar en esto. Es necesario que se lleve a cabo un cambio en la conciencia de los búlgaros acerca de la música. Hay algunas canciones búlgaras que son muy bellas.

La música búlgara se mueve dentro de un circulo cerrado. Presenta un gran pesimismo. Los búlgaros usan instrumentos tradicionales: *kaval*[24], *gadulka*[25], *gaida*[26] y flauta ocarina. Los búlgaros no pueden quejarse de que les falten músicos. Las canciones folclóricas, revolucionarias y antiguas, tuvieron significado en su momento, pero ahora se han tornado obsoletas.

Hoy hacen falta canciones que despierten la mente. Queremos demostrar lo que las canciones búlgaras deberían ser. Debemos integrar nuevas ideas en las canciones folclóricas y el carácter de las letras también debe ser cambiado. Muchas de las ideas en las letras de nuestras canciones tradicionales son anticuadas y obsoletas. Hace falta mucho trabajo al respecto.

Como ejemplos yo he elegido dos canciones: *Tatuncho* y *Blagosloven da e* (Bendito sea). Las letras de ambas canciones son completamente negativas. Presentan características negativas.

El Maestro invitó a un hermano para que interpretara estas canciones con la letra antigua, y luego con las letras nuevas que el Maestro había compuesto, para que pudieran ver la diferencia.
El Maestro dijo:

Canten estas canciones a las personas en Bulgaria usando las letras viejas y las nuevas, y ellos podrán ver cuales son los nuevos valores morales.

---

[24] Kaval: flauta cromática de madera que se sopla verticalmente y que ha sido tradicionalmente en el área de los Balcanes y Anatolia. Está asociada principalmente con los pastores de las montañas.
[25] Gadulka: instrumento antiguo de cuerdas también conocido como el rebec.
[26] Gaida: gaita construida con piel de cabra.

Las canciones folclóricas antiguas fueron creadas durante la antigua cultura de invierno. La revitalización de las canciones con las nuevas letras que damos ahora, representan en comienzo de la primavera que ya se halla dentro de los búlgaros.

Entrando en el Gran Mundo

La lluvia veraniega pasó como un suspiro, limpiando y refrescando el aire. Uno podía respirar con facilidad. Sobre el valle apareció el brillante arco iris. Nosotros nos sentamos alrededor de nuestro amado Maestro bajo el gran nogal frente a la casa. El aroma de sus hojas permeaba el aire húmedo. Grandes gotas de agua de lluvia todavía caían desde sus ramas.

Alguien preguntó: "*Maestro, usted nos habla constantemente acerca del Amor como si fuera algo nuevo y desconocido para nosotros. Pero nosotros creemos que conocemos algo al respecto*".

El Maestro dijo:

Las personas no pueden todavía recibir el verdadero Amor ya que los órganos necesarios para esto aún no se han desarrollado en los seres humanos. No todos los gusanos forman un capullo durante el mismo día. Del mismo modo, cada persona arribará al Amor Divino a su debido tiempo. En el presente, el Amor incondicional solo puede ser alcanzado por las personas de mas alta evolución. Las gentes de hoy en día no comprenden el Amor. Es un poder que todavía les es desconocido.

Leyendo el Nuevo Testamento ustedes verán que debido a las vicisitudes de la vida el amor de mucho se enfría. En otras palabras, muchos carecen de la fuerza necesaria para sobrellevarlo.

Amar a alguien significa elevar a esa persona a una gran altura. Dejar de amarlo, es bajarlo de esa altura. Esto no es filosofía, es la naturaleza del amor humano.

Hay algunos que preguntan acerca de este Amor del que yo hablo. Este es el Amor Infinito, que aún no se ha manifestado. Dios habita en él. Dios se manifiesta a través de él. La vida tiene valor en lo Infinito y lo aun no Manifestado. El Amor Divino es un Mundo Infinito.

Cuando hablo del Amor no me refiero al amor humano. El Amor es algo sublime, que sólo unos pocos han experimentado. A menos que los seres humanos experimenten el Verdadero Amor, ellos solo percibirán emociones.

Las personas sólo pueden ser amadas como almas. Cuando ustedes aman a alguien como a un alma, ustedes no prestarán atención a sus debilidades y fallas, del mismo modo que una madre no presta atención a los errores de su hijo. Si ustedes logran esto, ustedes habrán resuelto uno de los mayores problemas de su vida: ustedes habrán logrado hacer la Voluntad de Dios.

Una característica del Amor Divino consiste en que todo lo que ustedes obtengan a través del Amor no les podrá ser quitado. Además, cuanto más lejos se hallen de aquel que aman, tanto mas cerca de esa persona se sentirán y tanto más fuerte será su Amor. En el caso del amor humano se cumple lo opuesto: su amor es fuerte solo cuando están cerca del amado, y cuando están lejos, el amor desaparece.

Ustedes todavía se hallan en las sombras del Amor.

Las gentes necesitan este Amor extraordinario, que todo lo abarca.

Existe una gran Vida sagrada que ustedes no conocen. Existe algo grande y glorioso que ustedes no pueden imaginar. A través del Amor Divino ustedes entrarán en este Gran Mundo.

~~~

Las Nuevas Relaciones

El Maestro dijo:

En el Mundo Espiritual no hay criticismo. ¿Por que necesitan buscar las faltas de los demás? Esto es un veneno. Entren en la casa de los demás como amigos, y busquen el tesoro que ellos tienen allí. No se ocupen de lo malo. Si ustedes acusan a alguien de ser malo, ustedes están dañando a esa persona. Pensamientos malvados se asemejan a carne en putrefacción que esparce malos olores a gran distancia. Todo aquello que huele mal es un presagio de muerte. Todo pensamiento negativo es un símbolo de muerte. Hablen acerca de las cosas positivas de la vida, no de las negativas. ¿Que significa hablar o pensar mal de alguien? Es como preparar mala comida que hará que esta persona se enferme.

Al levantarse por la mañana digan: "Dios, enséñame a pensar acerca de mis hermanos y hermanas del mismo modo que Tu lo haces". Pensar bien de los demás es ser fuerte. Es importante mantener buenas opiniones acerca de todos.

Una de las situaciones mas peligrosas en la vida es ver las cualidades negativas de los que nos rodean. Debemos concentrarnos en lo inmutable, lo bueno y lo Divino que se halla en los demás. Ver las fallas de los demás no es una ciencia. En mi opinión, ver lo bueno en las personas y enfocarse en eso, constituye una gran ciencia. ¿Que se gana sabiendo los errores de los demás?

Cuando lleguen a la Vida perfecta, ustedes no criticarán a nadie. Seria bueno formar un grupo de diez personas que no miren los errores de los demás. No mantengan en sus mentes las faltas y errores de otros, ya que de ese modo ustedes se contaminarán y perderán. Hablar mal de alguien no es moral. Lo moral es no permitir que ningún pensamiento negativo habite en sus mentes.

Una de las hermanas me comentaba acerca de los errores de un hermano. Yo le dije: "Tus conclusiones no son correctas. Esta persona no es mala". Hasta que la fruta no madura, seguirá siendo amarga y acida. Pero cuando madura se vuelve dulce. Si alguien comete un error, no se preocupen. Piensen: "La fruta todavía no ha madurado. Esperaremos a que madure". Las características negativas de una persona no pueden definirla, ya que los seres humanos se hallan en proceso de desarrollo. Llegará el día en que no quedará nada de estas características negativas.

¿Como pueden criticar a un capullo porque todavía no se ha abierto en flor? No ha llegado aun el momento de florecer. No le digan a alguien que no es una buena persona, sino díganle "El cuadro no ha sido pintado completamente todavía". Si ustedes desean tener una relación correcta con alguien, ustedes necesitan mantener en sus mentes las características positivas de esta persona y no desviarse de ellas. De ese modo, la bondad se manifestará en esta persona.

El que los ama ve todo lo positivo en ustedes. ¿Que es el Amor? El que los ama no ve ninguna falta en ustedes. El Amor no ve errores. Cuando las personas ven los errores en los otros y los juzgan, ellos están actuando de acuerdo con la ley de justicia humana. Por miles de años las gentes han vivido de acuerdo con la ley de la justicia humana. Pero no solo el mundo no ha mejorado, sino que la Tierra está cubierta de los huesos de los muertos.

Aun cuando ustedes no amen a alguien, traten de hallar características positivas en él y, como resultado, ustedes comenzarán a amarlo. Muchos años atrás, una joven muy inteligente se acercó a mí y me comentó como ella percibía a las personas. Ella aceptaba a todos bien y con buena disposición. Primero ella intentaba encontrar la mejor característica de cada uno. Tras lo cual ella se enfocaba en esta característica y olvidaba lo negativo que veía. Ella había llegado a la siguiente conclusión: cuando ella mantenía las características positivas de las personas en su mente, las personas se abrían hacia ella.

Cuando ustedes encuentran a uno de sus amigos se dicen: "Yo conozco bien a mi amigo". No importa cuanto lo conozcan, siempre hay algo nuevo y algo bueno en su carácter que ustedes descubrirán hoy. Su amigo debería hacer lo mismo con respecto a ustedes. Solo de este modo ambos podrán conseguir algo valiosos en la vida. El precio del amor debe crecer. Si ustedes no pueden encontrar cada día algo bueno en la persona amada, su amistad pronto desaparecerá. Esto ha sido así desde miles de años atrás y hasta el presente. Si esto no ocurre así, yo puedo determinar tras cuantos años su amistad terminará.

Si ustedes quieren corregir a alguien, no se aferren a sus errores. Si ustedes mantienen sus errores en su mente, ustedes nunca lo corregirán. El único modo en que se puede reformar a alguien consiste en enfocarse en lo bueno y noble que existe en esa persona.

El Verdadero Ser Humano

Esta mañana subimos al solitario pico de la montaña. Hicimos nuestros ejercicios matutinos en un área libre y rodeada de piedras. El Sol envolvía la Tierra con una alegre luz, entibiando las piedras, y cubriendo todo con su brillo. Durante nuestra conversación surgió una pregunta acerca del verdadero ser humano.

El Maestro dijo:

Existe un Mundo que ustedes no pueden ver. Es necesario que sus ojos se abran para que puedan percibirlo. Ustedes son una sombra de ese Mundo. Ustedes, que son su sombra, deben creer que existe un Mundo Real del cual ustedes provienen. Ustedes son solamente una proyección de esa Realidad. Hay una Luz interior en el ser humano. Esta Luz es el Origen Divino que espera a que llegue el momento indicado para despertar. Los seres humanos son más que sus mentes, su corazón y su voluntad. Estos son sólo servidores del espíritu humano. Los seres humanos, en su origen, en su esencia, son algo grande.

Si ustedes aman a las personas, si ustedes creen en ellas, y no creen solamente en lo que manifiestan exteriormente, ustedes podrán ver cuan grande es el ser humano. Ustedes dicen: "Las personas son seres pensantes". Pero las personas son más que sus pensamientos. Las personas no son sus pensamientos, sus sentimientos o sus acciones. El ser humano es Divino. Dentro de ustedes están escondidas todas las cosas necesarias para desarrollar una vida de altos principios. Todo aquello que ustedes han perdido, será encontrado. ¿Cuándo? Cuando se den cuenta que Dios ha sembrado riquezas incontables dentro de ustedes. Todas las posibilidades existen para que una persona sea un artista, un poeta, un científico y todo lo demás. La malicia esta solo en la superficie de las personas. Es algo externo. Lo Divino dentro de los seres humanos no puede ser vencido. No importa por que pruebas pase una persona, al fin regresara a su estado original.

Cuando alguien les obsequia una piedra preciosa, cuidadosamente envuelta y colocada en una caja, lo primero que ustedes hacen es abrir la caja, liberar la piedra de sus envolturas y observarla cuidadosamente, evaluando su valor. Lo Divino dentro de las personas es una piedra preciosa que ustedes deben extraer de sus envolturas.

¡Confíen en lo Divino dentro de ustedes! Lo único dentro de nosotros que es genuino es lo Divino. Es eterno e incambiable. Aquellos que desean evolucionar correctamente deben aceptar la existencia de la Causa Divina dentro de ellos como un axioma. Con Su asistencia ustedes pueden desarrollar sus talentos y habilidades.

Confíen en lo Divino dentro de los demás. Sobre esta roca ustedes construirán su gran futuro. Las personas solo pueden manifestarse en su totalidad cuando se dan cuenta que Dios habita dentro de ellos y dentro de sus semejantes. ¿No sería hermoso poder percibir el Mundo Sublime dentro de vuestros semejantes? Cuando todos están convencidos de que lo Divino habita en los demás, solo entonces las correctas relaciones entre las personas reinaran supremas.

~~

El Hogar Eterno

La noche de verano estaba descendiendo sobre la montaña. Los grillos cantaban en el valle. Los sonidos de la actividad humana disminuían. Desde el cielo venía la ultima luz del día que llegaba a su fin. Nosotros conversábamos sentados alrededor de nuestro amado Maestro.

El nos dijo:

Los seres humanos no pueden manifestar su verdadera esencia mientras están en la Tierra. Para poder decir que algo es ideal, ustedes deben poder percibir lo que esa persona es en el mundo causal. Cuando ustedes perciben a una persona en el mundo físico, en el astral o en el mental, ustedes siempre podrán encontrar fallas. Pero cuando ustedes llegan al mundo causal ustedes verán allí el alma humana que no tiene defectos.

Se dice que Dios habita en los seres humanos. Dios no habita en los cuerpos humanos, sino en las almas. El alma humana, que habita en el mundo causal, no habita constantemente en el cuerpo físico, y como resultado, uno a veces se siente vacío en el mundo físico.

Los seres humanos, con su conciencia ordinaria, viven en el mundo físico, y el alma humana los visita de tiempo en tiempo y por una centésima de segundo. Entonces la persona se siente completa, dichosa e inspirada. Durante ese tiempo, la persona recibe impulsos y direcciones para su trabajo. Después de un tiempo, el alma los visita nuevamente. Mientras que la persona pueda mantener esta conexión con su alma, con lo Divino inmanente, tendrá el deseo de trabajar. Cuando las personas interrumpen esta conexión, pierden sus fuerzas, sus vidas no tienen sentido, y los problemas los acosarán uno tras otro.

Cuando las personas viven una vida exterior, ellos no están completamente encarnados en sus cuerpos y algo les falta. Esto resulta en la pérdida de control sobre las circunstancias que le acontecen. Tras miles de años, cuando el ser humano está listo, el alma vendrá a habitar permanentemente en el cuerpo. Esta es la verdadera encarnación. Entonces uno será señor de su vida y se tornará inmortal. En el presente, el cuerpo todavía no es perfecto y por lo tanto el alma permanece fuera del cuerpo. No hay un hogar para el alma humana, y esto también se aplica al espíritu humano. De ahora en más se construirá un templo en el que Dios vendrá a habitar.

Ustedes pueden sentir cuando Dios los visita. Ustedes sienten Su Presencia y Su Influencia. Algo dentro de ustedes se enciende, y ustedes están listos para reconciliarse con todo el mundo. Cuando este momento ha transcurrido, ustedes dicen: "¿Fue real? ¿Fue solo un sueño?"

Hay una hermosa parte del ser humano que ustedes todavía no han visto. Hay raros momentos en los que el rostro de una persona se ilumina y otros ven a esta persona de un modo en que nunca antes la habían visto. Aun cuando las personas sepan lo que son en realidad, ellas deben permanecer humildes.

¿Que los atrae en un poeta? El poeta también tiene ojos, orejas y una nariz como las otras personas. Ustedes se interesan en el debido a lo que ha creado. ¿Que los llama la atención en un violinista? Les interesa la música que toca. Luz emana desde adentro de cada persona. Todos son potenciales Divinos. Lo Divino en cada persona es lo que los atrae a ustedes.

Nos hallamos bajo una ilusión. Creemos que vemos a Ivan a Stoyan, etcétera. Ustedes no han visto a Ivan. Han visto su automóvil, su avión.

Si alguien me pregunta: "¿Que fallas tengo?" yo respondo: "Tu conoces tus fallas. Yo te diré que talentos tienes".

La naturaleza humana es barro que puede engañarlos. Ustedes deben lavar el barro a fin de poder ver que hay algo valioso en los seres humanos. Hay pensamientos extraordinarios que son como piedras preciosas. ¿Quien percibe estos hermosos pensamientos, escondidos profundamente dentro del alma humana? Hay personas de visión clara que los pueden percibir.

 Debemos vivir de acuerdo con las Leyes escritas en nuestras almas. Esta es nuestra misión en la vida.

Muchas veces nos han enseñado lo que ya sabíamos pero habíamos olvidado. Venimos de un Mundo mas Sublime. Allí sabemos muchas cosas. Cuando venimos a la Tierra las aprendemos como si fueran nuevas, pero en realidad este estudio es solo un repaso.

Ustedes dirán que algunos individuos son pecadores y otros son malos. Pero nada de esto es verdad. Estas son manifestaciones temporarias que no determinan el carácter humano.

Cuando las malas personas llegan a casa por la noche, ellos dicen: "No estamos viviendo correctamente. No deberíamos vivir así". Hay remordimiento en ellos.

El verdadero ser humano puede ser reconocido cuando el alma comienza a despertar y a pensar acerca de Dios. Entonces lograrán resolver sus problemas con facilidad y ayudar a los demás con los problemas suyos también.

Todas las características humanas negativas son como la nieve. Cuando lo Divino llega, se derriten y desaparecen. Nosotros nos hemos colocado máscaras y no podemos reconocernos los unos a los otros. Cuando éramos niños teníamos una máscara, luego pasamos a otra: la máscara de persona adulta. El envejecer es otra mascara. ¿Por qué nos colocamos máscaras? Para poder ser libres.

La realidad, la propia Vida, es invisible. Hace falta tener otro tipo de visión. Por lo tanto, la realidad es desconocida y solo podemos ver las formas que se han manifestado.

No digan: "Yo no llegare a ser nada". De ese modo ustedes están violando el Plan Divino. En su lugar digan: "Dios me elevará. El cumplirá su plan en mi".

Dios ha creado todos los seres. Son necesarios para Dios. Ustedes no saben lo que sucederá con cada ser en el futuro. Hay algo noble en las plantas y en los animales que es similar a lo humano. Hay algo incorruptible dentro de ellos. Además de la vida ordinaria, también hay algo extraordinario en ellos, que aun no se ha manifestado.

El Mundo Invisible

Una hermana pregunto acerca de donde se hallan ahora las almas que han partido.
El Maestro dijo:

Los tres mundos, el físico, el espiritual y el Divino, son un solo mundo. Si alguien les pregunta donde esta el más allá, díganles que los tres mundos son uno. El estómago, los pulmones y el cerebro corresponden a estos tres mundos. Uno tiene los tres mundos dentro de sí mismo.

Hoy tenemos más modos de explicar el mundo Espiritual. Tenemos ondas de radio. A través de ellas podemos entender como es posible transmitir un pensamiento de una persona a otra, y de este modo el mundo Espiritual resulta más comprensible. Cuando alguien muere, esa persona cambia de lugar sin desaparecer. Si las personas creen que sus amigos o parientes mueren, esto demuestra que ellos todavía viven en el mundo transitorio. Cuando alguien muero, sólo los bienes de la compañía mueren, pero la compañía continúa. ¿Por que lloras por tu hija que se ha ido? Ella está en otro Mundo. Tu puedes hablar con ella, ella te puede escribir. Ella le escribe a su madre: "Madre, el Mundo en que estoy ahora es muy bello. Hay universidades y profesores que nos enseñan".

El Mundo del más allá es más real que el mundo físico. Si tienes un amigo que tu amas y un día muere. Tu te preguntas: "¿A dónde se ha ido? ¿Dónde está su consciencia?" Tu amigo está vivo. Nada se pierde en el mundo, sólo las relaciones cambian. Cuando morimos pasamos de un estado a otro. De hecho, no se envejece. Cuando las fuerzas creativas se proyectan de este mundo hacia un Mundo más Sublime, la forma externa es destruida. Aquí no hay condiciones. La forma puede ser destruida, pero la consciencia nunca lo será.

No tengan miedo a la muerte. Nadie puede matar a otro. La peor situación es cuando la consciencia humana no despierta después de la muerte. En ese caso, uno vive en la oscuridad y en un sueño profundo. Para salvar a esa persona de la oscuridad, la Naturaleza le envía sufrimiento.

Algunos dicen que Dios hace que los seres humanos mueran. Esto es una mala interpretación de la Verdad. La muerte es una consecuencia de la falta de entendimiento de las Leyes Divinas. Cuando alguien muere se asemeja a viajar en automóvil. El auto se descompone en el medio del viaje. Cuando uno se da cuenta que el auto no puede ser reparado, uno comienza a caminar, dándose cuenta de que se puede viajar sin automóvil. Lo mismo sucede después de la muerte.

Una mujer vino a verme. Ella lloraba porque su esposo había muerto. Yo le dije: "Yo veo a tu esposo cerca tuyo y él es feliz ahora".

Cuando uno muere, uno se lleva consigo la parte esencial del cerebro. Los seres humanos tienen un cerebro material y uno etérico. Tras la muerte, el cerebro material es dejado detrás y el etérico es llevado consigo. El cerebro etérico organiza la materia. En otras palabras, uno se lleva consigo aquello que es valioso. Las gentes de hoy en día niegan la vida después de la muerte. Yo me apeno por aquellas personas geniales cuyos espíritus sin cuerpo rondan las casas de funerales. Un hombre rico sigue rondando su antigua casa, la que el construyo, aun cuando ahora otras personas viven allí. De este modo, el no evolucionará.

¿Que saben las personas acerca de aquellos que han partido hacia el Mundo del más allá? Ustedes le preguntan a su padre acerca del Mundo más allá y el no sabe nada. Le preguntan a su madre y ella les dice que no ve nada, solo oscuridad a su alrededor. Esto es entendible. Lo que ellos sabían acerca del más allá cuando estaban en la Tierra es lo que seguirán sabiendo tras su partida, al menos en un comienzo. Hay algunos difuntos que perciben y comprenden, pero no son mucho. Ellos han trabajado conscientemente en la Tierra y continúan haciéndolo en el otro Mundo.

Aquellos que no han vivido correctamente, se encontrarán en completa oscuridad tras su muerte, solo con una simple y desnuda consciencia. Esto es el infierno. Tras la muerte, todos se convencerán de que hay otro Mundo.

Nuestra partida hacia el otro Mundo es un a Ley implacable. Esta Ley es valida para la presente fase de la evolución humana. Tras la muerte, cuando uno comienza a darse cuenta de su error, uno gradualmente comenzará a reorganizarse, y volverá nuevamente a la Tierra como un pequeño niño indefenso.

Tras la muerte uno sigue en contacto con el cuerpo físico. Uno ha sido enterrado, pero aun así puede ver como los amigos y parientes lloran en el funeral. La consciencia de aquellos que han cometido crímenes permanece conectada al cuerpo físico y está presente en la tumba durante la descomposición del cuerpo. Luego, en la próxima encarnación en la Tierra, cuando a uno le enseñen nuevamente como robar y mentir, uno dirá: "¿Has estado donde yo he estado? A causa de eso yo no puedo robar o mentir nunca más".

Aquellos que han partido al mas allá ya poseen vibraciones de otro tipo. No hay nada denso en ellos, del mismo modo que el agua en la olla se transforma en vapor cuando hierve. Aquellos que hay pasado al otro mundo tienen diferentes vibraciones. Me dieron que un hermano había muerto. Yo llevé a cabo algunas investigaciones. Yo comparé sus vibraciones con las de otro que yo sabía había pasado al otro Mundo y vi que no eran similares. Yo dije: "Este hermano está vivo, él no ha partido".

Cuando ustedes pasen al Otro Mundo, ustedes no se olvidarán de la Tierra porque ustedes tienen almas relacionadas aquí. Ustedes sentirán sus necesidades y como ustedes serán ricos en el Otro Mundo, ustedes vendrán a ayudar.

Un hombre ha partido. Sus parientes ofrecen un almuerzo en su honor. Esto es una cosa buena, pero durante el almuerzo nadie reza por el difunto. Luego la persona me dice: "Ofrecieron un almuerzo en mi honor, pero nadie oró por mí". Es necesario enviar pensamientos positivos hacia los que han partido. Nuestras oraciones los ayudan. Nuestros buenos pensamientos hacia los difuntos son como alimento para ellos. Ellos se alimentan de los jugos contenidos en nuestros pensamientos y sentimientos.

Una persona que ha partido puede manifestarse a través de otra persona. Por ejemplo, alguien puede manifestarse dentro de alguien durante un año, dentro de otros por dos, tres, o diez años. Aun así, a veces la persona puede manifestarse dentro de alguien solo por unas horas. Un ejemplo: Yo estaba en la ciudad de Varna cuando dos de nuestros hermanos de Sofia fallecieron. En la manilana, cerca de las 10, me visitaron don muchachos de 18 años del pueblo. Ellos estuvieron conmigo por dos horas. Uno de los hermanos que habían partido era famoso por su sentido del humor, y uno de los muchachos se expresó de esa manera. El otro hermano difunto también tenia un humor muy especial y así se expresó el otro joven. Yo no le pregunté a los muchachos de dónde venían ni cuales eran sus nombres, ya que esto hubiera destruido la disposición de los difuntos. Aquel que ha partido de la Tierra prematuramente, permanece en la Tierra trabajando hasta que llegue el momento que había sido originariamente planeado para su partida.

Artistas, músicos, poetas, filósofos vienen a la Tierra como parte de su entrenamiento. Después, en el Otro Mundo ellos llevaran a cabo sus trabajos como músicos, poetas, artistas o músicos. En otras palabras, en el Otro mundo ellos continuaran trabajando en el mismo campo, pero con mayores oportunidades y con mejores condiciones.

Nuestra vida completa ha sido grabada, y nos la mostraran a nuestra llegada al Otro Mundo como si fuera una película: niñez, edad adulta y edad mayor.

El capullo se abre en la flor. La fragancia sale de la flor. Luego el cáliz de la flor se cae y solo la pequeña semilla dentro del fruto permanece. ¿Donde están el capullo y la flor? Todo está en la fruta. El capullo es la primera fase, la flor es la segunda fase, y la fruta es la tercera fase. Dentro de la fruta está la semilla. Esto es una metáfora para la vida humana.

Nuestro mundo esta lleno de almas en evolución del Otro Mundo que necesitan ser iluminadas. En nuestras reuniones espirituales, por ejemplo, alrededor de nosotros se hallan muchas almas no desarrolladas del Otro Mundo que quieren evolucionar. A veces uno se halla en un modo pesimista. Esto se debe a esas almas que quieren recibir ayuda. Hay almas que no saben que han partido. Del mismo modo que los seres vivientes se sienten atraídos hacia la huerta y los manantiales, las almas de nuestros parientes que han partido se sienten atraídas hacia nuestras reuniones espirituales, oraciones y charlas. Para ellos, estas representan jardines y manantiales.

Uno de nuestros hermanos que había partido hacia el Otro Mundo nos hizo saber acerca de su condición. El dijo: "Desde el Otro Mundo nos envían a trabajar y a ayudar a otros. Uno trabaja todo el día con alguien que está encarnado en la Tierra. Uno va de un lugar a otro. Uno le enseña a las personas, pero pocos lo entienden. Uno visita a alguien que vive en la Tierra y le susurra desde adentro para guiarlo en sus acciones. Aun así el los ignora y no quiere escuchar. Y uno regresa sintiéndose mal, insatisfecho. Si uno no quiere ayudar a alguien en la Tierra, uno está perdido".

Un alma que ha partido al Otro Mundo será enviada a un bar para influir a una buena persona que está bebiendo a que deje de hacerlo. Otra alma será enviada a una casa en que la mujer está gastando dinero y atormentando al esposo. El alma le susurrara para que ella deje de gastar tanto y sea más modesta.

Tras nuestra partida, nuestra existencia es una continua travesía hacia los Mundos mas elevados, de acuerdo con el nivel de entendimiento de nuestra consciencia. Y cunado uno llega a los Mundos Mas Altos, una cortina se abre en frente de uno para que pueda entrar en el Mundo Divino y percibir la Gran Realidad.

El Mundo Divino se halla en tal harmonía que cuando uno entra en el se olvida de todos los problemas y sufrimientos. Las cosas allí tienen sentido y profundidad. Todo vive en el Amor. Existen artes que ustedes no pueden imaginar y tal variedad que hace que existan diversas especializaciones. Cuando uno vive con Alegría en el Mundo Divino, uno puede estudiar sin nunca aburrirse. La Vida allí no es monótona.

El mundo Espiritual y el Divino son mil veces más bellos que el mundo físico. Los profetas han visitado el Mundo del más allá, pero ese Mundo ha cambiado desde esos tiempos hasta ahora también.

Las Dos Leyes Fundamentales

Dimos la bienvenida al amanecer en los campos abiertos. Dijimos nuestra breve oración e hicimos nuestros ejercicios matutinos.
El Maestro dijo:

El amor a Dios y el cumplimiento de Su Voluntad son las dos Leyes fundamentales de la Vida. Vivir en Dios quiere decir nunca ir en contra de lo Divino con nuestros pensamientos, palabras u obras. Ustedes deben servir a Dios por encima de todo. En Corintios 7:23 dice: "Ustedes fueron comprados por un precio, no se vuelvan esclavos de los hombres".

Hay una Autoridad en este mundo, y esa Autoridad es Dios.

Alguien cree en Dios. Esto no significa nada. ¿De que sirve que ustedes creyeran en un jefe de estado, pero luego no cumplieran sus leyes? El ciego no puede ver nada. El que no piensa es mentalmente ciego. Y el que no cumple con la Voluntad de Dios, es espiritualmente ciego.

Ustedes preguntan: "¿Que será de nosotros?" Visiten las zonas pobres de la ciudad, visiten los hospitales, visiten las guardias quirúrgicas y visiten los campos de batalla. Y entonces verán lo que ha de sucederles si no cumplen con la Voluntad de Dios.

Hay una Ley que dice: Cuando uno no cumple con la Voluntad de Dios, uno da lugar a la oscuridad dentro de uno mismo. Lo que quiere decir que uno se vuelve vulnerable a las fuerzas negativas del mundo.

≈≈

La Gran Hermandad Universal

Celebramos el equinoccio de primavera en las montañas. Nos había-
mos quedado allí por un [27] *par de días, en una pequeña hostería al pie del*
monte Ostritsa. Cada mañana subíamos a la montaña a recibir al Sol,
rezar y hacer nuestros ejercicios. Luego de esto, elegíamos un claro soleado y
nos sentábamos alrededor de nuestro querido Maestro. Una mañana surgió
una pregunta acerca de la Hermandad de la Luz que guía a la humanidad.
El Maestro dijo:

Hay una Comunidad Divina. Hay una Nación Divina. Yo les
recomiendo unirse con todas sus fuerzas a ella a fin poder percibir
la nueva Luz en sus mentes, corazones y almas. Yo les digo a todos:
¡Nosotros triunfaremos! Dios está con nosotros. No hay ninguna
fuerza en el mundo que pueda oponerse a los grandes principios que
nosotros servimos. Todas las personas justas, sabias, buenas y honestas, hombres, mujeres y niños, están con nosotros. Todas estas personas que apoyan los tres principios de Amor, Sabiduría y Verdad,
independientemente de a que iglesia o partido político pertenezcan,
están con nosotros.

Nos preguntan: "¿Quienes son ustedes y cuantos son?" somos una
Gran Hermandad que el mundo nunca a visto anteriormente. Una
Hermandad con ramas que se extienden por la Tierra, los Cielos y todo
el Universo. Todo aquel que sirve a Dios es un ciudadano de la Gran
Hermandad Universal que nosotros llamamos la Hermandad del Amor
Divino, de la Sabiduría Divina y de la Verdad Divina.

Ustedes dirán: "Queremos ser miembros de esta Hermandad". Pero
yo quiero que ustedes sean estudiantes en esta Hermandad. Estudiar
con Dios consiste en pasar por la Escuela de la Hermandad Universal
de la Luz. Los mejores profesores, los mejores maestros, se hallan en

---

[27] Ostritsa: Un pico del Monte Vitosha cerca del pueblo de Marchaevo.

esta Escuela. Todos ustedes necesitan encontrarla. Esta Escuela no es como nuestras universidades. En ella no hay hipótesis ni teorías.

Cuando ustedes terminen esta Escuela ustedes recibirán misiones difíciles que deberán completar correctamente. Por ejemplo: ustedes recibirán la tarea de vivir con tribus primitivas y habitar con personas no desarrolladas. Tras eso, ustedes serán enviados en medio de personas buenas y maléficas, entre las plantas y los animales, y ustedes serán observados para evaluar como se comportan con ellos y como son aceptados. Al completar esto, ustedes recibirán una piedra común y una piedra preciosa, y serán observados acerca de lo que ustedes hacen con ambas. Si usan las dos piedras correctamente, los Hermanos de la Luz los aceptarán como miembro. Ellos son muy estrictos con todos, ya que cada uno tendrá maestría sobre sus poderes. Una vez que los acepten entre ellos siempre los ayudarán. Grandes oportunidades, grandes futuros y grandes logros están en vuestro porvenir.

Juan Bautista, quien vino poco antes de Cristo, tenia familiaridad con el Conocimiento Divino, con las Divinas Enseñanzas. El no era un hombre ordinario e ignorante. El era un iniciado. El había estudiado en una de las Escuelas antiguas. Todo lo nuevo en el mundo ha sido entregado por la Gran Hermandad.

 Los Hermanos de la Luz trajeron lo bueno al mundo a través de Cristo. Si Cristo no hubiera venido hace dos mil años, ¿en qué estado se hallaría la humanidad? Todo lo que es bueno en el mundo ha sido introducido por los Hermanos de la Luz que trabajan para la elevación de las naciones.

Aquellas personas dentro de cuyas almas vive Dios son las Grandes Almas, personas de genio, Maestros de la humanidad que han provisto las mayores manifestaciones en la música, la poesía, el arte y en todas las áreas de la vida. Estas son las almas que ayudan a que la humanidad progrese. Ninguna nación, ninguna persona son factores en el proceso histórico del desarrollo humano, sino el Mundo Invisible lo es. Son las Fuerzas que conducen los eventos, en otras palabras, los miembros de la Hermandad de la Luz. El único liderazgo en el mundo es el de la Gran Hermandad Universal. Todos los demás, figuras públicas, escritores, ministros, sacerdotes, son servidores de la Hermandad de la Luz. Todas las manifestaciones de la cultura y la justicia en el mundo son inspiradas por el gran poder de la Hermandad.

La Gran Hermandad Universal no es algo ficticio. No es una iglesia ni un culto. Es algo vivo y más allá de las condiciones corruptas en que vive la gente. Todo aquel que complete su evolución entrará en esta Hermandad Universal.

Las buenas personas están conectadas interiormente con la Hermandad de la Luz. Una buena persona deposita todo lo que adquiere en la Gran Hermandad. Somos buscados por el capital que poseemos.

Hay personas que han caminado por los jardines de la Hermandad Universal, pero nunca han entrado en su santuario. ¿Que puede saber un estudiante que no ha escuchado a ningún profesor?

Algunos dicen que para obtener la iniciación uno debe ir a la India. Ustedes pueden ir a la India e incluso pasar exámenes sin ser iniciados. Aquel que desea ser iniciado puede recibirlo en cualquier lugar, tanto en la India como aquí.

Los Miembros de la Hermandad de la Luz conocen las Leyes de la Naturaleza. Saben como condensar o aligerar la materia en sus cuerpos y transportarse a donde quieran ir.

Alguien es vuestro hermano desde el momento en que salieron de Dios hasta el momento en que regresen a El, durante todas sus encarnaciones. Bajo todas las condiciones de la vida, el ha estado dispuesto a sacrificarse por ustedes, y no lo hace a la fuerza, sino bajo la consciencia del Espíritu Divino que vive dentro de su alma. Si cada uno de ustedes tuviera este ideal, ustedes serian estudiantes al servicio de la Gran Hermandad Universal.

La Divina Enseñanza de la Gran Hermandad no ha nacido ahora. Ha existido desde el comienzo de la Creación del mundo. Ha existido desde que el Universo existe. La Hermandad de la Luz ha tomado parte desde la Creación del mundo, de todo el Universo.

Cada miembro de esta Hermandad es una manifestación de Dios. Ellos han logrado esto a través de arduo trabajo. Si ustedes estudiaran las vidas de estos Hermanos, ustedes verían lo que ellos han sacrificado por el mundo. Si alguien contara sus historias en una novela, ustedes seguirían en Su camino. Hasta ahora no ha habido poeta o escritor capaz de escribir esta novela. ¿Por qué? Es porque es imposible encontrar tan bellas imágenes en su mente o en su corazón. Solo aquella persona que puede conectarse con los Grandes Hermanos y seguir Su camino puede conocer esta nueva filosofía de Vida.

Un hermano preguntó: "¿Por qué es preferible usar la expresión "Hermanos de la Luz" en lugar de "Seres Luminosos Avanzados?"

Porque cuando ustedes dicen "Hermanos", se entienden que están relacionados con nosotros, que son nuestros hermanos. En algunos eventos comunes se esconden cosas que ustedes ni sospechan. Ustedes encuentran una persona que consideran común, pero es en realidad uno de los Hermanos de la Luz.

"En el futuro ¿Aparecerán estos Hermanos Luminosos entre las personas del mundo?"

Algunos de ellos ya han aparecido. La Jerarquía Angelica guía a la humanidad. Los Ángeles tienen representantes en la Tierra.

La Escuela de la Gran Hermandad Universal se halla en el Sol. Todos los años, los Hermanos de la Luz se reúnen allí. Y los representantes de los Hermanos de la Luz en la Tierra también tienen reuniones. ¿Donde? En un alto pico en el Himalaya. ¿Donde se halla ese pico? Yo lo se pero no puedo decírselo, no me está permitido. Es allí donde los Grandes Hermanos manifiestan en su totalidad su Amor hacia sus representantes en la Tierra, con toda la energía que se distribuye por todo el planeta. Esta energía es la base del avance de la religión, las ciencias y las artes, la reforma de las sociedades y la mejora del orden social y de gobierno. Los días iluminados y sublimes en nuestras vidas se deben a la convocatoria de los Hermanos de la Luz en el Sol.

Cuando uno de los Hermanos de la Luz en la Tierra recibe su consagración, o sea pasa por iniciación, el debe asegurarse que esto suceda durante los días de la solemne convocatoria en el Sol, ya que entonces los Rayos del Sol envían lo nuevo hacia la Tierra.

Una hermana preguntó: "¿Es posible visitar a los Hermanos de la Luz en donde ellos viven?"

No es una cuestión de que ellos no quieran que los visiten, sino de que las personas aun no están preparadas para comprender el Conocimiento que se estudia allí. Además, ellos no están en cuerpos físicos como nosotros. Ellos viven en cuerpos etéreos.

Tras algún tiempo, la Gran Hermandad Universal brindará mas apoyo a la humanidad y llegará una época de Luz. Hay un Plan en la Naturaleza que nadie puede cambiar. Este plan será aplicado y las personas serán libres.

Un hermano preguntó: "*¿Estuvo el movimiento de los Bogomilos conectado con nuestro movimiento?*"

Nunca hemos provenido de otra enseñanza. Somos un manantial que surge de Dios. Otros arroyos provienen de nosotros, pero nosotros no provenimos de ningún arroyo. Los Bogomilos tienen algunas características similares a las de nuestro arroyo porque ambos movimientos provienen de un mismo Centro de la Hermandad Universal de la Luz.

En el pasado nos manifestamos de un modo. En el futuro nos manifestaremos de un modo mucho más perfecto.

≈

El Maestro

Era el día más largo del año. El Sol se ponía en el oeste, dorado y feliz de haberse brindado a todos generosamente. Las rocas estaban tibias. Desde el bosque provenía un aroma balsámico. Habíamos estado sentados alrededor de nuestro querido Maestro en la cima de la montaña. Alrededor nuestro estaba tan claro y brillante como en el Paraíso.

Mientras estábamos sentados en silencio un hermano preguntó: "Maestro, díganos algo acerca de usted, acerca de su trabajo".

El Maestro permaneció en silencio por un largo tiempo y luego dijo:

Yo uso un método natural. Yo no digo que ingredientes están en el pan, pero les recomiendo comer de este pan y ustedes se beneficiarán.

Aquel que quiere forzar sus enseñanzas en las personas, les da agua de una botella, pero en realidad debería guiarlos hacia la fuente para que puedan obtener el agua allí.

Las gentes dicen acerca mío: "Usted es un hombre santo". Olvídense de esto. No es importante quien soy yo. Ustedes deben preocuparse acerca de como obtener el mayor beneficio a través mío. Den gracias a Dios que han hallado este manantial que está fluyendo. Y acerca de mi mismo, yo no hable. Alguien pregunta: "¿Es este manantial proveniente de Dios?" Si ustedes pueden obtener beneficios de este manantial, es porque proviene de Dios. Yo deseo que lo que ustedes han hecho y trabajado comience a brillar.

Hay algo inusual en el mundo, y esto es lo Divino. Yo quiero conectarlos con eso. Esto es lo que yo predico. Para poder comprenderlo, ustedes deben caminar en el sendero del Amor.

Yo no poseo consideraciones personales. Yo solo deseo cumplir la Ley de Dios. Yo solo hablo de lo que Dios me dice. Cuando Dios me dice que vaya a algún lado, yo se que las personas allí me necesitan. Yo quiero cumplir la Voluntad de Dios tal como Dios lo ha ordenado. ¡Sea Su Nombre santificado!

Dios ha sido tan bueno conmigo que yo quisiera pagarle con toda mi gratitud. Yo también quiero que ustedes sigan mi ejemplo. ¿Ustedes me conocen? Ustedes dirán que yo les he predicado, pero en el presente yo solo los estoy preparando. Ustedes dicen que yo se muchas cosas. Eso es cierto. Yo vivo simultáneamente en este mundo y en el Otro Mundo. Cuando voy al Sol yo viajo a velocidades mayores que la de la luz. Por la noche, cuando quiero estudiar los mundos, yo salgo y visito lugares donde ningún pie humano puede posarse y ningún ojo humano puede penetrar. Tras eso, regreso nuevamente. Yo tengo un instrumento con el que se pueden observar los mas remotos soles. Todos pueden probar esto. ¿Cuando? Cuando ustedes desarrollen dentro de si los talentos que Dios ha puesto en sus almas. Para lograr eso, ustedes deben tener entendimiento. Yo llevo a cabo experimentos espirituales que requieren condiciones especiales. Esto es una ciencia, un arte, que solo puede ser transmitido a aquellos que están listos para servir con Amor y desinterés.

Es una ilusión creer que uno puede existir sin un Maestro Espiritual. Sin un Maestro Espiritual el estudiante no logrará nada. Si ustedes aman a su profesor y su profesor también los ama, el les enseña su conocimiento y ustedes lo entienden. Si ustedes no lo aman, no importa cuanto les hable, ustedes no lo pueden comprender. El puede amarlos, pero si ustedes no lo aman, el no puede pasarles su conocimiento.

Si ustedes pudieran aplicar una centésima parte de estas enseñanzas, ustedes se sentirían realizados. Yo no espero mas de una centésima parte. Hoy todos ustedes pueden ser realizados. ¿Como? Cuando creen en mis palabras. Permanecer un año conmigo será suficiente para aprender más que si solo me escucharan. Peros si ustedes desean sentir la Misericordia de Dios, ustedes deberían seguirme por miles de años para que yo pueda enseñarles y hacer que estén listos. Esto no es fácil.

Cuando yo regrese a Aquel que me ha enviado, El me preguntará: "¿Cumpliste con la tarea que te encomendé?" Si hubiera algo que yo no hubiese cumplido, yo vendré nuevamente. Si no completo mi trabajo la segunda vez, yo vendré vez tras vez hasta que me pueda decir: "Has completado tu tarea correctamente".

Si ustedes hablan de amor terrenal, yo no los amo con este amor. Si ustedes dicen que yo no los amo como sus Ángeles los aman, ustedes están equivocados. No hay nadie en la Tierra que ame a sus almas tal como yo las amo. Yo quisiera que ustedes también amaran a las almas humanas de este modo.

Algunos me preguntan: "¿Conoces a Cristo?" Yo lo conozco, yo hablo con El, he hablado con El muchas veces.

Para que un Gran Maestro pueda manifestarse, todos los Seres Iluminados deben estar unidos a él.

El rey debe vestirse del modo más humilde a fin de mantenerse discreto.

Algunas personas quieren oponerse a las nuevas ideas. Yo les digo: cuando la Enseñanza Divina sea aplicada en todas partes, aparecerá un fuego con una temperatura de 35 millones de grados centígrados. Este es el ultimo plan que Dios ha dado y que yo he traído del Mundo superior.

Una vez un hermano preguntó: "*Maestro, ¿por qué estuvo usted prisionero durante 1917?*"

El Maestro dijo:

Hace mas de 30 años yo dije que habría una guerra en 1914 y que Alemania la perdería. Mas tarde, yo aconseje al gobierno para que ellos firmaran un tratado de paz tan pronto como fuera posible, pero en lugar de hacerlo, me pusieron en prisión. Yo también les dije que una Segunda Guerra Mundial vendría, e incluso que ciudades serian destruidas. Yo fui citado al departamento de seguridad de la policía y yo les dije que si hubiera querido yo podía no haberme presentado, pero que yo respeto las leyes y por eso me presenté. Si siguen en el curso presente no quedará nada de Sofia. Ustedes violan las Leyes de Dios, y verán que yo no hablo por mi mismo. Y si yo digo la verdad, ustedes soportarán las consecuencias. Algo terrible se avecina para los búlgaros.

A Bulgaria le sucederá lo que ocurrió a un cierto sacerdote. Él viajaba en una carreta tirada por caballos cuando estos se asustaron. La carreta se volteó y el sacerdote cayo al suelo. Como el suelo era blando el no sufrió lastimaduras. Cerca había una piedra. Si su cabeza hubiera golpeado la piedra, el hubiera muerto. Lo mismo ocurrirá con Bulgaria. Bulgaria atravesará tiempos difíciles, pero tal como con el sacerdote, la nación caerá sobre terreno blando y saldrá relativamente fácil de las adversidades.

Hay una gran catástrofe a la espera de Bulgaria. El país hubiera sufrido grandes adversidades si yo no hubiera podido ayudarlo hasta ahora. Si las gentes de Bulgaria me hubieran escuchado, si hubieran escuchado a lo Divino, Bulgaria no hubiera sufrido ninguna adversidad. Yo tomé sobre mí mismo nueve decimos de las pruebas destinadas a los búlgaros. Sólo queda un décimo para ellos. Por eso los búlgaros pasarán más fácilmente. Solo Dios tiene el derecho sobre el decimo que permaneced de las pruebas para los búlgaros. Esto no puede ser reducido más.

Un hermano preguntó: "*Maestro, el año pasado usted camino hasta el monte Vitosha todos los días independientemente del clima ¿por que subió a la montaña con tal consistencia?*"
El Maestro respondió:

A fin de construir caminos y puentes para que la Justicia Divina pueda venir al mundo. De este modo estoy construyendo el Nuevo Camino, nuestro Camino hacia Dios.

≈

La Verdad

Aquel que puede comprender la Ley del Amor comprenderá un tercio de la Realidad Única. El que pueda comprender la Ley de la Sabiduría, podrá comprender dos tercios. Y el que pueda comprender la Ley de la Verdad comprenderá el total de la Realidad Única. Esa persona será un Mago capaz de obtener todo lo que desee. Podría tomar una vara mágica y resolver todos los problemas de la vida.

Algunas personas están en la primera etapa de su vida: el Amor. Uno debe empezar por el Amor. Otros se hallan en la segunda etapa: Sabiduría. Y unos pocos se hallan en la etapa de la Verdad. Las personas seguirán sufriendo hasta que lleguen a comprender las Leyes del Amor, la Sabiduría y la Verdad.

¿Que es la Verdad? La Verdad es lo que hace que el Amor y la Sabiduría sean comprensibles. Resaltar las transgresiones de los demás no es la verdad. La Verdad ofrece la Resurrección. Lo que acarrea resentimiento y muerte, eso no es la Verdad. La Verdad ofrece la Libertad.

Aquel que no es de la Verdad, continuará experimentando muerte y reencarnación. Ustedes conocieron la Verdad en otros tiempos, pero se han olvidado. La Verdad viven sus almas. Aprendan su lenguaje. La Verdad no puede hablarles a ustedes. Solo puede hablar a aquellos cuyos corazones están llenos de Amor y sus mentes llenas de Luz. Cuando nuestros corazones están llenos de discordia y nuestras mentes están perturbadas, no podemos percibir la Verdad.

Un hermano pregunto: "*¿Cual es el sentido de la eliminación de la falsedad de la vida humana?*"

El que miente crea sufrimientos para si mismo. Nadie que miente ha avanzado. Mentir es el único comportamiento que no produce ganancias. Por ejemplo, si uno paga con dinero falso, uno recibirá lo mismo. En el presente, ustedes acarrearán sufrimientos sobre ustedes mismos cuando se comportan falsamente. El mentiroso es necio, ya que no entiende las consecuencias. Esta persona puede engañarlos a ustedes, pero el no comprende que será descubierto y tendrá que pagar las consecuencias.

¿Por que ustedes no deben mentir? A fin de que no mueran, de que no pierdan la Bendición de la Vida. Si la Verdad no reside en ustedes, tampoco la Vida residirá en ustedes. Vuestra mentira puede aparentar ser insignificante y sin consecuencias, pero acarrea inmensas consecuencias negativas. Por lo tanto, el Mundo Invisible perdona muchas transgresiones y errores, pero no la falsedad. La falsedad es el error más difícil de perdonar, debido a que sus consecuencias son las mas severas y acarrea dentro de ella a todos los otros errores. Si ustedes habitan en la falsedad, ustedes serán sordos, ciegos y mudo frente a la Verdad.

Ustedes siempre ganan con la Verdad y con la falsedad siempre pierden. En un principio puede aparentar que su pérdida es imperceptible, pero la falsedad tiene un efecto destructivo. Por ejemplo, ustedes dicen una mentira y cuando regresan a su casa rompen un vaso valioso, o su esposa o hijo se enferman.

Las mentiras de una persona no permanecen ocultas, siempre serán descubiertas. Aun la menor mentira hará que una persona se salga de su camino. La misma palabra "mentira" es toxica y contaminante. Debemos evitar usar esta palabra tanto como sea posible. En su lugar podemos decir que la "verdad" ha sido torcida, o que la "verdad" no ha sido presentada correctamente. Cuando ustedes han sido engañados, no hablen de ello a fin de no ser contaminados.

~~~

Las Leyes del Pensamiento

Una vez surgió una pregunta acerca del pensamiento. El Maestro dijo:

Uno puede percibir telepáticamente los pensamientos de una persona usando la radio interior. Estos son pensamientos ordinarios. En comparación con los Pensamientos Divinos, los humanos tienen mayor longitud de onda y menor frecuencia de vibración. Ellos no pueden llegar muy lejos. Comparativamente, los Pensamientos Divinos tienen longitud de onda más corta y frecuencias más elevadas, por lo cual pueden penetrar todos los demás pensamientos. Nada ni nadie puede obstruirlos.

A veces vemos que los pensamientos de una persona solo han llegado dos pies por encima de su cabeza antes de detenerse, pero aun así esta persona dice que ha rezado.

Nadie puede oponerse a los Pensamientos Divinos. Ellos siempre alcanzan su destino.

Uno debe alimentar los Pensamientos Divinos. Uno debe pensar tal como Dios piensa.

Amar implica pensar. El Amor contiene dentro de si al Pensamiento Divino. El modo en que ustedes entienden y sienten el amor, no es Amor. El Amor contiene el Pensamiento Divino que resuelve todas las dificultades y elimina todos los obstáculos. El Amor que no trae el Pensamiento Divino no es Amor sino ignorancia, es la falta del Amor. Por lo tanto, si ustedes tienen Amor Divino, ustedes también tendrán Divinos Pensamientos. Por lo tanto, cuando yo hablo acerca de percibir el Amor Divino, yo también pienso en el Pensamiento Divino que será realizado dentro de nosotros.

Una de las Leyes dice: A fin de mejorar vuestra situación, piensen, porque el Pensamiento Divino es la Realidad que producirá una poderosa influencia. Cuando sientan la oscuridad dentro de ustedes, cuando estén tristes, acepten los Pensamientos Divinos. ¿Por que sufren? Porque no tienen Pensamiento Divino. ¿Por cuanto tiempo sufrirán? Hasta que lo acepten. Todas las dificultades son resueltas por este Pensamiento.

Si ustedes aman a los demás, ustedes poseen Pensamiento Divino. Si ustedes los odian, no lo tienen. Todo aquel que no piensa es un esclavo. Pero cuando digo "piensan" me refiero al "Pensamiento Divino". Toda persona que piensa es un amo. Ustedes dicen: "Yo quiero ser bueno y tener conocimiento". Comiencen a pensar y lo lograrán. Con nuestros pensamientos podemos ayudar en la elevación de una nación y de la humanidad.

El pensamiento se desplaza a grandes velocidades. En contraste, la velocidad de la luz se asemeja a un carro tirado por búfalos.

Hay una Ley que dice: Cuando haya lazos que los aten, córtenlos ni bien aparezcan, no esperen a que crezcan y se transformen en sogas. Esto se refiere a los pensamientos negativos que pueden presentarse. Pensar que uno se enfermaráes un buen ejemplo. Inmediatamente reemplacen este pensamiento con uno positivo: "Yo estaré saludable". Cuando aparezca un pensamiento como: "Yo estoy envejeciendo", inmediatamente reemplácenlo con el pensamiento positivo: "Yo rejuveneceré". Cuando el pensamiento "Tu eres malo" se asome, reemplácenlo por "Yo soy bueno". Cuando los pensamientos negativos entran en sus mentes, cada uno de ellos es como un hilo. Y cuando muchos de esos hilos son agrupados, se convierten en una gruesa soga que ustedes no pueden cortar y los mantendrá atados. Pero si cortan cada hilo inmediatamente, ellos no podrán agruparse en una soga.

Si ustedes carecen de conocimiento, ustedes siempre serán victimas de los pensamientos de los demás. A veces ustedes comienzan el día sintiéndose felices, pero luego atraviesan una calle por la que pasó una persona con pensamientos negativos, y ustedes comienzan a sentirse mal.

Un pensamiento negativo puede paralizar a alguien mientras que uno positivo puede liberarlo. Los pensamientos y deseos negativos son como bombas: explotarán en algún momento. ¡Manténganse alejados de ellos!

Ustedes pueden ver lo que hace una gotita de agua que cae constantemente sobre una piedra durante años. Puede que la gota sea pequeña, pero tras los años horadará la piedra. Por eso mismo les digo: los pensamientos y deseos negativos que han estado cayendo sobre sus mentes y corazones por miles de años han taladrado un agujero en ustedes. Estos agujeros causan infortunios en las personas contemporáneas. Cada pensamiento y deseo negativo tienen una consecuencia negativa. Llegará el día en que estos pensamientos y deseos negativos acarrearán tales consecuencias que toda evolución cesará. Ellos pueden causar debilidad mental, ceguera, etc. Del mismo modo que ustedes pueden sentir el olor de las cebollas en una casa, una persona sensible puede percibir el "olor" de los pensamientos y deseos negativos en una casa. Si ustedes tienen pensamientos positivos acerca de otras personas, esto también es bueno para ustedes. Si ustedes tienen pensamientos negativos, esto será perjudicial para ustedes también.

Cuando yo digo que las personas necesitan pensar, yo no me refiero a pensamientos ordinarios. Uno debe preocuparse acerca de lo sublime, los Pensamientos Divinos. Sólo esto puede salvar a una persona. Los pensamientos bellos provienen del Gran Origen de la Vida.

El Pensamiento Divino indica la Presencia de Dios. Cuando nos conectamos con Dios, recibimos Pensamientos Divinos, Conocimiento y Luz.

Hay un Conocimiento del cual no podemos hablar. Yo lo equiparo con la Felicidad. Entonces todo el Universo se abre para ustedes. Es algo que no puede ser definido. Es como la música.

Los Seres Avanzados pueden curar con sus poderosos Pensamientos aun a largas distancias.

Sabiendo cual es el poder del pensamiento, cultiven en ustedes los Pensamientos Divinos para que los envuelvan y los eleven. Es suficiente tener una conciencia vigilante a fin de percibir los Pensamientos Divinos de los Seres Avanzados. Trabajen en sus mentes a fin de convertirse en conductos para el Pensamiento Divino.

Aun el menor Pensamiento Divino puede elevarlos y colocarlos en tierra firme. Acepten y cuiden de los pequeños Pensamientos Divinos dentro de ustedes tal como una madre cuida de sus hijos. Guárdenlos para que en el futuro puedan recibir Pensamientos mas grandes. Aun el menor Pensamiento madura, florece y da frutos. Ellos hacen que la gente crezca. La semilla es pequeña, pero de ella nace un gran árbol. Dentro del Pensamiento Divino, aun cuando es pequeño, se esconde un poder milagroso. El sol de la vida humana aun no ha despuntado, pero las personas poseen pautas que los guían. Estos son los menores Pensamientos Divinos que nos abren el camino para un brillante futuro.

El Gran Pensamiento Divino precedió la Creación del mundo material. El Pensamiento es el poder que mueve las cosas. Cuando el pensamiento humano se torna inamovible, puede cambiar el medio ambiente que lo rodea. Pero si ustedes piensan de un modo por cinco años, y luego de otro modo por otros cinco, ustedes no lograrán nada.

La tristeza es el primer impulso para la salida de un pensamiento. La tristeza es un estimulo para pensar. Es la madre que nos hace levantar.

Si ustedes tienen una idea sagrada, ella será recibida por miles de personas. Ustedes deben expresarla sin preocuparse acerca de quien la recibirá y quien no lo hará. Miles de personas oirán y recibirán la idea que ustedes han expresado. Si ustedes tienen un pensamiento, no se preocupen acerca de si será realizado. Díganlo y el pensamiento se esparcirá.

~~~

Propiedad

Esta mañana fuimos con nuestro amado Maestro a la fuente de aguas minerales (cerca del pueblo de Rudartsi). El camino descendía serpenteando entre los arbustos y el bosque joven. Cuando llegamos a un claro cerca del camino nos sentamos a descansar. Los campos estaban listos para la cosecha. El aire estaba refrescado por la lluvia y uno podía oler el ozono. Frente a nosotros se abría una amplia vista del valle, delineado en cuadrados por los campos y las casas. En diversos lugares podían verse pequeños pueblos resaltados por el humo de sus chimeneas. Un hermano pregunto acerca de la propiedad privada.

El Maestro dijo:

Del mismo modo que el campo produce trigo, ustedes lo cosechan y dicen que les pertenece. Ustedes toman posesión del campo y dicen que es suyo. Ustedes ven las piedras y dicen que son suyas. Si ustedes tuvieran que pagar impuestos por la luz y el calor que reciben del Sol, ¿como lo harían? Cuando las personas no tienen conciencia de Dios, ellos dicen que todas las riquezas les pertenecen. Cuando las personas se vuelven hacia Dios se dan cuenta que todo lo que existe en el mundo pertenece a Dios. Cuando llegan a esa realización, ellos se convierten en hijos de Dios y herederos de toda Su Riqueza, herederos del Reino de Dios.

Ustedes tienen una casa y dicen "Esta casa es mía, la heredé de mi padre", o "Con este dinero construí una casa". La casa no les pertenece, y tampoco el dinero. ¿Son suyas las piedras con que construirán la casa? Ustedes las tomaron de la montaña. Ustedes dicen que las compraron, pero ustedes se las compraron a la persona que se las había apropiado previamente.

A ustedes sólo les pertenece aquello que Dios les ha dado. Sólo aquello con lo que han nacido, su mente, corazón, espíritu y alma, les pertenece. Tengan cuidado con la atadura a la propiedad privada que puede sofocar a las personas. Ser el primero del mundo, el más fuerte y el más rico, esas son las ideas de la propiedad privada.

Hay una historia acerca de la conversación entre un campo y su dueño. Cuando el dueño compró el campo, el le previno: "Yo doy las ordenes aquí, y quieras o no me darás fruto". El campo le respondió: "Yo he tratado con muchos como ti anteriormente. Ya te sacaré del medio".

La riqueza es un botín común. Es el resultado de las actividades de todos los Seres Avanzados. ¿Que campesino puede decir que los frutos son realmente suyos? A su lado han trabajado los bueyes, los caballos y los peones que el contrató. También los elementos de la Naturaleza han ayudado. Por lo tanto, las riquezas del mundo son el resultado combinado del esfuerzo de todos los seres. Ustedes no pueden decir que la riqueza les pertenece sólo a ustedes.

No esta permitido construir vuestra felicidad sobre la desdicha de otros.

¿Que podemos esperar de la Nueva Vida? Todo aquello que liberará a las personas de sus ataduras con la propiedad privada.

Algunos preguntan como se puede mejorar el mundo. Si ustedes recolectan trozos de metal y los colocan dentro de una botella, ellos harán ruido cuando ustedes sacudan la botella. Pero si ustedes los funden, ellos se transforman en una masa única que ya no hace ruido. Cuando llegue lo Nuevo, las personas se reunirán y su atadura a la propiedad privada desaparecerá.

≈

El Nuevo Ser Humano

Una vez el Maestro dijo:

¿Cuál es la característica que distingue a las nuevas personas? Si ustedes quieren saber si alguien es una "nueva" o "antigua" persona, observen que pensamientos y sentimientos esta persona nutre dentro de si. La persona "antigua" se alimenta de pensamientos y sentimientos negativos, mientras que la "nueva" se nutre de los positivos.

Cuando hablo de las nuevas personas, yo pienso en aquellos del Sol que viven con Alegría. Son felices, generosos y se sobreponen a sus dificultades con facilidad. Son héroes, gente de corazón abierto. Usan todo sabiamente. Disfrutan de todo. Tanto en el placer como en el sufrimiento, las nuevas personas están llenas de felicidad interior. Ellos saben que tanto las buenas como las malas condiciones les han sido brindadas para su crecimiento.

~

Guía para El Estudiante Espiritual

El Maestro nos instruyó así:

Cuando se encuentren con un camino embarrado y lleno de polvo, transfórmense en un pájaro y vuelen hasta donde no haya ni barro ni polvo. Si ustedes se enfrentan a algún obstáculo o contradicción en su mente, ustedes necesitan elevarse hasta un plano superior. Cuando entren en el reino del Pensamiento sublime, ustedes serán liberados de todas las contradicciones.

No se aten a cosas temporarias y transitorias. Si se aferran a ellas, cuando las pierdan sufrirán.

Si no quieren ser arruinados por los pensamientos ordinarios y colectivos de la gente, ustedes necesitan conectarse con las fuerzas de la Naturaleza Viviente y elevar su consciencia hacia Dios.

Las personas tratan a su medio ambiente sin cuidado ni aprecio, pero demuestran cuidado hacia las cosas materiales. Los padres proveen el ambiente para los niños, pero sin importar cuanto cuidado los padres pongan, los niños no demuestran ningún aprecio. Pero cuando hay algún problema con un amigo, los niños se mostrarán interesados y atentos hacia ellos. El padre invierte grandes sumas de dinero solventando la educación de su hijo en el extranjero, pero el hijo ni siquiera le escribe una carta de agradecimiento. Pero si uno de sus amigos le compra una entrada para el teatro, le escribe una carta de inmediato, agradeciéndole por la hermosa velada que pasaron juntos. ¿Por qué se comporta el hijo de dos modos tan diferentes? Es porque el padre representa el ambiente, y el amigo representa la condición.

Si tu amigo comienza a cuidarte como un padre y se transforma en el ambiente en vez de la condición, ustedes dejarán de agradecerle y prestarle atención. Por lo tanto, tengan cuidado de hacer que las cosas sean ordinarias. Hagan que cada abundancia nueva que reciban sea una nueva expresión, una nueva revelación para ustedes del Mundo Sublima, y no algo rutinario.

No interfieran en los asuntos de otros, de este modo ustedes toman la mitad de sus deudas.

Una Ley dice: Cuanto menor sea tu fe, tanto mas severo se torna hacia ti el Mundo Sublime, y viceversa.

Un artista sabe que cuando el esta en el escenario esto no es la realidad, sino una ilusión. El puede aparentar ser rico o pobre, reír o llorar, pero todo esto es ficticio. Del mismo modo, en la vida, ya sea que lloren o rían, que sufran o estén dichosos, ustedes deben comprender que estas son sólo apariencias: ustedes están en el escenario.

～

El Amado del Alma Humana

Una mañana subimos al pico más alto junto al Maestro, y desde allí podíamos ver las montañas distantes en el horizonte de la alborada. Nosotros podíamos reconocer algunos picos y los saludamos como si fueran buenos amigos. Nos sentíamos cercanos a ellos y estábamos agradecidos por su presencia. Los valles estaban cubiertos de una neblina que escondía la comarca. Y aquí arriba, la cima brillaba en el claro cielo, iluminada por los primeros rayos del Sol.

En este tranquilo momento un hermano preguntó: "Maestro, ¿Que busca y desea el espíritu humano en sus esfuerzos más sagrados?"

El Maestro respondió:

Nosotros buscamos a Dios, el propósito de la Vida. En el presente todos buscan algo. ¿Que están buscando? Dios, la Gran Causa de la Vida. La Vida se origina en Dios. Dios habita dentro de cada ser viviente. Dios está dentro de cada uno de vuestros pensamientos.

Hay algo que las personas están buscando. Tienen sólo una aspiración. Buscan aquí y allá. Buscan continuamente, en una vida y en la siguiente, para hallar su ideal. Las personas buscan a Dios. El Amado del alma humana es Dios. Dios es el anhelo intrínseco del alma humana.

Cuando alguien experimenta sufrimientos y adversidades, esto muestra el esfuerzo del alma para expandirse y ver a Dios. Y cuando el alma Lo ve, ella estará lista para cualquier sacrificio.

El Maestro se apoyaba en una roca. El continuó:

Esta roca en la que ahora me apoyo ha esperado mil años por este momento. Los seres humanos también esperan miles de años por la visita de Dios.

¿Que buscan las personas en este mundo? Buscan a Dios. Uno puede ser consciente de esto o no. Cuando ustedes desean hallar a Dios, ustedes necesitan elevar sus pensamientos y sintonizar su "radio interior" a fin de hacer contacto con el Mundo Sublime. ¿Piensan ustedes que si la Imagen de Dios entra en sus almas no producirá un gran cambio dentro de ustedes?

Cuando alguien busca Amor, en realidad está buscando la Imagen Sagrada de Dios, buscando a Dios. Todos se hallan a la búsqueda de esta Sagrada Imagen.

Ustedes se preguntan por que las personas se aman los unos a los otros. El amor entre dos personas es una expresión del Amor fundamental que existe entre Dios y el alma humana. Pero cuando el alma desciende a la Tierra, ella no despierta inmediatamente y no puede comprender esta relación de Amor primordial. Por eso expresa su amor hacia el primero que venga. Ustedes pueden amar a cualquiera, pero las consecuencias de ese amor dependen del objeto de sus amores. Si aman a un caballo, este amor tendrá ciertos resultados. Si aman a un árbol frutal, tendrán un resultado diferente. Pero cuando aman a Dios, los resultados de este Amor serán totalmente diferentes de los de cualquier otra expresión de amor.

Ustedes deben usar todas sus aspiraciones a fin de ver a Dios. Si ustedes le dicen a alguien que quieren comer, esto implica que deben encontrar a Dios en su comida. Treinta minutos con Dios son más valiosos que un millón de años sin El.

El Amor de Dios para con nosotros es como la niebla que viene del mar, y nuestro Amor para con El es como el rio que debe regresar al océano. Si nada viene del mar, los ríos se secarían. Y, a fin de salarse, los ríos deben fluir hacia el mar. Cuando digo "salarse" me refiero al balance esencial del ser humano.

Primero uno debe aprender a beber de un manantial puro. Aquellos que están adictos al alcohol creen que no pueden vivir sin vino. Uno puede vivir sin vino, pero no sin agua. Es posible vivir sin amor humano, pero no sin Amor Divino. Ustedes deben pensar en Dios como el ser más magnifico y más grande en el Universo. Si ustedes piensan en El continuamente, El se revelará a ustedes eventualmente. La solución se halla en el Amor. Fausto presentó una solución parcial a este problema. Fausto encontró satisfacción en trabajar para el bien de la humanidad. El nunca llegó al Ideal de trabajar para Dios. En el contexto social, uno trabaja para el bien de la sociedad, para el bien de la humanidad. Pero en lo Divino, uno trabaja debido a nuestro Amor hacia Dios. Fausto no logró este nivel de comprensión.

El Amor hacia Dios es una Ciencia para los Seres Sublimes. Este es el Gran Camino por donde ellos han andado. Aquellos que aman al Gran Uno, la Gran Causa Creativa, y la Creación, cuando vayan al Mundo Invisible tendrán acceso a todos los lugares.

Yo deseo que todos ustedes se enamoren de Dios de modo que sus moradas se inflamen en los cuatro rumbos y sus corazones se llenen de Amor hacia Él. Flores, manantiales y cuerpos celestiales, todos ellos saben donde se encuentra su Amado. Ámenlos y entonces ellos les dirán donde encontrarlo. Ellos Lo conocen. ¡Ámenlos!

El Amor a Dios es la experiencia mística esencial que algunos experimentarán de un modo y otros lo harán de otro modo.

La existencia humana tiene significado por un solo motivo: llegar a conocer a Dios. El alma humana habita en El. Los seres humanos habitan en el Amor Divino, en el Amor de Aquel que se manifiesta a través del Universo. No crean que pueden alcanzar nada de importancia sin Dios. La grandeza sólo es alcanzada con la ayuda de Dios. Cuando lleguen a conocer a Dios, su rostro se iluminará. Cuando amamos a Dios estamos en el Paraíso. Cuando comenzamos a dudar de Él, esto es estar en el "infierno". Allí encontrarán miseria, oscuridad y frustración. El sufrimiento los seguirá a cada paso.

En este momento ustedes están en el Paraíso. Esfuércense en evitar cometer errores para que Dios no les pida que salgan de aquí. Cuando ustedes niegan a Dios, el sufrimiento sobreviene. Pero cuando comienzan a tener fe en El, todo sufrimiento se desvanecerá. Es posible vivir sin sufrimientos. ¿Como? Cuando lleguen a mar a Dios con toda su mente, con todo su corazón, con toda su alma y con toda su voluntad. De este modo ustedes comienzan a trabajar conscientemente en la transformación del sufrimiento en alegría. De otro modo, ustedes continuarán en una existencia transitoria, sin lograr alcanzar sus deseos. Ustedes envejecerán prematuramente. En las escrituras dice "Yo no los dejaré perecer"[28]. Esta es la experiencia de uno que ama a Dios.

Si ustedes tienen Amor hacia Dios, el los visitará y sus vidas mejorarán. Si estaban enfermos, se sanarán. Si tenían privaciones, todo les será dado. Vivirán en abundancia. Aun cuando ustedes pasen a través del fuego, no se quemarán. Todas las puertas se abrirán para ustedes.

Si alguien les dice que no quiere sufrir más, díganle que si comienzan a amar a Dios todo les será dado. La ceguera y la sordera desaparecerán, y todos vuestros problemas se resolverán de modo maravilloso.

Cuando el Amor habita en ustedes, todo vendrá en vuestra ayuda. Donde se halla el Amor, allí también está la Madre. Lo opuesto también es válido: donde el Amor no habita, tampoco está la Madre.

Hay una Ley que dice: cuando amen a Dios con todo su corazón, mente, alma y voluntad, ustedes estarán en armonía con el Cosmos, y por lo tanto ustedes podrán acceder a la energía del Cosmos. Esta energía los renovará y elevará.

A aquellos que aman a Dios todo les será dado. Estarán rodeados de gente buena y todo les saldrá bien. Si eres un agricultor, los frutos de tus campos se incrementarán. Recibirás todo en abundancia. Pero aquel que no tiene Amor hacia Dios no recibirá ninguna abundancia. Esta persona no puede percibir los dones.

---

[28] Ver Juan 10:28: "Y yo les doy vida eterna, y ellos nunca perecerán, y nunca nadie los quitará de Mi mano".

Todos desean ser aceptados y amados por sus semejantes. Mientras que este sea su deseo, ellos sufrirán. Si ustedes desean ser amados y aceptados, ustedes deben primero amar a Dios.

Sólo la persona que ama a Dios tiene carácter, solo esa persona es extraordinaria. El que ama al Infinito, en mi opinión, es el verdadero ser humano. Este Amor es lo que hace de esta persona un verdadero ser humano. Entonces ustedes florecerán y emitirán una fragancia sublime. Sólo entonces ustedes serán ese manantial cuyo flujo nunca se seca. Solo cuando amen al Infinito ustedes entrarán en la Libertad.

El Amor a Dios se centra en la parte superior de la cabeza. Este centro es llamado "el loto de mil pétalos". Aun no ha florecido. Hasta que no florezca ustedes no podrán comprender su existencia. Envíen sus pensamientos hacia este centro para que florezca. Si ustedes no tienen Amor a Dios ustedes permanecerán amargados, enfadados y siempre estarán descontentos. Ustedes se mantendrán inmersos en los elementos más burdos de la vida. Con el Amor a Dios ustedes atraerán en su dirección las Fuerzas del Universo. Ellas proveerán las condiciones para la manifestación de vuestros dones.

¿Se aman las personas hoy en día? Su amor es ilusorio. Es transitorio. Yo hablo acerca de la mayoría de las personas. Su amor se basa en sus sentimientos, pero todavía no están lo suficientemente maduros como para tener Amor a Dios.

El Amor a Dios es una idea nueva. Esta comenzó a permear la humanidad en la época de los profetas, pero aun se halla en su infancia. El Amor a Dios no se logra sin esfuerzo pero, aun así, se ira obteniendo gradualmente.

Es necesario construir cuatro ligamentos. El primero es desde Dios hacia los seres humanos. El segundo es desde nosotros hacia Dios, de la creatura hacia el Creador. El tercero es entre los seres humanos. El cuarto ligamento, el más sublime de todos, es de Dios hacia Dios. ¿Cuál es la diferencia en este cuarto ligamento? Esto implica ser capaz de ver a Dios dentro de uno mismo y dentro de los demás.

Cuando encuentren a Dios, encontraran también a todos sus semejantes. Debemos tener Amor a Dios a fin de aprender a amar a todos los otros seres. Cuando ustedes alcancen el Amor por el Infinito, ustedes podrán ver lo mas bello en el rostro de todos aquellos que los rodean, de un modo en que nunca antes lo habían visto. De esta persona brotará inteligencia y bondad.

El Amor a Dios es la cosecha que debemos recoger. Esta es la base de la Nueva Cultura. Ustedes no podrán sentirse realizados de modo genuino hasta que no alcancen el Amor a Dios. Esto quiere decir Amor por toda la Creación y todos los seres vivos.

＝＝

Conocer a Dios

A veces uno necesita salir del claustro denso de la ciudad y subir a lo alto para sumergirse en el mundo puro de las montañas. Sólo allí surgen algunas preguntas y pueden ser contestadas.

Ostritsa es un pico modesto en el monte VItosha, solitario, puro y apenas perceptible entre los prados. El pico está rodeado de claros llenos de pastos frescos, flores y la fragancia de los enebros. Entre ellos están distribuidos pequeños grupos de abetos y abedules plateados. Íbamos allí muy seguido con nuestro amado Maestro y nos sentábamos en las rocas a contemplar la paz de la montaña y a conversar.

En una ocasión el Maestro dijo:

Pensar en Dios debería ser lo más importante para las gentes. Para lograr conocer esto, uno debe tener sólo una Idea. Pero cuando pensamos acerca de las cosas terrenales, cada uno puede pensar lo que quiera.

Al menos una vez en la vida ustedes deberían tener la experiencia de conocer a Dios. En realidad, Dios es el ser más conocido y más desconocido en el mundo. Dios se esconde en el pan que están comiendo. Dios se esconde en el agua que beben. Dios también se esconde en el aire y en la luz.

Tenemos una gran tarea en frente nuestro: llegar a conocer a Dios. Cuando lleguemos a conocer a Dios seremos iluminados con una Luz tal que nos hará estar listos para ofrecer sacrificios verdaderos.

Si ustedes piensan que en unos pocos miles de años ustedes hallarán y amarán a Dios, ustedes se están engañando. Peor todavía si creen que lo lograrán en 10 o 20 años. Los Ángeles, con su gran inteligencia todavía no Lo conocen completamente. Llegar a conocer a Dios es un proceso continuo y eterno. Todos estudian, y lo harán eternamente, como llegar a conocer a Dios en su infinito Amor, Sabiduría y Verdad. Aun los Seres Divinos, cuando se acercan a Dios se sienten como pequeños niños que no saben nada.

La belleza de la vida se halla en las cosas incomprensibles. ¿Cuales son estas? Las cosas más grandes.

Para llegar a conocer a Dios debemos sacrificarlo todo por El. Aquel que llegue a conocer a Dios comenzará con una nueva ciencia, nueva educación y nueva cultura que el mundo ni ha imaginado. Para que un ser humano llegue a conocer a Dios se necesita no sólo una Eternidad sino varias.

No estar interesado en Dios es no estar interesado en las lecciones que estamos recibiendo, es como no ir a clase en la Escuela de la Vida. Todo aquel que no se acerca a lo Sublime, pierde. Y aquel que pierde se somete a grandes sufrimientos.

La Ley dice: Ustedes no pueden conocer a Dios sin amarlo.

≈≈

Erradicando lo Viejo

La cultura material crea los bienes y las formas, pero no fructifica ni tiene sentido si las personas no son conscientes de las Leyes de la Vida Eterna.

En una ocasión, cuando le preguntaron acerca de la Nueva Cultura, el Maestro dijo:

Se aproxima una nueva Ola que proviene del Espacio Cósmico, es la ola del Amor Divino. También es llamada "la Ola de Fuego". Esta ola tiene vibraciones poderosas, que no pueden ser soportados por todos los seres humanos. Por esto se dice que Dios es un Fuego que todos lo consume. Aquellos que están listos para recibir esta Ola y soportar sus vibraciones se harán luminosos. Pero para aquellos que no estén listos, este Fuego los consumirá o los hará atravesar grandes sufrimientos. Esto los preparará para despertar y recibir el Amor. Este es el motivo por el cual esta Ola de Amor que se aproxima es llamada Fuego Divino. Todo lo que es viejo e impuro arderá en él. Cuando la humanidad halla atravesado este Fuego Divino, el Reino de Dios vendrá a la Tierra. Yo les digo: cuando llegue el Fuego del Amor algunas personas se tornarán luminosas, mientras que otras arderán y lo atravesarán a través del arrepentimiento.

En el presente ustedes se hallan en una gran etapa de la Vida. No pasará mucho tiempo antes de que ustedes atraviesen el Fuego. Esto sucederá durante esta vida. Esta Ola de Fuego pronto pasará por el mundo y lo purificará. Todos los pensamientos y deseos humanos pasarán a través de este Fuego y serán purificados del modo más perfecto. La Gran Vida entrará en ustedes y ustedes serán transformados. Tal como el herrero coloca el metal en el fuego para purificarlo, el Gran Mundo Inteligente nos hará pasar por el fuego para purificarnos y templarnos.

Esos Seres que descienden de lo alto dicen: "Nosotros daremos vuelta a la Tierra y echaremos de allí todo lo que es malvado". El mal no intentará volver a establecerse entre ustedes.

La gran destrucción que ocurre hoy en día se sebe a esta gran Vida que se aproxima. Si las personas no aceptan a Cristo de modo voluntario, la cultura moderna pasará por el fuego siete veces, pero al fin será purificada y renovada.

La Ola de Fuego pasará por las mentes de todas las personas. Todos ustedes atravesarán el Fuego Divino. Ustedes liberarán sus almas y serán libres de sus esclavitudes.

Si las personas no se despiertan y levantan, todas las "cubiertas" en que se envuelven serán quemadas. Todo lo que uno ha creado será quemado y se transformará en cenizas y polvo. Yo me refiero a la Llegada del Dia del Señor. Yo les digo: ¡estamos en el Dia del Señor!

Sólo queda media hora antes de la partida del ultimo tren. Desventurados aquellos que aun no han arreglado sus cuentas. Si Europa no corrige sus errores pasado, grandes tribulaciones le sobrevendrán.

El Señor se aproxima y ya ha colocado Su Pie sobre la Tierra. Yo puedo probarles fácilmente que El ya ha colocado Su Pie sobre la Tierra. ¿Como? El gran sufrimiento que crece constantemente es prueba de que el Señor se aproxima. ¿Saben cual es Su decisión? Todo lo impuro arderá. Uno nunca ha visto el polvo que se levantará de la Tierra. Ustedes no pueden imaginar la gran purificación que se llevará a cabo antes del Gran Dia. No quedará nada de las naciones europeas ni de los planes de los diplomáticos. El Amor destruirá todo lo antiguo. Tras eso comenzaremos a construir. Esta turbulencia entre las naciones, este desasosiego entre las personas indica que Dios permea todo. Esto está relacionado con la eliminación del karma de la humanidad que se ha acumulado por miles de años. Hasta que todos los viejos conceptos, pensamientos y sentimientos no ardan en el Fuego del sufrimiento, los humanos no podrán entrar en la Nueva Vida que se aproxima.

Ya que por miles de años estuvimos bajo la influencia de fuerzas negativas, ahora esas fueras se tornan contra nosotros. Las personas se han alejado del camino correcto, y todos los infortunios se deben a esto. Ellos se han desviado de muchas cosas y por eso se han retrasado en su evolución. El Mundo Invisible quiere ayudarlos para que puedan desarrollarse apropiadamente. El Mundo Invisible está enviando trabajadores con herramientas a fin de que puedan trabajar en los hogares de las personas. Estas calamidades se llaman "las condiciones desfavorables de la vida". Con su modo de vivir imprudentemente, las personas han permitido que el mal se esparza y por lo tanto las tribulaciones han sobrevenido. Lo que hoy experimentamos y que tanto nos pesa es nuestro propio karma. Es una deuda que debemos pagar. En Mateo 24, la mujer que fue "llevada" ha pagado su karma y esta libre de deudas. Y la mujer que ha "quedado" no ha eliminado su karma todavía. Por lo tanto, los eventos contemporáneos indican el pago de una deuda antigua, la erradicación del karma. En el presente hay una aceleración en la erradicación de los errores del pasado. Todo lo acumulado está siendo eliminado.

En el otoño todas las hojas viejas caen, aunque no lo quieran. En el árbol solo quedan las yemas que producirán nuevas hojas y flores en la primavera. La belleza de la vida se encuentra en los cambios. La calma sobreviene a la tormenta. Los eventos presentes son como la tormenta: ellos también pasarán. Todo lo que sucede es para mejor. Nosotros creemos que el orden presente es bueno, pero Dios se preocupa acerca de las transgresiones cometidas por las personas.

El karma de las naciones europeas ya está maduro y causa sufrimiento a toda la humanidad. Estas tribulaciones indican que las personas deben cambiar su modo de vivir y aplicar las Enseñanzas Divinas. Los judíos no aceptaron las Enseñanzas de Cristo, y sufrieron tribulaciones. Las naciones cristianas no aplicaron las Enseñanzas de Cristo y las tribulaciones presentes son el resultado. Los tiempos que se avecinan, con sus tribulaciones, se deben a que las personas no aceptaron voluntariamente y de modo consciente el cumplimiento de la Voluntad de Dios. Estos tiempos problemáticos ya han llegado. Problemas mayores, tanto internos como externos, vendrán para que las personas despierten y cumplan con la Voluntad y el Servicio de Dios. Esto será impuesto sobre la humanidad por la fuerza.

La cultura moderna está partiendo. La Nueva Cultura se aproxima, y su aplicación en la vida comenzará. El Mundo Invisible ha decidido enseñarle una lección a las gentes civilizadas, que ellos recordaran por miles de años. En Colosenses 3:6 dice: "Por esto la Ira de Dios caerá sobre los hijos de la desobediencia". En otras palabras: el alfarero romperá los cacharros defectuosos.

En otra ocasión, el Maestro dijo:

Toda la Tierra esta pasando por un gran cambio en el presente, por una reconstrucción. Esto continuará hasta que las fuerzas sean balanceadas. La Tierra atravesara perturbaciones. Hay modos de predecir en que lugar del planeta ocurrirán las mayores turbulencias.

Toda Europa esta en caos. Todo el mundo esta en desorden. No teman. En tiempos de tribulación las personas llegan a conocer a Dios. Ellos reconocerán que El es el Gran Poder Omnisciente que transforma todo para el bien. Ustedes deben permanecer en paz y calmados, sabiendo que los tiempos en que ustedes viven son muy favorables.

Toda Europa atravesará pruebas inimaginables. Los europeos modernos han construido una represa Enel rio que pronto colapsará. Por lo tanto, aquellos que se hallen en el curso deben buscar refugio y correr hacia terreno elevado. Hablo de modo simbólico.

Las personas preguntan acerca de lo que les sucederá en el futuro. Imaginen que ustedes viven en el Polo Norte donde todo es hielo. Sus casas están hechas de hielo y no pueden ver agua por ningún lado. Yo les digo que ustedes tienen que tomas medidas de precaución porque la Tierra esta atravesando cambios. El Sol comenzará a brillar con mas calor. El hielo se derretirá, las casas se desvanecerán y ustedes se hundirán. Ustedes dicen: "¡Que infortunios nos han sobrevenido!" Esto no es mala fortuna, simplemente el hielo se derrite. Yo les digo: si ustedes no corrigen sus vidas, lo mismo les sucederá a ustedes. Yo no les digo esto para asustarlos. Es el curso normal de la Vida. La Gran Ola que se aproxima rompe el hielo y lo transforma en agua. Esta es la Gran Ola Omnisciente que se acerca.

Tras estos eventos, el egoísmo humano se desvanecerá y las personas vivirán libremente como hermanos. Ha llegado la hora para que las gentes abandonen el viejo modo de vivir.

El Dios del que yo les hablo sacudirá la Tierra. Solo entonces ustedes comprenderán si yo les he dicho la Verdad o no. Las Escrituras dicen que Dios sacudirá la Tierra y las personas se darán cuenta que la Justicia, la Verdad, la Virtud el Amor y la Sabiduría existen. Todas las personas, en todas partes, necesitan saber que Dios está presente en el mundo, y así será.

Ustedes dicen que todavía no están preparados, ¿cuándo lo estarán? Ustedes dicen que el tiempo aun no ha llegado, ¿quien se los dijo? Si ustedes no siguen lo Divino, la Tierra se estremecerá.

Cuando la Tierra haya temblado, cuando todos sus fusiles y cañones hayan sido destruidos, les preguntarán: ¿Están listos para obedecer? Y ustedes dirán que sí. Cuando observen estos eventos, ustedes serán más sabios. Toda la Tierra se sacudirá con tal poder que no quedará ningún vestigio de la cultura presente. Esto sucederá de acuerdo con las grandes Leyes naturales. No habrá ninguna nación europea que escape al castigo. El orden presente y la falsedad humana desaparecerán.

Cristo dijo en Mateo 24:29: "El Sol se oscurecerá y la Luna no dará luz, y las estrellas caerán de los cielos". Esto debe ser interpretado diciendo que todas las falsas creencias religiosas perderán su significado y todos los poderes terrenales perderán su control y serán eclipsados. Por lo tanto, los discípulos deben trabajar para mejorarse. Deben colocarse armaduras y tomar cascos a fin de soportar esta Ola de sufrimientos y pruebas que la humanidad debe soportar. Esta armadura es el Amor.

A muchas personas les es dada la habilidad de sólo aprender a través de sus errores. Si uno trata de hablarles, ellos no comprenden. Esas personas aprenden por el camino del sufrimiento. El flujo turbulento, que representa las tribulaciones y conflictos de la humanidad, terminará para el fin de este siglo. Naturalmente, aquellas almas humanas más avanzadas serán liberadas antes. Las naciones son curadas a través del sufrimiento. Es imposible curar a una nación sin sufrimiento. Es la única medicina.

Lo que necesita corrección será corregido. Lo que necesita ser destruido, lo será. Aprovechen el poco tiempo que queda. Ahora es el momento de comenzar a vivir la Nueva Vida. El mal a agotado todas las condiciones para su existencia. No puede triunfar más y se está retirando: sólo quedan sus restos. La Luz eliminará la oscuridad. Debido a las tribulaciones presentes, la humanidad se despertará. Si lo puro no es separado de lo impuro, la vida humana no tendrá sentido.

Tras estos eventos, lo Nuevo tomará control del mundo. Vendrán tiempos buenos. Ahora es difícil. Todos sabemos que la vida es difícil durante el invierno y es más fácil cuando llega la primavera. También es fácil vivir en el verano y el otoño. Estamos llegando al fin del invierno.

Cuando llegue lo Nuevo, la violencia ya no existirá. Nada sobrevivirá de las armas modernas, las cortes o las prisiones. El orden presente será eliminado. Dios está creando un Nuevo Mundo. El viejo mundo esta haciendo lugar para el Nuevo.

Cuando las personas entren en la Nueva Vida, ellos conversarán con los Ángeles y con Dios. ¿Como hablarán con Dios? En silencio. En silencio ustedes mirarán a las estrellas, el Sol y la Luna y se llenarán de gozo. Dios se encuentra en todos ellos. Ustedes se regocijarán en el suave viento y el puro manantial. Allí se encuentra Dios.

≈

La Nueva Época

El mundo estaba sumido en la oscuridad. La humanidad estaba atrapada en la locura de la destrucción. Uno no podía encontrar una salida ni ver una luz. Los corazones de todos estaban llenos de ansiedad, la incertidumbre era penetrante. En momentos como esos, el Maestro tenía la habilidad de infundir paz e inspirar fe. El revelaba oportunidades de un futuro brillante, describiendo la imagen de una humanidad renacida, renovada e iluminada. Alguien hizo una pregunta acerca de la nueva época.

El Maestro dijo:

Nuestro Sistema Solar saldrá del área de materia densa y entrará en un área más ligera. Debido a esto existirán las condiciones necesarias para la manifestación de una conciencia mas elevada en la humanidad. El Sistema Solar saldrá de la "decimotercera esfera". Al mismo tiempo el Sol entrará en la Era de Acuario. Ahora es el fin de la época oscura, Kali Yuga. Ya que la Tierra está entrando en otro reino, todas las formas antiguas cambiarán. Nuevas formas destruirán las formas antiguas. Las personas no se percatarán acerca de su crecimiento y su transformación en nuevas personas. Las formas anticuadas caerán como las hojas en otoño. Las personas "viejas" serán reemplazadas por nuevas personas con nuevas ideas.

La Tierra, tras haber realizado millones de rotaciones hará una excepción en su rotación habitual. Este cambio se está llevando a cabo hoy.

Nuevos órganos se están formando en el cerebro humano para los seres humanos del futuro. Hasta que estén formado muchas cosas se mantendrán sin explicación. Cuando un artista comienza a pintar un cuadro no es posible que toda su belleza se muestre inmediatamente. El primer día el solamente hará un bosquejo con sus pinceles. Aun cuando no nos guste su obra, el sonreirá. El segundo día ustedes verán pocos cambios. El artista les dirá: "No se apresuren a juzgar. Cuando haya terminado de pintar, entonces ustedes podrán expresar su opinión". Ustedes se apuran a expresar su opinión acerca de la Vida, pero la Vida aún no está lista.

Una hermana pregunto: "Maestro, ¿cuando llegará el momento en que todo se vea claramente?"

Ese tiempo es ahora. Hoy el mundo llega a un estado especifico, un estado de transformaciones que serán sus nuevos principios de organización. Hoy se esta formando un nuevo tipo de ser humano, una nueva generación del Amor.

Dios les da a las personas la libertad de decidir acerca de los detalles pequeños, pero los asuntos grandes son decididos por El. La época contemporánea corresponde al nacimiento del ser humano del Amor.

Cada época comienza con un nuevo ritmo. Hoy aparece un nuevo ritmo de la Vida. Lo Divino llega a todas partes. La Ola que se acerca nos elevará no solo a nosotros sino a los minerales, las plantas y los animales también. Aquellos que no puedan ser elevados por esta Ola quedarán para el futuro. No habrá otra Ola como esta, ya que en la Naturaleza los fenómenos no se repiten. Si ustedes esperan al futuro, las condiciones entonces serán más difíciles.

Un Nuevo Conocimiento, una Nueva Cultura están llegando a la Tierra. Yo la llamo la Cultura del Amor, la Sabiduría y la Verdad Divinos. Les enseñará a las personas como vivir.

La vieja vida es sufrimiento, y la Nueva es felicidad. La vieja vida es las raíces y la nueva las ramas. Hoy nos hallamos al fin de la privación del Amor y al comienzo del Amor incondicional, del Amor Divino.

¿Quien hace que los seres humanos despierten? Aquel que cuida de ellos. La madre despierta a los niños. Esto demuestra que ella cuida de su pequeño. Dios es el Cuidador de los seres humanos, lo que muestra que El los cuida.

Aquellos que no despierten durante la época moderna quedaran para otra oportunidad. Nos preguntamos que sucederá con aquellas personas que no son capaces de aceptar lo Divino. La situación es clara. Yo me acerco a un árbol frutal y recojo la fruta madura, para el resto tendré que esperar. Cuando maduren las cosecharé también, y la fruta en mal estado la usaré de fertilizante, tras lo cual también se transformarán en fruta buena. Ustedes se preguntan por que esto es así. Es porque no es posible de otro modo.

Las Escrituras en Jeremía 29:13 dicen: "Ustedes me buscarán y me encontrarán cuando me busquen de todo corazón". Esto quiere decirnos que usemos las condiciones favorables mientras Dios está cerca. Si las personas fueran tomadas por sorpresa con lo que el futuro les trae, ellas perderían la oportunidad de sacar provecho de lo Bueno que se avecina. Por lo tanto, para poder usar las condiciones de la Vida, uno debe poseer el conocimiento que le da paz a su alma. La ignorancia llena de preocupaciones a las personas.

Hoy llega lo Nuevo a todas partes del mundo. ¿Qué es lo Nuevo? ¿De que modo se manifestara que hará que sólo unos pocos lo comprendan? Un nuevo ciclo se está formando. Aquellos que puedan entrar en el hallaran grandes oportunidades. Si ustedes no están listos, ustedes perderán las condiciones favorables. Lo Divino está llegando al mundo.

Hoy es un día muy peligroso. Ustedes pueden quedarse dormidos y permanecer afuera. El Tren Divino es muy puntual. Ustedes no deben atrasarse ni un segundo. Por lo tanto, su consciencia, su corazón y su mente deben permanecer vigilantes. Aquel que ha vivido en la tierra por miles y millones de años y que ha atravesado por tanto sufrimiento no quiere perder este momento, perder el Tren y perder lo Divino. Si Dios los encuentra vigilantes cuando venga por ustedes, ustedes crecerán como la semilla, se desarrollarán y darán fruto.

El día tiene dos mitades. Una es cuando el Sol se está elevando y la segunda es cuando el Sol se está poniendo. Hasta el mediodía tenemos ascenso y en la tarde descenso. La Ley es la misma en lo relacionado con esta época. La época presente está en descenso y esto no puede ser detenido. Las fuerzas de la oscuridad se están retirando. Lo Bueno vendrá a su tiempo debido al igual que la primavera llega a su tiempo. Cuando llega la primavera, todo florece. Lo mismo sucederá con la llegada de lo Divino.

Una época iluminada se acerca. La idea de la hermandad será realizada. Esta Primavera Divina arribará gradualmente. Las personas cambiarán sin darse cuenta. Simplemente ellos no se darán cuenta del cambio. Un día ellos despertarán y se hallarán en una nueva situación, tal como la oruga que se envuelve en el capullo y, una vez adentro, se convierte en una mariposa que ya no puede comer hojas. Lo que se acerca puede ser llamado "Manifestación de lo Divino en el ser humano". La nueva generación que viene renovará el mundo. Nos hallamos en una época en que las orugas se transformarán en mariposas. Aquellas orugas que no se transformaron en mariposas se preguntarán como puede uno vivir en el aire. Cuando sean mariposas ellos comprenderán. Mientras sean orugas, no podrán aprender.

Hoy la vida es mas activa. Años atrás los recién nacidos no abrían sus ojos hasta tres semanas después de nacidos, pero hoy abran sus ojos al nacer. Esto sucede en todas partes, en todas las naciones.

Las personas humildes serán las que pondrán el mundo en orden. ¿Quienes son los humildes? Una vez dos personas fueron a la corte. El hijo de uno de ellos le dijo a su padre: "Padre, no necesitamos aquello por lo que estamos en corte. Perdona y olvida". Este hijo fue considerado no asertivo, pero hizo que el juicio terminara.

≈

Amanecer

El Maestro dijo:

El Mundo Invisible está muy bien organizado. Ahora está preparando algo para poner el mundo en orden. Frente a nosotros se halla uno de los mayores experimentos en el Universo. Seres Avanzados están descendiendo desde el Mundo Invisible. Vienen a transformar las condiciones de la vida. Ellos pondrán el mundo en orden. Ustedes no se imaginan las Fuerzas que estos Grandes Hermanos tienen a su disposición. Los Seres Luminosos se acercan trayendo la Nueva Cultura. Tras estos eventos los conocimientos espirituales serán aplicados en el plano físico. Aquellos que trabajan en la arena Divina serán más necesarios que nunca.

Los Hermanos Luminosos le han hecho una propuesta a la humanidad y le han dado un ultimátum. Si las personas no se someten a lo Divino, ellos entrarán en acción.

A través de la Luz, los Seres Luminosos, Fuerzas de la Luz, batallan con las fuerzas de la oscuridad. La Luz es el arma más poderosa. Las Fuerzas de la Luz tiene una ventaja sobre las fuerzas de la oscuridad. La victoria esta del lado del Bien.

Hoy estamos entablando grandes batallas. Cuando concluyamos nuestro camino llegaremos a la Tierra Prometida. Nos sentaremos bajo la higuera y descansaremos.

El motivo por el cual previas culturas fallaron se debe a que el Mundo Astral no había sido todavía ordenado y limpiado.

La Nueva Cultura del Mundo Astral será introducida en la Tierra.

La vida las hermosa se avecina. Hasta ahora ustedes no han tenido hermanos ni hermanas. Ahora llegan sus hermanos y sus hermanas. Tras la adversidad grandes Bendiciones vendrán a la Tierra. Algo bueno se acerca. Es preferible que vengan primero las tribulaciones y luego las bendiciones, a que ocurra lo opuesto.

Las contradicciones continuaran hasta que lleguemos al Amor que todo lo puede en el mundo.

La Nueva Enseñanza no necesita hacer olas en el mundo. No venimos a desarraigar. Hay otros que vendrán antes nuestro con el motivo de desarraigar y eliminar las malezas. Nosotros plantaremos las semillas y las cultivaremos en silencio, pacientemente, hasta que maduren.

Ustedes deben celebrar que viven en una de las más grandes épocas.

La siguiente transformación ocurrirá en el mundo. Cuando las buenas personas eran servidores de los malos, los malos eran los señores. Ahora ocurrirá lo opuesto: las malas personas serán servidores de los buenos. Ustedes querrían eliminar a las malas personas, pero yo les digo que no, ellos aprenderán a servir a los buenos. Ahora el orden está cambiando: los buenos dominarán y los malos estarán a su servicio, tal como los buenos eran sus sirvientes anteriormente. Esto implica que los buenos tomarán el lugar de los malos en el liderazgo mundial.

≡

La Inteligencia de la Naturaleza

Un fuerte viento volaba la niebla sobre la montaña. Habíamos encontrado un refugio para acampar cerca de un arroyo en el valle. Las llamas y el humo del fuego se elevaban en rizos. Los arbustos que nos rodeaban nos proveían de cobijo. Una ráfaga de viento corría sobre el fuego cada tanto produciendo una lluvia de chispas. Alrededor del fuego estaba cálido y confortable. Las ollas hervían. El humo aromático de los enebros secos se mezclaba con el perfume del te y con el olor acre de la niebla. La gran cazuela roja ya había sido vaciada varias veces.

Nosotros estábamos sentados entre los arbustos secos calentándonos cerca del fuego. Una hermana le dijo al Maestro: "Yo no puedo evitar sentir que detrás de todas estas actividades de la Naturaleza se esconden Seres Inteligentes y Avanzados".

El Maestro dijo:

La Naturaleza refleja la actividad combinada de Seres Inteligentes Avanzados. Ustedes deben mirarla como a la suma total de Fuerzas Inteligentes. Tras el viento y la niebla hay otras Fuerzas que ustedes deben estudiar. Hasta que ustedes aprendan acerca de las Fuerzas Inteligentes activas en la Naturaleza, ustedes siempre estarán en discordia.

Una de las tareas encomendadas a las personas, es entrar en contacto con las Fuerzas Inteligentes. Si tomamos una brasa con pinzas y la colocamos en la chimenea, la madera se encenderá. La brasa y las pinzas no saben lo que yo estoy pensando, pero detrás de ellas hay una mano consciente que las dirige. Tras cada fenómeno, no importa lo que sea, siempre hay una Fuerza Inteligente que lo dirige. Ustedes visitan una fábrica y observan el movimiento de las maquinas. ¿Son sus movimientos conscientes? ¿Quien las puso a andar? El ingeniero. El regula sus movimientos. El tiene en consideración el orden de toda la fábrica. Las maquinas operan bajo su dirección.

Siguiendo la misma Ley, el Sol también tiene un Técnico que lo puso en movimiento y determina su camino. La Tierra y la Luna también tiene sus caminos de movimiento. Los científicos tratan de explicar las causas de estos movimientos basándose en las fuerzas físicas. Ellos hacen cálculos y crean teorías. Los científicos están en lo correcto, pero ellos no sospechan que detrás de cada fuerza física se halla una Fuerza Inteligente que dirige los fenómenos.

La Vida se manifiesta como una Inteligencia Universal. La Inteligencia existe de un extremo al otro de la Vida. Hay Seres Avanzados que trabajan en la Naturaleza Viviente.

Para mí, los Rayos del Sol representan la Inteligencia Superior. Un capullo y una flor son ventanas a través de las cuales yo puedo ver la Realidad Única, el Mundo Sublime: un Mundo de Seres con gran inteligencia.

Nosotros vemos al mundo material como a algo muerto, pero en realidad todo está vivo. El lápiz se mueve, pero hay un ser consciente que lo está moviendo. El lápiz no lo sabe, pero la consciencia de la mano que lo mueve si lo sabe.

Hay una conexión entre el mundo espiritual y el material. El mundo material depende del espiritual. Si ustedes ven a estos mundos como cosas separadas, ustedes no podrán entender nada. Pero si ustedes ven al mundo material como un resultado del mundo espiritual, ustedes podrán entenderlo. Cuando ustedes comprendan que detrás de cada fenómeno físico se hallan activas Fuerzas Inteligentes, estos fenómenos tendrán un efecto diferente en ustedes.

Los cambios geológicos no son sólo el resultado de causas mecánicas. Tras cada cambio se hallan Fuerzas Inteligentes. Los geólogos analizan los datos. Ellos no están interesados en las Fuerzas Inteligentes que se hallan tras ellos. La corteza de la Tierra ha sido plegada múltiples veces, y esos plegamientos continúan ahora y seguirán en el futuro. Nosotros podemos observar el proceso de plegamiento en el fondo del Océano Atlántico. Hay lugares en los cuales el fondo marino se está elevando. ¿Cual es la Ley que controla este plegamiento? ¿Cual fue el proceso a través del cual los Alpes, los Himalayas y todas las otras cadenas montañosas fueron formadas? Las Fuerzas Inteligentes son la causa de este proceso.

A todos aquellos que no actúan de acuerdo con las Leyes naturales, la Naturaleza les deja hacer lo que les plazca, pero también les hace pagar las consecuencias. La Naturaleza tiene una relación completamente diferente para con aquellos que viven de acuerdo con sus Leyes, y ella les avisa cuando ella está por hacer algo. En la Primera Carta a los Corintios dice: "Dios ha revelado sus misterios a aquellos que lo aman".

La Nueva Enseñanza dice que la Naturaleza esta viva y es inteligente. Muchos se ríen de esto y opinan que la Naturaleza debe ser sometida y los seres humanos deben ser sus amos. Esto causa adversidades. Las personas piensan que pueden someter a la Naturaleza, pero esto es imposible. Esta idea debe ser eliminada de vuestras mentes y de las mentes de sus niños. No se trata de sojuzgar a la Naturaleza, sino de estudiarla, comprender sus Leyes y estar en harmonía con Ella. Muchos científicos intentan someter a la Naturaleza, pero ella es la Señora. La Naturaleza demanda compensación cada vez que intentamos someterla.

Esta Segunda Guerra Mundial enseña y educa a las personas. La Naturaleza les pide razón por la invención de estas armas, y les dice que Ella les dará una lección que recordarán por años. ¿Que han hecho las personas que apenas se asomaron dentro de los secretos de la Naturaleza? Han inventado explosivos y aviones con los que destruirse unos a otros. ¿Es esto la maestría sobre la Naturaleza a la que se referían? Esto es un uso inapropiado de las fuerzas Divinas. En lugar de usarlas para el desarrollo de la humanidad, las están usando para su destrucción. Llegará el día en que cuando las personas pasen cerca de la Naturaleza, ellos no serán tan arrogantes y descuidados, sino que tendrán abundante cuidado y pedirán permiso para pasar y ver.

Los seres humanos desean sojuzgar a la Naturaleza con su voluntad humana. En ningún libro sagrado se lee que los seres humanos deben someter a la Naturaleza. Esta falla de interpretación ha guiado erróneamente a la ciencia, lo que ha acarreado considerables infortunios a toda la humanidad. Nunca habrá un momento en el cual los seres humanos someterán a la Naturaleza. Esto es el error de las personas de mente materialista.

≈

La Ley de la Justicia Divina

La locura de la guerra envolvía a las naciones. Sobre la Tierra se espar-
cían la opresión y la violencia. Todo estaba revuelto, confuso y amenazador.
Nos preguntábamos como se resolvería la situación. Muchos rostros preocu-
pados se dirigían hacia el Maestro. Durante la tarde, la conversación acerca
de la situación mundial comenzó nuevamente.

El Maestro dijo:

Todo el mundo moderno está construido sobre un basamento falso. Cada nación es una parte de un organismo único: la humanidad.
Cada nación desarrolla virtudes y habilidades específicas. Cada nación
representa un elemento en la Naturaleza y por eso tiene su misión especifica en el mundo. Cada nación recibe energías cósmicas específicas,
las transforma las comparte con las otras naciones. Debido a esto, cada
una ha tenido su lugar e importancia durante toda la existencia de la
humanidad. Cada nación debería engendrar una idea que sea beneficiosa para toda la humanidad.

Hoy en día las gentes piensas que son lo único que importa y que
todo depende de ellos. Esto no es cierto. Existe un Factor Divino que es
ignorado por las gentes. Hay una Ley que dice: Todo acto de gobierno
debe tener aprobación Divina. En otras palabras, debe reconocer la Ley
Divina en el mundo. Toda persona y todas las naciones deben respetar
la Ley Divina en el mundo. Además, la Ley Divina requiere que res-
petemos a todos y cada uno de los seres, protegiendo sus derechos y
dándoles las condiciones necesarias para su desarrollo. No dañen la pequeña flor. Cuando leen un libro, ¿arrancan ustedes las paginas? Todos
los seres en la Naturaleza son como las letras en las paginas de su Libro.
Ustedes no deben borrar ni una palabra, ni ninguna letra en el Libro, a
fin de que este no pierda su sentido.

Cada falta a la Justicia Divina acarrea sus consecuencias. Esto es
cierto en la vida individual como en la vida colectiva. Ningún jefe de
estado o político esta exento de esta Ley. ¿Conocen ustedes las conse-

cuencias que sufrirá un político que ha actuado injustamente? Tras su muerte él se reencarnará en un buey que será llevado al matadero. Tan pronto como este buey sea faenado, el entrará en otro buey que también sufrirá el mismo destino. Tras lo cual se reencarnará en un conejo que será matado. El recordará todo esto muy bien. Cuando el vuelva a la Tierra como ser humano, el dirá: "¿Has sido tu un buey que fue faenado, o un conejo que fue matado?" Y después de esto el nunca más violará la Ley de la Justicia Divina.

Esta Ley existe en la Naturaleza: Cada nación que ejecuta a miembros de otra nación, privándolos de sus cuerpos, deberán proveerle cuerpos nuevos. Lo que quiere decir que las personas ejecutadas se reencarnarán en la nación que los ejecutó. Los judíos masacrados por los alemanes, se reencarnarán en Alemania y, de este modo, el espíritu de la nación alemana cambiará radicalmente.

Las naciones deben estar preparadas para la aplicación de las Leyes Divinas. Hacen falta políticos inteligentes que apliquen las Leyes Divinas en el mundo en lugar de crear otras leyes.

Todas las naciones se tornarán más prudentes, ya que la Ley ahora viene en sentido opuesto. Hacen falta políticos inteligentes para que los infortunios y las adversidades que las naciones sufren puedan ser evitados. Pero como esto no está sucediendo, Dios se mueve en la dirección contraria. Las naciones se están volviendo más inteligentes y no esperarán a que sus lideres se tornen más sabios.

Si ustedes siguen el camino de la Nueva Enseñanza, ustedes descubrirán el método para pagar sus antiguas deudas. El poder de la Nueva Enseñanza se centra en su capacidad de pagar antiguas deudas. Si ustedes aceptan la Nueva Enseñanza, ninguna deuda quedará sin pagar. Cuando digo "deudas antiguas" me refiero al karma. Las naciones europeas sufren debido a su karma. Ellas viven bajo su peso. Cuando una nación escucha las ideas de la Hermandad de la Luz, ella prospera. Si no las escucha, no le será posible prosperar. Esto es cierto en el caso de Rusia. Si los rusos escuchan atentamente a las ideas de la Hermandad de la Luz, ellos prosperarán.

Ahora hay una tendencia hacia la unificación de las naciones. Todas las naciones deben unirse. Además el bienestar de todas las naciones, y no de una solamente, debe ser tenido en consideración. Una Ley dice:

en cada nación hay algo bueno. Cuando las naciones se unen, estas buenas cualidades fluyen de una nación a otra. Las buenas cualidades que los británicos, los alemanes y los rusos poseen fluirán hacia otras naciones, y una nueva corriente vital nacerá. La unión entre las naciones hará nacer al nuevo ser humano, al nuevo carácter humano.

El nacionalismo llegará a su fin y no se fomentará el odio entre las naciones. El nacionalismo se tornará obsoleto. Algunos se refieren a una "gran nación" esto no es correcto. Una nación desea ser "grande" a fin de poder dominar a otras naciones. Esta es una idea de la cultura vieja. Lo importante no es que una nación sea "grande". Como todas las naciones están representadas en un organismo, una "gran nación" seria el equivalente a una pierna extremadamente desarrollada. Una pierna muy desarrollada mientras la otra se queda corta. Entonces tendríamos un organismo anormal. Esto causaría fricción, sufrimiento y conflicto.

Rusia es el eslabón entre el este y el oeste, el mediador entre Europa y Asia. Esta es una de sus tareas. Lo que idealizamos en Rusia es la Luz que proviene de las Fuerzas del Amor y la Luz. Los búlgaros deben conectarse con Rusia y con otras naciones. Todas las naciones deben servir a Dios. Esto es lo Nuevo en el mundo, este es el futuro de todas las naciones. La nación que no sirva a Dios pagará por ello. Bulgaria es enviada a trabajar, no para la grandeza de Bulgaria, sino para cumplir la Voluntad de Dios, para servir a Dios. Ya no habrá una gran Alemania, gran Inglaterra, gran Rusia, gran Bulgaria o gran Serbia. No existirá ningún gran poder, sino naciones que sirvan a Dios y obedezcan sus Leyes. Todas las naciones que sirvan a Dios tendrán sus Bendiciones., recibirán gran abundancia y serán naciones avanzadas.

¿Qué significa servir a Dios? Servir a Dios significa:
- Aplicar los principios de la Justicia Divina
- Abstenerse de la violencia
- Tener cooperación mutua entre las naciones
- Servir en lugar de dominar.

No es la cantidad lo que hace que una nación sea grande, sino la calidad. Toda nación que se rehusé a servir a Dios será privada de su riqueza y desaparecerá de la faz de la Tierra.

La grandeza de una nación se basa en su servicio a Dios. Entonces esta nación será fuerte y ninguna otra prevalecerá contra ella, Siempre y en todas circunstancias saldrá victoriosa. Tendrá recursos inexhaustibles a su disposición provenientes de Dios.

Los Seres Avanzados que vienen de lo Alto, los predecesores de la humanidad, asistirán a aquellas naciones que sirvan bien a Dios, pero aquellos que no quieran servir no recibirán ayuda.

No habrá una sola nación reinante. Aquellos que se creen poderosos están en el lado equivocado. Tiempo atrás grandes animales vivían en la Tierra. Pero ¿qué sucedió con ellos? El Señor los destruyó. Todos aquellos que quieren dominar la Tierra en el presente sufrirán el mismo destino: El los eliminará de la Tierra y los enviará a otro lugar. Por este motivo, en Mateo 5:5 dice: "Bienaventurados los mansos, porque ellos heredarán la Tierra".

Imaginen que cien personas les deben dinero. Ellos arruinaran su vida. Es preferible que ustedes los olviden y no esperen nada de ellos. De otro modo, si ustedes los quieren llevar a la corte, uno por mes, ¿cuantos meses pasarán discutiendo y cuantos problemas tendrán? Ustedes recibirán algo de su dinero de vuelta, pero terminarán pagando más todavía.

Una persona se acerca a ustedes y les dice: "Yo no tengo nada. No puedo pagarte". Si es cierto que no tiene nada, déjenlo en paz. Los turcos tienen un dicho: "No den de lo que deben. No tomen lo que no recibirán". Esto quiere decir: que exista un perdón reciproco de las deudas internacionales.

Un hermano preguntó: "*¿Cuándo se manifestará en la Tierra lo Nuevo?*"
El Maestro dijo:

Si uno viaja en carro tirado por bueyes, uno se mueve lentamente. Es más rápido usando caballos, más rápido en automóvil y todavía más rápido en avión o a la velocidad de la luz. Ustedes quieren saber cuando mejorarán las cosas. Si ustedes viajan en carro con bueyes la mejora será lenta. Pero si se mueven a la velocidad de la luz, demorará muy poco.

≋

Acerca de la Intuición

Una hermana relató su experiencia con las premoniciones. Otros hermanos y hermanas también contaron historias semejantes. Casi todos los seres humanos han tenido alguna de estas experiencias.
El Maestro explicó:

En el pasado ustedes tenían precognición, pero luego la perdieron. Ahora ustedes deberían trabajar para lograr recuperar la sensibilidad que tenían anteriormente. Tomen un libro que ustedes quieran leer. Colóquenlo sobre su frente, dirijan sus pensamientos hacia el Mundo Sublime y pregunten en su mente si deben leerlo o no.

La intuición es una expresión del ser humano interior, de lo que se esconde adentro nuestro. Su propósito es el de guiar a la mente objetiva.

Hay métodos para el desarrollo de la intuición. Esto se logra a través de experimentos y ejercicios. Uno necesita trabajar para lograr este desarrollo.

Todos pueden desarrollar su intuición y sentir lo que les sucederá. Casi todas las naciones tienen, hasta un cierto punto, precognición. No existe ninguna persona que en algún momento no haya sido alertada acerca de lo que iba a suceder. Tenemos un sentido interior que nos dice lo que debemos hacer. Cuando la intuición es desarrollada, la persona sabe que hacer, que estudiar, que decir y cuando. Tener intuición nos deja saber quien necesita que cosa, y como satisfacer las necesidades de la persona. Las condiciones apropiadas para la intuición son dadas gratuitamente a las personas, ellas sólo deben contribuir el esfuerzo para su desarrollo. Alguien con una intuición bien desarrollada, tendrá penetración en el futuro. Aquel que es guiado por la intuición tiene un corazón puro en el que se hallan escritas las Obras Divinas. Lleven a cabo el siguiente experimento: ustedes están en su casa y quieren saber si su amigo, que vive en el otro lado de la ciudad, está en su casa. En lugar de enviar a alguien a controlarlo, manténganse en calma y silencio. Dirijan sus pensamientos hacia el y escuchen atentamente en su interior. Si ustedes se mantienen calmos, sin ninguna perturbación, ustedes sabrán que su amigo está en su casa. Y ustedes podrán confirmar después que el estaba en su casa, efectivamente.

Alguien sabe que habrá un cambio en su vida en 20 años. ¿Como lo sabe? El sabe que sus condiciones mejorarán o empeorarán en 20 años, y así será.

Todos ustedes pueden conocer el futuro. Todos pueden leer lo que está adentro. Lo extraño es tener ese libro dentro de uno y no poder leerlo.

Cuando ustedes cometieron la primera transgresión, el Espíritu se alejó de ustedes y quedaron sin nadie que los guiara.

La intuición es la iluminación de la consciencia ordinaria por los Rayos de la Consciencia Cósmica.

~~~

La Cultura de los Ángeles

Era uno de esos días claros en que la luz reina en el espacio, un día como los que el Maestro llamaba "los días de diamante de la Naturaleza". Cada pequeña piedra, cada brizna de hierba, estaba rodeada de un aura esplendorosa. La luz que iluminaba las piedras las hacia aparecer etéreas. Como si no tuvieran peso debido a su iridiscencia. Era uno de los días santos de la Naturaleza. Estábamos en lo alto de la montaña con nuestro Maestro, alto en el Universo luminoso, y El comenzó a hablar acerca de los Ángeles:

Todo el Cosmos, que ha sido creado por Dios, está lleno de Seres más cultivados y más organizados que nosotros. En el Sol existen Seres de la Jerarquías Angélicas. Ellos viven en un mundo etéreo. Allí no existe la materia solida tal como la que hay en la Tierra. Allí la materia se halla en estado etéreo.

También hay seres avanzados que viven en Sirio y en otros cuerpos celestiales. Comparada con la cultura de Sirio, la cultura de la humanidad apenas está en pañales.

Hay tres tipos de sistemas solares. Algunos están relacionados con el mundo material, mientras que otros representan el elemento más sublime, más espiritual, y pertenecen al mundo Espiritual, el mundo Angélico. Tras un tiempo, cuando vuestra visión espiritual se desarrolle, ustedes serán capaces de ver todos los mundos. Por ahora, tal como los astrónomos, ustedes solo pueden ver los mundos materiales. El tercer tipo de Sistemas Solares está relacionado con los Mundos Divinos, que han sido creados a partir del más sublime Divino Elemento.

Los seres humanos pasarán eventualmente a través de los distintos tipos de sistemas solares. Nuestro Sistema Solar se halla en el borde del Cosmos. Algún día, cuando vuestra consciencia haya evolucionado y ascendido desde este Sistema Solar hacia uno de los que presentan una cultura más evolucionada que la nuestra en el presente, vuestra percepción de las cosas será completamente diferente.

Cuando hablamos de "Ángeles" nos referimos a esos seres cuya consciencia es tan elevada que brillan como el Sol. Si ustedes pudieran visitar a los Ángeles, ustedes podrían ver que en su mundo existe un orden que no se asemeja a nada que exista en la Tierra. La gente tiene ideas acerca de los Ángeles del mismo modo que las hormigas tienen ideas acerca de la gente. Si ustedes les preguntaran a las hormigas acerca de donde existen los seres humanos, ellas dirían que la gente vive en otro mundo. Las hormigas no tienen conocimiento acerca del mundo de los seres humanos. Cuando una hormiga camina sobre un ser humano, ella no piensa "Este es un ser viviente". Del mismo modo que podemos ver a las hormigas aun cuando ellas no nos ven, hay Seres invisibles que existen y pueden vernos aun cuando nosotros no podamos verlos a ellos. Ellos trabajan para el mejoramiento del mundo.

Pensamos que los seres humanos están en el peldaño más alto de la escala evolutiva, pero la evolución no tiene fin. Del mismo modo que hay seres que están por debajo de los seres humanos, también hay Seres que existen por encima de ellos. Estos Seres evolucionaron a partir de los Universos pasados.

Los Ángeles tienen una escala de medidas totalmente diferente. Cuanto más se expande la consciencia, tanto más se expande el campo de visión. Ellos solo son incapaces de una cosa: ellos no pueden equivocarse.

Los Ángeles tienen una consciencia evolucionada, y ellos no mezclan el bien con el mal. El Universo Angélico es mucho más grande que el nuestro. Nosotros somos niños, ellos son adultos. Si un Ángel se equivoca, no es aceptado en el Cielo por diez mil años, mientras que con los humanos muestran más flexibilidad.

Los Ángeles no conocen el error humano. Si ellos lo supieran, serian contaminados. Aun cuando los Ángeles han pasado por otro camino, ellos están interesados en nuestro mundo. Para ellos somos objetos de estudio, del mismo modo que las plantas son objetos de estudio para nosotros.

Algunos Ángeles han atravesado por una época de la humanidad en la cual ellos tropezaron y cayeron. Cuando los Ángeles estaban siendo probados, algunos de ellos permanecieron luminosos mientras que otros se oscurecieron. Aquello que eran orgullosos y engreídos se tornaron oscuros.

Los Ángeles se interesan en los seres humanos. Pero ellos no tienen concepto de la Divinidad en la humanidad, ya que nosotros nos movemos en un camino de desarrollo diferente al que ellos han seguido. Los Ángeles están aprendiendo de la existencia humana porque hay algo en ella que es desconocida para ellos. Ellos no tienen conocimiento de nuestra experiencia del mismo modo que nosotros no tenemos conocimiento de la experiencia de ellos. Este es el motivo por el cual les resultamos interesantes. Millones de años atrás ellos eran la "humanidad" de su mundo.

El Ángel posee conocimiento que es aplicable en todos los mundos: físico, espiritual y Divino. ¿Cuál es el conocimiento de un Ángel? Si ustedes recopilaran todo el conocimiento de la humanidad, todo lo que se ha acumulado por miles de años, un Ángel sabe todo eso y mucho más.

Para viajar de un sistema solar a otro, ¿Qué medio de transporte creen que necesitan los Ángeles? Desde el Sol hasta la estrella más cercana, un Ángel viajará más rápido que la luz. Los Seres Sublimes que viven en el Sol bajan a la Tierra. Seres que viven en Venus, Marte, Mercurio y otros planetas también bajan. Ellos tienen el modo de transporte. La luz proveniente de ciertas regiones del espacio toma 500 millones de años en llegar aquí. ¡Tan grande es la distancia! Pero para un Ángel esto es solo un paseo. Nuestra escala de magnitud es como la de un microbio. Los Ángeles viajan a velocidades mayores que la de la luz. Para ellos, la velocidad de la luz es como la de una carreta tirada por bueyes. Si la velocidad de la luz es incomprensible para los seres humanos, ¡cuanto más una velocidad que es mucho mayor! La luz viaja a la mayor velocidad posible en el mundo físico, pero las velocidades a las que nos estamos refiriendo pertenecen a otras dimensiones, a Mundos más elevados.

Los Ángeles son Seres Sublimes que envían energía a través de todo el Sistema Solar. La Tierra es muy pequeña para el poder de un Ángel. Un Ángel moviéndose a la velocidad de la luz cruzaría la Tierra en una fracción de segundo, y ellos pueden viajar todavía más rápido.

Los Ángeles tienen cuerpos que son mucho más resistentes que los nuestros. Los Ángeles pueden controlar sus cuerpos de modo que ellos pueden ser visibles o invisibles. Cuando los Ángeles miran la vida humana, ellos no ven como nosotros vemos. Cuando un Ángel nos visita, nos sentimos inspirados, pero cuando espíritus comunes nos visitan, ustedes dicen "Somos estúpidos. Somos ignorantes. No tenemos brillo".

Un Ángel es un ser de Absoluta Justicia y Pureza. Su vestimenta es de estilo clásico. Ustedes deben vivir como Ángeles a fin de vestir ropas Angélicas. Ustedes deben pensar correctamente a fin de vestir ropas Divinas.

En sanscrito, la palabra "Deva" significa Ángel. Los Ángeles están llenos de Amor y ellos trabajan debido a su Amor. Ellos saben cuál es la Voluntad de Dios, lo que Dios desea, de modo intuitivo, y lo llevan a cabo inmediatamente.

Hay un Mundo en donde la felicidad es real y el sufrimiento es una ilusión. Este es el Mundo de los Ángeles, de los Seres Luminosos. La felicidad en la Tierra no es la felicidad del Mundo Espiritual. En el Cielo no conocen nuestras alegrías y tristezas, pero saben lo que es el gozo. En el Mundo de los Ángeles no se pueden decir palabras con doble sentido, ni tampoco se puede decir nada negativo. Si ustedes implican que algo puro es impuro, ustedes deberán dejar el Paraíso. En el Sol, si ustedes quieren decir una palabra negativa, sus bocas no se abrirán. Si ustedes quieren decir una palabra buena, ellas se abrirán inmediatamente.

La santidad es uno de los estados más elevados de los seres humanos en la Tierra, pero los Ángeles están por encima de los santos.

Existen diversos tipos de Ángeles. Hay Ángeles del primero, segundo y tercer reino. Ellos hablan diferentes lenguas. Las vidas de los Ángeles del segundo reino están ocultas para los del primer reino, y las vidas de los que se hallan en el tercer reino están ocultas para los que viven en el segundo. En el Mundo de los Ángeles ustedes nunca pueden pronunciar una palabra si les desagrada el objeto al que se refiere. Por ejemplo, si a ustedes les gustan las manzanas, ustedes podrán pronunciar la palabra "manzana", pero si no les gusta esta fruta, ustedes no podrán decir su nombre. Ustedes nunca podrán decir "No me gustas", ya que antes que ustedes puedan decir las palabras, la persona a la que ustedes se refieren ya no estará enfrente a ustedes. Comparado con el lenguaje de los Ángeles, el lenguaje humano es como el sonido de los truenos.

Si ustedes van al Mundo Invisible, al de los Seres Luminosos, ustedes deberán conocer su lenguaje, del mismo modo que cuando alguien viene a ustedes, ellos deben hablar vuestro idioma. Los Ángeles conocen todos los idiomas. Ellos les hablaran en ese búlgaro antiguo que ha preservado su pureza original.

Cuando los Ángeles hablan entre ellos, las gentes se sienten felices, ya que en su habla hay algo nuevo. Hay un dicho: "Cuando los Ángeles comen, de las migajas de sus mesas los humanos hacen un banquete". Esto quiere decir que nada se pierde, del mismo modo que las hormigas se alimentan de lo que cae de la mesa de los seres humanos. Nada se desperdicia.

Los Ángeles son los siervos de Dios. Hay Ángeles de Amor, de Sabiduría, de Templanza, y muchos otros. Todas las virtudes están representadas por Ángeles específicos. Eso es también cierto con las artes: música, poesía y demás.

Para los Seres del Mundo Divino no existen ni la muerte ni la reencarnación. La Vida Divina es una Vida de Perfección.

Cuando hablamos acerca del Sol y las Estrellas, deberíamos verlas como el resultado de la actividad de los Seres Avanzados que vivieron 25, 250 o 2500 millones de años atrás.

Ustedes dicen que están interesados en el otro Mundo. No es posible que no estén interesados, ya que las aspiraciones del alma humana emanan de la Consciencia Superior y la Cultura de los Seres Avanzados que se hallan en el otro Mundo.

Los Ángeles son Seres que han participado en la creación del Mundo. Todos los poderes Divinos pasan a través de nosotros. Nos protegen, nos ayudan y nos traen bendiciones Divinas.

Los Seres Avanzados trabajan con y dirigen los procesos vitales de las plantas. Hay una categoría especial de Ángeles que trabajan con las plantas. El reino vegetal es el producto de los logros de los Ángeles. La consciencia que se encuentra en las plantas proviene de los Ángeles. Por ejemplo, observen el orden de los granos en un racimo de uvas, cuan perfecto es. A través de una manzana nos conectamos con los Seres del Sol. La manzana actúa como una radio que nos comunica con ellos. Las flores son los niños de los Ángeles. Son las obras de arte de los Ángeles. No debemos cortar las flores. Y si pisan una flor, es como si pisaran los pensamientos y sentimientos de un Ángel. Nosotros somos niños muy indisciplinados. Nosotros nos creemos muy importantes.

Los Ángeles no solo trabajan en las plantas sino en toda la Naturaleza. Ellos trabajan en todos los reinos: mineral, animal y demás. Si yo digo que los Ángeles están entre nosotros, ustedes preguntaran: "¿Dónde están?" Esta luz que nos alumbra proviene de los Ángeles. Ellos quieren influenciar nuestra consciencia con su Luz.

Los Ángeles nos ayudan. Nosotros los ayudamos cuando estaban en el nivel evolutivo de la humanidad y nuestros cuerpos eran como los de los animales. Ahora ellos nos ayudan. En el futuro, cuando los animales del presente alcancen el nivel humano de desarrollo, nosotros los ayudaremos.

En cierto momento, cuando ellos parecían más humanos, los Ángeles se asimilaban a nosotros en ciertas cosas, pero no en todo. El nivel más bajo de los Ángeles es aún más elevado que el nivel más sublime de los seres humanos. Este se debe a la intensidad con que viven los Ángeles. La relación entre los Ángeles y los seres humanos se asemeja a la relación entre los seres humanos y las plantas. A fin de entrar en contacto con uno de ellos, el Ángel debe bajar a la Tierra y llamar nuestra atención por un buen tiempo para que nuestra mente se despierte y entre en movimiento. El Ángel quiere decirte que te encuentras en la presencia de un Ser altamente evolucionado con quien debes conectarte a fin de aprender algo.

En las Escrituras dice: "No hables palabras vacías en la presencia de un Ángel que te está guiando, porque esto destruirá tu trabajo"[29]. Esto significa que si ustedes no respetan al Ángel que los está guiando, ustedes lo perderán todo y siempre estarán descontentos.

Los Seres que han completado su evolución nos envían su Amor. Nosotros necesitamos conectarnos con ellos. Tanto los Ángeles de nuestro Sol, como los de otros sistemas solares piensan en nosotros. Cuando te encuentres en la oscuridad, cuando estés siendo atacado por seres inferiores, un Alma Luminosa vendrá a ti, te dirá algo y te traerá nuevas ideas. Estas Almas Luminosas te dirán: "Estaremos contigo". Estos son los Ayudantes, los Ángeles Guardianes de la humanidad. Estos Seres Avanzados te rodean, y gracias a ellos, tu vida puede progresar. Ustedes deben realizar todos los esfuerzos necesarios para que sus corazones y sus mentes sean altares, de modo que puedan trabajar con estos Seres Avanzados. Ustedes no solamente deben estudiar el mundo físico, sino el espiritual también. Ustedes deben mantenerse en contacto con los Seres Avanzados que los están ayudando a lo largo del camino. Muchos de nuestros pensamientos son fruto de los pensamientos de los Seres Sublimes. Cuando la semilla de uno de esos pensamientos aterriza en sus mentes, en sus corazones o en sus almas, ella organizará su propio crecimiento. Estas son las Ideas Divinas que han venido a crecer en ustedes. Son grandes tesoros. Aun cuando uno solo de estos preciosos pensamientos sea aceptado por ustedes cada día, en diez años, sus vidas habrán cambiado drásticamente.

Cuando ustedes se hallan de buen humor, esto indica que los Seres Avanzados les están enviando sus sublimes pensamientos. Pero también hay seres inferiores que les están enviando sus pensamientos parasíticos con la intención de prevenirles escuchar con claridad. Los dos tipos de seres están activos. Cuando las personas presentan una visión negativa de la vida, es porque han entrado en contacto con seres que se hallan en un nivel de desarrollo inferior. Cuando alguien tiene nuevas ideas, esa persona se ha conectado con Seres de un nivel más elevado.

---

[29] Ver Éxodo 23: 20-21, "¡Miren! Yo envío un Ángel delante de ustedes para que los mantenga en el camino y los ayude a llegar al lugar que he preparado. Obedezcan sus palabras, no Lo provoquen, ya que Él no perdonará sus transgresiones, ya que Mi nombre está en Él".

Si ustedes no se conectan con los Seres Luminosos, ustedes no tienen futuro. Si ustedes se alimentan del modo apropiado, ustedes entrarán en contacto con almas puras y rectas. Los Seres Inteligentes Sublimes del Mundo Invisible están enviando sus buenos pensamientos a los seres humanos. Pero si estos pensamientos no encuentran un buen terreno para desarrollarse, ellos se volverán a su Fuente, de donde han venido. Esta es la razón por la cual, independientemente de la riqueza y gran abundancia de bendiciones que Dios envía a la Tierra, la mayoría de las personas son espiritualmente pobres.

Si a través de los esfuerzos que ustedes están realizando, ustedes logran comunicarse con los Seres Sublimes, ustedes podrán mejorara su destino. Esto significa que ustedes deben tener fe en Dios, confiar en Dios. A través de pensamientos avanzados, ustedes pueden entrar en contacto con los Ángeles, y a través del Amor, con Dios. La maravilla de la vida consiste en nuestra habilidad de vivir en harmonía con los Seres Avanzados. Uno debe mantenerse en harmonía con sus pensamientos. No hay música más bella que el pensar como los Seres Avanzados piensan.

Los Ángeles que nos están ensenando están por encima de nosotros. Aprendan de ellos. ¿Por qué deben aprender de ellos? Porque ellos poseen un entendimiento mayor que el que poseen los seres humanos. Sigan el camino de los Ángeles a fin de corregir vuestros errores.

Hoy en día muchos piensan que una vez que ellos sean creyentes, las ciencias y el arte no son más necesarias. Las gentes tienen muchas peculiaridades en sus creencias acerca de Dios y en las actitudes de su fe. ¿No es Dios, el Dios de la Sabiduría, la Gran Causa que ha creado todos los mundos? ¿No ha sido Dios quien ha creado los Ángeles? Nosotros debemos reconocer que hay otra Ciencia, otra Música, otra Poesía, otro Arte. También hay otros Mundos, otras formas de vida, mil veces más bellas que las nuestras. Hay mucho para aprender.

Ustedes viven en un mundo de inteligencia, de conocimiento. Los Seres Sublimes que participaron en la creación del Mundo continúan trabajando en nuestras consciencias y quieren que aprendamos, que lleguemos a entender las cosas.

La riqueza de los seres humanos es la bondad que está en ellos. Del mismo modo que el Bien, el Amor, la Sabiduría, y la Verdad, son inseparables. Nadie puede decir: "Este Amor, esta Sabiduría, este Conocimiento es mío".

Nosotros poseemos la capacidad de comprender los pensamientos de los Seres Sublimes. Trabajen para desarrollar la receptividad a través de la cual ustedes podrán entrar en contacto con los Seres Avanzados.

Si alguien que tiene experiencia y encuentros personales con el Mundo del mas allá llegara a enfermarse, tendrá la posibilidad de superar su enfermedad más fácilmente. Sus Ángeles del Mundo Invisible lo visitarán y quitaran su dolor, su sufrimiento y sus penas. Los poderes conscientes e inteligentes están muy activos en el mundo.

Los Seres benevolentes vienen desde arriba o desde la derecha, mientras que los seres inferiores lo hacen por debajo o la izquierda.

Cuando ustedes estén atravesando una prueba, recen. Los Seres Luminosos vendrán en su ayuda.

Hay una Ley que dice que no existe ningún acto llevado a cabo por un Ser Sublime en el cual las perdidas sean mayores que los beneficios.

Si el corazón de alguien en la Tierra está lleno de sentimientos nobles y sublimes, esa persona solo necesita pensar en un Ángel, y el Ángel estará allí. Sin esos sentimientos en nuestro corazón, ningún Ángel dejara el Mundo de los Ángeles para venir a ayudar.

Cuando los miro a ustedes, yo puedo ver el tipo de relación que los Seres Avanzados tienen con cada uno de ustedes. Esto se debe a que ustedes son como una vela que ha sido encendida. A trasvés de la intensidad de la luz de la vela, de sus mentes, se puede determinar la esencia de la vela como también la calidad de la llama que se halla en ustedes, ya sea completa o parcial. Los Seres Sublimes utilizan este fuego, la energía de sus mentes, para su trabajo. Esto implica que cuando ustedes tratan de amar, los Seres Sublimes utilizan esta energía para su trabajo.

Hay Ángeles que guían a las naciones. Los Ángeles son Seres muy reales, con un cuerpo y una mente. Los seres humanos piensan y los animales piensan, pero ¡cuan diferentes son los pensamientos de los humanos y de los animales!

A veces algunos Seres Inteligentes Avanzados residen en una persona por 10, 15 o incluso 20 años, actuando a través de ellos. Esto es más económico y ahorra tiempo, comparado con encarnarse y nacer. En este sentido, el genio es un ser colectivo. Uno o varios Seres Avanzados se han enamorado de esta persona y vienen a vivir y manifestarse dentro de ella. A estas personas dentro de las cuales vive un Ángel las llamamos genios o santos. Dentro de cada gran alma vive un gran espíritu. Un músico, en el verdadero sentido de la palabra, solo puede serlo si hay un Ángel viviendo dentro de él. Todas las cosas sublimes en el mundo se deben a los Ángeles.

La consciencia de las personas debe despertar a fin de que puedan conectarse con la consciencia de los Seres Inteligentes Avanzados y aprender de ellos.

Yo no creo en entusiasmo, sino más bien en inspiración. Entusiasmo no dura más de un día y medio, mientras que la inspiración dura para siempre. Cualquier cosa que queramos hacer, debemos hacerla con inspiración.

En el futuro, la Tierra brillará, tal como lo hizo en tiempos pasados. Hay un dicho búlgaro que dice que donde fluyó antes, fluirá nuevamente. Los Seres Avanzados ordenan nuestras vidas. Ellos están invirtiendo algo nuevo en vuestras cuentas. Es importante que ustedes se aseguren que todo lo que ellos le han dado, crezca. También es importante que ustedes también inviertan en las cuentas de ellos. ¿Como? A través de su gratitud para con ellos. Sean agradecidos para con sus amigos de lo Alto que los están ayudando.

Todos los Seres Sublimes se reúnen alrededor de aquellos que tienen aspiraciones sublimes.

≈

Las Canciones del Maestro

El Maestro le daba atención especial a la música. Sus canciones acompañaban todas nuestras actividades. Nosotros siempre estábamos cantando. El día comenzaba con música y concluía con música. Cada presentación del Maestro comenzaba y terminaba con cantos. Para el Maestro, la música era tan necesaria como el aire. Todos cantábamos juntos, al unísono o en coro. En algunas ocasiones especiales, algunos solistas interpretaban las canciones del Maestro.

El Maestro estudiaba música constantemente. El estudiaba los efectos y el poder de expresión de los tonos, las escalas, las modulaciones y los ritmos. El nos indicaba su significado en relación con la Vida Sublime. El podía interpretar la Vida Sublime para nosotros a través de la música.

Nosotros nos alegrábamos cuando el traía su violín a la clase, y nos preguntábamos que tocaría para nosotros ese día. El abría la caja y sacaba su hermosos y reluciente instrumento, envuelto en suave terciopelo. El lo limpiaba cuidadosamente con su pañuelo y luego sacaba el arco. Cada movimiento del Maestro era bello, refinado y repleto de atención. Cuando el Maestro tocaba, lo hacia suavemente, y sin efectos técnicos, pero demostrando aun así una perfecta técnica, simpleza, pureza y expresión. Su música evocaba profundos sentimientos y despertaba imágenes. Comúnmente el improvisaba extensas melodías y variaciones que fluían libremente, naturalmente como un manantial. Desafortunadamente, este tesoro musical no fue grabado.

En nuestra presencia, el Maestro creaba una canción a partir de un texto, o comenzaba con un pequeño motivo, de uno o dos compases solamente. Y luego, de modo simple, una melodía había sido creada y una canción había nacido. En otras oportunidades, siguiendo el estado emocional de un discípulo, el creaba una melodía corta en respuesta, la que contenía el asombroso poder de cambiar ese estado de ánimo.

El Maestro generalmente nos dio canciones completas, perfectas melodías a las que no se les podía agregar ni quitar nada. El presentaba las nuevas melodías en clase o en frente de un grupo de discípulos, de los cuales el resto lo aprendería más tarde. El Maestro se relacionaba con cada nueva canción con mucho amor, como si fuera un querido amigo que había esperado por mucho tiempo. Ese amor era transferido a los discípulos también. Así es la Ley.

El Maestro cantaba con inspiración. Su voz era profunda, tenía inspiración y riqueza con incontables posibilidades. El podía comunicar todas las facetas del sentimiento y el pensamiento. De pie, con los ojos cerrados, el Maestro acompañaba sus canciones con hermosos y expresivos gestos. El era un artista fascinante.

El Maestro animaba a sus discípulos a cantar y tocar instrumentos. Muy pocos no lo hacían. El Maestro estaba rodeado de músicos. El trabajaba constantemente con ellos. En sus últimos años, el fijó los horarios de algunos de ellos. El les transfirió a ellos sus ultimas canciones, aquellas que el había mantenido dentro de si mismo por mucho tiempo, las canciones sagradas. El las cantó o tocó en su violín, mostrándole a los músicos como interpretarlas, hasta que lograron aprenderlas suficientemente bien como para escribirlas y luego pasarlas al resto de los discípulos. Al mismo tiempo el dio muchos conciertos en los que interpretó numerosas canciones ricas en melodía y modulación. Estos eran ejemplos de la nueva música. En algunas conversaciones el explicó las Leyes en que se basaban. La música era un tema favorito de nuestras conversaciones con el Maestro.

El Maestro nos dijo:

Nuestras Canciones[30], las canciones de la Hermandad de la Luz, no cambiarán, aunque pasen miles de años. Por ejemplo, en "El Brillante Dia" (*Svetal den*) o "El Sol Se Eleva" (*Izgryava Slantseto*) siempre habrá un día brillante y el Sol siempre se elevará. La canción "Yo Rejuveneceré" (*Az shte se podmladya*) no ha sido inventada: su tema existe en la Naturaleza. Los Seres en el Mundo Divino lo viven.

Una hermana preguntó: "¿Como están viviendo este tema?"
El Maestro respondió:

Ellos la cantan mientras viven.

Nuestras canciones existen en el Mundo de lo Alto y nos son enviadas desde allí. Cunado las cantamos, los Seres Sublimes vienen a ayudarnos. A través de las canciones nosotros vamos hacia ellos y ellos vienen hacia nosotros. Todas y cada una de nuestras canciones han sido traídas de los Alto y corresponde a una canción que existe en el Mundo Divino.

Cada una de nuestras canciones es creada de acuerdo con el Plan de las Escalas Sublimes que viene de lo Alto. Y mientras nos hallamos aquí, cantando y tocando, si lo hacemos de acuerdo con la esencia real de estas Canciones celestiales que vienen de lo Alto, nosotros recibiremos la bendición del Mundo Divino.

---

[30] Las canciones mencionadas en esta presentación han sido publicadas en el libro "Songs of the Master", 2006.

Cuando uno canta con pureza, Amor y con total armonía entre la mente el corazón y la voluntad, dirigiéndonos hacia lo Divino, en ese preciso momento, nosotros nos conectaremos con el Ritmo de las Canciones Celestiales de las que se originaron nuestras canciones. Y entonces nosotros recibiremos el Flujo Divino de bendiciones.

Estas Canciones Divinas son cantadas eternamente en lo Alto. Ellas resuenan allí permanentemente. A través de ellas el Universo es creado y construido. Mozart, Bach, Beethoven y otros, trajeron en sus composiciones fragmentos pequeños de lo que existe en el Cielo.

En el futuro, los temas para las óperas serán seleccionados de nuestras canciones, como también de algunos de los movimientos de la Paneuritmia. Tras esto, los temas para las óperas serán inspirados por nuestra vida en los Siete Lagos de las montañas Rila y nuestra vida en Izgrev. Nuestras canciones estarán entrelazadas dentro de estas óperas.

Todas nuestras canciones son visionarias y dentro de ellas está su cumplimiento. Todas las palabras en ellas evocan un solo significado. Nosotros adornamos las canciones con imágenes. La joven hermosa de la que hablamos en una de nuestras canciones es el pensamiento sublime, la idea sublime y lo Divino dentro de los seres humanos. Nosotros presentaremos las nuevas ideas a la humanidad a través de las imágenes de un joven y una joven.

Nuestras canciones no hablan del pasado sino del presente.

Nuestras canciones son variadas, tanto en escalas mayores como menores. Algunas comienzan en la menor y terminan en la mayor, mientras otras proceden en dirección opuesta. La canción "El Sol Se Eleva" está en la mayor, mientras que "*Mahar Benu*" comienza en la menor y concluye en la mayor. La menor indica el dirigirse hacia afuera para alcanzar algo, mientras que la mayor indica el retorno con lo ganado, el regreso del campo de batalla. La canción "En Todas las Condiciones de la Vida Nunca Pierdas la Paz" (*Pri vsichkite usloviya na zhivota ne gubi svoya mir*) está escrita para solista y debe ser interpretada con ardor.

La misma Ley se aplica a la música y a las piedras preciosas. Algunas piedras son formadas bajo gran presión y temperatura. Se necesitan personas que valoren estas canciones. Personas ignorantes dejaran de lado una piedra preciosa pensando que es solo una piedra. Para que las personas valoren la música necesitan cantarla ellos mismos y también escuchar cuando otros las canten. Esto no es algo que pueda estudiarse en teoría solamente.

Del mediodía a la puesta del Sol tenemos una disposición para con la música, y desde el amanecer hasta el mediodía tenemos otra.

Algunos cantan "El Sol Se Eleva", pero no lo hacen como deberían. Cuando sale el Sol el corazón vibra con anticipación. El Sol trata de darle algo a cada brizna de pasto, a cada piedra, y ellos se regocijan. Y, aun así, ustedes cantan esta canción de modo ordinario, sin expresar nada de esto.

La canción "Marchen Hacia la Gloria y Batallen por El Rey de Zion" (*Napred, napred zas lava, v boy za tsarya Sionski*) yo se las di en 1888 en el pueblo de Hotantsa[31] antes de irme al extranjero. Yo también les di más canciones que no han sido interpretadas para grandes audiencias todavía. Yo sólo he interpretado la canción "El Hijo Prodigo" (*Bludniya sin*) unas pocas veces.

El Maestro permaneció en silencio por un tiempo, y luego cantó una nueva canción:

"En el amanecer de mi vida,
Yo me desperté temprano
Y salude al Sol naciente.
El me trajo la feliz noticia
De que soy amado por Dios."

Luego, el Maestro continuó:

Esta canción es muy profunda, sagrada y mística y, por lo tanto, no es para las masas.

Tras esto, el Maestro interpretó otra nueva melodía en su violín y dijo:

El significado de esta canción es el siguiente: todo es posible en la vida cuando uno sabe como hacerlo correctamente. Esta canción provee un modo en que uno puede corregir su vida.

---

[31] Hotantsa: pueblo en Bulgaria donde Peter Deunov trabajó como maestro de escuela.

En el presente somo la comunidad más musical. En ningún otro lugar pueden hallarse tantas canciones nuevas. Somos una comunidad espiritual que posee una nueva música.

Algunas canciones ayudan a la mente, otras ayudan al corazón, y otras a la voluntad.

Yo tuve cuatro maestros de música en Bulgaria. El primero era un lirico, el segundo un clásico, el tercero se asemejaba a Mozart con sus alegres melodías. Después de esto vino un clásico que tocaba para mi mientras yo tomaba clases con él.

Hace falta formar una pequeña orquesta en Izgrev. Necesitamos dar un concierto de la nueva música en Sofia.

Surgió la idea de presentar nuestra música en las escuelas. Un hermano mencionó que él estaba preparando una colección de nuestras canciones para niños para su publicación.

El Maestro dijo:

Uno debe comprender como enseñar nuestra música a los niños y que métodos usar. Es necesario despertar en las personas el estado musical a fin de que ellos luego creen hermosa música. El método para enseñarle canciones a los niños es el siguiente: primero, con la debida preparación, la Naturaleza debe ser hecha viviente para que puedan cantar. Como es posible que canten acerca de los ríos, los manantiales y los arboles cuando todos estos no han cobrado vida para los niños. Ellos deben tornarse vivos, reales.

≈≈

Los Colores

Cada ser vivo, cada pequeña flor, cada árbol frutal tiene en si ciertas fuerzas de la Naturaleza. Cuando ustedes aman y cultivan estas fuerzas, ustedes pueden percibir lo que ellas ofrecen.

El Maestro usaba todo para la instrucción practica y el aprendizaje. Durante nuestras caminatas y salidas, el dirigía nuestra atención hacia las plantas, los animales, las rocas y las nubes revelándonos la idea que la

Naturaleza había puesto en ellos, en otras palabras, lo Divino que en algún momento se manifiesta. El Maestro usaba lo Divino en la Naturaleza como el impulso más natural a fin de despertarlo en nosotros.

En la primavera, cuando la Naturaleza despierta, nosotros íbamos al campo con el casi todos los días. Un día, mientras nos señalaba el mundo que nos rodeaba, iluminado por el Sol, el Maestro dijo:

Los colores son la mayor bendición. Esta es la abundancia de Dios, la puerta por la cual todos los dones vienen desde el mundo Invisible. El jacinto blanco es un símbolo de generosidad. Ha venido a la Tierra a aprender la generosidad, a manifestar su generosidad, a aprender los caminos de la generosidad y a dar. El clavel es un símbolo de la salud. Una persona que desea estar saludable, ser resistente y no sufrir ninguna enfermedad debe cultivar claveles de cualquier color. La rosa imparte dulzura. Si ustedes desean ser dulces, cultiven rosas. Cada flor imparte diferentes virtudes. El tulipán enseña las reglas del dar y como dar. La persona que desea ser fuerte debe aprender del color violeta. Este es una manifestación de la fuerza. El color azul trae fe, el amarillo trae sabiduría. El color verde provee vitalidad y salud. El naranja brinda individualidad y el rojo provee vitalidad y agilidad.

El Maestro indico las nomeolvides que crecían en el pasto alrededor nuestro y dijo:

Desarrollen su fe. Usen todas las bendiciones que les brinda su fe. Observen los colores de las flores y noten la influencia que cada color tiene en ustedes. También hay colores en el aura humana. Para aquellos que lo pueden ver, el color del odio se manifiesta en el aura humana como oscuridad.

La Naturaleza sana a través de los colores. Aquellos que tienen la imaginación y la sensibilidad hacia los colores pueden rejuvenecerse a través de ellos, no sólo a través de los colores del mundo físico sino también a través de los colores del mundo mental. Esto sucede así: concéntrense y visualicen un color, por ejemplo el rojo, en su forma más pura. Sumérjanse en él. Imaginando que una lluvia de luz roja está cayendo sobre ustedes y ustedes están inmersos en ella. A través del color rojo ustedes recibirán vitalidad. Ustedes pueden hacer lo mismo con el color amarillo: rejuvenece los pensamientos y la mente. El color azul trae tranquilidad y paz. Por ejemplo, si ustedes están agitados, descorazonados o preocupados miren al cielo azul y les dará paz y tranquilidad. El naranja les brindará confianza en si mismos y autosuficiencia, y a través del verde obtendrán relajación y crecimiento, y con el violeta poder y fuerza espiritual.

Los siete colores existen en los diferentes mundos, en diferentes octavas, y se diferencian en su efecto y significado. En el mundo físico tienen un significado, y en los otros Mundos tienen un significado diferente. Ne las octavas mas bajas, el color rojo indica una tendencia a la belicosidad, mientras que en lo sublime indica vitalidad. El color naranja, en las bajas expresiones indica individualismo, mientras que en lo sublime indica el individuo al servicio de Dios y de la humanidad. El color verde en su baja expresión implica aferramiento a las cosas materiales, mientras que cuando esta elevado indica crecimiento y desarrollo de las personas que trabajan en su perfeccionamiento mientras ayudan a sus semejantes. El color amarillo puede significar, en su baja expresión, el intelecto sometido a la búsqueda de metas personales, mientras que en su alta expresión muestra la inteligencia usada al servicio de la humanidad. El color violeta expresa poder usado solamente para uno mismo o poder usado para el beneficio de otros, según se halle en su baja o alta expresión.

~~~

Alegría

Un día, el Maestro dijo:

Hoy en día las personas sufren, pero cuando lo Divino llegue, llegará la Alegría.

El sentido de vuestras vidas y su verdadera alegría se basas en su entendimiento fundamental del Amor. Donde hay Amor también hay Vida. Y donde hay Vida, también se encuentra la alegría. En un hogar donde reina el Amor, todos son felices.

Aquellos que no perciben el Amor, la Sabiduría y la Verdad, llorarán. El profeta Jeremías (31:13) dijo: "Porque Yo transformaré su pesar en gozo, Yo los consolaré y hare que se regocijen en lugar de lamentarse".

Todo amor que no acarrea Alegría y Luz no es verdadero Amor. El Infierno es el lugar en donde falta el Amor. Donde no hay Amor, Sabiduría y Verdad ustedes encontrarán el infierno. Donde hay Amor, Sabiduría y Verdad ustedes encontrarán el Paraíso.

¿Como puede un hogar no ser lastimero, si en el falta el Amor? Cuando llegue el Amor, ustedes estarán listos para sufrir con Alegría todo lo que venga.

Cuando ustedes tienen Amor ustedes están felices y tienen energía para trabajar. Cuando pierden el Amor, caen en la desesperación. Cuando la madre pierde a su niño, cuando el hermano pierde a su hermano, cuando alguien pierde a un amigo, ellos se desesperan.

Cuando el Amor entra en el corazón humano, el mundo toma una diferente apariencia. Ustedes encontrarán todo placentero y trabajarán alegremente. Cuando ustedes aman, el mundo se abre frente a ustedes y ustedes lo ven con una belleza que nunca habían visto antes. Si ustedes no aman, el mundo es oscuro e incomprensible para ustedes.

≈

Conocidos

El Maestro dijo:

Las personas son enviadas a este mundo para que se conozcan unas a otras. ¿Cuantas personas conocen en el presente? ¿Pueden decir que realmente conocen a una cierta persona? Hoy dicen que lo conocen, pero mañana verán que no lo conocen. Hoy dicen que alguien tiene grandes dones, y al día siguiente ustedes dudan de que los tengan. Esto quiere decir que no los conocen.

Con los ojos del cuerpo uno sólo puede ver las sombras de las cosas. Sin Amor no se puede conocer, no se puede ver. Sin Amor, la vida no tiene significado. El Conocimiento provee solamente del Amor. Solo si ustedes aman pueden llegar a conocer.

Dios nos conoce de acuerdo con la Ley del Amor. No piensen que El solamente nos conoce mecánicamente.

¿Que personas conocen ustedes? Aquellos que han hecho algo bueno por ustedes, aquellos que los han ayudado. Si a ustedes no les agrada alguien, ustedes no lo conocen.

Si llegan a amar correctamente a alguien, verán que en su alma, mente y corazón se esconde algo grande. De no ser así, hoy estarán encantados con alguien y mañana se decepcionarán. Si aman a alguien verán dentro suyo muchas cosas, todas maravillosas.

La apariencia externa de una persona no es todavía el verdadero ser humano. En el interior del ser humano se halla algo muy bello, que sólo puede ser percibido por aquel que ama.

Ustedes nunca llegarán a conocer a una persona mientras solamente miren su apariencia física. Esto explica por que hay personas que no les son agradables a ustedes mientras que lo son para otros. Ustedes sólo ven su apariencia, mientras que los otros lo conocen desde adentro y ven lo Divino en su interior. Ustedes no ven nada especial en esta persona porque ustedes no la aman. Pregúntenle a aquellos que la aman que es lo que ven.

〰

El Camino de la Realización

El Maestro dijo:

Entren en un cuarto y lleven a cabo el siguiente experimento. Cierren las ventanas y los postigos y permanezcan en la oscuridad. Tras eso abran las ventanas y ciérrenlas nuevamente. Observen las condiciones en la oscuridad y en la presencia de la luz. Cuando las ventanas están abiertas, la situación es similar a la presencia del Amor, y cuando están cerradas, a la situación sin Amor. En la ausencia del Amor las cosas pierden su fuerza y significado. Los Ángeles que rechazaron el Amor perdieron una gran parte de lo que tenían y cayeron. En un comienzo eran poderosos, pero después un Ángel los ató con cadenas y los lanzó al abismo. Y así perdieron su poder. A la tentación de las cosas yo la llamo "la pendiente resbalosa". Ustedes se deslizan porque no tienen nada de que aferrarse.

Cuando alguien ama, el debe saber que se hallará aferrado y atado a los más Inteligentes y Sublimes de los seres. Ellos observarán como el expresa su amor. Amar equivale a llevar a cabo un acto sagrado, no en frente de sus semejantes, sino en la presencia del Mundo Sublime. La Bendición de Dios se basa en como llevan a cabo este acto. Dios extiende Su Mano hacia aquellos que expresan su amor correctamente.

El Amor organiza el cuerpo espiritual humano. El Amor aun puede transformar la materia. Con Amor, las energías humanas toman otra dirección y comienzan a construir el cuerpo espiritual en que habitará el ser humano del futuro. Los poderes creativos que lo construirán son llamados a la acción a través del Amor. Por este motivo, los santos y las buenas personas experimentan estados vibratorios que el resto de las personas ni siquiera pueden imaginar. Ellos han atravesado por grandes sufrimientos interiores a fin de alcanzar estas vibraciones.

En apariencia, el Amor es el menor de los poderes, pero en realidad es el mayor poder que existe en el mundo. El Amor es la palanca que mueve todo. El dinero y el poder sirven al Amor. Estamos llegando al fin del mundo del dinero y las leyes humanas, y estamos entrando en el reino del Amor.

El Amor es el alimento del alma, es nutrición esencial para la vida de las personas. ¿Que es el Amor? Es aquello que continuamente imparte Vida a vuestras almas.

Si yo hago algo pequeño por alguien o lo invito a mi casa, ¿es esto demostración de que lo amo? No. Es posible que hoy le den algo a alguien, lo inviten a su casa o hagan sacrificios por él, pero mañana no quieran ni oír hablar de esa persona. En el Amor Divino hay algo grande que se construye constantemente. Provee las condiciones necesarias para el desarrollo del alma. La luz y el calor del Sol le dan a la planta el impulso necesario para que crezca. Del mismo modo, el Amor hace crecer al alma humana. Cuando las condiciones sean apropiadas, las plantas florecerán. Esto no se debe solamente a que hayan sido plantadas. El Amor provee las condiciones para que nuestras habilidades se manifiesten.

El Amor vence a la muerte. Las personas mueren porque la Vida Divina no les ha sido brindada todavía. Aquel que habita en la Ley del Amor recibe Vida día a día. La Ley dice: La Divina Fuerza Vital no pasará por aquellos que no aman, y por lo tanto ellos se marchitarán y morirán.

Amar a alguien indica que ellos crecerán y prosperarán gracias a vuestro amor. Ustedes también crecerán y prosperarán. Ustedes se preguntan por que es necesario amar. A fin de que crecer y manifestarse, a fin de que sus consciencias se despierten, y a fin de que comprendan por que han venido a este mundo.

El Amor Divino no tiene ninguna semejanza con las emociones y disposiciones humanas. Puede ser reconocido por las siguientes características. Cuando el Amor toca a la persona lenta de entendederas la convierte en inteligente y sabia. Cuando toca al muerto, el vuelve a la vida. Cuando toca al leproso, el es curado. Cuando toca al descorazonado, las penas desaparecen.

Todo el conocimiento humano que ha sido acumulado en 8000 años no puede compararse a la mas pequeña Manifestación del Amor Divino. Por eso es que hay tanto más para que ustedes aprendan.

En este Amor no hay desesperación, enfermedad u oscuridad y todos los conflictos desaparecen. Acaba con todas las disputas y los malos entendimientos. Si esto no les sucede a ustedes, no podrán decir que viven en el Amor.

En la Ley del Amor no hay contradicciones. Si ustedes comienzan a hacer algo con Amor, seguramente tendrán éxito. Es posible que el mundo se ponga de cabeza, pero aun así lo lograrán perfectamente.

A aquel que sufre yo le digo: Acepta el Amor. No pienses en la enfermedad. El Amor es el poder que puede curarte. El Amor cura todas las enfermedades. Aumenta las vibraciones del organismo humano y lo vuelve resistente a las influencias externas y los microbios.

Cuando una persona se desmagnetiza, pierde su fuerza vital y se enferma fácilmente. Con cada desmagnetización se crea una fisura en el doble etérico a través de la cual escapa una gran cantidad de energía vital. Cuando esto fisura es sellada, la persona se vuelve nuevamente saludable. Desde el Amor emana energía que sirve para sellar y tapar aun la más pequeña fisura en el sistema nervioso.

Un amigo me preguntó que podía hacer con su hermana que se hallaba enferma a fin de sanarla. Yo le dije que, si su hermana aplicaba el Amor Divino, ella seria sanada.

Cunado ustedes trabajan con Amor en la curación de una enfermedad, ustedes notaran mejoras al comienzo, seguidas de una recaída. Tras lo cual seguirá una mayor mejoría que será seguida de una recaída menor. De este modo, las condiciones se alternarán hasta que se logre la completa recuperación.

Si alguien es neurasténico, esto indica que tiene poco Amor. Si tiene dolores en el estómago, el pecho o la cabeza, indica falta de Amor. Aquel que tiene salud débil debe amar.

Experimenten para probar por ustedes mismos la realidad de esta Ley. Si ustedes sufren de reuma, tienen una fiebre o cualquier otra enfermedad, manifiesten Amor Divino y su salud mejorará a corto plazo. Cuanto mejor manifiesten el Amor, tanto más rápido se sanarán.

Para ser sanada, una persona enferma sólo necesita tocar a una persona visitada por el Amor Divino.

La muerte es una indicación de que las personas aun no han resuelto los problemas de la Vida, aun no han encontrado las respuestas correctas.

Alguien dice que no quiere vivir. ¡Pero él no ha vivido aun! Hasta ahora has sufrido, de ahora en más, vivirás.

≈

La Música de la Naturaleza

En la Naturaleza existen días llenos de música. Durante esos días uno debe escuchar atentamente, ya que hay música aun en los ruidos distantes de la vida. En días como esos, cantar o tocar música es tan natural como respirar.

Cuando nos reuníamos alrededor del Maestro siempre cantábamos sus canciones. Era una expresión natural de la Vida Universal. Aun así, en algunos días especiales en que nos alineábamos con ciertas escalas de la

Naturaleza, las canciones sonaban diferente. Las harmonías surgían natu-
ralmente, y las melodías estaban impregnadas de significados, abundancia
e intensidad especiales. En uno de estos días estábamos alrededor de nuestro
amado Maestro cuando surgió una pregunta acerca de la música de la
Naturaleza.

   El Maestro dijo:

Hay Seres que cantan en coro mientras se desplazan por el bosque.
Hay harmonía en su música. Su canto no puede ser percibido con los
oídos materiales. Es un canto etérico. Pero aun así es real. El viento y la
tormenta son musicales, pero el oído humano carece de la sensibilidad
necesaria para percibir esta música.

   ¿Cual es el concierto más sublime? La salida del Sol.

   En la tormenta, los truenos, la caída de las gotas de lluvia, yo escucho música. Es un gran concierto.

   Haremos un experimento con la luz del Sol. Dejen que les hable a
ustedes, la luz contiene música. No hay harmonía de tonos mas sublime que la que emana de las vibraciones de los rayos del Sol.

   El susurro de las hojas en los arboles es un tono que aparenta ser
solo un ruido para el oído no desarrollado. Ustedes van a conciertos
y escuchan la música de Schuman, Mozart, Bach y Beethoven. Pero
si el oído estuviera mas desarrollado en las personas modernas, nosotros preferiríamos escuchar el susurro musical de las hojas antes que
las composiciones de los grandes músicos. Entren en contacto con este
otro mundo musical.

   ¿Han escuchado la música de las flores cuando florecen, o el coro de
los árboles frutales cuando maduran? ¿Han escuchado la música de las
aguas cuando corren? ¿Han oído la canción de la brisa en el verano cuando acaricia los árboles? Ustedes podrán decir que todo esto es una ilusión,
pero no es así. Uno necesita el oído adaptado para oír estas canciones y
unirse a ellas. Todo en la Naturaleza está vivo. Hay gran significado en
todo lo creado por Dios. Hay música y canciones en todas las cosas.

   Todo ser vivo produce sonidos. Imaginen que el total de la Naturaleza es una gran orquesta. El cuclillo es el percusionista: uno, dos, tres
golpes y se detiene. Cada animal en la orquesta emite su propio sonido.
¡La Naturaleza es una orquesta majestuosa!

Los órganos del cuerpo humano, de acuerdo con las funciones que cumplen, también están definidos por tonos musicales. Por ejemplo, el corazón representa el *do*, el sistema respiratorio es el *re*, el hígado es el *mi*, los riñones son el *fa*, el bazo es el *sol*, la vesícula biliar es el *la* y el sistema digestivo es el *si*.

Cuando el sistema respiratorio humano funciona musicalmente en todas las escalas, decimos que se halla desarrollado normalmente. Aun la menor perturbación en una escala, cambiará su tono, lo que acarrea discordia en otros órganos. Nosotros, a esta discordia, la llamamos "enfermedad".

Para prevenir las enfermedades, ustedes deben proteger la integridad y frecuencia vibratoria de sus tonos.

Si ustedes entienden la clave y los tonos de su organismo, ustedes podrán transformar sus estados de modo de mantener el funcionamiento de su organismo en perfecto estado. Del corazón, la energía pasa al hígado. Esto implica que del corazón al hígado hay un conducto abierto, pero no del hígado al corazón. Por lo tanto, ustedes no deben dejar que sentimientos negativos entren en su corazón, ya que estos pueden afectar negativamente a su hígado.

Aquel que conoce y comprende la música de su organismo puede curara cualquiera de sus órganos cuando se enferman. Si tiene un problema en su sistema respiratorio, el tocará o cantará música en que la nota *re* se repita a menudo. La vesícula biliar se trata con la nota *la*.

Cada miembro del cuerpo humano se asemeja a un instrumento, mientras que el total del cuerpo es una enorme orquesta con miles de instrumentos y miles de seres que cantan y tocan mientras la persona conduce. Ustedes son grandes conductores musicales.

Los seres humanos tienen billones de servidores: las células del cuerpo humano.

Todos los órganos del cuerpo humano emanan tonos, ondas de radio musicales.

Los Ángeles son muy musicales. Hoy en día hay obras musicales escritas en notas, pero no hay obras musicales preservadas del pasado. Uno debe buscarlas en los Archivos Musicales Angélicos.

¿Pueden ustedes percibir música de trescientos mil o quinientos mil vibraciones? Esta es la música angélica. Esa música podría fundir el hierro y el oro. Esta música puede curar las enfermedades más incurables.

También hay música cuyas vibraciones son destructivas. Josué 6 cuenta lo que hicieron los judíos con sus cuernos: ellos rodearon las murallas de Jericó siete veces mientras tocaban, y las murallas cayeron. Si ustedes utilizaran esa música, en siete días podrían derribar todos sus impedimentos y obstáculos.

Ustedes dicen que sus corazones están heridos. Canten y toquen. No hay mejor método que este.

Temprano por la mañana los Seres Avanzados cantan en la Naturaleza.

Una hermana compartió su experiencia: "En 1928, mientras me hallaba en el quinto lago, Mahabur[32], yo escuche un coro de Seres Sublimes". Otra hermana también había escuchado este coro en el quinto lago.
El Maestro dijo:

No era que los Seres se habían reunido en el quinto lago, sino que el canto había sido transmitido por la radio y tu lo oíste ahí. El privilegio se debió a que la zona del quinto lago es un área sagrada, lo que hace que sea posible percibir allí el canto coral de esos Seres, como si se tratara de una radio.

Todos los grandes músicos han escuchado la música del Mundo Sublime y luego ellos escribieron lo que habían escuchado.

Cuando se oye ese coro, inicialmente parece que el coro se acerca cada vez más. Y luego parece que se aleja paulatinamente.

Una hermana dijo que ella se hallaba en el lago Mahabur con un hermano, y que él no podía escuchar nada. Otra hermana contó acerca de una experiencia similar que ella tuvo en el Bliznak Interior[33]: "Yo estaba con una hermana en el Bliznak Interior. El clima estaba perfectamente calmo y se acercaba la puesta del Sol. No había viento. Yo estaba allí en contemplación.

---

[32] Mahabur: El nombre dado por el Maestro al lago Babreka (el lago en forma de riñón), quinto de los Siete Lagos de las montañas Rila.
[33] El Bliznak Interior: la zona sur del lago conocido como Los Mellizos, el cuarto de los Siete Lagos de las montanias Rila.

En un momento yo sentí sonidos que parecía que venían de lejos, como el sonido del agua en una cascada produciendo música, Yo escuché atentamente y comprendí que esto no era algo que yo estaba oyendo con mis oídos físicos. Yo entendí que esto era algo que oía mas profundamente. Estos sonidos se hicieron mas fuertes y se esparcieron como un coro de voces ascendentes, tenores, bajos y sopranos. Los sonidos eran majestuosos, disminuyendo y luego volviéndose más fuertes. Cuando se fortalecían, uno podía comprender un canto de glorificación a Dios, como el Aleluya, un canto interpretado por miles de voces que se unían formando una poderosa voz polifónica. Esto continuó por treinta minutos o una hora. Quizá yo hubiera podido seguir escuchando, pero se oscureció y yo me tuve que ir. Yo le dije a la otra hermana acerca de la música, pero ella no podía escuchar nada. En otra occisión, en una noche de luna brillante, yo volví intencionalmente al mismo lugar para volver a experimentar ese fenómeno, y yo nuevamente oí la música".

El Maestro dijo:

Los Ángeles deben abrir nuestros centros musicales a fin de que podamos escuchar las Canciones que están siendo cantadas, y para que podamos escuchar la Música de lo Alto. En el futuro nosotros oiremos la Música de los Ángeles.

Existe una Música que es todavía mas grande: la Música Divina. Cuando ustedes oigan esta Música, olvidaran todo, y ustedes regresaran a sus hogares diciendo que todo ha concluido para ustedes y que de allí en más solo servirán a Dios. Para los Ángeles, la música humana es como un disco en el gramófono. La música terrenal es traída de lo Alto. Es traída para ayudar a la humanidad: viene del Mundo Invisible para ayudar a la humanidad.

Algunos músicos y compositores dirán que ellos han creado algo. En realidad, nadie ha creado nada. Un musico me pidió que le contara acerca de la nueva música, y yo le dije que no podía contarle nada, ya que entonces comenzarían las disputas entre los músicos para ver quien era el que la había creado.

Tanto la música coral, como la instrumental, es traída desde el Mundo Sublime. La Música proviene del Santuario del Templo. Siempre ha estado allí, pero ahora puede salir.

≈

Belleza

El trigo en el campo estaba preparando las espigas. El trigo estaba opulento. El aire estaba lleno de una fragancia refrescante, como después de la tormenta. Grandes nubes blancas se movían en el cielo. El Sol brillaba sobre el hermoso mundo de Dios. Nos acomodados alrededor del Maestro en el hermoso claro del campo. Durante la conversación, alguien presentó una pregunta acerca de la belleza.

El Maestro dijo:

La belleza es creada de acuerdo con Leyes internas, pero las personas lo buscan a nivel superficial. Hay tres cosas que crean belleza en las líneas del rostro: Amor por el Amor, o sea la conexión con la Naturaleza que forma la boca humana, Amor por la Sabiduría que forma la nariz, y Amor por la Verdad que forma la frente, los ojos y la mirada.

En la vida antigua, las formas carecían de belleza. Cuando comienza la Nueva Vida, las formas cobran belleza. En la Vida Divina, ellas tienen belleza perfecta.

La fealdad es indicativa de pensamientos, sentimientos y deseos negativos de los cuales uno debe librarse. Esos son pasados a la persona desde sus ancestros. Representan el material que uno debe procesar.

La belleza es una cualidad espiritual. Cunado uno reza constantemente, lee libros espirituales y se ocupa de buenos trabajos, su rostro recibe líneas particulares y una belleza especial.

La belleza es una expresión de la Verdad. Solo aquel que es libre puede obtener verdadero Conocimiento: el Conocimiento de la Naturaleza. Solo aquel que es libre puede ser bello.

La belleza es una manifestación de la Inteligencia Cósmica. Es una con el Amor y da significado a la Vida.

La belleza se halla en la simetría del rostro, pero también en su elasticidad, flexibilidad y vitalidad.

Dios es una Fuente de Belleza.

Busquen aquella Belleza que lleva la Imagen de Dios dentro de sí. Hay algo bello en las formas de la Naturaleza. Una Mano invisible trabaja en ellas y crea la combinación de formas que nosotros observamos. La Imagen de Dios se expresa en la Naturaleza. Hay veces en que la Naturaleza nos parece más bella: el cielo y el Sol son más hermosos, más radiantes, y más esplendorosos. Hay otras oportunidades en que la Naturaleza nos parece oscura y amenazadora. ¿Es este un cambio real en la Naturaleza? No. Cuando no vivimos bien, nosotros generamos una sombra y vemos la Imagen de Dios como amenazadora.

La belleza perfecta es un ideal humano. En el futuro, las personas serán bellas.

≈

Desinterés

Esa tarde, todos los que habían cosechado el heno volvieron de los campos a la casa. Estaban quemados por el sol, vivaces y alegres. La mayoría eran hermanos y hermanas ayudando a los campesinos. Les tomo varios días hasta que todo el heno estuvo cosechado. Después de la cena salió el tema de los nuevos tipos de trabajos.

El Maestro dijo:

Ustedes deben impartir los más puros pensamientos en la preparación de la comida, las vestimentas y otros bienes. Si ustedes desean construir una casa, contraten a las personas que no sólo sean buenos profesionales, sino que también sean personas de buen carácter. Mientras el trabajo es realizado, no se deberá decir ni una mala palabra, ni se deberá permitir que un pensamiento negativo entre en las mentes. De otro modo, entrarán toxinas en la casa. Más tarde, les resultará difícil quitar esas influencias negativas.

En el futuro, aquellos que preparan el pan deberán tener ideas sublimes que ellos instilarán en el pan. Si el agricultor aplica esto en su trabajo, sus campos rendirán más y mejores frutos. Si el trigo es cultivado con amor y alegría, el pan hecho con este trigo será nutritivo, y aquellos que lo coman serán inspirados con nuevas ideas.

En el futuro queremos introducir la correcta educación en el mundo, y luego en las escuelas se deberá contratar a las mejores personas: los mejores constructores para levantar el edificio, construir los bancos, los escritorios y todos los implementos para la enseñanza. Cuando digo "los mejores constructores" no sólo me refiero a aquellos que son excelentes en su profesión, sino que también son buena gente. Las gentes pueden decir que cualquiera puede construir las mesas o las sillas. Hasta ahora han sido hechas por cualquiera, y podemos ver el tipo de educación que tenemos. Todo trabajo que es realizado sin amor es un tormento. El descontento crea amargura.

La producción hoy en día se basa en la codicia humana. ¿Que puedes decir acerca de los zapatos que llevas en tus pies? Están hechos del cuero de animales que perdieron su vida violentamente. ¿Que tipos de pensamientos fueron introducidos por las personas que los desollaron y por los que curtieron el cuero? Algunos han impartido sus sentimientos de descontento ya que no son bien pagados, mientras que otros sólo se preocupan en aumentar sus riquezas. ¿Qué contribución a vuestro bienestar pueden proveer zapatos nuevos y brillantes? Solo lo que ha sido instilado en ellos, como ser los pensamientos negativos de aquellos que los produjeron. En no mucho tiempo, estos zapatos les traerán infortunios. Los zapatos podrán ser brillantes, pero acarrean infortunio a aquellos que los usan.

Quítense los zapatos y las ropas que han sido producidas a través del descontento humano. Es posible que ustedes piensen que esto es una superstición. No vivan ignorantes de aquello que acarrea infortunios a las personas. Uno debe colocar pensamientos y sentimientos positivos como así también deseos desinteresados en cada trabajo y acción. La miseria de uno es causada por el descontento instilado en los zapatos y las ropas que usa.

¿Que bien puede acarrear un cuchillo, si pensamientos asesinos han sido instilados en el? Cualquiera que tome este cuchillo en sus manos, sentirá el deseo de matar. En poco tiempo, un crimen será cometido con este cuchillo. El que produce cuchillos debe impartirles sus mejores pensamientos. Entonces cuando uno tome eses cuchillo en su mano no sentirá ningún mal sentimiento o deseo.

El cuchillo que ha sido usado para cometer un crimen será pasado por el fuego, será fundido en una azada, un martillo o un arado. Pasará a través de sufrimientos. Este es el único modo en que podrá ser purificado y liberado de los pensamientos asesinos que le fueran instilados.

Yo no les hablo para convencerlos, yo sólo les presento aquellas Leyes inclementes. Estas son las Leyes de la Naturaleza Inteligente. Aun cuando ustedes las rechacen, ellas seguirán ejerciendo su influencia.

≈

Tormento, Esfuerzo y Trabajo

Con respecto a las causas motivantes, podemos distinguir tres tipos de actividades. La primera es el tormento: uno es forzado a trabajar y, al hacerlo, desciende. La segunda es el esfuerzo: uno trabaja por un salario, y al hacerlo emerge de la materia densa y asciende. La tercera es el Trabajo: esta es una actividad que uno hace por elección, por Amor. El Trabajo es la Nueva Cultura.

El esfuerzo es un precursor de la Nueva Cultura. Uno trabaja por pago, por la recompensa, por dinero.

La actividad más sublime en la Tierra es la que se realiza por Amor. Esta actividad sobresale de lo ordinario porque es motivada por el Amor. Esto es cuando ustedes se sacrifican por el beneficio de otros ya que son capaces de hacer ese sacrificio tal como Cristo lo hizo. Pero estos son temas sublimes que no todos pueden comprender en su totalidad. Lo Nuevo que se aproxima al mundo consiste en trabajar por Amor.

Yo les dije antes que como motivaciones con respecto a una actividad hay tres tipos: tormento, esfuerzo y Trabajo. Yo aclararé el tema explicándolo de otro modo: existen principalmente tres motivos para nuestras acciones: ley, dinero y Amor.

El primer incentivo es la ley. Cuando ustedes trabajan bajo la ley no hay libertad. Cuando trabajan por dinero tienen un poco mas de libertad. Y cuando trabajan por Amor son completamente libres. Hasta ahora hemos servido a la ley y al dinero. ¿No es hora de que sirvamos al Amor?

Ustedes son conscriptos y les dicen: "Ustedes pelearán por su país y harán este trabajo". No hay pago, no hay nada, solo la ley.

El segundo incentivo es que ustedes trabajaran por dinero. Alguien los contrata para trabajar. Como ustedes no trabajan gratis, esa persona les ofrece un salario. Ustedes pueden negociar el salario hasta que lleguen a un acuerdo y entonces ustedes comienzan a trabajar.

Tras los incentivos de la ley y el dinero llegamos al tercer incentivo: trabajar por Amor. Cuando trabajan por Amor también son compensados, pero de un modo diferente. Y es así como llega un nuevo orden al mundo: Amor. Es el más poderoso de todos.

Las personas deben hacer la transición del esfuerzo al Trabajo. Esta es una actividad sublime. Este es el camino a la Libertad.

Aquí tienen un ejemplo acerca del Trabajo: un musico visita un hospital y toca para los enfermos, pero no solicita recompensa. El lo hace por un sentimiento de compasión. Un artista exhibe sus cuadros para elevar el espíritu de los enfermos. El tampoco quiere ser pagado.

Hoy tenemos esfuerzo, pero todavía no tenemos Trabajo. El Trabajo será la gran tarea de la futura generación.

Aquel que se halla en situación de tormento debe moverse hacia el esfuerzo. Aquel que se halla en situación de esfuerzo, debe comenzar a moverse hacia el Trabajo. Aun el menor servicio, el menor trabajo, hecho con Amor alcanza valores sublimes.

El Amor debe ser el primer impulso en todo. Hay una historia mitológica. En la antigüedad, un rey se paseaba por sus jardines con una canasta recogiendo cerezas. Un niño se acercó y le preguntó si el le vendería algunas cerezas, a lo que el rey respondió que el no las vendía. Entonces el niño le pregunto si no le daría algunas, el rey le respondió que sí, y le dio algunas cerezas. Pero el niño era brillante y le pregunto al rey si el quería que lo ayudara llevando la cesta. Caminaron juntos un tiempo, con el niño llevando la cesta, tras lo cual el rey le pregunto si él quería que le pagara por su ayuda, y el niño le dijo que no hacía falta.

Cuando uno trabaja para otros, uno usa Energía Divina, que no requiere pago alguno. Por lo cual el no debía ser pagado tampoco. Si algo le es dado, será como regalo de Amor y no como pago.

Todo lo que se hace sin Amor es una transgresión. Todo lo que es tomado sin Amor es un robo. Todo lo que es hecho con Amor tiene significado.

El Trabajo debe hacerse sin ningún interés material. Entonces seremos libres e independientes. La nueva moralidad requiere completo desinterés.

Aquel trabajo que se hace por dinero no es Divino. Aquel trabajo en que no esta envuelto el dinero, es Divino. Cuando ustedes van a trabajar para alguien, ustedes deberían decirle: "Yo trabajaré gratis". Completen su trabajo y luego váyanse.

Todo país necesita ideas nuevas para que llegue una Nueva Cultura que los transforme, eliminando las prisiones y las horcas.

Todos trabajarán sin necesitar ser pagados. Esto sucederá en el futuro.

¿Durante cuanto tiempo seremos atormentados? Hasta que comencemos a trabajar por Amor. Yo seré el primero en ir al campo y trabajar durante cinco horas sin recibir remuneración. Si todos hacemos eso, pronto seremos una nación avanzada. Si todos los hombres y las mujeres actúan de ese modo, ¡imaginen en lo que se convertiría Bulgaria!

El verdadero Trabajo es aquel en el que participa el Amor.

A veces las personas se comportan de modo raro. Cuando se tornan religiosos y espirituales, ellos abandonan el trabajo, dejan de servir. Esto no es correcto. De ahora en más ustedes deben comenzar a trabajar, y sin recibir pago.

La verdadera moralidad implica que todo lo que hagan los seres humanos debe ser dictado por el Amor. Donde no hay Amor hay crimen, falsedad y maldad.

¿Por qué no vivimos todavía en un mundo de harmonía? Ahora estamos entrando en la harmonía. La nueva humanidad que vendrá en el futuro es un emisario del nuevo Cielo, la nueva Tierra y el nuevo orden de las cosas. El primer artículo de la constitución en el Cielo dice: "Ustedes no trabajaran por dinero".

¿Cuanto le pagan al rio que riega sus jardines? Si los ríos pueden servir sin pago, ¿por qué no pueden ustedes hacer lo mismo? Uno debe comprender esto desde su punto de vista más amplio. No esperen dinero por su trabajo. No esperen gratitud ni apreciación: esto es lo mismo que esperar un pago. En su lugar, ustedes deben trabajar sin esperar nada. Cuando alguien les agradece por su trabajo, ustedes han sido pagados. Y si no les agradecen, ustedes recibirán su bendición en el futuro. Cualquier trabajo que hagan, ya sea físico o espiritual, ustedes deben hacerlo con Amor y buena voluntad. El estudiante espiritual no tiene permiso para estar holgazaneando.

En el nuevo orden la fruta no será vendida. Ustedes darán y recibirán fruta con Amor. Todo trabajo motivado por el Amor es gratificante.

El orden humano trae la adversidad, mientras que el Divino trae felicidad. ¿Por qué hay adversidad en el mundo? Porque la voluntad del hombre se impone a la Voluntad Divina. Del orden humano se generan contradicciones, mientras que del Orden Divino provienen las bendiciones. Las personas todavía deben explorar las Leyes Divinas. En el presente ellos estudian leyes que no son Divinas.

Cuando el Amor llegue, ustedes cantaran y tocaran música muy bien. Cuando no hay Amor, no hay inspiración. Si el Amor no esta trabajando, las cosas se detienen.

Pasen por algún lugar sin Amor, y observen como se comportan con ustedes las personas que se hallan allí. Otra vez, pasen con Amor y observen nuevamente su comportamiento. El mundo de la Belleza es el mundo del Amor. La Ley del Amor es la Ley de la Libertad. Sólo cuando trabajen con Amor ustedes podrán ser libres. La Libertad se obtiene sirviendo a Dios con Amor. Muchas veces ustedes sirven a seres que no han hecho nadad por ustedes. ¿Por que no servir a Dios que ha hecho todo por ustedes, que les ha dado todo?

Todos deberíamos comenzar a servir por voluntad propia. Entonces, desde el tormento y el esfuerzo, no moveríamos hacia el Trabajo. El tormento y el esfuerzo son karma, mientras que el Trabajo es dharma.

Una hermana preguntó: "*¿Bajo cuál de estas dos Leyes nos encontramos?*"

Ustedes están bajo la Ley del dharma. Cuando las personas comienzan a vivir bajo el nuevo entendimiento, ellos serán pagados por adelantado. Cuando el manzano les da sus frutas, les está diciendo: "Coman mi fruta y planten las semillas".

En la Nueva Vida, el Amor será el medio de intercambio, no el dinero. Cuando ustedes aman a alguien, ustedes le han pagado por adelantado, y el hará algo por ustedes. En el presente, la moneda corriente es el dinero. Y, por lo tanto, cuanto más les paguen, tanto más rápido y mejor harán el trabajo, y viceversa.

Todo trabajo, no importa cuan pequeño, que es realizado en el nombre del Amor, la Sabiduría y la Verdad alcanza un gran valor.

En el presente, no importa cual sea el trabajo que realicen, las personas siempre esperan ser pagadas. No es malo recibir algo por su trabajo, es lo esperado. Y aun así cuando yo digo que ustedes deberían trabajar gratuitamente, yo quiero decir que todo trabajo debería ser llevado a cabo siguiendo la Ley del Amor, ya sea pago o no. Todo trabajo que es realizado por Amor no puede ser pagado.

Un hombre contrato a varios trabajadores. El primero quería 500 leva por un día de trabajo, el segundo quería 400 y el tercero quería 300. El anteúltimo trabajador quería 10 leva, pero el ultimo dijo: "Yo no quiero dinero. Usted puede darme lo que quiera". Al atardecer, el empleador dio a cada uno lo que había pedido, pero al ultimo trabajador le dio 1000 leva, que era el doble de lo que el primero había pedido.

Esta primavera ustedes están trabajando en varios manantiales en el terreno. Las gentes en el mundo se sorprenderían de saber que ustedes lo están haciendo sin cobrar y diligentemente con alegría. Pero el mundo no sabe que aquellos que trabajan por Amor reciben el mayor pago, la mayor recompensa. Pero la reciben de modo misterioso: ellos no saben lo que recibirán.

Cuando ustedes realizan un servicio para un escarabajo, ustedes están realizando un servicio para Dios. El escarabajo reza a Dios, y cuando ustedes lo ayudan, están ayudando a Dios. Una planta le ruega a Dios pidiendo agua. Cuando ustedes la riegan, ustedes le han hecho un servicio. Esta buena obra que han hecho es para Dios. Las plantas también se lo agradecerán. Ellas tienen sentimientos.

No hay nada mas bello que trabajar para Dios. Esa actividad no es tormento ni esfuerzo. El orden social contemporáneo se basa en el tormento. Ustedes sirven sólo cuando aman, el resto es a la fuerza.

Dios no creó amos y siervos, estos fueron creados por los seres humanos que deberían vivir como hermanos. Amos y siervos es una idea humana. Todos los seres humanos son hermanos y hermanas cuando se hallan en relaciones puras y libres.

Hay un dicho: "Los fuertes pondrán el mundo en orden". ¿Pero como lo harán? Los fuertes deben servir a los débiles. En el hogar todos son servidores de los niños, porque ellos son débiles. En la nueva sociedad, será lo mismo: el fuerte servirá al débil.

¿De que debemos ser servidores? Del Amor, la Sabiduría y la Verdad.

La vida política basada predominantemente en la violencia será reemplazada por la cooperación y el servicio. Algunos se preguntarán si esto es posible sin dinero. Nosotros hemos convertido al dinero en nuestro amo y por eso decimos que vivir sin dinero es imposible.

En el Mundo Divino no hay pago por ningún servicio. Allí todos trabajan gratis. Llegará el día en que el dinero saldrá de circulación. Ustedes se preguntan como vivirá la gente. Tal como en el Cielo. Si ustedes le ofrecen dinero a alguien en el Cielo, ellos le dirán que eso no tiene valor allí. Ellos están contentos de darles algo a ustedes sin pedir dinero a cambio. Y de este modo, la Vida Espiritual es lo opuesto a la vida terrenal. La Nueva Cultura traerá el descenso de la Vida Espiritual hacia la Tierra. La vida actual es el resultado de un error. En lo Alto, en el Mundo Espiritual, la Vida existe en orden ideal.

Las reformas sociales que estamos emprendiendo ya han sido experimentadas por otros seres, y nosotros estamos copiándolas. Y aun así pensamos que el orden social que estamos preparando es una idea nuestra. Debemos aplicar en la Tierra exactamente lo que ya existe en el Mundo Espiritual. Moisés vio el modelo del tabernáculo en el Mundo Divino y lo construyo exactamente como se lo habían mostrado.

En el presente, el dinero es la principal motivación en el mundo debido a la falta de Amor. Esto no será así en el futuro.

Al terminar un concierto, Paganini encontró una niña que le dijo: "Yo deseaba mucho el poder escucharlo, pero como no tengo el dinero para la entrada, no pude hacerlo. Lo siento". Tras esto, Paganini fue a la casa de la niña y dio un concierto sólo para ella. Para ella, el tocó por Amor. Otro ejemplo: en el pueblo el vio un pobre que tocaba el violín en la esquina. Su cuenco estaba vacío de dinero. Paganini tomó su violín y comenzó a tocar. Muchas personas se reunieron a su alrededor y pronto el pequeño cuenco estuvo lleno de dinero. Esto es lo que significa tocar por Amor.

Si alguien viene y les pregunta si quieren trabajar, ustedes deben decirles que trabajaran gratis, que no quieren dinero.

Yo no necesito dinero, pero cuando lo deseo, siempre tengo una cantidad a mi disposición. Las personas quieren saber dónde está el dinero. Pero yo les digo que cuando lleguen a Amar a Dios, ustedes tendrán las llaves de todas las cajas de dinero.

Algunos dicen que sin dinero es imposible. Esto es tan cierto como cuando decimos que una persona enferma no puede valerse sin un automóvil. Es cierto. Pero una persona saludable no necesita el auto. El enfermo no puede valerse sin dinero, pero el sano si lo puede.

La ley y el dinero se hallan por delante del Amor en el presente, pero deben convertirse en sus servidores.

Mientras cría a su niño, la madre pasa muchas noches sin dormir, cuidándolo con muchos sacrificios. ¿Quién le paga por esto? ¿Esta haciéndolo por dinero? Aquí ustedes ven que ella se ha convertido en servidora del Amor y se sacrifica en nombre del Amor. Este es un ejemplo de servicio sin dinero: las madres sirven sin dinero.

El Orden Divino no es para todos hay personas que necesitan dinero para vivir. Y otros que vivirán sin dinero. Algunos viajan en carreta mientras otros van por avión. El que va en avión paga más, pero llega antes.

Desde mi punto de vista, el mundo se corregirá cuando las gentes comprendan que deben trabajar desinteresadamente, sin dinero y por Amor. Este orden existirá en el futuro. Esto será lo mas sagrado en el mundo.

Los eslavos deben dar el ejemplo acerca de como el dinero y los intereses personales deberán ser reemplazados.

El Problema Social

Las personas deben estudiar las leyes en sus cuerpos y sacar sus conclusiones acerca de las leyes y orden de la sociedad. Entonces existirá orden sistemático en el mundo. Estas tres cosas deben ser tenidas en consideración. Primero, a fin de poder estudiar las leyes que gobiernan el mundo material, se debe estudiar el sistema digestivo. Segundo: a fin de poder examinar las Leyes del mundo Espiritual, debemos estudiar el sistema respiratorio. Y, en tercer lugar, para poder examinar las Leyes del Mundo Divino, debemos estudiar las leyes del cerebro.

El estomago tiene millones de células dentro de el que, cuando trabajan idealmente, están especializadas y en harmonía. Hasta el más insignificante nutriente atravesará el cuerpo para nutrirlo. Aun si uno sólo pagara una centésima parte de un céntimo a cada una de esos millones de células, ¿cuánto deberíamos pagar? ¿cuanto más si les pagáramos un céntimo, o uno o diez pesos? ¿Existe alguien que tenga tanto dinero? ¿Podemos pagar por el trabajo realizado por estas células? No nos seria posible y, por lo tanto, trabajan sin ser pagadas.

Lo mismo se aplicará al mundo físico cuando llegue el Orden Divino. Todos trabajarán al unísono, tal como lo hacen estos millones de células, a fin de que el mundo pueda funcionar en orden armonioso.

Desde el sistema digestivo todo es enviado al sistema respiratorio y, desde este, todo va al cerebro y a todo el cuerpo.

En el futuro, todas las Leyes serán deducidas desde estos tres sistemas.

Cada trabajo que ustedes realizan debe relacionarse con el mundo físico, el Espiritual y el Mundo Divino. Este trabajo no debe ser puramente físico, sino que debe ser, al mismo tiempo, espiritual y Divino.

≈

El Maestro Acerca de Bulgaria

El Maestro viajaba extensamente por Bulgaria. El estudio a los búlgaros
por muchos años. Durante 11 años el realizó investigaciones y llevó a cabo
medidas antropológicas[34]. El estudio a los búlgaros de modo exhaustivo. El
estaba familiarizado con su pasado y su presente, con sus costumbres y su
carácter. El conocía su lado positivo, como también el negativo. El com-
prendía las profundas razones de las que emanan ciertas características,
bajo que condiciones y como se manifestaban.

Una vez, el Maestro dijo:

Los búlgaros tienen tres características positivas: primero los
búlgaros de Tracia vivieron aquí, quienes se llamaban *"Blagary"*[35].
Ellos eran buenos. De ellos, los búlgaros recibieron su inclinación
hacia lo místico y lo espiritual. Luego llegaron los eslavos que ocu-
paron la península Balcánica. De ellos, los búlgaros recibieron su
espíritu de sacrificio y desinterés. Finalmente llegaron los búlgaros
Asparuh[36], de los que recibieron coraje.

El Maestro comprendía el espíritu de esta nación, y lo Divino que se
hallaba en ella. El también comprendía los elementos foráneos que más tarde
se habían infiltrado en ella. Mientras estudiaba el carácter de los búlgaros,
el Maestro buscaba métodos para elevarlos. El tomó muchos ejemplos de
la vida de los búlgaros y muchas imágenes. El conocía muchas anécdotas
acerca de los búlgaros y se refería a ellas comúnmente en sus presentaciones y
conversaciones. Una vez, cuando nos encontrábamos en la montaña, surgió
una pregunta acerca de la nación búlgara.

---

[34] Se refiere al periodo 1901-1913, durante el cual el Maestro viajó por el país dando presentaciones y realizando estudios antropológicos.

[35] Blagati o Blagari: es traducido como "buenas gentes".

[36] Asparuh: Un Khan de la dinastía Dulo del séptimo siglo quien, en 680 AD estableció
Bulgaria como estado de la Alianza de Tribus Eslavas.

El Maestro dijo:

Hasta que uno no llegue a amar a una nación, uno no la conocerá. El gobierno búlgaro debería ofrecer una recompensa para aquel que escriba la mejor historia acerca del origen de la Nación Búlgara.

Ustedes han sido enviados a Bulgaria. El suelo aquí no ha sido cultivado, es suelo virgen cubierto de pasto. Uno debe cavar medio metro para cultivar y sembrar este suelo. Si uno desea ser fuerte y resistente, sólo pueden aprenderlo de los búlgaros. Uno debe vivir entre ellos a fin de aprender constancia de la voluntad.

¿Cual es la esencia del búlgaro? Ellos son los elementos mas duros que existen. Los búlgaros se distinguen por su gran dureza y tenacidad. Todo ser humano que viene a la Tierra debería pasar por los búlgaros y aprender dureza de ellos, para lograr el sello de dureza. Los búlgaros son la mejor semilla que crece. Los *Bogomilos* vinieron aquí para obtener esta cualidad, para poder así poder predicar mejor la Enseñanza Divina.

Es bueno ser duro, pero dentro de límites lógicos. No hace falta ser duro para las ideas ordinarias. Para ellas, uno puede ser flexible. Pero para lo Divino, uno debe estar preparado a hacer sacrificios sin temer, aun a enfrentarse a la muerte. Una persona que teme a la muerte no logrará nada. Los búlgaros son muy naturales, lo que es bueno. En general, los eslavos son concienzudos.

Los búlgaros tienen muchas buenas cualidades heredadas del pasado. Por ejemplo, cuando vuelve del viñedo, el acarrea un canasto con uvas. De este, el le da a los niños y a todo aquel que encuentra. Esta es una canasta especialmente reservada para los transeúntes. El no toca la canasta grande que está reservada para el hogar. Cuando él cosecha en la viña o en la huerta, él no recoge todo. El deja algunas uvas o frutas para que los transeúntes se sirvan por sí mismos. Esto es lo que se llama el espigueo.

Los búlgaros tienen una característica que los distingue: no le gusta que le den órdenes. Ellos harán mucho mas por ustedes si los dejan por si solos. Los búlgaros son hospitalarios. Cuando deseo visitar una casa búlgara, ellos me preguntan que quiero que me cocinen. Si, yo les digo que sólo querría algunas habichuelas con cebollas, ellos se preguntan si no querría también agregar algo de pollo. A ellos les gusta una buena comida, y preguntan repetidas veces si quiero esto o lo otro. Si te aprecian, ellos traen a la mesa lo mejor de lo que tienen disponible, las mejores uvas, las mejores sandias.

Cuando ustedes hablan con las personas, los búlgaros quieren saber si uno trabaja por dinero o sin dinero. Ellos me preguntan si yo estoy haciendo mediciones por dinero y yo les confirmo que no lo hago por dinero. Los búlgaros creen en la medición de las cabezas. Ellos son muy curiosos.

Yo le dije a un búlgaro que su fortuna dependía de su caballo y que debía tratarlo bien, y él me creyó y comenzó a tratar bien a su caballo y a su buey.

En los búlgaros existe una tendencia a la exageración. Ellos nunca pueden hablar de las cosas tal como son. Ellos necesitan exagerar. Este es un sentimiento desarrollado dentro de ellos. Si unas pocas personas se reúnen, luego dirán que había una multitud incontable en la concurrencia.

Una faceta positiva de los búlgaros es su gratitud. Cuando fuimos de visita al a montañas Rhodope en Tsigov Chark[37], cerca del pueblo de Batak, el hijo nos había hospedado en el aserradero. Pero el padre, un búlgaro testaruro, ni siquiera nos saludó. Nosotros le estábamos pagando, pero el ni siquiera nos quería saludar. Nosotros lo aceptamos sin preocuparnos. Un día, mientras el trabajaba en el aserradero, una astilla entró en su ojo, que pronto se inflamó. El hijo nos dijo que el ojo de su padre se estaba inflamando y que debía ser llevado a Sofia. Pero yo le dije que no había necesidad de hacer eso y que yo lo trataría. El padre se acercó y yo le dije: "Si vas a Sofia, allí te quitarán el ojo. Yo te ayudare sin que vayas a Sofia, y verán lo rápido que se arregla". Yo invertí su parpado y tomé mi pañuelo con cuidado. Removí la astilla y puse un poco de ungüento en la zona. Yo trabajé con mucho cuidado, tras lo cual le dije que su ojo estaría bien en un día. Al día siguiente, el hombre era suave como algodón. El puso pan, caballos y todo lo necesario a nuestra disposición. Luego nos dijo que el comprendía que no se había

---

[37] Tsigov Chark: una zona pintoresca en las montañas Rhodope que es un lugar de veraneo en la actualidad.

comportado correctamente. Este hombre desarrolló entendimiento. Yo invertí su parpado y retiré la astilla, y el inmediatamente vio el lado positivo. Nosotros construimos una fuente allí.

Los búlgaros son reconocidos por sus grandes poderes destructivos, a ellos les gusta destruir. Cuando va al bosque con su hacha, el corta un árbol allí, una rama allá. Si los búlgaros pudiesen transformar este impulso destructivo en uno de creatividad, ellos serian una gran nación. Los búlgaros deben comprender las fuerzas dinámicas que los atraviesan como búlgaros. Los búlgaros son una nación voluntariosa. Su nariz, su frente y su barbilla se hallan desarrolladas igualmente. Por esto, ellos no pueden ser personas solamente de sentimientos. Los búlgaros desean expresar su amor a través de las acciones. Ellos son buenos e inteligentes. Si los políticos hubieran escuchado a las gentes, ellos hubieran cometido menos errores.

Los búlgaros son capaces de aclimatarse a cualquier lugar. Mientras están en Bulgaria, ellos son tenaces, pero cuando van al extranjero, ellos se vuelven adaptables. Esta es una tendencia eslava.

En el presente, los búlgaros tienen las condiciones más favorables. El Mundo Invisible los esta ayudando. Ellos son de naturaleza pesimista y, dentro de ellos, la esperanza esta poco desarrollada.

Uno puede encontrar dentro de los búlgaros muchas falsas creencias religiosas. Todavía no se han liberado de la idolatría. Ellos tienen en sus vidas muchas cosas que no son Divinas sino humanas. Ellos creen en amuletos y no trabajan los martes y los viernes porque creen que les traerá mala suerte. Si un gato cruza su camino, ellos creen que tendrán mala fortuna.

Los búlgaros son musicales. En Bulgaria uno puede encontrar muchas personas con buen oído musical.

¿Cual es el significado de la palabra "búlgaro"? Es de origen antiguo. Sus raíces se esconden en el pasado remoto. El termino "búlgaro" representa a alguien que busca a su Maestro a fin de encontrarlo y aprender de El. Este es el significado de la palabra "búlgaro" desde el punto de vista de la Filosofía Divina. Esto indica que los búlgaros son aquellos que buscan y encuentran a su Maestro Realizado a fin de poder aplicar sus enseñanzas para poder mostrar a su nación y a sus semejantes como se debe vivir.

Ustedes se están preguntando si son búlgaros, y yo les digo que si ustedes pueden comprenderme, ustedes son búlgaros. Y si ustedes no pueden comprenderme, entonces no son búlgaros.

Hay dos tipos de búlgaros: los de la carne y los del espíritu. Los de la carne son mucho, pero los del espíritu son pocos. Los búlgaros de la carne no tienen derecho a crear un estado, pero gracias a los búlgaros de espíritu ellos han recibido el derecho a la soberanía. Un verdadero búlgaro es aquel que posee bondad, honradez, belleza, y atención plena. En otras palabras, el búlgaro genuino posee buen corazón, honradez de mente, belleza de alma y conciencia. Los búlgaros deben aprender a depender solamente de Dios.

¿Cuál fue el motivo por el cual los búlgaros cayeron bajo el dominio del Imperio Otomano? La razón para ello se esconde en la relación de los búlgaros para con Dios y la brecha que existía en esta relación. Los sufrimientos de las naciones provienen de los pensamientos, sentimientos, deseos y acciones impuros. Los búlgaros estuvieron bajo el dominio de los turcos por 500 años como castigo por la persecución de los Bogomilos.

Un hermano pidió: "Maestro, díganos algo acerca de la misión de los búlgaros en el futuro".

Ellos lo verán cuando llegue la hora. Bulgaria no está destinada a ser un país grande. Los búlgaros deben destacarse por otro motivo más allá del éxito en la guerra. Los gobernantes de Bulgaria han cometido muchos crímenes, tanto en Bulgaria como en otros países. Ellos no tienen sabiduría. Nunca debe haber violencia, asesinatos o tortura en Bulgaria. Algunos piensan que esto es imposible. ¡Ellos creen que matar es posible, pero que no es posible no matar! Los búlgaros deben comprender que es posible vivir sin violencia. ¿Hay un futuro para Bulgaria si continúa viviendo de este modo? ¿Es posible que los asesinatos hagan feliz al país? Todos deben comprender que existe una Ley Eterna que juzga a todas las personas igualmente.

Nuestros diplomáticos no son razonables. Para mí, un diplomático perfecto tiene coraje, presencia mental plena, comportamiento correcto y desinterés. En Bulgaria, las características de cuatro diplomáticos deben unirse para formar uno: Stambolov, Stoilov, Stoyanovich y Karavelov[38].

Un hermano preguntó: "*¿Existe alguien hoy en día en Bulgaria con todas estas características?*"

Hay algunos, pero no se pueden hallar. Deben ser buscados como el granjero busca trigo en el granero para sembrar los campos. Si se los busca, serán encontrados.

¿De que puede estar orgullosos un búlgaro? De que hay nobleza dentro de él. ¿Que han contribuido al mundo? Los búlgaros hicieron algo por el mundo a través de los Bogomilos. Los búlgaros han traído el principio de la libertad.

Un hermano preguntó: "*Maestro, ¿por qué fue Bulgaria elegida anteriormente como lugar para los Bogomilos y ahora nuevamente para el movimiento de la Gran Hermandad de la Luz?*"

Esto se debe a que Bulgaria tiene muchas montañas. Una poderosa corriente Divina baja del macizo de las montañas Rila. Aquellos que se hallan cerca de este macizo tendrán, naturalmente, buenas condiciones para ser elevados, ya que se hallan bajo esta influencia beneficiosa.

Los búlgaros han existido desde tiempos prehistóricos. El nombre de un niño puede ser cambiado múltiples veces, pero el cambio de nombre no cambia a la persona.

Los Poderes Conscientes de la Naturaleza, la Hermandad de la Luz, han estado preparando a los búlgaros por 5400 años para los tiempos

---

[38] Stefan Stambolov (1854-1895): revolucionario y politico búlgaro que luchox por la independencia de Bulgaria del Imperio Otomano y sirvió como primer ministro de Bulgaria en el periodo 1887-1894.
Konstantin Stoilov (1853-1901): representante a la Asamblea Nacional Búlgara, leader del partido conservador y primer ministro.
Ivan Stoyanovich (1862-1947): político y periodista que fuera uno de los organizadores de la Unión de Rumelia del Este con la Principalidad de Bulgaria en 1885. Sirvió como representante en la Asamblea Nacional y como ministro plenipotenciario en Budapest.
Petko Karavelov (1843-1903): político y líder del partido liberal hasta 1886 en el Nuevo Reino de Bulgaria.

que se avecinan. Ahora Ellos están ayudando a Bulgaria.

Ya que Bulgaria se halla en su siglo de oro, nadie puede causarle daño. Nadie puede quitarle lo bueno y las condiciones beneficiosas durante los eventos presentes. Si estos eventos hubiesen sucedido en otra época, los búlgaros hubiesen tenido un muy mal rato. Agradezcan que la Misericordia de Dios no los ha abandonado. Las condiciones son muy favorables para Bulgaria en el presente. El noventa por ciento de las condiciones conducen a que Bulgaria salga de esta guerra sin daños. Solo un diez por ciento es desfavorable. El Mundo Invisible está ayudando a que los búlgaros sobrelleven esta situación. La ayuda para los búlgaros viene de lo Alto.

Hasta ahora, los búlgaros han servido a los poderes de la oscuridad, pero ahora servirán a los Poderes de la Luz. Hoy en día, Bulgaria es una tierra santa. Me han traído membrillos que pesaban un kilo y peras que pesaban 700 gramos.

El único lugar en que el cielo ha cambiado es en Bulgaria. En los últimos 20 o 30 años ha cambiado y se parece al cielo de Italia.

El alma del búlgaro es como un campo bien fertilizado en el que todo lo que se planta, crecerá. El jardinero debe decidir que semillas sembrará.

Si los búlgaros quieren ampliar su horizonte, ellos deben aplicar las Enseñanzas Divinas. A mi me interesan los búlgaros en tanto y en cuanto ellos apliquen la Voluntad de Dios y sirvan a Dios. Si ellos no estuviesen siendo ayudados, los búlgaros no podrían salvarse a si mismos. Se hallan en tal situación que sólo lo Divino puede redimirlos. Todo lo sabio que se halla dentro de los búlgaros debe ser sacado a la superficie.

Los búlgaros deben visitar los manantiales. Los manantiales no los visitarán a ellos. Ustedes deben buscar aquellos manantiales de los que el agua fluye.

Un hermano preguntó: "*¿Significa esto que los búlgaros deben buscar lo Nuevo que les ha sido brindado por la Hermandad de la Luz que se halla ahora en Bulgaria?*"

Yo presto especial atención a los búlgaros para advertirles que una gran sacudida los espera. El Látigo ha sido preparado, y no es humano sino Divino. Este Látigo será usado en las espaldas de los búlgaros tanto como sea necesario hasta que sus mentes crezcan y se sometan a la voluntad de Dios y digan: "Pondremos nuestras mentes y corazones en harmonía con la gran Voluntad Divina".

Si Bulgaria acepta las Nuevas Enseñanzas, ella recibirá todo lo que necesite. Si no las acepta, nada le será dado. Cristo predico al pueblo judío hace dos mil años, pero ellos no aceptaron sus Enseñanzas. Y como se puede ver, dos mil años han pasado y ellos continúan deambulando sin una tierra propia[39]. ¿Creen los búlgaros que si no aceptan las Nuevas Enseñanzas los espera un futuro mejor que ese? Si la nación búlgara no acepta las Nuevas Enseñanzas, algo terrible esta esperándole. Yo no les digo que es, pero ustedes han sido advertidos y verán lo que vendrá. Pero si ustedes lo aceptan, serán una de las "primeras naciones".

En Rusia, Tolstoi dijo a las gentes que ellos debían volverse hacia Dios, pero ellos no lo escucharon. El era un mensajero de Dios, pero su voz era como uno clamando en el desierto. Tras eso, Rusia sufrió grandemente. ¿Creen ustedes que si no me escuchan Bulgaria no sufrirá? Yo deseo que los búlgaros sean los primeros en dar el ejemplo. Es importante que la nación búlgara sea iluminada espiritualmente y asuma con dignidad su lugar entre las naciones. Si todos aceptan las Nuevas Enseñanzas, sus caminos serán enderezados. Sus familias y escuelas mejoraran y será un placer atravesar Bulgaria de un confín al otro. Sera como el jardín del Edén. Ustedes caminaran y se regocijaran de que están sirviendo a Dios. Por donde pasen, los árboles y las flores le sonreirán y las frutas se ofrecerán para que ustedes las tomen. Los jóvenes los saldrán a recibir con alegría, bien vestidos y adornados.

Yo ahora busco en Bulgaria a aquellas personas que son de la verdadera Cultura, para poder implantar en ellas algo nuevo. Entre los búlgaros he encontrado personas suficientemente inteligentes. Bulgaria está llena de hombres y mujeres jóvenes que se unirán para el gran trabajo. Las condiciones más favorables se hallan a la disposición de los búlgaros. ¡Vuélvanse hacia Dios, hacia Su Gran Reino!

---

[39] En su presentación "El Reino Dividido", llevada a cabo en 1918, Beinsa Douno dijo que los judíos, en el futuro, serian colocados nuevamente en su tierra ancestral, pero con un reino mas pequeño. El Estado de Israel fue establecido en 1948.

Como búlgaros, de ustedes se espera que sean heroicos. Los ingleses sobresalen en honestidad, los alemanes en diligencia, lo eslavos en sacrificio. Para ustedes, los búlgaros, yo deseo que también tengan al auto sacrificio como su emblema. Sólo entonces comprenderán el significado de la Vida.

Yo traigo condiciones favorables para los búlgaros. Si yo no intercediera en su favor ante el Gran Sublime Mundo Inteligente, ustedes estarían completamente perdidos. El Mundo Invisible ahora quiere salvarlos. La presente época tiene un gran significado para Bulgaria. Si Bulgaria no acepta las ideas que yo le ofrezco y pierde las condiciones favorables que le han sido dadas, Ellos la pasarán por alto y no le darán las mismas condiciones favorables para su elevación por al menos dos mil años. O en el peor de los casos tendrán que esperar al menos quince mil años.

En poco tiempo 4444 búlgaros entrarán en el Sagrado Fuego del Amor. ¿Saben cómo se verá Bulgaria cuando esto suceda? Tras eso, una puerta se abrirá y más entraran, y todavía más tras ellos. Los búlgaros que pasen por esta puerta obtendrán algo especial. Todos aquellos que los vean reconocerán en ellos a los verdaderos búlgaros.

Yo le digo a los búlgaros: si escuchan a Dios, vuestros campos rendirán diez veces más que lo que rinden ahora. Los viñedos darán tanta fruta que será imposible cosecharla toda.

Yo deseo que el nuevo ser humano nazca de entre los búlgaros. Esto es posible ya que los búlgaros tienen un buen corazón.

En Bulgaria hay muchos clarividentes.

Originariamente, los judíos tenían una república, pero luego desearon construir un reino.

Querían un rey. Pero los búlgaros actuarán de modo opuesto: ellos siempre tuvieron un reino y un rey, pero ahora tendrán una república.

~~

Rejuvenecimiento

Durante una conversación, el Maestro dijo:

Aun cuando uno sea un adulto o una persona mayor, uno siempre debe mantener un niño dentro de sí mismo. Representa la pureza que es necesaria para nuestra salud. No importa cuanto conocimiento ustedes puedan adquirir, nunca pierdan la calidad infantil de su carácter. Comparado con el Gran Conocimiento Divino, todo el conocimiento alcanzado por ustedes está todavía en pañales.

La forma del adulto es como un traje de buceo. Las personas deben abandonar el traje de buceo. Nosotros nos hemos convertido en adultos porque llevamos puesta la mascara de nuestros abuelos y bisabuelos.

La primera condición para el rejuvenecimiento es tener una conexión con Dios. En Isaías 40:31 dice: "Aquellos que esperan en el Señor, verán renovadas sus fuerzas". Este es el significado del rejuvenecimiento eterno. Si una persona desea rejuvenecer, ella debe amar a alguien que no envejezca. Aquel que está en contemplación de Dios, rejuvenece.

Muchos han comenzado a envejecer debido a la falta de Amor, porque no piensan y sienten correctamente. Lo único que les queda es esperar la muerte. Pero esto no es Vida, esto es muerte prematura. Ellos han envejecido por la falta de Amor.

Yo he venido a rejuvenecerlos. El Amor hace que la vida sea digna de ser vivida, y nos rejuvenece. Las malas acciones traen aparejado el envejecimiento prematuro.

¿Puedo rejuvenecer una gaita vieja, arrugada y vacía? Cuando soplo dentro de la gaita, esta se infla. La gaita es rejuvenecida por la acción del aire. El efecto que el aire tiene en la gaita lo tienen los pensamientos en el ser humano. Uno puede rejuvenecer a través de sus pensamientos. El pensamiento sublime de una persona crea alrededor de ella un medio favorable que le hace posible percibir lo bello y sublime en la Naturaleza Viviente.

Las personas envejecen de modo no natural. Ustedes desean riquezas, gloria y poder, y por lo tanto envejecen. Dejen de lado estos deseos, quítenselos de las espaldas y ustedes rejuvenecerán.

⚋⚋

Servicio Desinteresado

En una conversación durante una caminata matutina, el Maestro dijo:

La alegría está llena de riquezas. Pero aun así debe convertirse en compasión. Con la alegría ustedes toman algo, pero con la compasión, ustedes dan algo de sí mismos.

Aquel que no conoce el sacrificio, no conoce todavía el Amor.

La siguiente Ley se aplica al sacrificio: Aquellos que se sacrifican, permanecen eternamente vivos y en crecimiento.

El Amor implica dos cualidades: desinterés e inteligencia elevada.

Aquella persona que posee Amor Divino tiene poder y conocimiento.

Otra Ley dice: O ustedes renuncian a si mismos, o serán forzados a hacerlo. O se sacrifican a ustedes mismos, o serán forzados a hacer sacrificios.

Servir esta por encima de aprender porque el que sirve posee conocimiento, mientras que el que aprende esta comenzando a obtener conocimiento en el momento.

Cuando reciben una bendición, deposítenla en el Banco Divino. Si la llevan consigo, serán robados. El Mundo Astral está lleno de ladrones al acecho.

No piensen que ser bueno es logrado en una sola vida. Una persona buena ha sido el objeto de trabajo para que pueda llegar a serlo y para que pueda cultivar caridad, servicio, humildad y otras virtudes dentro de sí. No crean que si uno ve a una persona compasiva y quiere imitarla, eso podrá ser logrado de inmediato. Poco puede lograrse en una sola vida.

Muchos me dicen que no saben que hacer y que las cosas no les están saliendo bien. Si yo estuviese en su lugar, yo buscaría dos hermosos cantaros de arcilla. Luego iría a donde hay muchas personas y les ofrecería agua. Y a medida que ustedes sean de servicio para estas personas, las cosas les irán mejorando a ustedes.

Debemos comenzar con las cosas pequeñas del mundo. Aquel que riega una flor puede voltearse hacia Dios. El tiene un buen corazón. Es una persona de carácter noble y está en el buen camino.

Desde mi punto de vista, el amor hacia los semejantes debe ser expresado del mismo modo que los manantiales que fluyen en la naturaleza. Cuando vayan a las montañas, observen como fluyen los manantiales. El Amor hacia los demás debe fluir, tal como en el manantial, bajo la forma de una corriente extensa e ininterrumpida. Cuando llega a un área seca y dura, el agua la ablandará.

Amar a otros implica trabajar para ellos. El Amor implica trabajar para los demás.

Los Pequeños Hermanos

El Maestro estudiaba las plantas y los animales con gran amor. Para el, ellos eran el libro viviente de la Naturaleza. Algunas veces el compartía con nosotros sus remarcables e inusuales ideas acerca de ellos:

Las personas no pueden imaginar un mundo más inteligente que este. Esto se debe a que los Seres Sublimes han participado en su Creación.

¿Cual es la diferencia entre la nuez y el nogal? El árbol ya se ha manifestado, mientras que la nuez todavía no ha revelado sus capacidades. Así también es la condición de los animales. Ellos todavía no se han manifestado tal como lo han hecho los humanos.

Un hermano preguntó: "¿que puede decirse de los factores de la evolución?"

Muchos solo aceptan los factores externos: selección natural, la lucha por la sobrevivencia, etcétera.

Otro hermano dijo: "*De acuerdo con los espiritualistas, también existen factores evolutivos internos*".
El Maestro dijo:

La contradicción se origina en lo siguiente: algunos sólo consideran las manifestaciones externas de la Naturaleza, mientras que otros sólo tienen en cuenta los factores internos. Cuando miremos tanto los factores internos como los externos, entonces llegaremos a la conclusión correcta. La selección que existe en la Naturaleza es guiada por los Poderes Inteligentes. Estos Poderes Inteligentes guían la dirección de la evolución. El modelo biomecánico quiere explicar el proceso basándose sólo en lo mecánico, diciendo que solamente las condiciones externas, los factores externos, han tenido influencia en el proceso evolutivo. Pero la Ciencia Divina nos dice que este proceso está guiado por los Poderes Inteligentes de la Naturaleza y que, por lo tanto, también existen factores internos.

Todos los reinos de la Naturaleza tienen consciencia. En el reino mineral hallamos el grado más bajo del subconsciente. Cuando uno parte una piedra en pedazos dentro de su subconsciente experimenta un cierto placer. Para la piedra, este es el camino hacia la liberación.

Pensamos que los animales no tienen inteligencia. ¿Por que son tan bellas las aves del paraíso? Los pájaros han aprendido el arte de teñir sus ropajes de modo natural. Ellos poseen conocimiento. La mariposa también tiene habilidades. Cuando llueve o sopla el viento, la mariposa se queda bajo una hoja para proteger sus alas del viento o de la lluvia.

Existe una interconexión, una interacción, entre los humanos y las plantas. Cunado yo entro en un huerto, por la apariencia de los manzanos me puedo dar cuenta de muchas cosas acerca de los habitantes de la casa. Si las personas tienen algunas limitaciones, también las tendrán los árboles.

Si ustedes son sensibles, podrán verificar la tristeza de las plantas de muchas maneras. Ustedes están de buen humor, pero al pasar cerca de una planta triste, su humor cambia inmediatamente. La causa no está en ustedes sino en la planta o la flor por la que han pasado. Mírenla con cuidado y verán que sufre por algún motivo: puede que esté seca, sedienta, o puede que haya algún otro problema. Riéguenla y vuestro buen humor retornara.

Yo he dicho que la tristeza de las flores se halla en su perfume. Pero esto está expresado en lenguaje humano. En realidad, la fragancia es el más bello lenguaje de las flores. Ellas hablan así.

Yo me siento cerca de una colmena y veo que son más las abejas que salen que las que regresan. Esto indica un cambio de clima. Aun cuando en el momento el clima sea bueno y las abejas se apuran para recolectar alimento. Durante diez minutos yo cuento cuantas abejas salen y cuantas entran y saco mis conclusiones. Las abejas son buenos meteorólogos.

Los gatos son buenos barómetros. Cuando la estufa está encendida y el gato le da la espalda, esto implica que el tiempo empeorará. Se acerca el frio, aunque en este momento este bello. Y aun por su distancia a la estufa puede discernirse cuanto enfriará.

Las arañas también saben del tiempo. Cuando el clima estará bueno, la araña se coloca en el centro de su tela. Y cuando va a empeorar, ella se esconde en algún rincón.

Yo he experimentado tanto con plantas como con animales.

Hay algunas arañas muy testarudas. Yo veo a una araña que ha atrapado una mosca. Yo le pido que deje ir a la mosca. Ella responde que tras tan larga espera no la quiere dejar ir. Yo le digo que si no larga a la mosca, yo la sacaré volando a ella del cuarto. Algunas arañas, cuando perciben mi pensamiento lo aceptan. Pero hay otras que son testarudas y me increpan diciendo que yo no soy Dios para darles órdenes. Yo les digo que soy una araña como ellas, solamente más grande.

En el pueblo de Veliko Turnovo[40] yo hice un experimento con avispas. Yo coloqué una torta sobre el nido de las avispas y me alejé unos diez pasos. Ellas me encontraron y comenzaron a volar alrededor mío. Yo fui y retiré la obstrucción de la entrada de su nido. Después de un

---

[40] Veliko Turnovo: esta ciudad en los Balcanes fue capital de Bulgaria en la antigüedad. Las reuniones anuales de los discípulos del Maestro se llevaron a cabo allí durante el periodo de 1909-1925.

tiempo. Yo bloqueé su salida nuevamente y me alejé. Nuevamente me hallaron. Y yo nuevamente retiré la obstrucción.

Una vez encontré una serpiente en el camino y yo le sugerí que saliera del camino porque si otras personas la veían, la matarían. Ella se salió del camino.

Una vez yo estaba caminando por terrenos montañosos donde había *Karakachani*[41]. Todo su rebaño se abalanzo hacia mí. El pastor estaba nervioso, pensando que la manada me seguiría a mí. Yo tuve que calmarlo. Le dije que sus ovejas eran muy inteligentes, que ellas eran de buena raza. Las ovejas me preguntaron: "¿Hasta cuando deberemos sufrir? ¿Por cuánto tiempo más se llevarán a nuestras crías y a nuestras pieles? ¿Por cuánto tiempo más deberemos soportar esto?" Yo les dije algo, y las ovejas se calmaron y retornaron a pastar en calma.

Un hermano preguntó: "¿*Que les dijo a las ovejas?*"
El Maestro guardó silencio por un tiempo y luego continuó:

Los animales perciben el pensamiento humano. Ustedes pueden hacer experimentos. Un día de invierno, cerca de la ciudad de Varna yo vi una bandada, cientos de patos acercándose. Yo les envié un pensamiento para que volaran mar afuera, y ellos fueron. Media hora más tarde, yo les envié un pensamiento diciendo que había algo bueno para comer en la orilla y que debían regresar. Ellos vinieron a la orilla.

Todos los minerales, plantas y animales son escuelas por las que ha pasado el espíritu humano para aprender. A estas escuelas las llamamos gusanos, pájaros, mamíferos, etcétera.

Cada ser humano es un libro sagrado en el que Dios ha escrito muchas cosas. ¿Conocen ustedes la historia de este libro? ¿Recuerdan ustedes el tiempo en que ustedes pasaron por el reino mineral? Sobre los minerales se hallan escritos los nombres de los Seres Evolucionados, de los Serafines y los Querubines. ¿Recuerdan ustedes el tiempo en que ustedes pasaron por el reino animal? Los nombres de otros grupos de la Jerarquía de los Ángeles se encuentran escritos allí.

---

[41] Karakachani: clan nómada de las montañas Rhodope, famosos por criar ovejas Karakul.

≈≈

La Nueva, Sexta, Generación del Amor[42]

El Maestro levantó la esquina de la cortina y, por un instante, reveló
el futuro que viene desde lo Alto. Para las personas ordinarias esto era un
cuento de hadas, de las Mil y Una Noches. Pero esto era la Vida real hacia
la que se dirige la humanidad.
El Maestro dijo:

Cada nueva época es un acto creativo de Dios. Los tiempos modernos no pueden ser comparados con el futuro que se avecina. En este
momento se están formando, en todos los países del mundo, núcleos
de personas, ingleses, franceses, alemanes, rusos, americanos, japoneses,
chinos, búlgaros, turcos, serbios y otros, que formarán una nueva generación, una nación con un nuevo entendimiento diferente del presente.
¿Quien une a estos espíritus? La Gran Ley Divina los atrae para que se
conozcan y comiencen a trabajar juntos. Yo pregunto si los búlgaros
podrían ser parte de este contingente. Si, ellos podrán serlo. Si los búlgaros no envían sus representantes a este grupo, ellos serán sus siervos.
Las naciones que envíen sus representantes a este núcleo tendrán sus
nombres escritos en el gran reino. Aquellas que no lo hagan, verán su
nombre borrado del mismo. En Isaías 60:12 dice: "Las naciones que
no sirvan a Dios no tendrán futuro. La nación o reino que no Te sirva,
perecerá, y esas naciones serán totalmente arruinadas".

Un momento glorioso se acerca, para el cual ustedes deben prepararse. Alégrense por su futuro y por lo que los espera.

En todas las naciones hay personas de la nueva época. Ustedes
pueden encontrar representantes de este grupo en un niño inteligente,
un joven de carácter noble o un anciano.

---

[42] El Maestro explicó que hasta ahora han habido cinco etapas en la civilización humana. El
también dijo que la próxima etapa, la "sexta generación", que El también llamó la "gente del
Amor", se originará en todos los países. Para más información, ver las Notas Aclaratorias.

Una hermana preguntó: "*¿Llegaremos a verlos?*"
El Maestro respondió:

Ustedes ya los han visto. Dice en las escrituras: "Todas las naciones se reunirán y el Nombre de Dios será glorificado". También, en Apocalipsis 21:12 dice: "Ella tenia una gran muralla con doce puertas y doce ángeles en las puertas, y los nombres de las doce tribus de Israel estaban escritos sobre las puertas". La humanidad será reunida desde las doce tribus. Las doce tribus representan los doce símbolos del zodiaco, las doce cualidades de la humanidad.

Las personas tienen ideas pequeñas. Los búlgaros quieren una gran Bulgaria, los serbios una gran Serbia. Todos quieren ser grandes. En el Reino de Dios todas las naciones serán unidas. El "Reino de Dios" se refiere a la gente del Amor. Vivirán en hermandad. Todas las naciones estarán representadas en una unidad.

Aquellos que no comprenden las profecías se preocupan por el futuro. Lean el capitulo 60 de Isaías. Este capitulo se refiere al advenimiento de la nueva época. En Judas 1:14-15 dice: "Mirad! El Señor viene con diez mil de Sus santos, para juzgar a todos, para condenar a todos los malvados por sus malas acciones". Esto se refiere a una época que ya está comenzando. Hasta ahora, el bien fue cultivado en un invernadero. Pero, cuando llegue el Reino de Dios, todas las flores saldrán del invernadero y habrá condiciones naturales para que sigan creciendo.

Desde el Mundo Invisible vienen Seres Avanzados, los precursores de la humanidad. Estos son Trabajadores que vienen de lo Alto. Cuando encuentran almas listas para el trabajo, se encarnarán en ellas y trabajarán a través de ellas.

Nuevas ideas están viniendo al mundo que chocarán con las ideas viejas. ¿Por qué? Porque lo antiguo se rehúsa a entregar su dominio. Lo nuevo reformará al mundo radicalmente. Los antiguos sistemas serán reemplazados por unos nuevos. Todos aquellos que acepten las nuevas ideas, serán transformados. Su rostro será iluminado y tomará otra expresión. Nos hallamos en una etapa de transición. Pasaremos a la nueva época y viviremos de un modo nuevo. Las formas antiguas se han vuelto obsoletas. La vida antigua ya no puede seguir trabajando. Ha llegado la hora para que todas las personas eleven sus conciencias y abran paso al Poder Divino.

≈

El Ser Humano de la Nueva Época

Cada grupo étnico de nuestra civilización se caracteriza por ciertas cualidades. La raza negra se distingue por su imaginación y fuertes sentimientos, los nativos de las Américas, por su habilidad de aplicar geometría y matemática. Los asiáticos tienen una mente objetiva y los caucasianos se distinguen por su racionalidad, han estado midiendo y explorando cosas con precisión desde que llegaron a la Tierra.

Los seres humanos que se desarrollará en el futuro tendrán todas las buenas características de los habitantes de las etapas precedentes. En este área, representa la síntesis de todas las virtudes humanas.

Cuando uno vive en la Tierra, uno pasa por todas las etapas previas del desarrollo humano. Cuidadosamente uno pasa por todas estas etapas y, si la persona es sabia, aprende en el proceso.

La nueva época es una de justicia y del Reino de Dios. Esta época ya está comenzando y tras ella, aunque en pequeña escala, se establecerá el Reino de Dios en la Tierra.

Un hermano preguntó: "*Maestro, ¿no es la justicia algo inferior si se la compara con el Reino de Dios? De acuerdo con la justicia humana, aquel que trabaja menos, ganará menos, mientras que, de acuerdo con la más elevada Ley Espiritual, todos deben recibir de acuerdo con sus necesidades*".
El Maestro respondió:

El Reino de Dios es equivalente a la Justicia. Yo pienso en la Justicia Divina.

La cultura de la mente crea las formas externas. La nueva, sexta generación impartirá contenido a estas formas.

Cada época tiene su propia contribución. La próxima época, la época del Amor, será la que más ofrezca. Estará representada por almas luminosas y sublimes. Traerá la nueva cultura a la Tierra. Las ideas de la sexta época son como el aire: ya permean todo.

Los eslavos darán impulso a la nueva época. Luego de los eventos que se están desarrollando ahora, la gente del Amor estará activa. Comenzará a tomar liderazgo. En el futuro habrá más representantes de la nueva época en la Tierra. Ellos darán nueva dirección a la cultura. Los eslavos servirán de base para el enraizamiento de la sexta generación, la del Amor.

Un hermano preguntó: "*¿Es posible que los representantes de la nueva época aparezcan en Bulgaria?*"
El Maestro respondió:

Si. Las condiciones existen. Durante varios miles de años Bulgaria ha sido preparada para esto.

Las gentes de la nueva época darán orden al mundo. Tomaran liderazgo en sus manos. Lo Divino en los seres humanos dormirá la parte animal dentro de ellos. Durante miles de años, lo Divino ha estado arrullándolo para que se duerma, del mismo modo que se trata de dormir a una serpiente. Las personas del Amor estarán a cargo, y las demás ejecutarán sus órdenes. Los entendidos que vendrán pondrán orden y estructura en el mundo. Estas son las personas del futuro.

Las personas que despierten en todas las naciones formarán la sexta generación del Amor.

Lento pero seguro, nos aproximamos a la nueva época. Ustedes se reunirán con las almas luminosas que los aman. No vacilen ni teman.

En la nueva época, todos reconocerán que los demás tienen sus mismos derechos y privilegios.

En Juan 3:3 dice: "Jesús le dijo: salvo aquel que ha nacido de nuevo, nadie podrá ver el Reino de Dios". Estas palabras implican la sexta época. El renacimiento al que se refiere el cristianismo representa la entrada en la sexta época y el arrepentimiento y la conversión necesarios para ello. Aquellos que han "nacido de nuevo" ya pertenecen a la sexta generación. Dentro de ella ya no habrá más muerte. Cuando llegue el tiempo de irse, uno se desmaterializará, se tornará invisible. Ya no existirán los cementerios. Existirán para el resto de las gentes, pero no para las gentes del Amor.

En el presente, cuatro épocas coexisten. Esto también se aplicará a la sexta generación. Solo estamos preparando el camino para el Amor, para la sexta época. Las personas del Amor serán diferentes. Cuando las

Escrituras hablan de la "primera resurrección"[43] se refieren a ellos. La Manifestación del Amor en la humanidad es la primera resurrección.

La sexta época trae belleza positiva. Las gentes del Amor tendrán fisionomía bien proporcionada: serán bellos. Ellos serán inspirados por el ideal elevado que estará dentro de ellos, lo que los hará bellos. Serán personas mucho más hermosas de lo que ustedes han visto hasta ahora.

El ángulo facial de los europeos es 80 grados, en el perro es 35 grados. En el ser humano de la sexta generación, será de 90 grados.

Yo raramente he visto personas realmente bellas.

Las cejas de las personas de la nueva época serán más rectas. Tendrán poca curvatura, lo que indicará que son parte de un gran Círculo. El color de estas personas será radiante como si estuvieran iluminados por el Sol. Luz emanará de sus rostros como si estuvieran iluminados. Por la noche no necesitaran lámparas. Dondequiera que vayan habrá luz, porque estas personas la irradiarán. Sus ojos verán a la distancia y también verán en la oscuridad. Cuando ustedes miran a una persona que está lejos, no pueden saber quien es. Pero un miembro de la sexta generación verá los detalles desde lejos.

Debemos adquirir la cualidad de la luz, desinterés, y la del agua, flexibilidad. Ustedes deben ser como la luz que ilumina el espacio. Y ustedes deben purificar las cosas como lo hace el agua.

Los seres humanos de la nueva época ya han sido creados. Han estado aquí desde hace miles de años, pero están guardados, ocultos. No son mostrados a todos. La Naturaleza existe como un libro cerrado. Aquel que sabe cómo abrirlo, podrá leer. Muchos solamente miran este libro desde afuera y ven solamente la cubierta.

Con el advenimiento de la nueva época, la humanidad entrará en el Paraíso y saldrá del error.

En el futuro, uno recordará sus anteriores encarnaciones. Recordarlas será placentero y sentirá que ha salido de ellas como la mariposa que era oruga y salió del capullo.

El ser humano de la nueva época será musical. Si visita a alguien que no está bien, con sólo cantar o tocar un instrumento sanará al enfermo

---

[43] Ver Apocalipsis 20:5: "Pero el resto de los muertos no volvieron a vivir hasta que pasaron los mil años. Esto es la primera resurrección".

≋

La Nación Eslava

Tras los ataques aéreos fuimos con el Maestro a las montañas por unos días. Era una zona aislada e inhabitada. En el valle, la ciudad de Sofía yacía quemada, destruida y abandonada. Estaba ventoso, frío y húmedo. Pesadas nubes se movían sobre los picos de las montañas. De vez en cuando el Sol asomaba entre las nubes y algunos benditos rayos brillaban sobre nosotros. Uno podía sentir la frescura y vitalidad de la vida prístina. Cada color, cada aliento, cada movimiento, cada forma estaban llenas de esta vida. La montaña era un templo. Los seres humanos han perdido su habilidad de hablar con Dios, pero aun ahora puede encontrar nuevamente el Paraíso.

Estábamos sentados alrededor del Maestro sobre la suave alfombra de pasto y conversábamos. Las nubes se retiraron y el Sol brilló sobre el prado. Surgió una pregunta acerca de la nación eslava.

El Maestro dijo:

Las naciones occidentales han llegado al límite de su desarrollo. Han florecido y han dado fruto. Los eslavos florecerán y darán fruto de ahora en más.

Es erróneo pensar que las naciones eslavas deben dominar y mandar a las demás naciones. En realidad, lo opuesto es lo cierto: serán la esfera en que las características positivas de las otras naciones se manifestarán.

Los eslavos traerán algo nuevo. Ahora vienen a crear la nueva cultura. En cierto sentido, son el nuevo Israel espiritual.

Es interesante comparar Rusia con Palestina. El Mar Caspio en la región eslava es un mar cerrado, lo que es análogo al Mar Muerto en Palestina. El Volga fluye hacia el Mar Caspio, mientras que el Jordán fluye hacia el Mar Muerto. Lo que hace que el Volga sea la contrapartida del Jordán, pero el Volga es un gran rio, mientras que el Jordán es pequeño. El Mar Muerto se halla bajo el nivel del mar, al igual que el Mar Caspio. Pero mientras que el Mar Muerto no tiene vida, el Mar Caspio esta lleno de ella. Los ríos de la región eslava fluyen hacia el

Océano Ártico, el Mar Negro, el Mediterráneo y otros mares, mientras que ningún rio de la región de Palestina fluye hacia mar abierto. Por lo tanto, los eslavos llevan consigo la cultura judía hasta cierto punto, pero hay marcadas diferencias.

La parte posterior de la cabeza de los eslavos está desarrollada. Lo que implica que ellos tienen lazos familiares fuertes y tienen la capacidad necesaria para una vida estable.

Los eslavos deben sobreponerse a los vestigios de previos estados en el desarrollo humano que se manifiestan como una tendencia extrema al materialismo.

En general, las personas occidentales tienen un intelecto bien desarrollado. En los latinos, el corazón y los sentimientos están desarrollados. Los eslavos llevan en si el poder del alma, del Amor. Son las gentes del Amor, las gentes del Amor hacia la humanidad, ellos llevan la cultura de la Hermandad.

De entre las naciones eslavas, Bulgaria representa la voluntad, por lo que es un punto central en la que dos fuerzas, la mente y el amor, necesitan balancearse.

Dios quiere que los eslavos cumplan con una misión. Un nuevo sentido de generosidad debe ser introducido a través de los eslavos. La generosidad es una cualidad eslava, no hay otro grupo humano mas generoso que los eslavos.

Una de las grandes características de las naciones eslavas es el auto sacrificio. El espíritu de sacrificio se encuentra activo en los eslavos. Por lo tanto, el futuro se halla en las naciones eslavas. La Nueva Cultura nacerá de los eslavos. Una hermosa cualidad de los eslavos es el altruismo. Esta es la Causa Divina dentro de ellos. Hasta ahora nunca ha existido un grupo de gente tan lista para la Nueva Cultura como lo son los eslavos.

Las naciones eslavas son las que traen la Idea Divina. En la conciencia eslava hay algo sublime: el Amor hacia Dios.

Dios esta haciendo que los eslavos pasen a través del Fuego. No hay ningún otro pueblo en el mundo que haya pasado por tanto sufrimiento como los eslavos. Dios dice que de ellos saldrá algo bueno. Ha sido determinado que los eslavos, como una gran familia, necesitan cumplir con la voluntad de Dios. En esto se halla la grandeza de su misión.

Para el fin del siglo veinte, muchos Seres Avanzados, los Hermanos del Amor y Ancestros de la humanidad, se encarnarán entre las naciones eslavas. Ellos traerán una gran elevación espiritual. Pero ellos no son solamente la avanzada, sino que son las fuerzas principales.

Los cambios que se están llevando a cabo ahora en Rusia son debido a la acción de estos Seres Avanzados. Estos Seres que están viniendo a las naciones eslavas están trayendo consigo la unificación eslava y están trabajando para su misión.

Esparcidos en diversos lugares en Rusia hay personas que están trabajando en la Ciencia Divina. Estos son los Iniciados, los Mensajeros Divinos. En Rusia se están desarrollando nuevos tipos de vida para el futuro. Rusia es el campo creativo para estas formas.

Es interesante que Rusia y América se conectan en el norte. Esto indica que llegaran a un acuerdo a través de la Verdad, siendo libres.

Inglaterra y Rusia pueden llegar a un acuerdo a través de la Justicia.

Las naciones eslavas son un árbol en el que Inglaterra, Alemania, América y Francia serán injertados. Ellos son los cuatro maestros de las naciones eslavas. Y la nueva sexta generación será la fruta de este árbol injertado. Esta fruta combinará las características positivas de estas naciones.

En los rusos, la nariz es infantil, pero es bendecida. Está escrito: "En verdad les digo que, si no se convierten y son como niños pequeños, ustedes no entrarán en el Reino de los Cielos".

Los eslavos ya han atravesado por su edad de hielo y ahora se están elevando. Los eslavos y Rusia ya han salido de la zona fría negra, se su edad oscura. Las naciones eslavas ahora tienen la potencialidad de tomar su lugar en el mundo.

Los búlgaros son los pioneros entre los eslavos.

Los latinos han dado las formas, y los eslavos darán el contenido.

Nosotros llamamos a los eslavos "las gentes del Sol". Hay quienes los llaman toscos. La tosquedad proviene del Sol, ya que dentro de la energía del Sol hay abundante luz y calor. Los animales y las plantas viven de esta energía.

Los asiáticos, las naciones orientales, tienen gran confianza en las naciones eslavas. Los eslavos introducirán en estas naciones lo que ellos necesitan: el Orden Divino.

Los eslavos serán unidos, ellos serán el puente entre Europa y Asia. Todos los grupos eslavos deben unirse en uno. Tras la unificación de los eslavos, todo el mundo se unirá. Las futuras gentes del Amor unirán a todo el mundo.

Los eslavos introducirán un elemento espiritual en el mundo para que seamos hermanos. Su misión es la unificación de las naciones.

⚊⚊

El Nuevo Orden

Un Nuevo Orden viene al mundo. Cuando ustedes regresen a la Tierra tras varios miles de años, ustedes comprobarán lo que yo les digo ahora. Las casas no serán construidas como lo son ahora, sino que serán construidas separadas por varios kilómetros la una de la otra. Los animales descansarán. Las mejores condiciones existirán para los músicos, poetas y personas del arte. Esto será logrado por la nueva sexta generación.

La riqueza interior, el conocimiento que una persona posee estará al alcance de todos. Ahora ustedes reciben aire, luz y agua. Llegará el día en que el pan también les será dado como el aire, el agua o la luz. En la nueva época, las gentes tendrán pan en abundancia. Todos tendrán una casa, un jardín y arboles frutales. Cuando ustedes pasen por un lugar desconocido, recibirán invitaciones para entrar a visitar todas las casas por las que pasen.

En el Nuevo Orden todo lo viejo desaparecerá y todo será completamente nuevo. Las frutas, peras, manzanas, ciruelas y todas las demás, cambiarán y serán diferentes. En el presente, los limoneros florecen y dan fruto durante todo el año. En el futuro, todos los arboles serán así.

La cultura no producirá humo. Todo se hará con electricidad.

Lo que deseamos, ya existe. Hay Seres que ya tiene esto, viven esta realidad. Los Ángeles viven en una Cultura como esta, como la que nosotros tendremos en miles de anios. Dentro de miles de años viviremos en la Cultura de los Ángeles. Todo en el mundo es real. Todo ya está en existencia, pero viene de los Alto. La Cultura Angelica desciende hacia la cultura humana, y la cultura humana desciende hacia los animales, etcétera. De este modo, toda cultura viene de lo Alto.

Algunos se preguntarán que haremos cuando seamos perfectos. Entonces comenzaremos a vivir verdaderamente.

━━

El Camino de los Fuertes

La Gran Vida Divina nos rodea y penetra en todas direcciones. El Maestro sabia como, usando palabras simples, hacernos acordar de esta Vida y revelar su presencia. Sólo cuando uno tiene a lo Divino como ejemplo, puede uno elegir el camino correcto de la vida. Entonces uno es capaz de completar sus tareas de correctamente. De otro modo, uno camina en la oscuridad y siempre encuentra obstáculos a su paso.

El Maestro explicó:

Cuando alguien los ofende, el les da un diamante en bruto. Ustedes pueden pulirlo. Si alguien los insulta, ¿cómo podrán perdonarlo? Sólo es necesario pensar en Dios para perdonarlo. El ser humano debe estudiar por miles años para aprender a perdonar. El que los insulta esta probando su amor. Si es fuerte, ustedes se mantendrán en calma. Cuando alguien les hace mal, ustedes deben perdonar. Esta es la Ley de la Misericordia.

Otra Ley dice: Si ustedes perdonan, ustedes obtienen su libertad, en caso contrario, las cadenas del karma los atarán. Cuando alguien les hace algo malo y ustedes le desean retribución, ustedes están creando karma que deberán pagar. Si ustedes no se reconcilian con las personas, ustedes no podrán entrar en el Reino de Dios. En este mundo y en el Mundo por venir, aquel al que ustedes no aman será su tormento. El será el servidor que los atormentará. Ustedes dirán que están listos para dar cualquier cosa para que este tormento cese. Pero ustedes sólo serán liberados cuando comiencen a amar a esta persona.

Ustedes deberían perdonar a todos porque todas las almas vienen de Dios. Si ustedes no perdonan, ustedes romperán su conexión con Dios y la bendición que viene de Él.

Ustedes quieren ir a Dios, pero ¿saben cómo ir hacia El? Donde El está la temperatura es de varios millones de grados. ¿Como podrán soportarlo? Sólo seria necesario mirarlo a El por un momento para que ustedes se derritieran. Antes de ir hacia Dios, busquen a aquel que los insultó y agradézcanle por las buenas palabras que les dijo, y díganle que nunca lo olvidarán. Denle la mano y olviden todo lo sucedido. Si ustedes deciden ir hacia Dios y decirle como han sido ofendidos, no quedará nada de ustedes.

Cuando discuten con alguien ustedes pierden la luz de su fe y su esperanza se oscurece. Cuando ustedes discuten con todos, las fuerzas que están dentro de ustedes dejan de funcionar y ustedes se sumen en la oscuridad. Ustedes se preguntan que deben hacer. Reconcíliense con todos. No resistan a la malicia cuando viene a hacerles daño, reemplácenla con el bien. Si ustedes comienzan una batalla con el mal, ustedes serán vencidos.

Ningún arma en el mundo puede sobreponerse al poder del Amor. No se opongan al mal con el mal, sino con el Poder del Amor. Una hermana estaba en desarmonía con otra hermana, y yo le dije: "Lee y contempla 'El Camino Real del Alma'[44]. Allí esta escrito que uno debe atravesar a su enemigo con la espada del Amor".

Amar a sus enemigos es heroísmo. ¿Como podrán amarlos? Imaginen que alguien les causa un daño extremo. Un día, Dios le quita toda su riqueza y lo convierte en la persona más pobre. Como mendigo, el viene hasta vuestra casa pidiendo limosnas. Si ustedes los reciben bien, le dan de comer y no le dicen nada acerca del daño que él les había causado, entonces ustedes aman a sus enemigos. Imaginen que ustedes han hablado mal de ciertas personas. ¿Como corregirán esta ofensa? Ustedes deben hacerles un favor a ellas. Solamente aquellos que son fuertes pueden perdonar. Esta enseñanza no es para los débiles o descorazonados, sino para los fuertes.

Amar a aquellos que los aman es natural. La madre ama a su niño y el la ama a ella. Sólo unos pocos pueden amar a sus enemigos.

---

[44] "El Camino Real del Alma" (Tsarskiyat pat na dushata): colección de presentaciones dadas por Beinsa Douno durante el verano de 1935 en los Siete Lagos de Rila. Publicado en Sofia en 1935.

La mas poderosa Alegría es aquella que absorbe el dolor, y el Amor fuerte es aquel que absorbe al odio. Si vuestro amor no puede disolver el odio, ¿que tipo de amor es este? Si lo bueno dentro de ustedes no puede disolver la maldad, ¿que tipo de bondad es esa?

Un hombre sabio es aquel que puede reemplazar odio por Amor. Si vuestra suegra no es buena persona, traten de educarla y enséñenle. Sean su profesor. Ella les a sido dada a ustedes como tares. Ustedes le enseñarán. Ustedes la colocarán en un fuego de treinta y cinco millones de grados para fundirla sin que se queme. Una vez que ella atraviese el fuego, ella será vuestra amiga. Esto quiere decir que un fuego poderoso es necesario para todos. Ustedes se quejan de sus esposos. Pónganlos en este fuego para fundirlos y purificarlos.

Amara a sus enemigos no es señal de debilidad. A través del Poder del Amor, el enemigo perderá su fuerza y se rendirá. Cunado alguien los trata con descortesía, ustedes deben tratarlos bien. Entonces su estado se transformará: lo bueno en el conquistará lo negativo y el cambiará. Si alguien los recibe fríamente, recen por esa persona cuando se vayan. Entonces él se dará cuenta que les dio una bienvenida fría y sabrá que la próxima vez deberá darles una recepción cordial.

La Escritura dice: "Cuando el camino de una persona es agradable a Dios, El lo reconcilia con sus enemigos"[45]. Cuando alguien en su presencia este ofendido con otra persona, díganle que no deben estar enfadados ya que las faltas de otros también son nuestras faltas.

Todo aquel que se reconcilia sin Amor comete un crimen. Si alguien les debe dinero, pregúntense si, en el nombre del Amor, ustedes son capaces de perdonarle las deudas y olvidarse de ello. Si ustedes quieren perdonarlo, quemen la nota de deuda sin ninguna vacilación.

Algunas personas quieren entrar al Reino de Dios sin experimentar. Esto es imposible. Ustedes pasarán por el fuego y quemarán todas sus notas de deuda, todos sus malentendidos, ofensas e insultos, y saldrán del Fuego purificados.

---

[45] Ver Lucas 6:35-36: "Amen a sus enemigos, hagan el bien y den sin esperar nada a cambio, y su recompensa será grande, y ustedes serán hijos del Altísimo. El es bueno con el desagradecido y el malvado. Por lo tanto, sean misericordiosos como su Padre Celestial lo es".

≋

La Nueva Agricultura

La pequeña hacienda estaba cosechando los frutos de su trabajo. La zona de trillado estaba siendo preparada frente a la casa. Todos los hermanos y hermanas estaban participando. Una vez que la cosecha había sido aventada y clasificada, los granos de trigo eran guardados en el granero.

Tras el fin de la trilla nos reunimos alrededor del Maestro en el patio, y él nos dijo:

Nada puede lograrse sin harmonía. ¿Por qué muchas naciones están pasando privaciones? Es debido a la falta de harmonía. Odio, opresión y envidia son tres de los numerosos factores que causan privaciones y enfermedades.

Hay una virtud capaz de elevar a los búlgaros. Yo podría darles un método de cultivo que podría hacer que la Tierra produjese más de lo que ha rendido nunca anteriormente. Pero para eso es necesario un corazón noble y una mente iluminada, y no perversa, son necesarios. Las gentes deben ser buenas y honestas.

Si yo cultivo una decárea de tierra de acuerdo con los nuevos métodos, mientras que alguien cultiva diez decáreas con los métodos antiguos, yo obtendré una cosecha tan abundante, o incluso más abundante que ellos.

Existen métodos para ahorrar tiempo y esfuerzo que ustedes pueden usar bajo ciertas circunstancias. Pero ustedes todavía no conocen estos metidos. Como ustedes todavía no los conocen, ustedes dirán que es la Voluntad de Dios, pero esto no es correcto. Ustedes se han salido de su camino natural de evolución, y las consecuencias de sus errores hacen que su existencia ahora sea tan difícil que ustedes no pueden ni sentarse a descansar.

¿Cual es el nuevo método? Amor. Yo le he dado a algunos hermanos directivas especificas acerca de cómo trabajar basándose en el nuevo método y ellos han obtenido maravillosos resultados.

Una hermana comentó: "*Un hermano le preguntó a usted si había un modo de aumentar la producción de sus 10 decáreas de tierra a fin de poder mantener a su familia. Usted le dio el método y el pudo proveer para su familia con solo 10 decáreas*".

El Maestro continuó:

Algunos dirán que estos métodos no pueden ser implementados y que lo que yo presento es un ideal, pero esto no es así. Uno puede probar estos métodos. El nuevo método ya está en uso. Puede ser implementado hoy mismo.

Surge una importante pregunta económica: ¿deberían todas las colinas alrededor de los pueblos ser reforestadas con árboles frutales a fin de que no quede nada de terreno baldío? Planten árboles frutales: peras, manzanas, ciruelas, nueces, etcétera. Además, todo a lo largo de los caminos, planten no solo plantas ornamentales, sino árboles frutales. Si hacen esto, en poco tiempo Bulgaria será un paraíso, llena de frutas en abundancia. Entonces Bulgaria tendrá suficientes alimentos ya que las frutas proveen todos los nutrientes necesarios.

Nosotros deberíamos trabajar en esta dirección con gran determinación. El deseo de plantar en todas partes árboles frutales apropiados para el clima y el suelo debe permear toda la nación búlgara. También debemos considerar que árboles frutales crecen mejor a cada elevación en particular.

~

Una Carta del Maestro

La siguiente carta del Maestro fue dirigida a todos los hermanos y hermanas. No se sabe exactamente cuándo fue escrita, ya que solo a salido a la superficie ahora. Esta carta es para todos los estudiantes espirituales de todos los tiempos:

El Maestro Universal, El que hizo surgir la nueva existencia desde el seno de la vieja, dijo: "Sed perfectos como vuestro Padre Celestial es perfecto". ¿De que modo debe uno ser perfecto? En el Amor, la Vida, la

Justicia, la Sabiduría y la Verdad. La Verdad es el modo en que el Amor se manifiesta en la Vida. ¿Puede esta Verdad ser verificada prácticamente? ¿Conocen ustedes todas las dimensiones del Amor que todo lo abarca del Dios de todos los dioses, del Maestro de todos los maestros, del Amo de todos los amos, quien ha dicho 70 veces 7 que debemos perdonar al hermano, al amigo y al estudiante espiritual que pide perdón?

Del mismo modo que el Amor ha sido vuestro compañero en el pasado, continúa siéndolo aun en el presente. No es posible que el Amor cambie y sea diferente.

Desventurado el adinerado que no es rico. Desventurado el empobrecido que no es pobre. La Ley de la Gran Hermandad de la Luz y de la Gran Escuela Divina requiere que seamos ricos en lo Divino, y pobres en lo mundano.

≡≡

Amor sin Estímulos Externos

Al final del verano fuimos con el Maestro al Monte Vitosha, donde pasamos unos días. Nos acomodamos en el pequeño hostal bajo el pico Ostritsa. Al amanecer subimos a la cima, desde donde saludamos al Sol, ofrecimos nuestras oraciones matutinas e hicimos nuestros ejercicios. Era el inicio de un nuevo día. Un día que, hasta ahora, no se había expresado, y que era tan único como el Mundo de lo Eterno.

En la montaña, el Maestro estaba concluyendo su trabajo. En el valle, la guerra continuaba devastando los países con fuego, pero aquí, la paz y la luz no habían abandonado la Tierra. Mientras la humanidad seguía locamente destruyendo sus conexiones con el Mundo Inteligente de Dios, el Maestro preservaba la unión sagrada que puede salvar a la humanidad: la relación con Dios.

Mientras nos hablaba a los que lo rodeábamos en la montaña, el le hablaba a la humanidad, a los contemporáneos y a los del futuro. Su profunda y penetrante visión percibía la tragedia de las gentes contemporáneas, y su mano indicaba el camino de la salvación. Este era el motivo por el cual él había venido a la tierra en estos tiempos.

El Mundo del Amor es el verdadero, real y excelso Mundo. El Maestro vino para eso. El estaba viviendo allí. El hablaba de ese Mundo en el lenguaje terrenal de una pequeña nación. El Amor ya se estaba acercando a la Tierra. El Maestro nos reveló sus Leyes. Su riqueza y poder, su universalidad y unidad. El Maestro podía ver el futuro, la Gran Vida Consciente, la Vida del Amor, hacia la que se dirige la humanidad de acuerdo con las ordenanzas de la Eterna Ley Divina.

El Maestro dijo:

Si quieren liberarse de lo antiguo, acepten al Amor. Para tener Amor dentro de ustedes, sigan la regla sagrada: amen sin esperar ser amados. En este aspecto, sean como Dios: El ama sin esperar ser amado.

No hay mayor aspiración para el alma humana que llegar a amar a todos los seres de la Creación. Amen como ama el Sol. Cuando el Sol se levanta, envía sus rayos a todos los seres vivos, pequeños o grandes, bellos u horribles.

El verdadero ser humano nunca se arrepiente de haber amado. El ama sin preocuparse acerca de si es amado o no. Este es el Amor sin estímulos externos. No piensen que cuando ustedes aman a alguien, esa persona les debe algo.

Ustedes dicen que nadie los ama. Pero esto no es problema de ustedes. No esperen que las personas los amen. Vuestra primera misión es amar a las personas, si a su vez ellas los aman, eso es problema de ellos. Ustedes no tienen derecho de remar en el bote de otras personas.

El Amor Divino siempre da sin esperar recibir. El Amor es como un manantial que fluye constantemente.

Una de las Leyes del Amor dice: cuida de la libertad de otros como cuidas de la tuya propia. Si alguien interfiere con la libertad de otros se debe a que se halla fuera del Amor.

Ustedes le dicen a alguien que el no los ama. Déjenlo ser y no interfieran con su amor. El es libre de amarlos o de no amarlos. Lo único que nadie puede quitarles es lo que ustedes manifiestan por si mismos. Pero ustedes llegan a la conclusión opuesta y creen que otros deben amarlos. Piensan que aman a alguien, pero esa persona no los retribuye. ¿Por que se preocupan acerca de si esa persona los ama o no? Ustedes no pueden demandar que otros los amen. Ustedes no tienen ese derecho. Si ustedes aman a alguien, nadie puede interferir con su amor. Esto es Dios manifestándose a través de ustedes. Nadie tiene el derecho de interferir en los asuntos de Dios. No le pidan cuentas a Dios por lo que El le ha dado a otros.

Si ustedes estuviesen en harmonía con la Gran Ley del Amor, ustedes no se preocuparían si otros los aman o no. Si ustedes no están en harmonía con esta Ley, aun cuando otros los amen, ustedes aun tendrán ansiedad interna.

En Lucas 6:37 dice: "No juzguen y no serán juzgados. No condenen y no serán condenados. Perdonen y serán perdonados". Ustedes juzgan a las personas por no tener el amor hacia ustedes que ustedes desean.

Aquel que tiene Amor Divino, da sin expectativas. Ustedes deberían disfrutar del Amor que tienen dentro suyo, y no buscar el amor externo. Esto es el Amor: ustedes dan sin ataduras, y no piden ser honrados o recompensados por ello.

Ustedes realmente aman cuando no cambian su actitud hacia un amigo que deja de amarlos. Ustedes deben saber que los seres humanos son parte de un ente colectivo y, que a veces, no es responsable por sus acciones y sentimientos. Las acciones humanas son tanto individuales como colectivas.

No demanden que otros los amen, ya que el Amor es el acto más libre en la Naturaleza. Se manifiesta sin ataduras.

Mientras el maestro quiera ser amado por sus alumnos, el aparecerá como un tonto, ya que el quiere algo para si mismo. Pero cuando el ama a sus estudiantes y desea su bien, ellos comenzaran a amarlo.

Algunos dicen que quieren que otros los amen. Si ustedes han tomado esa decisión, ustedes encontraran grandes contradicciones en su vida. Si ustedes demandan ser amados, ustedes sufrirán.

Algunos dicen que ellos no aman a nadie porque nadie los ama a ellos. En este caso, ustedes son mercaderes.

Ustedes encuentran a alguien y le preguntan si los ama. Si los ama es por algún motivo. Y si no los ama, también es por algún motivo. Por lo tanto, si los ama, alégrense. Y si no los ama, también alégrense. ¿Saben cuán difícil es esto?

Ideas Acerca de la Música

El Maestro nos dijo:

Todo aquel que aspira a cantar debe tener una mente luminosa y una voluntad flexible. Hay una música que esta llena de luz y calidez, se la conoce como la "música de las emociones". En realidad, no es música de las emociones, sino que es la Música del Amor. Pero, en realidad, la verdadera Música del Amor, aun no le ha sido dada a la humanidad. La música contemporánea no es la Música del Amor sino la música de las emociones.

Hay música que viaja en carro tirado por bueyes, hay otra que viaja a caballo, y hay otra que viaja por si sola. Yo prefiero esta música.

La música y la poesía deben ir juntas, mano a mano, y la filosofía debe seguirlas. La música proveerá la avanzada, la poesía proveerá la forma, y la filosofía proveerá el impulso.

Cuando uno canta o toca un instrumento, uno debe impartir forma, substancia e inspiración a la música, en otras palabras, uno debe darle significado.

La música aparece en tres mundos: el ideal, el real y el físico. En el Mundo Ideal la música no presenta discordias, en el mundo real hay solo una discordia, mientras que en el mundo físico hay cincuenta.

Cada tono tiene una onda de amplitud especifica. Las ondas del tono "fa" son circulares, se enciman y cierran.

Todo tono puede ser bello si está bañado en luz, tibieza y poder. La mente recibe la luz de los tonos, el corazón recibe la calidez, y el alma recibe el poder. Algunas músicas acarrean predominantemente luz, mientras que otras acarrean calidez o poder. Algunas personas son inspiradas por la belleza de los tonos, otras por la calidez y otras por el poder que acarrea. Estas son las tres cualidades fundamentales de la música. Cuando se suman las combinaciones y permutaciones, hay un total de siete.

En la música antigua, el objetivo era la suavidad. Pero la música que es muy suave pierde su poder y se convierte en una efusividad sentimental. Pero si la harmonía domina, la música sonara estridente.

Hay mas de trescientas octavas. Por ejemplo, el "do" se repita mas de 3000 veces. Las octavas más altas solo existen en los Mundos Sublimes, el oído humano no puede escucharlas todavía.

La Época del Amor que se avecina dará un nuevo impulso a la música. Consideren una persona que siente la inclinación hacia hacer algo incorrecto. Con solo escuchar esta nueva música, esa inclinación desaparecerá. La Música despierta lo Divino en las personas y ellas escucharan su llamado.

No es la intensidad del sonido lo que da significado a la música, sino su belleza y suavidad. Hay gran poder dentro de la belleza y suavidad musicales. Aquellos que cantan de modo estridente, atraerán seres inferiores hacia ellos. Pero aquellos que cantan suavemente atraerán seres más sublimes.

El Evangelio de la Música es el Amor.

Un violinista que ha dado muchos conciertos puede haber experimentado suceso material. Pero el concierto más exitoso de su vida será aquel en el que pueda disolver la desesperación de alguien o despertar en aquellos que escuchan su música el deseo de ser nobles y buenos, de amar a sus semejantes y amar a Dios.

La Música despierta el centro de la razón en los seres humanos, la aspiración hacia lo sublime y bello, y desarrolla el centro del ritmo, etcétera.

Si un musico trabajara desde su mente, cuando ustedes escuchan su música, todas las luces dentro de ustedes se encenderían. Si trabaja desde el corazón, ustedes sentirían calidez interior. Y si proviene de la voluntad, su música tendría el poder de impulsarlos a progresar.

Dentro de cada uno puede oírse a tres "ángeles": el de la voluntad, el del corazón y el de la mente.

La soprano trae luz de la Alto, el bajo trae calidez de lo bajo, el tenor trae el poder de la voluntad, y el alto trae los adornos. El bajo es incluido para proveer la base. La soprano trae la belleza. La soprano, mas que ninguno otro, representa la Belleza Divina, los demás la rodean para adornarla.

La jovialidad de la música moderna es necesaria para traer la salud. La salud es el resultado de la Harmonía Divina en la Naturaleza.

El tempo en la música puede comprenderse de la siguiente manera: el adagio es como un grano maduro de trigo, su movimiento es lento, el allegro puede ser comparado con el movimiento de los caballos cuando ellos sacuden el trigo.

Si ustedes tocan la misma nota en el violín, primero con un dedo, luego con otro y luego con un tercero, encontrarán una diferencia. Los tonos no serán los mismos.

Los músicos experimentan diferentes niveles de inspiración. La mente del musico, al igual que su plexo solar deben participar en el proceso creativo. Hay veces en que solamente la mente participa y a veces solamente el plexo solar. En el segundo caso faltará claridad.

Para que la voz pueda ser transmitida a larga distancia, primero debe ser transmitida al nivel etérico y luego hacia la atmósfera.

Si un violinista desea tocar bien, el debe imbuir su espíritu en el instrumento. El debe interpretar la música mientras toca, a fin de que la audiencia pueda entenderla. Por este motivo, el violinista debe pensar mientras toca.

Los músicos son guiados desde lo Alto.

Todos los músicos se sienten perturbados cuando tocan. Ellos se sienten limitados por la idea de que es posible que no sean bien recibidos. Se debería dar total libertad de expresión a los músicos cuando tocan, a fin de que ellos puedan formar una conexión con la audiencia. ¿Que puede ayudarle a una persona para poder cantar bien durante un recital? Uno debe amar a su audiencia. Los músicos deben poder sentir en sus corazones el alma de las personas.

Existe un ritmo fundamental, un ritmo que es común a toda la humanidad. Aun así, hay pequeñas variaciones de este ritmo que corresponden a cada cultura.

En algunas de las canciones contemporáneas la letra no está de acuerdo con la melodía. Por ejemplo, las palabras indican un ascenso, mientras que la melodía indica un descenso. Es preferible que haya correspondencia entre la letra y la melodía. Cuando un musico talentoso toca, lo Divino dentro de la música se esparce sobre la Tierra para el bien de todos.

Cuando los Ángeles tocan su música, los arboles florecen. Todo el reino vegetal es creado a través de la música.

En cualquier lugar donde hay plantas floreciendo, si ustedes tienen un oído receptivo, ustedes podrán escuchar música. Cuando los Ángeles cantan o tocan un instrumento, los arboles crecen. Las yemas en sus ramas se abren con nuevas hojas, ellos florecen y dan fruto. La música expresa así su manifestación física: la fruta es el producto final de la Música de los Ángeles.

Si un violinista o un cantante interpretan frente a arboles frutales o en un trigal, la fruta en los árboles y las espigas en el trigal madurarán, y rendirán más que lo que es común. Uno puede experimentar en esta área. Para ver si alguien es un buen musico, pídanle a esa persona que toque, y observen si las plantas florecen.

La música combinada con el movimiento puede fácilmente transformar el estado de una persona.

Cuando uno habla debería hacerlo musicalmente, no en forma monótona. Lo que quiero decir es que cuando la persona habla en voz alta, debería sonar como música.

Cada vez que un musico toca, miles de Seres del Mundo Invisible participan. El musico talentoso es el producto de un esfuerzo colectivo. Aquellos que tocan o cantan con Amor se conectan con los Seres musicales que lo rodean e inspiran.

Cantar sin inspiración es mecánico. Pero cuando ustedes tocan o cantan por inspiración, ustedes se conectan con los músicos del Mundo Espiritual. Entonces su trabajo mejorará. Cunado no se sienten inspirados es porque no han establecido esa conexión y su trabajo se estancará.

Cuando un gran musico llega al mundo, la inclinación hacia la música aumenta.

El miedo al escenario que sienten muchos buenos músicos antes de un concierto es un indicador de que los Seres musicales talentosos del Mundo Invisible están participando. Esto puede compararse con el hombre rico que guarda sus joyas por miedo a que alguien se las quite.

La música de Paganini es un soplo de aire fresco y alegre. Él vivió bajo condiciones limitantes pero, aun así, el compuso música alegre y refrescante a través de la cual él se liberó. Por eso sentimos algo inocente e infantil en su música. La capacidad para la replicación estaba altamente desarrollada en él.

También Beethoven luchó para lograr libertad de expresión, para liberar su espíritu. Por eso, los temas de lucha y libertad se hallan presentes en su música. A través de su música, Beethoven nos dice que la música que lo liberó a él nos liberará a nosotros. El Mundo Invisible necesitaba colocar a Beethoven en condiciones adversas a fin de que el compusiera y buscara la Verdad. De otro modo, es posible que el no lograra componer todo lo que el dio a la humanidad. Hay partes de su música que indican que él había llegado a conocer el Amor de Dios y había recibido visiones del Mundo de la Gran Realidad.

Mozart es del tipo Venus. Su música es alegre.

La música de Chopin expresa las grandes tribulaciones por las que pasaran las gentes de Polonia.

Una hermana preguntó: "*Maestro, ¿cómo debemos aplicar la música en la educación?*"

La educación debería comenzar con la música, lo que proveería impulso para las ideas y los deseos sublimes. Es necesario que las gentes de hoy en día usen la música como herramienta educativa. Los niños deberían aprender principalmente canciones acerca de la Naturaleza y, primero que nada, de los arboles frutales: del manzano, el cerezo, el peral, etcétera.

〰

El Bien

Durante la caminata matutina el Maestro dijo:

Aquellos que realizan buenos trabajos están conectados con los Seres Sublimes.

Si alguien realiza buen trabajo, pero se dice y cree que lo hizo porque es una buena persona, no estará en lo correcto. Por el contrario, debe pensar que lo bueno fue hecho por Dios actuando a través de él.

Ustedes deben hacer el bien por Dios, y no por el que dirán de las gentes. Ustedes deben hacer el bien sin esperar nada en retribución.

Somos buenos solamente porque lo Divino que habita en nosotros es bueno.

Cuando hacen el bien no deben hacerlo como un favor personal, siendo parciales, sino que deben hacerlo para todos, para Dios. Libérense de las parcialidades.

Algunos me dicen que no saben como actuar correctamente. Cuando no son bien recibidos piensan que los demás no deberían comportarse así para con ellos. Yo les digo que actúen hacia los demás como ellos querrían que los demás actúen hacia ellos, y entonces serán bien recibidos.

El mal opera en lo fraccionario, mientras que Dios lo hace en el alma. En otras palabras: el mal nació de nuestra separación de Dios. Dios ha enervado al mal desde su concepción. El mal es estéril, el no produce ningún fruto.

La Ira de Dios se refiere a que, en su separación, los seres humanos han levantado una pared entre ellos y Dios, motivo por el cual ellos no pueden recibir las bendiciones de Dios. En su error, los seres humanos han creado una nube oscura, una obstrucción entre ellos y Dios.

El bien que ustedes hacen equivale a sembrar un campo. Siembren a fin de poder cosechar. Cuando saquen el trigo del granero, espárzanlo en el campo. No será olvidado. Producirá y llenará su granero nuevamente. En este mundo, Dios no deja que el menor bien quede sin bendiciones.

Ustedes no pueden llevarse nada de este mundo hacia el Mas Alla, excepto el bien que han hecho. El bien que han realizado volverá a ustedes. Recuerden: cuando ayudan a otros, se están ayudando a ustedes mismos.

Si ustedes fueron al manantial y le dan un vaso de agua a una persona, y luego a otra, y a muchos más, ustedes no deben hablar acerca de lo que han hecho, sino que deben solamente alegrarse de haber compartido su abundancia.

Algunos se preguntarán a donde los llevará este comportamiento. Si ustedes riegan un árbol frutal, este les dará fruta, ¿no es cierto? Este es el Orden Divino, y dentro de este Orden, toda la Vida se halla organizada. En otras palabras: ustedes no necesitan arreglar nada. Ustedes solamente necesitan hacer la Voluntad de Dios.

Un hermano preguntó: "¿Cómo puede uno hacer el bien desinteresadamente, sin esperar recompensa o bendición?"

Cuando ustedes hacen el bien desinteresadamente, sin esperar recompensa, la recompensa vendrá de todos modos.

Tras cada obra de bien que ustedes realicen, el Mundo Divino aumenta su crédito. Aquellos que se hallan en lo Alto y que los aman, los están ayudando porque ustedes están yendo en la dirección correcta.

Esfuércense en ir por el camino de la atención plena, el Camino del Bien, del Amor, a fin de que puedan tener el apoyo de los Seres Iluminados. Aun por el menor bien que uno haga, uno recibe el apoyo de estos Seres.

¿Cuál es la diferencia entre el bien y el mal? Con el bien, uno siempre gana, mientras que con el mal uno siempre pierde. Cuando ustedes han hecho algo bueno por alguien es como si hubiesen depositado capitales en el banco. Lo mismo si han dicho una buena palabra. Por el contrario, si han dicho algo malo, ustedes tendrán que pagar una multa de acuerdo con la Ley.

Cuando hacen el bien, ustedes se hacen más libres. Con cada error, ustedes se limitan a si mismos. Originariamente ustedes eran libres. Originariamente, todas las personas eran libres, pero cuando erraron, todos se limitaron. Ahora deben hacer el bien para liberarse.

Cuando alguien les hace el bien, ustedes deben pagar interés por este bien, aun cuando fue hecho gratuitamente. Una vez un gran artista le estaba enseñando a una pobre niña que era muy talentosa. El también tocaba música para ella. La niña le dijo: "Déjeme que le ayude llevando su violín". Del mismo modo, nosotros debemos llevar el violín que produce los sublimes tonos que escuchamos.

El Bien sólo nace del sufrimiento. Del sufrimiento del mundo nace el Gran Bien Divino. ¿Por que existe el sufrimiento? Para que el Bien pueda nacer.

Cada día ustedes deben realizar al menos una pequeña obra de bien. Hay un sistema que determina cuantas obras de bien uno debe hacer por día, y a cuantas personas uno debe ayudar. Si ustedes no cubren estos requerimientos, habrá lugares vacíos en su vida. Como estudiantes espirituales, necesitan mucho menos esfuerzo para hacer el bien. Les tomará un minuto o un segundo, pero su futuro depende de esto. Si ustedes no ocupan al menos un poco de tiempo cada dia en hacer el bien por Amor, esto demostrará que ustedes no son capaces de aplicar la Ley del Amor.

Lleven a cabo un experimento en el campo del Amor con la menor obra de bien. Inicialmente traten de hacerlo para alguien a quien no amen.

Salvar a una hormiga que se está ahogando requiere heroísmo. ¿Por qué? Porque ustedes están cumpliendo la Voluntad de Dios. Dios cuida de hasta el menor de los seres. Hagan por alguien algo que nadie ha hecho por ellos anteriormente.

〰️

Trabajando junto a Dios

Llegaron los días de la reunión de todos los hermanos y hermanas. A pesar de las difíciles condiciones, todos llegaron desde los distintos puntos del país. La casa estaba llena de gente. Muchos de los invitados se acomodaron en el jardín.

Era un tiempo de gran sufrimiento y pruebas. Las gentes se estaban matando unos a otros de modo planificado, "científicamente". La incertidumbre los abrumaba a todos. Sólo aquí, en este medio de hermandad, podía brillar la felicidad, reinar la paz y existir las actividades creativas. Uno podía relajarse y sentir que se hallaba en un refugio.

En realidad, era el Amor quien creaba el milagro. Pero nosotros necesitábamos tener Conocimiento de Sus Leyes, reglas y métodos de aplicación. El Maestro nos daba este Conocimiento en sus charlas y presentaciones.

Temprano por la mañana nos reunimos para nuestras oraciones, tras lo cual el Maestro dio una presentación. Durante todo el día el aceptó invitados y conversó con ellos. Él se ubicó bajo el gran nogal, nosotros lo rodeamos y la conversación comenzó:

Primero la madre les sirve a sus hijos, y cuando ellos crecen, los hijos deben ayudar a su madre. Cuando alguien quiere arar el campo, ¿espera el a que el campo se lo pida? No. El va hacia el campo. Cuando alguien quiere sacar agua del manantial, el no espera a que el manantial se la ofrezca, sino que se dirige hacia el manantial. Del mismo modo, no debemos esperar a que Dios haga todo por nosotros, sino que nosotros debemos hacer nuestra parte. Los seres humanos pueden vivir de un solo modo: sirviendo a Dios. Queremos servir a Dios porque hemos recibido todo de Él. Tenemos su Confianza y El le ha dado Sus Bendiciones a todos los seres humanos durante siglos. Y si no queremos servirlo, ¿donde esta nuestra virtud? Cuando digo que debemos hacer la Voluntad de Dios, quiero decir que nosotros estamos empleados para servir a otros como cajeros en el Banco Divino, ya que todo lo que tenemos proviene de Dios.

Hemos venido a la Tierra a ver lo que Dios ha creado, para conectarnos con El y para hacer algo por El. En la Primera Carta a los Corintios 3:9 dice: "Somo compañeros de trabajo de Dios, ustedes son el campo de Dios, ustedes son Su edificio". Cuando trabajamos con Dios, participamos en Su Trabajo. Entonces, todos los esfuerzos del alma humana lograrán su objetivo. Pero no quieran lograr todo al mismo tiempo. No quieran que todas las flores florezcan al mismo tiempo.

El significado de la vida es servir a Dios, la Gran Fuente Creativa. Esta es nuestra tarea. ¡Este es nuestro objetivo más sublime! Aquellos que sirven a Dios deben ser los mejores, los más eruditos, los más fuertes. Ellos pasaran por todas las pruebas para que puedan demostrar que están listos para servir. Uno debe estar interesado en todos los seres vivos, en todas las manifestaciones de Dios.

El valor del ser humanos esta basado en su servicio a Dios. Dios da poder y conocimiento a aquellos que lo aman y están listo a hacerlo todo por El. ¿Cuántas personas están listas para pasar por el Gran Fuego Divino?

El servicio a Dios no debe realizarse por que es la Ley o por la fuerza, sino que debe hacerse libremente y sin interés personal. Uno no debe servir a Dios por pago o adulaciones.

Cuando Dios les da una tarea, abandonen todos los placeres. Cuando lo hayan cumplido, descansen. Cristo dijo en Lucas 9:23: "Si alguno quiere seguirme, el debe negarse a si mismo, tomar su cruz de cada día y seguirme". Esto implica que uno debe tener solamente una imagen en su mente: la Imagen de Dios.

Mientras ustedes no dejen de perseguir su fama en el mundo, la cultura seguirá siendo como lo es ahora. El que busca fama será esclavo de las condiciones, pero el que busca la Gloria de Dios, será libre.

¿En donde se esconde la alegría del manantial? En que todo aquel que viene a el extingue su sed. A el manantial no le importa si ustedes lo alaban o no. El se alegra de que ustedes beban de su agua.

Cuando los seres humanos vinieron a la Tierra, ellos prometieron llevar a cabo las Ideas de Dios y cumplir Su Voluntad. Cuando ellos cumplan su promesa, los seres humanos serán como el manantial que da agua cristalina y pura, será como la flor, como el árbol que da fruto delicioso.

¿Que es el servicio? Hagan lo que hagan, háganlo por Dios. Esto es el servicio a Dios. El que sirve, el que se sacrifica, obtendrá los mejores frutos.

Manifestar el Amor es el servicio a Dios.

Servicio a Dios

Servir a Dios implica aplicar Sus Leyes. Cuando las personas hablan de las Leyes de Dios, pero luego aplican sus propias leyes, ellos no mejoran.

Por la noche ustedes a veces escuchan una Voz que les cuenta que en cierto lugar se halla una persona que necesita ayuda, y les pide que vayan a ayudar. Y cuando ustedes van al lugar indicado, encuentran que todo es tal como la Voz les indicó.

Un buen pensamiento, una idea, entra en vuestras mentes. Cedan bajo su fuerza. Esto es servir a Dios. No lo pospongan. Ustedes posponen por un año y luego quieren lograr todo en un día. Si ustedes realizan un poco del trabajo cada día, el trabajo progresará.

Un hermano dijo: "*Yo me he dado cuenta de que, si uno pospone una tarea, las condiciones en el futuro son más difíciles*".
El Maestro continuó:

Hay una voz dentro de ustedes que los tienta a que pospongan lo que deben hacer. Quiere que pospongan su trabajo para robar sus bendiciones. La misma voz, cuando alguien los insulta, los exhorta a tomar revancha.

Dios no espera mucho de ustedes, El busca las cosas pequeñas. Ustedes están sentados sin nada que hacer. Escuchan una Voz que les dice que vayan al cuarto adyacente. Allí encuentran una mosca atrapada en una telaraña, rogando a Dios por su libertad. Liberen la mosca. Cumplan la voluntad de Dios y El estará satisfecho con ustedes.

Cuando las cosas no estén claras, los Seres Avanzados los ayudarán. Y tan pronto como ustedes comiencen a comprenderlos, ustedes también comenzarán a ayudar a seres menos avanzados, y ellos también comprenderán.

Cuando visiten a alguien, no sermoneen. Primero, ámenlos. En su lugar, busquen a aquellos que están buscando a Dios y hablen primero con ellos. Bailen y dejen bailar.

Hasta ahora, las personas han pensado y trabajado por si mismas, lo que los ha llevado a un punto muerto. Si ustedes no cumplen correctamente con la Voluntad de Dios, ustedes romperán vuestra conexión con El. Cuando alguien se separa de Dios, las penas, las preocupaciones, las enfermedades y el dolor aparecen.

Un prominente erudito eclesiástico una vez se acercó a Ioan Kronstadtski[46] y le dijo que, ya que el había oído que Kronstadtski se había alejado de las verdaderas enseñanzas cristianas, él le prohibía predicar. Kronstadtski respondió diciendo que él lo había comprendido. Dos días después el eclesiástico perdió la voz y luego escribió una carta a Ioan, diciéndole que hablara lo que quisiera y que también rezara por él. Ioan dijo una plegaria y el clérigo recuperó la voz.

Cuando hablo de una "persona débil", me refiero a aquella que aun no ha despertado. El fuerte es el que camina por el sendero de Dios.

---

[46] Ioan Kronstadtski (John, el Trabajador de las Maravillas de Kronstadt, 1829-1908): sacerdote ortodoxo ruso conocido por su compasión, elocuencia y don de sanación.

Cuando uno sale del camino, uno pierde sus fuerzas y se hace débil. Del mismo modo, esos seres exaltados que salieron del camino de Dios cayeron y se hicieron débiles.

En el Libro del Apocalipsis vemos como el Ángel baja del Cielo y encadena a los espíritus caídos por mil años. ¿Que poder es este, tan inmenso? El caído no había comprendido donde residía el verdadero Poder. El Poder verdadero reside en las acciones que cumplen con la Voluntad de Dios y se hallan al servicio de Dios. Cuando ustedes hacen algo para Dios, ustedes ganan energía y poder. Dios es justo. Cuando servimos a aquel Amo que es justo, nosotros también somos justos.

Una Ley dice que cuando hacemos algo que es agradable a Dios, nosotros sentiremos gozo, pero cuando cometemos un error, independientemente de lo pequeño que sea, sentiremos tristeza. Cuando ustedes sienten tristeza, esto indica que han hecho algo malo. Sentir gozo indica que han hecho el bien. Cuando ustedes comiencen a vivir correctamente, la Paz y la Luz vendrán a vivir en ustedes. Pero si comienzan a actuar mal, la oscuridad se establecerá en ustedes. Si ustedes no cumplen con la Voluntad de Dios como es debido, ustedes encontrarán un león en su camino y este los devorará. Si una persona no se siente bien, ni bien comience a servir a Dios, su indisposición se desvanecerá. Si ustedes desean que sus pensamientos y sentimientos sean dulces, ustedes necesitan servir a Dios.

Si todas las personas sirvieran a Dios, todos serian felices. Aquellos que sirven a Dios tienen todo. Ellos tienen todas las condiciones favorables para su trabajo, tal como la mujer que tiene lana en su hogar y puede hacer con ella lo que quiera. En otras palabras, a ella no le faltan las condiciones necesarias. Aquel que no cumple con la Voluntad de Dios será a la vez rico y pobre, pero el que la cumple no será ni rico ni pobre.

Si ustedes sienten dentro de si que han ganado algo, esto indica que han cumplido la Voluntad de Dios, y las bendiciones caerán sobre ustedes en el momento indicado. Si no es así, ellas se demorarán. Toda persona que sirve a Dios tiene éxito y es protegido. Aquel no trata de servir a Dios y al bien está perdido. Cuando uno no sirve a Dios, la Gran Causa Omnisciente, la vida pierde sentido y esa persona será desdichada.

Cuando tenemos la bendición de Dios, todos los Sublimes Seres Inteligentes nos ayudarán y nuestra vida estará en orden. Si todos sirven a

Dios de acuerdo con su propio modo, todo estará en el orden correcto. Cuando no usamos nuestra mente, corazón y voluntad para el servicio de Dios, no podemos lograr nada.

Algunos esperan arreglar su vida y luego servir a Dios, pero aquellos que no están trabajando para el cumplimiento de los Planes de Dios, nunca podrán arreglar sus propios planes. Si ustedes desean que sus cosas salgan bien, primero trabajen para Dios. De este modo estarán invirtiendo su capital en el Banco Divino.

Cuando las personas se niegan a darle nada a Dios, El les envía ladrones a los que les dice: "Ya que esta persona es rica y no da nada voluntariamente, tómenlo de ella". Y ellos entrarán en la casa de esta persona y robarán todo lo que deseen. Después de esto, la persona dirá: "Gracias a Dios que se llevaron todo, pero no nos mataron".

Debemos entender que todo lo que tenemos pertenece a Dios y no a nosotros. La propiedad privada no debe existir en el mundo, ya que no es real.

En el momento en que ustedes aceptan la idea de vivir para Dios, todos los errores serán erradicados.

Ustedes pagan sus deudas a través de la enfermedad. Ni bien ustedes tengan dentro suyo el deseo de servir a Dios, El pagara las deudas por ustedes. Sólo de este modo uno puede ser libre y estar saludable. Dios es el que tiene en abundancia. Mientras que ustedes trabajen en el nombre de Dios, todo les saldrá bien. Esto se explica con la existencia de la siguiente Ley: Cuando ustedes trabajan para Dios, ustedes se tornan receptivos hacia las fuerzas que todo el Cosmos emite, de no ser así, ustedes no serán receptivos.

Los seres humanos caen en la tentación cuando no están cumpliendo con la Voluntad de Dios. Pero cuando la están cumpliendo, ninguna tentación prevalecerá sobre ellos. Ellos podrán tener una caja llena de oro y no se sentirán tentados por ella. Dondequiera que uno se halle, aun en el Paraíso, si uno no esta cumpliendo la Voluntad de Dios, las tentaciones lo acosarán.

Una vez que ustedes han elegido servir a Dios ustedes no deben preocuparse acerca de lo que les sucederá. Cualquier cosa podrá sucederles, pero al fin sucederá un milagro como ustedes nunca han visto.

Mejoraremos el mundo solamente cuando sirvamos a Dios.

~~~

El Cielo

El Maestro miró hacia el cielo estrellado y nos dijo:

Aprender acerca del cielo desarrolla la mente, la conciencia, el ego, el subconsciente y la Consciencia Elevada. Cuando digo que ustedes deben estudiar el cielo y las estrellas, yo me refiero a la conexión que ustedes tienen con las Fuerzas Inteligentes que operan a través de ellos. Esto nos eleva y edifica.

Desde el Sol proviene la corriente electromagnética que rodea y controla a la Tierra. El eje de la Tierra se ha desplazado muchas veces. Cuando las plantas aparecieron, el polo norte estaba abajo y el polo sur estaba arriba. Cuando aparecieron los animales el eje de la Tierra estaba horizontal, perpendicular a su presente ubicación.

Nuestro Sistema Solar orbita alrededor del Sol central de nuestro Universo. Un año solar, el tiempo que toma al Sistema Solar el realizar una revolución completa, equivale a millones de años terrestres. Al mismo tiempo, todo nuestro Universo se desplaza con sus cientos de millones de estrellas, hacia otro punto del espacio cósmico. Tras un tiempo, otro Universo, otra formación estelar, tomará su lugar.

~~~

Las Leyes del Desarrollo Humano

Las caminatas matutinas eran habituales en la pequeña comunidad. El Maestro habitualmente iba con un pequeño grupo de amigos en las horas tempranas de la mañana. Hacia el este podían verse los hermosos colores de la alborada. Las nubes en lo alto estaban cubiertas del oro y purpura del amanecer, y las últimas estrellas se desvanecían en el oeste. La luz en el pálido cielo cambiaba como si las páginas de un inmenso libre fueran pasando.

El Maestro gustaba del solemne silencio del a mañana: los momentos de bendición que preceden al despertar de la Tierra. En estas horas el aire es más puro: fresco y vibrante gracias a su contacto con el Universo. El Maestro, quien nunca desperdiciaba las horas que pertenecen a la Gran Vida, nunca perdía la oportunidad de contemplar los primeros rayos del Sol naciente.

Durante una de esas caminatas matutinas, en una conversación, el Maestro dijo:

Ustedes vienen a la Tierra para asistir a la escuela en un programa especial que les ha sido asignado. Casi todo lo que deben estudiar cada día está determinado. Ustedes han sido enviados aquí para ir a la escuela y a una excursión.

¿Saben de dónde vienen? Ustedes no estaban contentos y, a fin de consolarlos, ustedes fueron enviados en un paseo gratuito. Ustedes son turistas. Ustedes deberían agradecer a Dios por esta excursión. Cuando regresen a casa, siempre llevaran algo de recuerdo. Mientras viajan, ustedes deben tomar notas. Y cuando regresen, ustedes les contaran a sus amigos lo que han visto.

Ustedes no pueden lograr todos sus deseos en una encarnación. Por lo tanto, ustedes regresarán a la Tierra muchas veces hasta cumplirlos todos y alcanzar la perfección.

Hay quien viene a la Tierra a expiar sus faltas, otro viene a perfeccionarse. Otro viene a ayudar a los demás. Estos son los tres motivos por los que uno viene a la Tierra. Cuando uno es enviado para reformarse, uno no viene libremente: uno viene bajo la Ley. Cuando uno viene como estudiante, para aprender, uno es un poco más libre. Y cuando uno ha venido a ayudar, uno tiene todavía más libertad.

Hay ciertas cosas de las que uno no puede hablar y debe guardar silencio. Algunos preguntan: "¿Me puede decir algo acerca del pasado?" Yo les respondo: "No, ya que, si yo hablo, las relaciones del pasado serán reveladas". Hay muchos malos recuerdos de anteriores reencarnaciones, y si alguien los recuerda, esto puede entorpecer a esa persona.

Ustedes han pasado por diferentes naciones en su camino hacia la perfección. Cada nación es un laboratorio del Mundo Invisible.

Ustedes también han pasado por diferentes escuelas. Ustedes han tenido distintos niveles de estatus social, han sido siervos y patrones.

¿Qué es la vejez? Es una aflicción del cuerpo humano. Para el espíritu humano, no hay vejez. El espíritu sabe cómo trabajar y como conservar energía.

Cuando ustedes se liberen de su karma, ustedes vendrán a la Tierra por su propia voluntad.

Una hermana pregunto acerca de cómo liberarse del karma.

De este modo: no traten de poseer aquel a quien aman.

La Naturaleza les deja hacer lo que quieren, pero después les enseña una buena lección. Imagínense que alguien se encuentra en la parte más baja de un cono invertido. Dentro de este cono hay un árbol frutal que crece hacia arriba. Si alguien tira una piedra para hacer caer la fruta, la piedra caerá sobre la cabeza de esa persona. Este ejemplo ilustra la siguiente Ley: Todo lo que una persona hace, sea bueno o malo, regresa a esa persona.

Alguien comete un crimen. La Naturaleza Inteligente le da una buena lección: lo hace pasar por el sufrimiento. A medida que pasa el tiempo, él se olvida. Cuando vuelve a la Tierra por segunda vez, el comete un crimen nuevamente. Este sufrimiento a veces necesita ser repetido diez veces a fin de que el aprenda la lección correctamente.

Corrijan una falla inmediatamente: no dejen que se acumulen los intereses. En un comienzo es más fácil corregirlo. Este es el modo Divino. Cuanto más se demore uno, tanto más difícil resultará corregirlo. La menor transgresión es una semilla. Algunos dicen: "Esto no es nada". Pero las consecuencias son graves. La pequeña semilla se transforma en un gran árbol. Pequeñas fallas crean grandes desgracias. Una cerilla es pequeña, pero puede destruir una ciudad.

Cuando un ángel comete un error en el Mundo Celestial, ese ángel ya no puede vivir allí. Su uno se enoja con otro ser en el Mundo Celestial, uno ya no puede seguir allí.

El Gran Mundo Inteligente determina el destino de una persona, no de modo fatalista, sino de acuerdo con sus pensamientos, sentimientos y acciones. Si el los cambia, entonces Dios también cambiara

Su Juicio acerca de él y su destino cambiará. Hay estadísticas acerca de esto. Por ejemplo, imaginen que ustedes son mercaderes. Una persona pobre viene a ustedes pidiendo ayuda. Ustedes le dicen: "Ve a trabajar". Pero tras eso viene una recesión, y ustedes pierden todo. El agricultor viola las Leyes Divinas y una sequía o una inundación viene y le quita todo. El agricultor recordará el hecho por largo tiempo. Ustedes dudan en hacerle un favor a alguien. Una enfermedad vendrá y les hará pagar por ello.

De acuerdo con la ley del karma, la aristocracia rusa fue del mayor estatus al más bajo. Esto ocurrió durante el periodo de una vida y no, como en otros casos, en otra encarnación.

Mientras ustedes vivan sin Amor, ustedes continuaran pasando a través de los nacimientos y las reencarnaciones. Cuando el Amor llega, el ciclo de la reencarnación termina. El Amor erradica al karma.

Hoy en día, el karma de la mayoría es erradicado a través del sufrimiento. A fin de manejar su karma fácilmente, recuerden esto: no hablen mal unos de otros. Si alguien es temperamental y no puede evitar hablar mal de otros, al menos los otros deben poner esfuerzo en no sentirse heridos. Al primero le digo: "Evita hablar mal de tus semejantes". Y a aquellos de los cuales se ha hablado mal, les digo: "No se sientan heridos". Tanto los que ofenden, como los que se sienten ofendido, no resuelven los problemas apropiadamente. Y entonces karma viene a resolverlos. El karma es estricto e implacable. Si ustedes esperan que el karma resuelva sus problemas, ustedes no lograrán nada.

Otro modo en que ustedes pueden resolver sus problemas es a través del Amor. Para aquellos que eligen este camino, el siguiente verso de Apocalipsis 21:4 es apropiado: "Y Dios limpiará toda lágrima de sus ojos, No habrá más muerte, ni tristeza, ni llanto. No habrá más dolor, ya que las cosas antiguas habrán desaparecido". A esto lo llamamos la remoción del karma antiguo. Todas las personas están enmarañadas en él. ¡Déjenlo ir!

Un día Dios borrará todo error humano. El karma será removido y sólo quedará su memoria como en una película. Ustedes entonces podrán ver lo que han sido en el pasado, lo que ustedes han hecho. El pasado será borrado como karma, pero quedará el recuerdo. Debemos salir del reino del karma. Allí no hay solución a los problemas. Es un desvió del Camino Divino.

El dharma incluye todas las condiciones que son favorables para el desarrollo. El dharma es una Bendición. Las Bendiciones no son otorgadas por coincidencia, sino que son otorgadas a aquellos que están listos para beneficiarse de todo lo que les es dado. Esto es dicho para aquellos que pueden entender y beneficiarse.

Existen dos tipos de mártires: los que mueren para ser liberados del karma, y los que se sacrifican por sus semejantes.

Gratitud

Nuestro modesto almuerzo bajo el nogal en el jardín concluía con una bendición y algunos cantos. El Maestro nos miró, sonrió, y dijo:

Todo lo que nos ha sido dado, yo lo he estado pagando de modo invisible. Cuando recibo una *banitsa*[47], yo la miro para ver de que está hecha. Está hecha de harina, por lo cual yo me conecto con la persona que sembró y cosechó el trigo. Yo bendigo las labores de esa persona y luego continuo. Yo busco las ovejas de las que proviene la leche con que se hizo el queso, y también les agradezco. Encuentro la vaca que produjo la leche para la manteca y también le agradezco. Y también le agradezco a la persona que cocinó la *banitsa*.

Cuando somos agradecidos, mantenemos y protegemos nuestra conexión con Dios, y todos nuestros deseos serán cumplidos.

¿Cual es la diferencia entre la vida mundana y la vida espiritual? Cuando alguien come algo y no está agradecido, él no se da cuenta que todo nos es dado por Dios y por lo tanto se halla en la vida mundana. Pero cuando come y da gracias a Dios, el se encuentra en la vida espiritual. Esto se aplica a todas las demás bendiciones.

---

[47] Banitsa: dulce tradicional búlgaro hecho con huevos y queso feta batidos y distribuidos entre hojas de masa fillo bañada en manteca, y luego horneado.

Cuando Dios es parte de vuestro trabajo, ustedes se hallan en la vida espiritual. Tan pronto como Dios no es parte de sus actividades, ustedes pasan a la vida mundana.

Agradezcan a Dios aun cuando encuentren dificultades en sus vidas. Ustedes siempre deben estar satisfechos. Esto es sólo un momento, un minuto o un segundo. Esten satisfechos con este momento. A veces ustedes están tristes debido a alguna dificultad o algún pesar. Es posible que esto sólo dure un minuto y luego desaparezca.

Satisfacción y gratitud no implican resignación. Si ustedes están enfermos, hagan un esfuerzo para aliviar su enfermedad, pero, aun así, estén satisfechos y agradecidos durante cada momento que esta enfermedad dure. Uno debe agradecer a Dios cuando uno recibe algo. De este modo, Él nos dará algo de Si mismo al mismo tiempo.

Cuando ustedes reciben, pero no agradecen, ustedes no se beneficiarán de la abundancia de la Vida.

Por ejemplo: ustedes aman a alguien. Agradezcan a Dios por manifestarse a través de vuestro amado. El Amor no pertenece a la persona que ustedes aman. Agradezcan al Amor. La gratitud se expresa compartiendo con los demás parte de lo que han recibido.

Una hermana preguntó: "*Maestro, ¿cómo puedo agradecer el modo atento con que usted me recibió durante nuestra conversación ayer?*"
El Maestro respondió:

Mostrando la misma atención hacia los demás.

Aquel que va a un cerezo y come de su fruta sin agradecer a Dios no sabe lo que es la vida. Los seres humanos sufren por esta ingratitud.

Algunos están descontentos aun cuando Dios les ha dado muchos talentos que ellos ni siquiera han desarrollado. La falta de gratitud obstruye el desarrollo de esta persona. Cuando alguien no está satisfecho con lo que tiene, el desciende a un nivel inferior y comienza a manifestar algunas características animales.

Ustedes tienen una pequeña alegría. Alégrense y den gracias por ella. No deseen algo más grande. Imaginen que ustedes tienen un sombrero rotoso, zapatos rotos y ropas gastadas, y alguien viene y les da un nuevo par de zapatos. Den gracias a Dios por los zapatos, y el resto de lo que necesitan aparecerá pronto. Si ustedes no dan gracias, hasta los zapatos desaparecerán. A aquel que es agradecido por la menor de las virtudes, mayores virtudes le serán dadas. Si cuando viajan están agradecidos por el clima, aunque este no sea de lo mejor, entonces el tiempo mejorará.

Nosotros no expresamos nuestra gratitud salvo cuando recibimos grandes cosas. Esten satisfechos con las cosas pequeñas. Aquel que está satisfecho con lo poco, recibirá mucho más. Aquel que esta satisfecho con la más pequeña bendición la verá crecer y dar frutos abundantes.

Nosotros queremos que las cosas sucedan a nuestro gusto. Este es el "pecado original". Dios ha creado el mundo, y nosotros deberíamos desear que las cosas ocurran de acuerdo con Su Voluntad.

Hay un gran Libra que contiene todo el Conocimiento. Ese libro les será dado a ustedes cuando sigan la siguiente regla: Cuando se levanten por la mañana, primero que nada, agradezcan a Dios por la vida que les ha dado, por la misericordia que ha derramado sobre ustedes y por los pensamientos y sentimientos sublimes que les ha enviado.

―――

Las Tres Etapas de la Nueva Cultura

Nosotros saludábamos al Sol naciente en la montaña. En el valle todavía estaba oscuro, pero aquí ya había luz. El aire era puro y fresco como el agua de un manantial. Ofrecimos nuestra oración matutina, hicimos nuestros ejercicios y luego nos sentamos en el pasto rodeando a nuestro amado Maestro. El calor del Sol nos penetraba como bendición del Eterno. Nos mantuvimos en silencio por un largo tiempo, escuchando la tranquila y pequeña Voz interior.

El Maestro nos dijo:

El Amor es el Camino para todos aquellos que habitan en Dios. La Sabiduría es el Camino para aquellos a quienes Dios se manifiesta. La Verdad es el Camino para aquellos que están aprendiendo a servir a Dios.

Cada día de la existencia humana debería ser aquel en el que el Amor se manifiesta, la Sabiduría se manifiesta, y la Verdad nos enseña a servir a Dios.

Que el Amor se cumpla en ustedes para dar Vida. Que la Sabiduría se cumpla en ustedes para traer Luz. Que la Verdad se cumpla en ustedes para que les enseñe a cumplir la Voluntad de Dios.

La Libertad proviene de la Verdad. Los seres humanos son libres, pero ellos no deben abusar de su libertad. Nosotros somos libres gracias a lo Divino que habita en nosotros.

El Amor resuelve todas las contradicciones. Sin Amor, los seres humanos no pueden dar sentido a esta existencia. La Sabiduría vence las contradicciones de la mente. La Verdad vence las contradicciones de la voluntad humana.

El Amor construye la harmonía en el mundo. La Sabiduría es el pico más elevado. Resuelve las contradicciones entre el bien y el mal, poniéndolos a ambos a trabajar. La Verdad es el mayor líder: dirige a todo el Cosmos.

La Sabiduría Divina es la más difícil de aprender. Aun los adeptos, los Ángeles y los dioses han caído al enfrentarse con las pruebas de la Sabiduría.

El Amor es la fuerza más grande en el mundo, pero aun así, la Sabiduría y la Verdad son necesarias para que el Amor pueda ser aplicado.

Epilogo

Durante los últimos días de 1944, un hombre llegó a la casa de la hermandad en Izgrev. El llegó corriendo, estaba apurado.

"Díganle al Maestro que deseo hablar con él".

Durante toda su vida este hombre había vaciado entre la vida mundana y la vida espiritual y ahora, finalmente, había tomado una decisión.

"Por favor, díganle al Maestro que deseo hablar con él".

Un discípulo le informó al Maestro, diciendo: "Maestro, un hombre desea hablar con usted".

Por un largo tiempo, el Maestro permaneció en silencio, y luego dijo suavemente: "Díganle a este hombre que el concierto ha concluido".

Tras lo que dijo en voz baja: "El concierto ya ha pasado".

Información Biográfica Acerca del Maestro Beinsa Douno

Fechas y Eventos

1864: Petar Konstantinov Danov (también escrito como Peter Deunov) nace el 11 de julio (29 de junio del calendario juliano, día de San Pedro) en el pueblo de Hadurcha (hoy Nikolaevka), cerca del Mar Negro en el distrito de Varna. Fue el tercer hijo del sacerdote ortodoxo Konstantin Danovski y de Dobra Georgieva.

1872: Comienza la escuela elemental en Nikolaevka.

1879-1884: Concurre a la escuela para varones en Varna, pero no completa sus estudios debido a prolongadas enfermedades.

1887: Se gradúa de la Escuela Teológica Americana en Svishtov.

1887-1888: Trabaja como maestro en el pueblo de Hotantsa, en el distrito de Ruse.

Agosto de 1888: Viaja a los Estados Unidos donde se matricula en el Seminario Teológico Metodista Drew en Madison, New Jersey.

Mayo 18 de 1892: Completa los cursos preparatorios en Teología, con excepción de Griego en el Seminario Teológico Metodista Drew en Madison, New Jersey.

1892-1893: Se matricula en la Escuela de Teología de Boston University como estudiante especial de tiempo completo. Se gradúa el 7 de junio de 1893 con la tesis "La Migración de las Tribus Teutónicas y su Conversión al Cristianismo".

1893- 1894: Participa en cursos de medicina en Boston University durante un año.

1895: Regresa a Bulgaria donde se rehúsa a ser pastor metodista o sacerdote ortodoxo en Varna.

1896: Publica el libro "Ciencia y Educación" donde analiza el camino de la humanidad en el drama del mundo y la venida de la Nueva Cultura.

1897: El 7 de marzo, a los 33 años, en Varna, tiene una experiencia mística donde recibe su misión espiritual. El mismo anio publica su libro místico Hio-Eli-Meli-Mesail. Este año fue la coyuntura decisiva de su vida y el comienzo de su trabajo como Maestro espiritual.

1898: Da la presentación "Un Llamado a Mi Gente: Hijos Búlgaros de la Familia Eslava" ante los miembros de la Sociedad Caritativa "Mother" en Varna, como mensaje para la autodeterminación social y espiritual.

1899: Escribe "Los Diez Testimonios del Señor" y "La Promesa de Dios".

1900: Llama a sus tres primeros discípulos: Penyo Kirov, Todor Stoimenov y Georgi Mirkovich, a una reunión en Varna durante el mes de julio. Este fue el comienzo de las reuniones anuales que contaron con un número creciente de participantes y seguidores.

1900-1942: Comúnmente durante el mes de agosto se llevaron a cabo reuniones anuales en diversos lugares: Varna y Burgas (1900-1908), Veliko Tarnovo (1909-1925), Sofia (1926-1941), las montanas de Rila y Monte Vitosha.

1901-1912: Viajó a través de Bulgaria dando presentaciones y realizando estudios acerca del carácter búlgaro.

1906: Se estableció en Sofia en el 66 de la calle Opalchenska, donde comenzó a dar presentaciones acerca de la Enseñanza que el traía.

1912: Trabajó en la Biblia, en el pueblo de Arbanasi, cerca de Veliko Tarnovo y completó "El Testamento de los Rayos de Luz de Colores" que seria publicado en septiembre del mismo año.

1914: Comenzó a dar presentaciones regulares al público en general de Sofia. Estas presentaciones fueron tomadas en taquigrafía por el estenógrafo Todor Galabov[48]. Posteriormente fueron decodificadas, editadas y publicadas en la serie "Poder y Vida", que presenta los principios fundamentales de la Nueva Enseñanza.

1917-1932: Dio un curso espiritual especial para mujeres casadas en Sofia.

1917-1918: Durante la Primera Guerra Mundial fue detenido en Varna con el pretexto de que sus presentaciones debilitaban el espíritu de los soldados en el frente. El número de discípulos de su Enseñanza creció después de la guerra y alcanzó aproximadamente cuarenta mil para el fin de los años 30.

24 de febrero de 1922: Abre en Sofia la Escuela de la Hermandad Universal de la Luz con dos clases para estudiantes espirituales: la Clase Esotérica General y la Clase Esotérica Especial para jóvenes. El Maestro presentó sus clases dos veces por semana durante casi 23 años sin interrupción, hasta diciembre de 1944.

1927: Estableció un asentamiento llamado Izgrev (Alborada) cerca de Sofia (hoy una zona residencial de la ciudad) como comunidad espiritual intencional para sus seguidores. Se estableció permanentemente allí y dio numerosas presentaciones sobre diversos temas en un salón construido especialmente con este propósito.

---

[48] Las presentaciones de los domingos continuaron hasta 1944. Entre 1914 y 1917, Todor Galabov (1870-1935), quien era un estenógrafo profesional que trabajaba en la Asamblea Nacional de Bulgaria, tomó y transcribió las presentaciones de Beinsa Duno en taquigrafía. Cuando el se fue del país, Pasha Todorova (1888-1972), maestra de química, se hizo cargo de esta tarea, a la que posteriormente se unió Savka Keremidchieva (1901-1945), con lo que fue formado el trio de dedicados estenógrafos.

1929: Se lleva a cabo el primer Campamento de Verano en la zona de los Siete Lagos de las montañas Rila. Estas reuniones se convirtieron en una tradición para los discípulos de Bulgaria y otros países. En la actualidad se llevan a cabo todos los años durante el mes de agosto y concurren miles de participantes.

21 de septiembre de 1930: Comenzó una nueva serie de Enseñanzas llamadas las Presentaciones del Domingo por la Mañana que continuaron hasta abril de 1944.

1934: Presenta la *Paneuritmia* (El Ritmo Cósmico de la Vida) una serie de 28 ejercicios con música, letra y movimientos. Más tarde agregó dos movimientos adicionales: "Los Rayos del Sol" y "El Pentagrama". La *Paneuritmia* fue completada finalmente en 1942.

1944: Junto con un grupo de seguidores, pasó los peores meses de la Segunda Guerra Mundial, desde el 14 de enero, o según otras fuentes desde el 14 de enero, hasta el 19 de octubre de 1944 en el pueblo de Marchaevo cerca de Sofia, en la casa de Temelko Stefanov Gyorev. Esta casa esta preservada y funciona como un museo en la actualidad.

20 de Diciembre de 1944: Dio su ultima presentación: "La Ultima Palabra" frente a la Clase Esotérica General.

27 de Diciembre de 1944: El Maestro concluyó su camino terrenal. Gracias a una dispensa especial, el fue sepultado en Izgrev. Este lugar sagrado ha sido convertido en un hermoso jardín que se halla abierto al público diariamente.

El Maestro Beinsa Douno ha dejado una invalorable herencia espiritual contenida en sus numerosas presentaciones, oraciones, formulas, canciones, ejercicios físicos y respiratorios, métodos espirituales y practicas para el trabajo personal y grupal, para el mejoramiento personal y la vida consciente.

Apéndice

El Maestro Espiritual Beinsá Dunó (Pétar Dánov) en Marchaevo

Por Hristo Madzharov[49]

Lo sucedido en el pasado se desvanece gradualmente en la memoria de las gentes, eclipsado por las necesidades de la sobrevivencia cotidiana y cubierto por el polvo del tiempo. Por lo tanto, pocos todavía recuerdan o conocen los eventos de importancia bíblica y efecto mundial que tuvieron lugar durante los tormentosos días de 1944 en el pequeño pueblo de Marchaevo que se halla enclavado en el lado occidental del Monte Vitosha.

Durante esos días el mundo se hallaba envuelto en la Segunda Guerra Mundial, que le costo la vida a mas de 50 millones de personas. El 13 de diciembre de 1941, el gobierno búlgaro fue forzado por los alemanes a declarar la guerra a los Estados Unidos y Gran Bretaña. Esta provocación causo una inmediata respuesta. El Maestro Beinsá Dunó predijo que la capital, Sofia, pronto se vería como un trozo de queso suizo, llena de agujeros, lo que se cumplió cuando 1784 bombarderos descargaron su carga mortal sobre la ciudad día y noche. Algunas bombas cayeron cerca del centro espiritual de Izgrev, pero no detonaron. La explicación del Maestro fue que él había cubierto el área con un manto blanco de protección. El bombardeo fue todavía más duro el 10 de enero de 1944. Como ese día el Maestro se hallaba, como acostumbraba a hacerlo en esos tiempos, en el hogar de su discípulo Boris Nikolov cerca de Simeonovo[50], ambos fueron al día siguiente a Izgrev, donde encon-

---

[49] Hristo Madzharov is un académico búlgaro miembro de la Academia Internacional de Estudios, Innovaciones y Cultura Búlgaros. El es un orador y escritor renombrado en el área de ciencia esotérica en la cual ha recibido numerosos reconocimientos. El es el autor de "Plan Cósmico 5500 Años Atrás", "Nueva Era", "Misterios Búlgaros", "La Nueva Cultura de la Era de Acuario". "Melquisedec y el Camino de la Fe", "El Regreso de los Bogomilos", "Amor y Evolución", y "Misterios del Amanecer de Acuario".

[50] Simeonovo: un pueblo en las afueras del Monte Vitosha.

traron que todos habían partido. Tras una hora de oración, el Maestro dijo: En este lugar ya no se hallan las condiciones necesarias para que las personas puedan mantener su comunión con Dios. ¡Vámonos de aquí!" Esta frase acarreó un inmediato cambio en el curso de los eventos. Tras una hora, uno de sus discípulos, Simeon Kostov, llego hasta el Maestro corriendo, casi sin aliento y le dijo: "Maestro, venga a Marchaevo. Mi casa esta a su disposición". Media hora después, Slavcho Pechenikov (un publicista también conocido como Svetoslav Slavyanski) vino a ofrecer el automóvil que se hallaba a su disposición en ese momento.

Pétar Dánov determinó que la hora de partida seria por la mañana del viernes 14 de enero. Pero el automóvil en que viajaban se vio demorado ya que los bombarderos nuevamente oscurecían el cielo de Sofia. Las calles estaban llenas de personas que corrían en pánico, lo que hacía que sólo pudieran viajar lentamente. Entonces el Maestro entró en profunda concentración, dejando su cuerpo. Esto hizo que los bombarderos dejaran la ciudad y tiraran sus bombas sobre el terreno montañoso de Stara Planina[51]. Por la tarde, el Maestro junto con cientos de sus discípulos llegó a las afueras de Marchaevo. Pero él no se dirigió a la casa de Simeon Kostov que se hallaba en el centro del pueblo, sino que se encaminó hacia el hogar de otro discípulo, Temelko Stefanov Gyorev.

La primera vez que visité al hermano Temelko, yo vi en el a un hombre de rostro duro, reflejante de su profesión como corta piedras, con fuerte voluntad. Pero aun así el reflejaba gran mansedumbre, lograda como resultado de la influencia beneficiosa del Maestro.

Yo continúe visitando su hogar, y escuchando una y otra vez sus historias acerca del Maestro, cada vez aprendiendo algo nuevo. Estas conversaciones me revelaron la profunda vida de un hombre honesto que fue transformado completamente bajo la dirección de un gran Maestro espiritual. Yo voy a compartir con ustedes algunas de las experiencias de Temelko durante la estadía de Pétar Dánov en Marchaevo. Las acciones del Maestro requieren atención especial.

---

[51] Stara Planina (Los Balcanes) es una cadena de montañas en la parte este de la Península Balcánica. Los Balcanes corren por 560 km, desde el borde entre Bulgaria y Serbia, a través del centro de Bulgaria hasta el Mar Negro. Estas montañas tienen una enorme importancia tanto histórica como contemporánea en el desarrollo de la nación y el pueblo búlgaros.

"Mi hija Kossena me advirtió: 'Padre, vacía tu cuarto, que el Maestro viene a quedarse aquí'. Yo la regañé: 'No repitas eso. Nosotros no somos dignos del honor de tener a tan gran Maestro en nuestra casa'. Pero ella insistió: 'Padre, te lo repito, vacía tu cuarto'. Una semana después, Kossena me dijo: 'Padre, el Maestro está preparando su equipaje. Todo está listo. El ya viene, y cuando llegue tu deberás preparar tu cuarto para que él lo use'.

"Y aun así yo no la escuchex. Al mediodía, mi segundo hijo, un soldado que estaba de licencia, vino y me dijo: 'Felicitaciones, padre, tiene visitas especiales' '¿A qué te refieres?' Le pregunté. 'Tu Maestro y casi sesenta personas están en camino'. Yo me lamenté de no haber escuchado a mi hija, ya que su predicción se estaba cumpliendo.

"Tras los saludos, el Maestro fue directamente a la sala y se sentó en una silla. Evidentemente el sabia que su cuarto todavía no estaba listo. Yo tiré todo por la ventana, y mi mujer comenzó a limpiar. Nosotros oímos que alguien le decía que había un cuarto disponible en otro lugar, pero el no aceptó la sugerencia. Cuando habíamos terminado con los arreglos, el entro al cuarto, aun cuando no le habíamos dicho nada todavía. El Maestro se quedó en esta casa por diez meses. El dio muchas presentaciones y recibió a muchos visitantes en ella".

La llegada de Beinsá Dunó a Marchaevo estuvo marcada por un evento importante: la electrificación del pueblo. Los discípulos tomaron una parte activa en el evento cuando este se llevó a cabo. Y cuando las primeras lámparas eléctricas se encendieron, el Maestro mencionó que ahora seria más apropiado que el pueblo fuera llamado "Svetlyaevo", que significa "en la luz". El primer día tras el arribo del Maestro, el llevo a un grupo de sus discípulos a un prado que fue más tarde cubierto de pinos y donde ahora crece un bosque.

En el jardín de Temelko, Pétar Dánov combinó varios pequeños manantiales para formar uno grande al que llamó "El Manantial del Bien". Una plataforma de piedras de colores fue construida alrededor del manantial. Tres escalones de granito llevan hacia el, simbolizando Amor, Sabiduría y Verdad, los tres Principios que guían al alma humana hacia el Gran Manantial de la Vida. En este Manantial, el Maestro guio los eventos del mundo usando formulas y movimientos sagrados.

El sugirió la construcción de otro manantial en la parte este del jardín, al que llamó "El Manantial de la Sabiduría". Los numerosos visitantes que venían a ver al Maestro caminaban a lo largo del sendero que rodeaba a este manantial. Ellos se lavaban sus rostros y bebían de sus aguas cristalinas, refrescándose tanto física como espiritualmente. Debido a sus mágicos efectos curativos, este manantial es conocido como "El Manantial de la Salud".

Muchas hermosas flores crecían alrededor de ambos manantiales y los visitantes podían sentir su perfume a la distancia. El agua para beber del pueblo no tenia buen gusto, por lo que, ni bien oyeron acerca de la deliciosa agua del "manantial mágico", los habitantes del pueblo comenzaron a venir a buscar agua de él.

A cuatro kilómetros del pueblo había una gran fuente de aguas minerales que solo era usada para lavar las ropas. Pero cuando el Maestro resaltó sus propiedades curativas, los habitantes de pueblos cercanos comenzaron a usar sus aguas para beber. Años más tarde, tras una extensa operación de cavado, la producción de agua fue incrementada lo suficiente como para poder alimentar dos piscinas construidas en el lugar. Y así fue como la fuente de agua mineral se transformo en un centro termal de descanso y sanación.

Metodi Konstantinov, un discípulo del Maestro que también había ido hacia Marchaevo durante la evacuación, cada día se dirigía a Sofia donde tenia su lugar de trabajo. El volvía por las noches y corría a ver al Maestro, pasando largas horas compartiendo las noticias que el había obtenido gracias a su previo empleo en el Ministerio de Información. Algunas de estas conversaciones fueron tomadas en taquigrafía por Boyan Boev y están incluidas en este libro. Fue Metodi quien me dijo que muchos líderes políticos tanto búlgaros como extranjeros venían a visitar a Pétar Dánov en Marchaevo, a fin de lograr saber más acerca de lo que estaba por suceder en Bulgaria y el mundo, y cual sería su destino.

Tras arribar en Marchaevo, el Maestro pidió que dos flores fueran plantadas, una roja y otra blanca. Debian usarse dos maceteros. El explicó que la flor blanca representaba la paz, mientras que la roja representaba la guerra. Cuando alguien preguntaba si la guerra destruiría al mundo o si la paz reinaría, el Maestro señalaba las plantas. Las hermanas las regaban regularmente, pero aun asi gradualmente la flor roja se secó y murió.

Donde el Maestro Beinsá Dunó estuvo, la Vida y la Belleza florecieron. La cultura humana parecía seguir sus pasos.

El Maestro Beinsá Dunó en Izgrev (archivos de *Byalo Bratstvo*)

El Maestro Beinsá Dunó en Izgrev (archivos de *Byalo Bratstvo*)

Presentación en las montañas (archivos de *Byalo Bratstvo*)

Marchaevo, agosto de 1944 (archivos de Byalo Bratstvo)

Marchaevo, esperando el almuerzo: Boyan Boev, Beinsá Dunó y el Dr. Ivan Zhekov
(archivos de Byalo Bratstvo)

Vesela Nestorova y Vlado Nikolov frente al "Manantial del Bien" en Marchaevo. Impreso bajo permiso del editor de *Izgrevat na Byaloto Bratstvo pee i sviri, uchi i zhivee* (El Amanecer de la Hermandad de la Luz Canta y Toca, Estudia y Vive), volumen 24, Zhiten Klass, Sofia, 2008.

Beinsá Dunó con un grupo de sus seguidores junto a la fuente de aguas minerales en el pueblo de Rudartsi. Impreso bajo permiso del editor de *Izgrevat na Byaloto Bratstvo pee i sviri, uchi i zhivee* (El Amanecer de la Hermandad de la Luz Canta y Toca, Estudia y Vive), volumen 23, Zhiten Klass, Sofia, 2005-2006.

El pueblo de Marchaevo en la primavera

La casa de Temelko en Marchaevo, actualmente un
museo del Maestro Beinsá Dunó

Marchaevo, 1990: Temelko Stefanov
(1896-1990) en su casa

El cuarto del Maestro en el museo

Montañas Rila: Paneuritmia en el 5to lago de los Siete Lagos de Rila (Mahabur)

Escuela Espiritual de Verano en las Montañas Rila: campamento en el segundo lago
(Elbur) y salutación del amanecer en el Monte de la Oración

Lugar de descanso del Maestro en Izgrev, Sofia

www.ingramcontent.com/pod-product-compliance
Lightning Source LLC
Chambersburg PA
CBHW071205090426
42736CB00014B/2712